Forum Sprache

Bilingualer Unterricht in der Grundschule

Entwurf eines Spracherwerbskonzepts
für zweisprachige Immersionsprogramme

Forum Sprache

ein Fachbuch-Programm für alle, die Fremdsprachen unterrichten und studieren

Ausgewählte Titel:

Beck, R. / Kuester, H. / Kuester, M.
Terminologie der Literaturwissenschaft
Ein Handbuch für das Anglistikstudium

Borgwardt, U. u.a.
Kompendium Fremdsprachenunterricht
Leitfaden zum didaktisch-methodischen Grundwissen

Buttaroni, S.
Fremdsprachenwachstum
Sprachpsychologischer Hintergrund und didaktische Anleitungen

Edelhoff, Chr. / Weskamp, R. (Hrsg.)
Autonomes Fremdsprachenlernen
Neue Tendenzen in der Entwicklung lernerorientierter Ansätze im Fremdsprachenunterricht

Hellwig, K.
Fremdsprachen an Grundschulen als Spielen und Lernen
Dargestellt am Beispiel Englisch

Herbst, T. / Stoll, R. / Westermayr, R.
Terminologie der Sprachbeschreibung
Ein Lernwörterbuch für das Anglistikstudium

Multhaup, U.
Psycholinguistik und fremdsprachliches Lernen
Von Lehrplänen zu Lernprozessen
Eine umfassende Darstellung der linguistischen und psychologischen Grundlagen des Fremdsprachenunterrichts

Ortner, B.
Alternative Methoden im Fremdsprachenunterricht
Lerntheoretischer Hintergrund und praktische Umsetzung
Jede dieser Sprachlehrmethoden wird in ihren theoretischen Konzepten und in ihrer praktischen Umsetzung beschrieben, analysiert und bewertet.

Rampillon, U.
Ergänzend zu den *Lerntechniken im Fremdsprachenunterricht*:
Englisch lernen
Mit Tips und Tricks zu besseren Noten

Rampillon, U. / Zimmermann, G. (Hrsg.)
Strategien und Techniken beim Erwerb fremder Sprachen
13 AutorInnen beschäftigen sich mit dem Themenkomplex unter verschiedenen Fragestellungen.

Rüschoff, B. / Wolff, D.
Fremdsprachenlernen in der Wissensgesellschaft
Zum Einsatz der neuen Technologien in Schule und Unterricht
Vor dem Hintergrund der neuen Kommunikationsmöglichkeiten wird versucht, das innovative Potential der neuen Technologien im Fremdsprachenunterricht zu beleuchten.

Schiffler, L.
Learning by doing im Fremdsprachenunterricht
Handlungs- und partnerorientierter Fremdsprachenunterricht mit und ohne Lehrbuch
Die Beispiele des Buches beziehen sich auf den Englisch-, Französisch- und Spanischunterricht.

Zimmermann, G.
Grammatik im Fremdsprachenunterricht der Erwachsenenbildung
Ergebnisse empirischer Untersuchungen

Zimmermann, G./Wißner-Kurzawa, E.
Grammatik: lehren – lernen – selbstlernen
Zur Optimierung grammatikalischer Texte im Fremdsprachenunterricht

Wolfgang Zydatiß

Bilingualer Unterricht in der Grundschule

Entwurf eines Spracherwerbskonzepts
für zweisprachige Immersionsprogramme

Max Hueber Verlag

Die Deutsche Bibliothek – CIP-Einheitsaufnahme

Zydatiß, Wolfgang:
Bilingualer Unterricht in der Grundschule: Entwurf eines Spracherwerbskonzepts für zweisprachige Immersionsprogramme / Wolfgang Zydatiß.
– 1. Aufl. – Ismaning: Hueber, 2000
  (Forum Sprache)
  ISBN 3-19-006632-9

 Dieses Werk folgt der seit dem 1. August 1998 gültigen Rechtschreibreform.

Das Werk und seine Teile sind urheberrechtlich geschützt.
Jede Verwertung in anderen als den gesetzlich zugelassenen
Fällen bedarf deshalb der schriftlichen Einwilligung des
Verlages.

1. Auflage
© 2000 Max Hueber Verlag, D-85737 Ismaning
Umschlaggestaltung: Werbeagentur Braun & Voigt, Heidelberg
Satz: Design-Typo-Print, Ismaning
Gesamtherstellung: Ludwig Auer, Donauwörth
Printed in Germany
ISBN 3-19-006632-9   R 3 2 1

Für Bettina und Kolja –
zwei engagierte bzw. überzeugte „Fans"
des Berliner Europa-Schul-Modells

Inhaltsverzeichnis

Vorwort 9

Zusammenfassung 16

1.	Problemlage: Gezielte Sprachvermittlung oder Naturwüchsigkeit des Spracherwerbs?	20
1.1	Zur Konzeption der „Staatlichen Europa-Schule Berlin"	20
1.1.1	Zielvorstellungen	20
1.1.2	Rahmenbedingungen	22
1.1.3	Fragen an den Schulversuch „Staatliche Europa-Schule Berlin"	25
1.2	Die Zielsprache als Lehrgegenstand in den Immersionsmodellen anderer Länder	26
1.2.1	Begriffsbestimmung: Immersion und bilingualer Unterricht	26
1.2.2	Kanadische Immersionsmodelle	31
1.2.3	Die Europäischen Schulen des Europarates	33
1.2.4	Das Luxemburger Schulsystem	35
1.2.5	Konsequenzen für die SESB	36
1.3	Immersion: ein schulisch vermittelter Zweitspracherwerb	38
1.3.1	Immersion: kein natürlicher Spracherwerb	38
1.3.2	Erklärung des Spracherwerbs: nativistische vs. interaktionstheoretische Ansätze	41
1.3.3	Zielvorstellung: sprachliches Curriculum für den Immersionsunterricht	45
2.	Wie bringt man Kinder zur Zweisprachigkeit?	55
2.1	Was es heißt, zweisprachig zu sein	55
2.1.1	Kompetenz in zwei Sprachen	55
2.1.2	Das Prinzip der funktionalen Sprachtrennung	56
2.1.3	Zweisprachigkeit als langfristiger, dynamischer Prozess	59
2.2	Zur Qualität der Interaktionsprozesse bei einer zweisprachigen Kindererziehung	62
2.2.1	Zweisprachigkeit stellt sich nicht von selbst ein	62
2.2.2	Die Latenzperiode beim Zweitspracherwerb	63
2.2.3	Zum Diskursverhalten erwachsener Bezugspersonen	65
2.3	Zur Sprachlehrfunktion von Erwachsenen	73
2.4	Kontakt und Identifikation als Eckpfeiler einer zweisprachigen Erziehung	80
2.4.1	Sprache als *tie* und *tool*	80
2.4.2	Zusätzliche Begegnungen mit Muttersprachlern	83

2.4.3	Perspektivenwechsel als Ziel interkulturellen Lernens	86
2.4.4	Identifikation mit der soziokulturellen Realität der Partnersprache	88
3.	Zweisprachiger Unterricht und Schulleistung: Hypothesen zur bilingualen Sprachkompetenz	91
3.1	Elementarer kommunikativer Sprachgebrauch und Sprache als Werkzeug verbalen Denkens	91
3.1.1	Kontextuelle und kognitive Parameter sprachlichen Handelns	91
3.1.2	*BICS* vs. *CALP*	95
3.2	Bilinguale Sprachkompetenz: eine gemeinsame oder zwei getrennte Kompetenzen?	99
3.2.1	*Common* vs. *separate underlying proficiency (CUP* vs. *SUP)*	99
3.2.2	Vorformen der Literalität in der gesprochenen Sprache	106
3.3	Interdependenzen der Schulleistung mit der Eingangskompetenz in L1 und L2	107
3.3.1	Das Kompetenzniveau in der Erstsprache	107
3.3.2	Das Kompetenzniveau in der Zweitsprache: „Schwellen"-Hypothesen	109
3.4	Individuelle Unterschiede in der Sprachlernfähigkeit	114
3.4.1	Sprachfähigkeit *(proficiency)* und Sprachlerneignung *(aptitude)*	114
3.4.2	Unterschiedliche „Lernstile" und lernstrategische Kompetenzen	119
4.	Potenzielle Defizite von Immersionsschülern	124
4.1	Zur internen Struktur der allgemeinen Sprachfähigkeit *(proficiency)*	124
4.2	Schwächen im lexikogrammatischen Bereich	127
4.2.1	Wortschatzbestände und Wortschatzlernen	127
4.2.2	Grammatikalischer Strukturenerwerb	132
4.3	Mängel im mündlichen und schriftlichen Sprachgebrauch	139
4.3.1	Fehlerkorrektur und fokussierter Input seitens der Lehrer	139
4.3.2	Eingeschränkte Komplexität der Schüleräußerungen	141
4.3.3	Diskurskompetenz als Zielvorstellung der Immersion	143
4.4	Verhaltensauffälligkeiten im zweisprachigen Unterricht	149
5.	Leitvorstellungen und Prinzipien eines Spracherwerbskonzepts der SESB	152
5.1	Sprachenpolitische und bildungstheoretische Begründungszusammenhänge	152
5.1.1	Sprachenpolitische Überlegungen	152
5.1.2	Bildungstheoretische Überlegungen	154
5.1.3	Schulpolitische Implikationen	156
5.2	Heterogenität der Schülergruppen	160
5.2.1	Konstitutive didaktische Prinzipien	160

5.2.2	Schüler mit nicht-deutscher Erstsprache	161
5.2.3	Schüler mit der Muttersprache Deutsch	164
5.3	Muttersprach- und Partnersprachunterricht	165
5.3.1	Der Erstsprachunterricht	165
5.3.2	Der partnersprachliche Unterricht für monolinguale Kinder	167
5.3.3	Der partnersprachliche Unterricht für bilinguale Kinder	174
5.4	Die Synthese von Sprach- und Sachlernen	175
5.4.1	Prinzipien der Curriculumentwicklung für Immersionsunterricht	175
5.4.2	Immersionslehrer als Sach- und Sprachlehrer	177
5.4.3	Planungsinstrumente für einen lernbereichsübergreifenden Unterricht	179
5.4.4	Beispiele für themenzentrierte Unterrichtsbausteine	181
5.4.5	Zwischen Fehlertoleranz und Fehlerkorrekturen	190
5.5	Einbindung der Eltern in die schulische Arbeit	191
6.	Schulpolitische Perspektiven des Berliner Schulversuchs	194
6.1	Der Streit um die Bezahlung der ausländischen Lehrkräfte	194
6.2	Der Streit um die Weiterführung der SESB-Konzeption im Sekundarschulbereich	196
6.2.1	Streitigkeiten bezüglich der Schulform	197
6.2.2	Streitigkeiten bezüglich der Sprachenfolge	200
6.2.3	Eine sachgerechte Lösung der Sprachenfolge am Gymnasium	207
6.3	Die Notwendigkeit einer umfassenden wissenschaftlichen Begleitforschung	209

Anhang 212
A. Pressemitteilung der Elternschaften zur Demonstration am 2.7.1998 212
B. Ein (unveröffentlicher) Leserbrief 215
C. Verzeichnis aller Staatlichen Europa-Schulen in Berlin 218
D. Glossar englischsprachiger Fachbegriffe 220

Literaturverzeichnis 229

Auswahlbibliographie 238
A. Gesamtdarstellungen Bilingualismus 238
B. Immersion und bilingualer Unterricht 238
C. Zweisprachige Erziehung in der Familie 238
D. Frühes Fremdsprachenlernen 239

Sachregister 240

Verzeichnis der Abbildungen, Tabellen und Diagramme 246

Vorwort

Der Fachunterricht in einer Fremdsprache (prägnant aber etwas unglücklich als „**bilingualer Unterricht**" bezeichnet) hat an den weiterführenden Schulen Deutschlands eine beträchtliche Ausweitung erfahren. In Berlin läuft nunmehr seit einigen Jahren ein Schulversuch, der diesen „bilingualen Unterricht" auch in der Grundschule erprobt. Der Versuch arbeitet dabei mit einem Unterrichtsansatz, der die Gleichgewichtigkeit in der Verteilung der beiden Sprachen betont: z.B. in der Stundentafel, in der Zusammensetzung der Lerngruppen und Lehrerkollegien (**50:50-Prinzip** von Deutsch und so genannter „Partnersprache"). Damit gehört der Schulversuch der „Staatlichen Europa-Schule Berlin" (so der offizielle Terminus) zum Typus der „**teilweisen Immersion**"; „teilweise" (*partial immersion*) weil **nicht der gesamte Unterricht** (aber immerhin etwa 50%) in den vorfachlichen Lernbereichen der Primarstufe (Vorschule sowie Klasse 1–4) und später (in den Klassen 5 und 6) auch in den Sachfächern (Biologie, Erdkunde, Geschichte/Sozialkunde) in einer „fremden" Sprache erteilt wird. Da die Lerngruppen immer bilingual zusammengesetzt sind (deutschsprachige Schüler und anderssprachige Schüler), gehört somit die „Staatliche Europa-Schule Berlin" zum Typ der „**reziproken Immersion**" (*two-way immersion*); d.h. sie versteht sich als eine „**Begegnungsschule**", in der neben dem **intensiven Spracherwerb** auch das Element des **direkten interkulturellen Kontakts** zwischen den Angehörigen verschiedener Sprach- und Kulturgemeinschaften im Vordergrund des übergeordneten Bildungskonzept und der konkreten Unterrichtsarbeit steht.

Der Schulversuch der „Staatlichen Europa-Schule Berlin" (= SESB), wie jedes Immersionsprogramm, braucht ein umfassendes Spracherwerbskonzept – dies ist die zentrale Prämisse der hier vorliegenden Überlegungen. Ein „umfassendes" Spracherwerbskonzept, d.h. eine einheitliche „Sprachpolitik" der SESB[1], wird sich an alle Adressatengruppen einer interessierten Öffentlichkeit wenden. Das vorliegende Konzept wurde deshalb nicht für bestimmte „Insider" der SESB geschrieben, sondern richtet sich im Prinzip an alle, die mit dem Schulversuch in Berührung kommen bzw. als Schulträger, Kultusbeamte, Schulleiter oder Lehrkräfte einen Schulversuch mit „bilingualem Unterricht" in der Grundschule planen. Von daher versuche ich, so wenig wie möglich Expertenwissen vorauszusetzen. Auch gehe ich nicht von einem bestimmten Informationsstand aus, der bei den für den Schulversuch in verantwortlicher Position Beteiligten vorhanden ist, da mir weder die interne Genese spezifischer Diskussionspunkte noch die eventuellen Unterschiede in den Auffassungen hinreichend bekannt sind. Vielmehr will ich mit sehr fundamentalen und unvoreingenommenen, aber dennoch höchst problematischen Fragen beginnen:

---

[1] Der Singular ist Absicht: Im Englischen würde man von *a (whole) language policy* sprechen.

- Kann man sich bei einem institutionell vermittelten Spracherwerb, wie ihn die SESB beinhaltet, auf eine gewisse Naturwüchsigkeit des Spracherwerbs verlassen, oder muss man – auch – auf eine gezielte Sprachvermittlung zurückgreifen? Wenn eine strukturierte Sprachvermittlung für sinnvoll bzw. notwendig gehalten wird, wie sollte sie curricular verankert sein und methodisch umgesetzt werden?
- Wie „funktioniert" eigentlich der natürliche Zweitspracherwerb, d.h. wie bringen Eltern (z.B. in einer gemischtsprachigen Familie) ihre Kinder dazu, zu kompetenten bilingualen Sprechern zu werden?
- Welcher Art sind die Voraussetzungsbedingungen für einen bilingual geführten Unterricht (noch dazu in der Primarstufe), die den Schulerfolg eines Kindes begünstigen? Gibt es Bedingungen, die die Schulleistungen eines Kindes in einem zweisprachigen Unterrichtskonzept ggf. beeinträchtigen; und wenn ja, welcher Art sind diese? Schule ist schließlich über weite Strecken eine „Sprach-Schule", so dass Sprache im Prinzip in alle curricularen Domänen der Schule diffundiert (im Englischen auf die griffige Formel gebracht: *language across the curriculum*). In einem bilingualen Unterricht werden Kenntnisse und Fähigkeiten zum Teil in einer Sprache vermittelt, die nicht die Muttersprache (oder „starke Erstsprache") der Lernenden ist. Von daher spielen **genuin sprachliche Momente** eine **immense Rolle** für die Begriffs- bzw. Konzeptbildung sowie die Inhalte und Prozesse des Sachlernens (und damit den Schulerfolg eines Kindes – über die Primarstufe und die sechsjährige Grundschule hinaus!).
- Worauf muss man als Lehrer(in) einer zweisprachig unterrichteten Lerngruppe achten, damit „sich die Klasse nicht selbst zum sprachlichen Vorbild wird" (Wode 1993) und Sprachgewohnheiten Raum greifen, die nicht der Norm der Zweitsprache entsprechen und zu bleibenden Defiziten führen?

Diese Leitfragen sollen im Wesentlichen in den ersten vier Kapiteln bearbeitet werden, wobei passim (an den dafür geeigneten Stellen) bereits die Konsequenzen oder Implikationen des jeweiligen Erkenntnisstands für ein Spracherwerbskonzept der SESB (oder zukünftige, vergleichbare Schulversuche) herausgestellt werden. Vom Layout her werden die entsprechenden Textpassagen, die derartige Empfehlungen oder Vorschläge enthalten, grau hinterlegt.

Das fünfte Kapitel stellt die in den ersten vier Kapiteln an unterschiedlichen Stellen eingestreuten Überlegungen zu einem differenzierten Spracherwerbskonzept in systematischer und ergänzender Form zusammen. Die Ausführungen in den Unterkapiteln, die im Dezimalsystem durchnummeriert sind, werden im fortlaufenden Text des Kapitels 5 weiter unter spezifischen Überschriften gebündelt, die im Inhaltsverzeichnis allerdings nicht vorkommen. Den Abschluss der Darstellung (= Kapitel 6) bilden zum einen schulpolitische Überlegungen, wie sie sich aus den beiden „Dauerbrennern" der Diskussionen der letzten Jahre ergeben. Da ist einerseits die Frage der Bezahlung der ausländischen Lehrkräfte zu erwähnen und andererseits die Frage der Fortführung des SESB-Modells im Sekundarschulbereich. Zum anderen muss ein Blick auf mögliche Themen für die wissenschaftliche Begleitforschung geworfen werden, die den Schulversuch der SESB unbedingt stützen und auswerten sollte. Die Ausführungen dazu beschränken sich dabei auf Fragen des Spracherwerbs. Es versteht sich von selbst, dass dies am besten im Sinne des interventionsorientierten Paradigmas der pädagogisch-didaktischen Handlungsforschung und Curriculumentwicklung geschehen sollte: Forschung und Entwicklung (*research & development*) müssen sich produktiv ergänzen.

Wenn in diesem Text vielleicht (zumindest für einige Leser) relativ viele englischsprachige Fachausdrücke benutzt werden, so liegt das daran, dass die dominierende Wissenschaftssprache der zweit- und fremdsprachlichen Unterrichtsforschung das Englische ist und die meisten Untersuchungen zur Immersion sich auf Kanada bzw. Nordamerika beziehen. Damit wird absolut keine Priorität für das Englische als Partnersprache an der SESB zum Ausdruck gebracht. Ich habe mich bemüht, alle englischen Begriffe bei ihrer Erstverwendung zu umschreiben bzw. in ihrer deutschen Übersetzung wiederzugeben (und verweise zugleich auf das Glossar im Anhang).

Sorgen bereitet mir natürlich die Tatsache, dass meine berufsbedingte professionelle Affinität primär auf die englische Sprache und die englischsprachigen Kulturräume fokussiert ist. Nur in diesem andersprachlichen Kulturkreis fühle ich mich (zusätzlich zum deutschsprachigen) angemessen sozialisiert. Von daher verzichte ich (wohl wissend um die enorme Bedeutung dieser Variablen beim Aufbau einer bilingualen Kompetenz!) weitgehend auf Beispiele aus anderen Kulturräumen, wenn es um soziokulturelle oder interkulturelle Aspekte geht. Wiederum besagen die englischen Beispiele nicht, dass dieser Sprache eine Sonderstellung im Spektrum der SESB-Sprachen zukommt.

Was die redaktionelle Frage einer politisch wünschenswerten (oder erhofften) „Korrektheit" der femininen und maskulinen Substantivendungen angeht, habe ich mich um beide Markierungen bemüht, wobei allerdings kein halbwegs vernünftiges System konsequent durchzuhalten ist. Im Zweifelsfall habe ich mich für die (meines Erachtens) höhere Leserfreundlichkeit der geschlechtsneutralen, morphologisch unmarkierten Form entschieden. In diesen Fällen sind natürlich immer beide Geschlechter in die Bezeichnung eingeschlossen.

Die nachstehenden Ausführungen skizzieren ein Spracherwerbskonzept, wie es mir nach meinem jetzigen Kenntnis- und Erkenntnisstand sinnvoll erscheint. Meine Überlegungen stellen **keine Beschreibung der Realität an der SESB** dar, da mir der empirisch fundierte, forscherische Zugang zur Unterrichtswirklichkeit an den einzelnen Standorten (bisher) nicht möglich war. Da ich im Übrigen keine „offenen" oder „verdeckten" Befragungen unternommen habe, braucht niemand, der an dem Schulversuch in irgendeiner Form beteiligt ist, „Enthüllungen" oder gar „Unterstellungen" der einen oder anderen Art zu befürchten. Umgekehrt weise ich (für mich) jeden Versuch, meine Ausführungen oder Feststellungen seien eher „Unterstellungen", als unbegründet und untauglich zurück. Die wissenschaftliche Literatur zu vergleichbaren Schulversuchen ist reichhaltig und jedem zugänglich, so dass meine Einlassungen zu bestimmten „Knackpunkten" eines derartigen Experiments (die bestens dokumentiert sind) jederzeit verifiziert bzw. falsifiziert werden können.

Aus der Kenntnis
– der wissenschaftlichen Literatur zur Immersions-, Bilingualismus- und Spracherwerbsforschung,
– der familiären Anstrengungen einer mehrsprachigen Erziehung des eigenen Kindes,
– der persönlichen Erfahrungen als Elternteil eines SESB-Schülers (unser Sohn besucht z.Zt. die 4. Klasse einer Europa-Schule mit dem englisch-deutschen Sprachenpaar) sowie
– eines über den Unterricht im engeren Sinne hinausgehenden Kontakts mit der SESB (Elternvertretung, Elternberatung und gelegentliche Gespräche mit den für die verschiedenen Partnersprachen zuständigen Moderatorinnen)

habe ich allerdings eine bestimmte Position zu einigen Aspekten des Schulversuchs gewonnen, die mich mit großer Sorge erfüllen und die weitere Zukunft dieses faszinierenden Projekts innovativer Schulentwicklung in keinem sehr rosigen Licht erscheinen lassen. In einer **ausgewogenen Darstellung** müssen die **spezifischen Chancen**, aber auch die **Schwierigkeiten** und **potenziellen Gefahren** aufgezeigt werden. Wenn es kontroverse und diskussionswürdige Fragen gibt (und die werden bei grundlegenden Neuerungen immer aufkommen), dann müssen sie mit der gebotenen Offenheit angegangen werden. Ein für mich zentrales Anliegen (das die Argumentation der gesamten Arbeit in wesentlichen Teilen bestimmt) ist die Frage nach der Mindest-Eingangsvoraussetzung in der zweitsprachlichen Kompetenz, die die Kinder haben müssen, um dem Unterricht in dieser „Arbeitssprache" (die nicht ihre Muttersprache oder „starke" Erstsprache ist) mit Gewinn folgen zu können. Alle an dem Schulversuch Beteiligten müssen die Konsequenzen sehen, wenn dieses Ziel nicht (optimal) erreicht wird. Wie oben bereits erwähnt wurde: Schulisches Lernen, Schulerfolg und Schulleistungen werden vornehmlich über Sprache vermittelt; und wenn diese schulspezifische Sprachkompetenz (siehe genauer 3.1.2) nicht hinreichend aufgebaut ist, kann es zu einer verhängnisvollen **Verschwendung oder Beeinträchtigung von Lernressourcen und Wissensaufbau** kommen. Es ist deshalb unbedingt notwendig (gerade weil dies ein Schulversuch im **Primarbereich** ist!), offen und unabhängig von bestimmten grundschulpädagogischen Traditionen danach zu fragen, wie die Eingangskompetenz in der Zweitsprache (die die Immersion positiv wirken lässt) so schnell wie möglich zu erreichen ist. Es darf folglich kein Tabu sein, die Möglichkeit zu diskutieren und konkret zu erproben, ob der so genannte **part-**

nersprachliche Unterricht an der SESB (zumindest in Teilen) nicht auch als frühes, ergebnisorientiertes Fremdsprachenlernen zu konzipieren ist. Während dies sowohl für Modelle „später Immersion" (= *delayed/mid-immersion* oder *late immersion*: etwa ab der 4. oder 7. Klasse), wie sie in Kanada, Luxemburg oder an den Europäischen Schulen existieren (siehe 1.2.2–1.2.4), als auch für den bilingualen Sachfachunterricht an deutschen Schulen (verstärkter „Vorlauf" mit bis zu sieben Wochenstunden Fremdsprachenunterricht) völlig unstrittig ist, bietet dieser Punkt für die SESB-interne Diskussion Anlass heftiger Kontroversen. Das darf so nicht bleiben! Hier müssen alternative curriculare Modelle erprobt werden. Über *a priori* Setzungen sind derartige Fragen nicht zu entscheiden.

Ein weiterer Punkt, der den „inneren Frieden" der SESB belastet (weil er in der ursprünglichen Konzeption nie bedacht wurde: vgl. Abgeordnetenhaus von Berlin 1993) ist die **immense Heterogenität der Schülerpopulationen** an diesen Standorten. Das originäre Konzept ging von der Gleichgewichtigkeit der beiden Lerngruppen und Sprachen aus: 50:50-Prinzip für die Zusammensetzung der Klassen, des Lehrkörpers und der Stundentafel der Schüler (Erstsprache und Partnersprache mit gewissermaßen ausgewogener muttersprachlicher Kompetenz in der einen **oder** anderen Sprache). Die schulische Realität stellt sich aber völlig anders dar:
- Das **Deutsche** ist (natürlich) die **dominante Umgebungssprache**,
- **viele „nicht-deutsche" Kinder** (die in den nicht-deutschen partnersprachlichen Zug eingeschult werden) sind **zweisprachig**,
- **nicht wenige anderssprachige Kinder** verfügen über **keine altersgemäße Kompetenz in dieser Sprache**,
- **einige deutsche Kinder** kommen in den **partnersprachlichen Zug**, weil sie mit der Familie **im Ausland gelebt** haben und in dieser Sprache „beschult" wurden, obwohl sie in absehbarer Zukunft ihren Lebensmittelpunkt in Deutschland haben werden.

Weder die Zweisprachigkeit noch die Defizite in der vermeintlich starken Erstsprache wurden als Strukturmomente der an der SESB zu versorgenden Schülerschaft angemessen antizipiert; mit dem Ergebnis, dass **Binnendifferenzierung nicht ausreichend und zufrieden stellend praktiziert** wird. Dafür sind die Lehrkräfte (zum Teil) nicht hinreichend ausgebildet oder nicht genügend sensibilisiert; nicht zuletzt was die genuin sprachliche Seite des Dilemmas betrifft. Das Spektrum reicht von den ausgewogen bilingualen Kindern bis zu den monolingualen Kindern (die in den ersten Klassen am Beginn ihres Erwerb der Zweitsprache stehen); und dazwischen stehen Kinder (nicht zuletzt in den anderssprachigen Zügen), die in einer Sprache und manchmal sogar in beiden Sprachen Defizite haben.

Die Auseinandersetzung um pädagogische und didaktische Prinzipien ist zwar wichtig, aber sie genügt meines Erachtens nicht. Schulische Bildungsgänge sind Veranstaltungen der Gesellschaft, die (nach Robinsohn) für das Individuum eine Ausstattung für das Verhalten in der Welt und für die Gesellschaft eine Erziehung der nachwachsenden Generation in einem konsens- und zukunftsfähigen Wertesystem gewährleisten sollen. Diese „Veranstaltungen" müssen aber auch der Kontrolle durch die Gesellschaft unterliegen. Es muss mit anderen Worten eine umfassende Evaluation des Schulversuchs geben, und es müssen empirisch gewonnene Ergebnisse vorliegen, damit begründete Strukturentscheidungen und begründete Handlungsempfehlungen für die unterrichtliche Praxis gegeben werden können. Meine Ausführungen verstehen sich als ein Entwurf auf dem Weg zu einem Ziel, das ich voll unterstütze und das von herausragender Bedeutung für das gesellschafts-, schul- und kulturpolitische Erscheinungsbild der deutschen Hauptstadt ist (und darüber hinaus für viele Ballungsgebiete in unserem Land). Das Engagement von nicht wenigen Lehrern und Eltern ist gewaltig. Wenig beeindruckend ist die konzeptionelle Gestaltungskraft in den Führungsetagen der Berliner Senatsschulverwaltung.

Vergleiche hinken oder sind gefährlich. Dennoch will ich es wagen und bitte Sie als Leser(in), keine militärischen Konnotationen in die nachstehende Metapher hineinzuinterpretieren. Es gibt (meiner persönlichen Einschätzung zufolge) bezüglich der SESB keinen „Flaggoffizier", der dem gesamten „Flottenverband" den Kurs weist bzw. für den eingeschlagenen Kurs zur Verantwortung gezogen werden kann. Es ist zu befürchten, dass jedes SESB-Schiffchen seine eigene Route wählt, dass dabei viele Kursfehler unnötigerweise mehrmals vorkommen und einige Boote in schwierigen Gewässern ernsthafte Probleme bekommen, die sie allein nicht leicht überwinden können. Um so wichtiger wäre es, die „Besatzung" (die Lehrkräfte und Erzieherinnen) intensiv und systematisch weiterzuqualifizieren sowie regelmäßige Kursüberprüfungen von außen her (durch unabhängige Gutachter und eine objektivierte, externe Qualitätskontrolle) vornehmen zu lassen; z.B. in Form einer seriösen wissenschaftlichen Begleitforschung. Es gibt zwar einen wissenschaftlichen Beirat für die SESB, dem sieben renommierte Wissenschaftler(innen) angehören. Bedauerlicherweise hat dieser (bisher) – als Gruppe – aber noch keine ernst zu nehmende Evaluierung dieses hochkomplexen, richtungweisenden Schulversuchs initiiert (bzw. keine finanzielle Unterstützung dafür erhalten). Vielleicht ist aber auch das Interesse der meisten Mitglieder dieses Gremiums an der praktischen Arbeit der Basis nicht groß genug. Dabei verdient es der Schulversuch, im Sinne des praxisnahen Forschungsparadigmas von *research & development* (Handlungsforschung gekoppelt mit curricularer Entwicklung) stärker beachtet und gefördert zu werden. Die vorliegende Arbeit versteht sich als Seekarte und Kompass, ausgerichtet auf das Ziel eines umfassenden Spracherwerbskonzepts für diese Schulen. Es gehört schon ein erhebliches Maß an (schulpolitischer) *Chuzpe* dazu, einen so weit reichenden Schulversuch in die Welt zu setzen, ohne ihn angemessen evaluieren zu lassen. Wege zum Ziel sind immer prozesshafter Natur, die auf Nachfragen, Verständigung, Dialog und

Kooperation angewiesen sind. Wenn Sie – als Leser(in) – diesbezüglich aktiv werden wollen, melden Sie sich doch einfach beim Autor:

Prof. Dr. Wolfgang Zydatiß
Freie Universität Berlin
Institut für Englische Philologie
Didaktik der englischen Sprache und Literatur
Habelschwerdter Allee 45, D – 14195 Berlin;
Tel: 0 30 / 8 38-59 61, Fax: 0 30 / 8 38-54 24,
E-mail: WBKZydatiss@t-online.de

Ich danke allen Kolleginnen und Kollegen (allen voran Helmut Vollmer), die frühere Fassungen dieser Arbeit gelesen haben und deren Kritik mir viel geholfen hat. Zu besonderem Dank bin ich meinen Mitarbeiterinnen in Berlin verpflichtet, die an der Druckfassung des Bandes beteiligt waren: Frau Margot Brandes und Frau Grischa Katterbach im (ehemaligen) Zentralinstitut für Fachdidaktiken der Freien Universität Berlin.

Berlin, im Dezember 1999

Zusammenfassung

Der Schulversuch der „Staatlichen Europa-Schule Berlin"(= SESB) repräsentiert einen eigenständigen Spracherwerbstyp, der keinen natürlichen Zweitspracherwerb, sondern einen schulisch vermittelten Spracherwerb darstellt. Von daher braucht die SESB ein differenziertes und strukturiertes Spracherwerbskonzept, das sie (in die Form einer Metapher gekleidet) als ein „besonderes" „Haus des Lernens" ausweist:

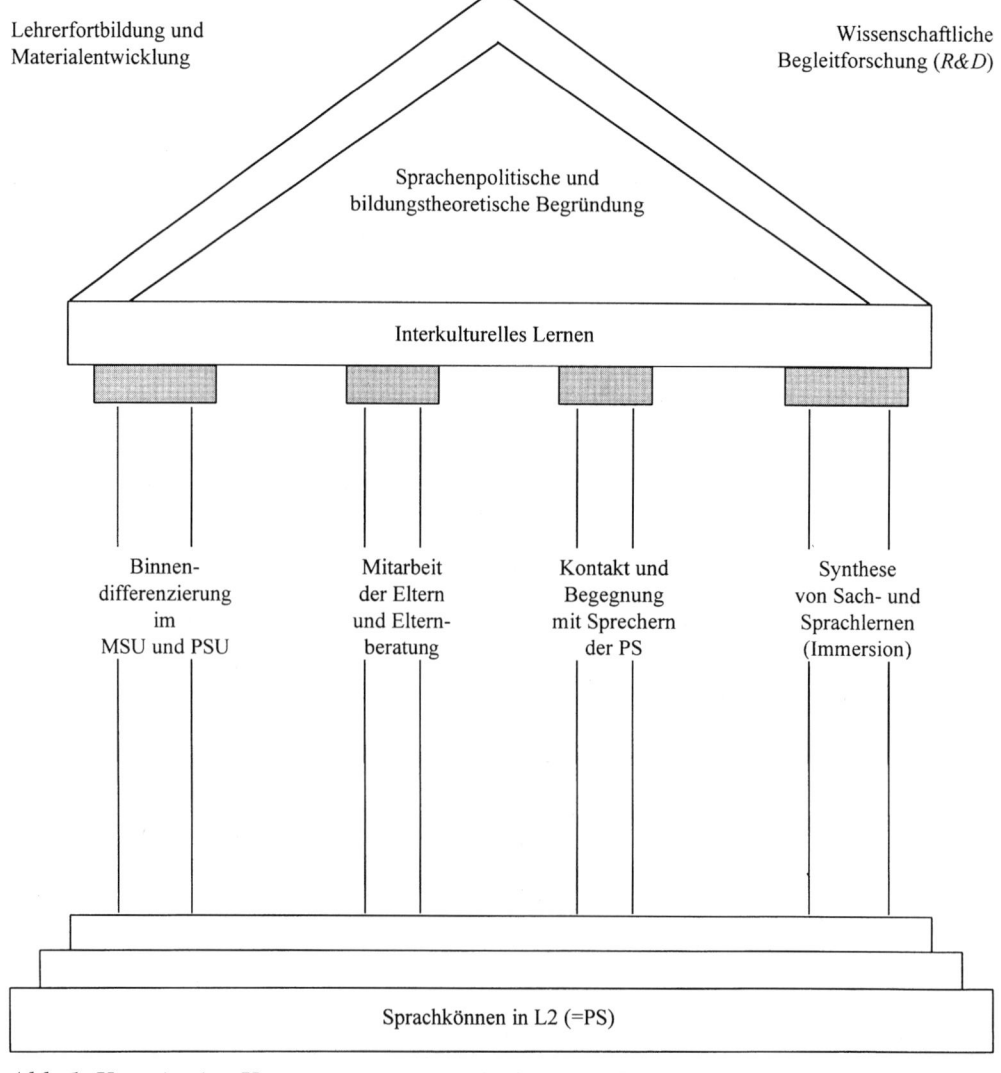

Abb. 1: Konstitutive Komponenten eines SESB-spezifischen Spracherwerbskonzepts

In dieser Abbildung stehen die Abkürzungen für folgende Begriffe: *R&D = research and development* (pädagogische Handlungsforschung und curriculare Entwicklung); PS = „Partnersprache"; PSU = Unterricht in der Partnersprache; MSU = Unterricht in der Muttersprache.

In zehn Thesen und zehn „Geboten" gefasst, lässt sich das Spracherwerbskonzept für die SESB wie folgt umreißen:

These 1: Ein **Immersionsprogramm** stellt einen **eigenständigen Spracherwerbstyp** dar, der weder mit dem natürlichen Zweitspracherwerb (wie ihn z.B. Migranten oder Kinder in einer zweisprachigen Familie erfahren) noch mit dem herkömmlichen Fremdsprachenunterricht identisch ist. Immersion ist eine Form von **Zweitspracherwerb unter institutionellen Bedingungen**, die sich **schulischer Vermittlungsverfahren** bedient. – Empfehlung: Als **unterrichtlich vermittelter Spracherwerb** darf sich das **Spracherwerbskonzept** eines Immersionsversuchs **nicht an einer Philosophie eines „ungesteuerten"**, gewissermaßen **naturwüchsig entfaltenden Spracherwerbs orientieren**.

These 2: **Bilinguale Kompetenz als Ziel und Mittel** eines durchgehend **zweisprachigen Unterrichts** bezieht sich sowohl auf die **Schriftsprache** als auch auf die **Inhalte des Unterrichts in den Sachfächern**. Sie stellt von daher weit **höhere Anforderungen** an die **Sprachfähigkeit** als sie der herkömmliche Fremdsprachenunterricht ausbilden kann oder will. – Empfehlung: Da die Gegenstände und Konzepte des Sachlernens in einer „fremden" Sprache erarbeitet werden, ist ein **bilinguales Bildungskonzept langfristig anzulegen**. Ein solcher Unterricht **kostet mehr Zeit** als der „übliche" Unterricht in Regelklassen und stellt über viele Lernjahre hinweg **höhere kognitive wie affektive Anforderungen an die Schüler(innen)**. Von daher müssen die bisherigen **Regelungen zur Sprachenfolge an den weiterführenden Schulen grundlegend überdacht** und dem übergeordneten Ziel einer schulisch vermittelten bilingualen Erziehung **angepasst werden**.

These 3: Die Ziele einer schulisch vermittelbaren bilingualen Erziehung (= *bilingual education*) sind **nicht** im Rahmen der Grundschule zu erreichen (auch nicht einer sechsjährigen). – Empfehlung: Die SESB braucht ein **gesichertes Fortführungskonzept** im Sekundarschulbereich (mit europäisch perspektivierten Abschlüssen), das **allen Begabungspotentialen und -richtungen** gerecht wird. Das in der Grundschule etablierte Prinzip der **Gleichgewichtigkeit der beiden Sprachen** (Erstsprache und Partnersprache) **und Lerngruppen** ist auch **an den weiterführenden Schulen** in Bezug auf die **Stundentafel** und die Zusammensetzung des **Lehrkörpers** (deutsch- und anderssprachige Lehrkräfte) **aufrechtzuerhalten**.

These 4: Für einen pädagogisch und inhaltlich fruchtbaren Unterricht in einer Zweitsprache muss eine gewisse **„untere" Schwelle der Sprachfähigkeit** in dieser

Arbeitssprache erreicht sein (*proficiency*), da ein Sachunterricht in einer Zweitsprache unterhalb dieser Schwelle eher Schaden als Nutzen für die Kinder anrichtet. – Empfehlung: Für die monolingualen Kinder an der SESB muss es eine eigenständige Komponente **frühen und ergebnisorientierten Fremdsprachenlernens** geben.

These 5: Die Lerngruppen an der SESB zeichnen sich, bedingt durch das Nebeneinander von Mutter- und Partnersprache sowie die unterschiedlich ausgeprägten Kompetenzgrade von „stärkerer" und „schwächerer" Sprache, durch eine relativ große **Heterogenität** aus. – Empfehlung: Mutter- und Partnersprachunterricht müssen ein Höchstmaß an **Binnendifferenzierung** einlösen, indem ein didaktisch reflektierter und methodisch **differenzierter Sprachunterricht** für die **rezeptiv** und die **produktiv zweisprachigen Kinder** erteilt wird.

These 6: Längerfristiges Ziel des Unterrichts an der SESB ist die geglückte **Synthese von Sach- und Sprachlernen** (= Immersion). – Empfehlung: Die Integration von themenbezogenem Unterricht und systematischem Erwerb der Zweitsprache muss **curricular geplant** werden. Die **didaktische Strukturiertheit** des inhaltsbezogenen Spracherwerbs zeigt sich insbesondere in der Orientierung auf die **sprachlichen Anforderungsprofile** der **Sachkunde** und der **Sachfächer** der 5. und 6. Klasse (*subject-matter literacy*).

These 7: Die **Mitarbeit** und **Beratung der Eltern** sowie die über den Kontakt mit den Lehrkräften und Erziehern hinausgehende **Begegnung mit weiteren Repräsentanten der Zweitsprachenkultur** sind unverzichtbare Momente eines Spracherwerbskonzepts. – Empfehlung: Die SESB braucht ein strukturiertes **interkulturelles Curriculum**, das sich in **Kontakt und Begegnung mit Muttersprachlern** der Partnersprache niederschlägt und (soweit in der Region möglich) **Erkundungen der partnersprachlichen Kultur** mit einschließt (**Projekttage**).

These 8: **Interkulturelles Lernen** (als Ziel eines zweisprachigen Erziehungskonzepts) ist **nicht nur** eine Frage der **Sprache**; selbst in einem weiten Sinne von Sprache, also einschließlich der **Kinder- und Sachbuchliteratur** der jeweiligen Zielsprache. „Bilingualität" bezieht sich darüber hinaus auf die Themen und Inhalte des Curriculums sowie die Lehr- und Lerntraditionen eines kulturellen Kontextes. – Empfehlung: Der im Sinne des interkulturellen Lernens anzustrebende „Sichtwechsel", d.h. die **Relativierung des eigenen** (national geprägten) **Orientierungsrahmens**, sollte sich in den **Rahmenplänen** für die SESB niederschlagen.

These 9: Indem die SESB mit ihrem Konzept des bilingualen Unterrichts den tradierten „**monolingualen Habitus**" (Gogolin) der deutschen Schule durchbricht, werden fremd- bzw. zweitsprachliche Kompetenzen zu „**basalen Fähigkeiten**" einer europäisch dimensionierten **sprachlichen Grundbildung** für die Welt von heute und morgen. – Empfehlung: Im Rahmen des Partnersprachunterrichts sollten die **Dispo-**

sitionen für das Lernen des **Fremdsprachenlernens** gelegt werden. Hier wird das Fundament für den Erwerb weiterer Sprachen gelegt (**lebenslanges Weiterlernen**).

These 10: Die Lehrkräfte haben einen Anspruch auf eine qualifizierte **Lehrerfortbildung** und **Materialentwicklung**, und die Eltern und die Öffentlichkeit haben ein Recht, über die Erfolge und die eventuellen Schwierigkeiten des Schulversuchs angemessen und umfassend informiert zu werden. – Empfehlung: Es ist unverzüglich eine **fundierte wissenschaftliche Begleitforschung** zu etablieren. Ohne diese bleibt die SESB ein schulpolitischer Torso, der politische Angriffsflächen freilegt, die man bei Offenheit und Transparenz vermutlich nicht riskieren würde.

1. Problemlage: Gezielte Sprachvermittlung oder Naturwüchsigkeit des Spracherwerbs?

1.1 Zur Konzeption der „Staatlichen Europa-Schule Berlin"

1.1.1 Zielvorstellungen

In Berlin gibt es seit dem Schuljahr 1992/93 den Schulversuch der „Staatlichen Europa-Schule Berlin" (= SESB), dessen Ziel „die integrierte Erziehung bilingualer Lerngruppen bei durchgehend zweisprachigem Unterricht" ist (Abgeordnetenhaus von Berlin 1993: 1). Beginnend mit der Vorschule (Seiteneinstieg bei bestimmten Voraussetzungen auch in Klasse 1ff möglich) erfahren die Kinder im Sinne einer Teilimmersion (*early partial immersion*: Swain & Lapkin 1982: 5ff, Genesee 1987: 19ff) eine zweisprachige schulische Sozialisation: "Immersion can be defined as a type of bilingual education in which a second language (or second languages) is used along with the children's native language for curriculum instruction during some part of the students' elementary and/or secondary education" (Genesee 1983: 3). Zur Zeit existieren an 14 Standorten Grundschulen (in Berlin 1. bis 6. Klasse plus Vorklasse) mit einem SESB-Zug, an denen die eine Hälfte des Unterrichts in deutscher Sprache und die andere Hälfte in einer der folgenden Zielsprachen erteilt wird (im Register des Schulversuchs wird das jeweilige Tandem als „Partnersprachen" bezeichnet): Englisch, Französisch, Russisch, Spanisch, Italienisch, Türkisch, Neugriechisch, Portugiesisch und Polnisch. Idealerweise sollte also die Muttersprache der einen Hälfte die Partnersprache der anderen Hälfte der Lerngruppe sein (und umgekehrt). Die SESB versteht sich als „eine sprachintensive Variante der Berliner Regelschule" (Senatsverwaltung 1993: 7). Die Kinder sollen zu gleichen Teilen von deutschen Lehrerinnen und Lehrern bzw. von Lehrkräften mit der jeweiligen Partnersprache als Muttersprache unterrichtet werden. Dabei sollen alle Kinder in ihrer jeweiligen „Muttersprache" (besser vielleicht: in ihrer „stärkeren" Erstsprache) von Muttersprachlern unterrichtet werden, d.h. ab der 1. Klasse in dieser Sprache alphabetisiert werden (Erstlesen und -schreiben). Daneben erhalten sie jeweils von dem anderen Lehrer Unterricht in der Partnersprache und in den Lernbereichen des vorfachlichen Unterrichts der Primarstufe. Der Mathematikunterricht wird in der Regel an den meisten Standorten in Deutsch erteilt. Damit wird für die andersprachigen Schüler(innen) ein „großer" Lernbereich in der Partnersprache Deutsch unterrichtet. Für die immersionsbezogene Verzahnung von Sache und Sprache stellt der

Mathematikunterricht allerdings nur ein eingeschränktes Funktionspotential an sprachlichen Ausdrucksmitteln bereit.

Nachdem 1992/93 die ersten Vorklassen mit den Partnersprachen Englisch, Französisch und Russisch den Unterricht aufgenommen hatten und im April 1993 das Abgeordnetenhaus von Berlin (dies ist das Parlament des Bundeslands Berlin) den Schulversuch „offiziell" bis zum Jahre 2000 genehmigt hatte, lag zum Anmeldebeginn für die 1. Klassen des Schuljahres 1993/94 aber noch kein pädagogisch-didaktisches Konzept für die SESB vor. Dies ließ bis 1996 auf sich warten (vgl. Sukopp 1996). Im Zuge der inzwischen gesammelten Erfahrungen wird in diesem Entwurfskonzept das übergeordnete sprachliche Richtziel der SESB sehr viel vorsichtiger formuliert als in der offiziellen „Drucksache" des Berliner Abgeordnetenhauses: „Zielvorstellungen der SESB gehen davon aus, daß am Ende der vierten Klasse Hörverstehen, Sprech-, Lese- und Schreibfähigkeiten soweit gesichert sind, daß alle Kinder am Fachunterricht in einer Partnersprache erfolgreich teilnehmen können" (Sukopp 1996: 9). Interessanterweise finden sich in diesem pädagogisch-didaktischen Grundlagenpapier nur zwei „versteckte" Hinweise zu den konzeptionell-strategischen Grundsätzen des partnersprachlichen Unterrichts (und der eine ist „negativ" formuliert, also was dieser Unterricht nicht sein soll):

- „Partnersprach- und Sachunterricht bilden didaktisch eine Einheit, wobei Themen der Sachkunde im Zentrum einer lernbereichsübergreifenden Planung und Gestaltung des Unterrichts stehen sollen" (Sukopp 1996: 5).
- „Auch wenn am Beginn des bilingualen Sprachgebrauchs kein fremdsprachendidaktischer Unterricht[2] in gesonderten Stunden erteilt wird, die Kinder vielmehr funktional, situativ und spielerisch an die Partnersprache herangeführt werden, lassen sich erhöhte Forderungen an Lernmotivation und Konzentration nicht ausschließen" (Sukopp 1996: 9).

Etwas transparenter (wenngleich nicht überzeugender) werden die konzeptionellen Grundlagen des Unterrichts in der Partnersprache aus der „Präambel" zu den *„Unterrichtsplänen für die Partnersprachen der SESB"* (in der Entwurfsfassung vom August 1997, dort S. 6f):

- „Partnersprachenunterricht ist nicht identisch mit einem früh einsetzenden Fremdsprachenunterricht ... Der Spracherwerb in zwei verschiedenen Sprachen (den Partnersprachen einer Klasse) erfolgt – alle Lernbereiche übergreifend – in der **kommunikativen Begegnung** der Kinder und Lehrer ... Die Partnersprache selbst ist zunächst nicht Gegenstand des Unterrichts ... **Anlässe für den Spracherwerb der Partnersprache bieten sachlich relevante Unterrichtsgegenstände**".

---

[2] Hiermit ist vermutlich ein fremdsprachendidaktisch begründetes frühes Fremdsprachenlernen gemeint.

Halten wir fest: Die SESB hat sich in ihren „offiziellen" Verlautbarungen voll und ganz zu einem „naturwüchsigen" Teilimmersionsansatz bekannt, der auf keinen Fall ein fremdsprachendidaktisch reflektiertes primäres Fremdsprachenlernen (mit einer sprachsystematischen und/oder kommunikativen Ergebnisorientierung) einschließen soll. Zur Zeit wird an den verschiedenen Standorten der SESB nach keinem übergreifenden, allgemein konsensfähigen Spracherwerbskonzept gearbeitet. Im Gegenteil – vorherrschend scheint eine eher diffuse Vorstellung von „natürlichem" Spracherwerb via Immersion zu sein. Die aus der internationalen Fachdiskussion bekannten kritischen Stimmen zu diesem inzwischen überholten Konzept von „naturwüchsiger" Immersion (siehe genauer 1.2.5, 1.3 und 1.5) sind entweder nicht bekannt oder werden „totgeschwiegen". Dass hier Dissens und Handlungsbedarf besteht, lässt sich allerdings an der Tatsache ablesen, dass die Stundentafel für die SESB (siehe 1.2) den Umfang des partnersprachlichen Unterrichts in den unteren Klassen mehrmals erweitert hat. Dessen ungeachtet sehen sich jedoch die meisten deutschen Lehrkräfte (ohne präzise Zielvorgaben und konkrete Hilfen von außen) mit der Aufgabe konfrontiert, einer heterogenen Lerngruppe von Sprachanfängern bis zu zweisprachigen Kindern einen qualifizierten Deutschunterricht zu erteilen, der alle Schüler fördert und fordert.

1.1.2 Rahmenbedingungen

Die SESB ist nicht als spezieller Schulzweig organisiert, sondern ist an ihren bisherigen Standorten (mit einer Ausnahme: dem deutsch-französischen Standort in Wilmersdorf = Judith-Kerr-Grundschule) immer einer Regelschule angegliedert (meistens mit zwei Parallelklassen). Damit gelten die üblichen Rechtsvorschriften, insbesondere die Grundschulordnung und der Berliner Rahmenplan für die Grundschule. Für den Unterricht in den einzelnen Partnersprachen und die Umsetzung der „europäischen Dimension im Bildungswesen" (bis hin zum Artikel 126 des Vertrags von Maastricht vom 7.2.1992 über die Europäische Union) werden zur Zeit ergänzende Rahmenpläne entwickelt.

Mit 24 Schülern pro Klasse (12 mit der einen und 12 mit einer anderen „starken" Erstsprache) liegt die Frequenz in den SESB-Klassen niedriger als in den Regelschulen. Aufgrund des Unterrichts in zwei Sprachen haben die SESB-Schüler mehr Wochenstunden als die Schüler an der „normalen" Grundschule. Wie die Stundentafel zeigt (= Abb. 2), werden – in den einzelnen Jahrgangsstufen leicht unterschiedlich – zwischen 10 und 12 Wochenstunden in Teilungsgruppen von jeweils 12 Schülern (getrennt nach Mutter- und Partnersprache) unterrichtet. Der Unterricht in den anderen Lernbereichen (oder später, in der 5. und 6. Klasse, in den Sachfächern) findet im Klassenverband statt. Während Mathematik meistens in deutscher Sprache unterrichtet wird, findet der sachkundliche Unterricht (und oft auch BK/Musik) in der nichtdeutschen Partnersprache statt. In der 5. Klasse kommt für alle Schüler verbindlich eine „neue" Fremdsprache hinzu: für die Schüler an den beiden englischsprachigen SESB-Standorten Französisch, für alle anderen Standorte und Partnersprachen Englisch. Diese Entscheidung war nicht unumstritten, denn sowohl einige Lehrkräfte „vor Ort" als auch etliche Eltern sahen darin eine Überforderung nicht weniger Schüler. Sie befürchteten, dass die Kinder mit der Konsolidierung der beiden ersten Sprachen genug „zu tun hätten" (siehe erneut 6.2.2 zum Streit um den Beginn einer vierten Sprache in der 7. Klasse für die künftigen Gymnasialschüler der englischsprachigen SESB-Züge). Inzwischen hat sich (vermutlich bei allen Beteiligten) die Einsicht durchgesetzt, dass der Beginn der zweiten fremden Sprache in Klasse 5 unter den Bedingungen des Berliner Schulsystems unabdingbar ist. Zum einen erhalten alle SESB-Schüler (mit Ausnahme der Schüler an den englischen Standorten) ab der 5. Klasse Englischunterricht; und die meisten Kinder sind höchst motiviert, diese „allgegenwärtige" Sprache nun auch in der Schule in systematischer Weise zu lernen. Zum anderen ist der Beginn dieses Fremdsprachenunterrichts (mit Englisch oder Französisch) unbedingt notwendig, weil sonst keine **Durchlässigkeit zum „regulären" Schulwesen** gewährleistet wäre. Man muss ferner sehen, dass dies unter den obwaltenden Bedingungen der Philosophie der „Naturwüchsigkeit" durchaus eine Chance ist, die Schülerinnen und Schüler an ein strukturiertes Sprachenlernen heranzuführen. Die „formalen" Aspekte des Sprachlernens dürfen gerade an einer **sprachbetonten** Regelschule nicht auf der Strecke bleiben, denn **Spracherwerb** ist immer auch **Strukturerwerb** (in einem weiten Sinne: siehe erneut 3.1.2 und 4.1).

Im Augenblick gilt die folgende Stundentafel (Abb. 2 u.a. in Sukopp 1996: 6):

Lernbereiche	Vor-klasse	Vorfachlicher Unterricht				Fachunterricht		Unterrichtsfächer
		1	2	3	4	5	6	
Erstsprache		7	7	6	6	5	5	[1] Erstsprache
Partnersprache		3	4	6	6	5	5	Partnersprache
Mathematik			5	5	5	5	5	Mathematik
BK/Musik			3	3	3	3	3	BK/Musik
		10[2]				2	1	Biologie
Sachkunde			2	3	5	1	2	Erdkunde
						2	2	Geschichte/Sozialkunde
						5	5	neue Fremdsprache
Sport		2	2	2	2	2	2	Sport
Gesamtstundenzahl								
Vorschulerziehung	21							
Vorfachlicher Unterricht		22	23	25	27			
Fachunterricht						30	30	
Förderunterricht in allen Klassenstufen[3]		2	2	2	2	2	2	Förderunterricht in allen Klassenstufen[3]

Schülerwochenstunden je Klasse

[1] Unterricht in getrennten Gruppen.
[2] Mit gleichem Anteil von Unterricht in beiden Partnersprachen.
[3] Förderunterricht, um bevorzugt Defizite im Spacherwerb in der Muttersprache auszugleichen.

Abb. 2: Stundentafel der SESB (1997)

Mit dem Beginn des Schuljahres 1998/99 wurde die Teilnahme an der Nachmittagsbetreuung für alle Schülerinnen und Schüler der SESB obligatorisch, wobei es allerdings ins Belieben der Eltern gestellt ist, wie oft sie ihr Kind daran teilnehmen lassen. Ein Grund für diese Bestimmung ist die Tatsache, dass für SESB-Schüler die üblichen Auflagen in Bezug auf einen bestimmten Einschulungsbezirk aufgehoben sind. Somit kommen SESB-Schüler aus den verschiedensten Verwaltungsbezirken Berlins (zum Teil sogar aus den Berlin-nahen Randgebieten Brandenburgs). Da die Kinder hinsichtlich ihres oft recht weiten Schulwegs auf die Eltern angewiesen sind, bietet die Schule eine Betreuung bis 16 Uhr an, damit berufstätige Eltern ihre Kinder auch nach dem eigentlichen Unterrichtsschluss abholen können. Ein zweiter Grund dafür ist in dem Bemühen zu sehen, das bikulturelle Moment in diesem Schulversuch zu stärken. Dem Übergewicht durch die deutsche Umgebungssprache soll so weit wie möglich am Nachmittag durch nichtdeutsche Erzieherinnen und Erzieher begegnet werden, die über ein strukturiertes Angebot von außerunterrichtlichen Aktivitäten der Partnersprache und -kultur ein breiteres Fundament verleihen sollen. Leider musste vielen Erziehern mit Fristverträgen im Zuge der einschneidenden Sparmaßnahmen im Berliner Bildungssektor gekündigt werden. Die vom Personalplan her vorgesehenen Erzieherstellen wurden mit Erziehern aus dem Überhang in den Ostbezirken besetzt (allerdings verstehen diese häufig die jeweilige Partnersprache nicht). An einigen Schulen haben deshalb die Eltern aus Mitteln der von ihnen ins Leben gerufenen Fördervereine in Eigeninitiative anderssprachige Erzieher angestellt, um dem Ziel, die nichtdeutsche Partnersprache an der SESB „aufzuwerten", stärker gerecht werden zu können.

1.1.3 Fragen an den Schulversuch „Staatliche Europa-Schule Berlin"

Jeder Immersionsansatz, also auch der der SESB, wirft hinsichtlich des dem Schulversuch zugrunde liegenden Spracherwerbskonzepts eine Fülle von Fragen auf, besonders wenn – wie in Berlin – zweisprachige Lerngruppen gemeinsam unterrichtet werden. Der Übersichtlichkeit wegen sollen diese Fragen in zehn Punkte gegliedert werden:
– eine fremdsprachenpolitische Legitimation des Schulversuchs und dessen Einbettung in generelle sprachenpolitische Begründungszusammenhänge zu einer europäisch dimensionierten sprachlichen Grundbildung im ausgehenden 20. Jahrhundert,
– eine eher grundsätzliche Information und Beratung von Eltern, Lehrern und Erziehern über das Phänomen „Zweisprachigkeit",
– eine Sensibilisierung der Lehrerinnen und Lehrer für die Spezifika der sprachlichen Interaktionsprozesse in einem zweisprachig geführten Unterrichtsdiskurs,
– eine Reflexion der Wechselbeziehungen zwischen dem Sprachkönnen in den beiden Sprachen und der schulischen Entwicklung eines „zweisprachigen" Kindes,
– eine genuin fremdsprachendidaktische Reflexion des „Partnersprachlichen Unterrichts" als eigenständigem Lernbereich der SESB (schließlich wird die „Partnersprache" von der Senatsverwaltung für Schule 1993: 6 als „das neue ‚Intensiv-Fach' der SESB" deklariert),

- eine didaktisch reflektierte Verbindung von Sach- und Sprachlernen, die der Spezifik der Immersion als Synthese von *content teaching* und *language teaching* gerecht wird,
- ein Wissen um die potenziellen Defizite eines Unterrichts, der den Prinzipien der Immersion folgt,
- ein Bewusstsein für die ausgeprägte Heterogenität der Lerngruppen als Folge unterschiedlicher Sozialisationsbedingungen, Schulerfahrungen und zum Teil erheblicher individueller Unterschiede in der Sprachlernfähigkeit der Kinder,
- ein Bewusstsein für die wechselseitigen Abhängigkeiten von Sprache und Kultur, insbesondere was die Notwendigkeit bzw. die Möglichkeiten interkulturellen Lernens und interkultureller Erziehung in multikulturell zusammengesetzten Lerngruppen betrifft,
- ein synergetisches Geben und Nehmen zwischen pädagogisch-didaktischer Handlungsforschung und innovativer Unterrichtspraxis (inkl. der dafür sinnvollen Konzepte und Methoden der Fortbildung der Lehrkräfte).

Ein didaktisch wie methodisch differenziertes Spracherwerbskonzept muss Antworten auf diese Fragen geben können. In gestraffter und nochmals strukturierter Form soll dies besonders in Kap. 5 geleistet werden.

1.2 Die Zielsprache als Lehrgegenstand in den Immersionsmodellen anderer Länder

1.2.1 Begriffsbestimmung: Immersion und bilingualer Unterricht

Von Immersion und immersionsähnlichen Unterrichtsarrangements wird üblicherweise gesprochen, wenn ein Teil der fachlichen Inhalte eines institutionell gesteuerten Unterrichts in einer für die Lernenden „fremden" Sprache vermittelt wird (also in einer Sprache, die nicht ihre Erst- oder Muttersprache ist)[3]. In Kanada kennt man dabei eine relativ strikte Definition von Immersion insofern, als ein schulisches Lernarrangement nur dann als Immersion gilt, wenn **mindestens 50% der Unterrichtszeit** auf das Vermitteln bzw. das Lernen von **Fachinhalten** in einer Sprache verwendet werden, die für die Angehörigen der **Mehrheitskultur** eines Landes **nicht die Erstsprache** ist (Zielsprache der Immersion ist in Kanada das Französische): "Immersion is a form of bilingual education in which students who speak the language of the majority of the population receive part of their instruction through the medium of a second language and part through their first language ... Generally speaking, at least 50 percent of instruction during a given academic year must be provided through the second language for the program to be regarded as immersion" (Genesee 1987: 1).

---

[3] In der Fachliteratur zur Spracherwerbsforschung wird die Erst- oder Muttersprache in der Regel mit L1 abgekürzt, während für die Zweitsprache die Kürzel L2 Anwendung findet.

Diese Definition gilt heute einigen Fachvertretern als zu eng und der Vielfalt von Schul- und Unterrichtsrealität als wenig angemessen: So werden Minoritätenkinder in einer zweiten Sprache und zuweilen auch in ihrer Herkunftssprache unterrichtet, oder eine Fremdsprache wird für weniger als 50% der Unterrichtszeit als Arbeitssprache in ausgewählten Sachfächern benutzt. Bilingualen Unterricht gibt es nicht nur an Schulen, sondern immer mehr auch an Hochschulen (vor allem an Fachhochschulen und zunehmend an Universitäten: bilinguale Studienprogramme). In einer weiten Auslegung des Begriffs wird in diesen Fällen ebenfalls von Immersion gesprochen. Wode (1995: 12) definiert somit: „Der Terminus IM [Immersion, W.Z.] bezeichnet die Methode, eine Fremdsprache als Unterrichtssprache zur Vermittlung von Fachinhalten zu verwenden". Entscheidend ist dabei, dass eine „fremde" Sprache als Medium oder „Vehikel" für das Lernen von Unterrichtsinhalten eingesetzt wird. Bilingualer Unterricht als **„Methode"** zielt auf den Erwerb einer Fremdsprache über das Sachlernen, wie es vom schulischen Curriculum transportiert wird. Folgerichtig präzisiert Wode (1995: 12) seine Definition einige Zeilen später: „Das eigentlich Charakteristische an IM als Methode wird treffender durch den Begriff *content-based foreign language instruction* (Fremdsprachenlernen über Fachinhalte) erfaßt". Generell ist zur Zeit eine große **Flexibilisierung des bilingualen Sprachenangebots** in unseren Bildungseinrichtungen zu beobachten; bis hin zu den so genannten „Kompetenzkursen" oder „Anreicherungsprogrammen" im Rahmen eines epochalen Unterrichts an Haupt-, Real- und Gesamtschulen. Im letzteren Fall werden bestimmte Themenkomplexe tage- oder wochenweise, oft in Verbindung mit Projektarbeit, in einer Fremdsprache als Arbeitssprache unterrichtet.

Mit der weiten Auslegung des Immersionsbegriffes im Sinne von Wode (1995) haben allerdings nicht wenige Fachvertreter erhebliche Probleme, weil dann alles (was gerade auch in Deutschland an „bilingualem Sachfachunterricht" an den Sekundarschulen läuft) unter „Immersion" fallen würde und Immersion in der „strengeren" kanadischen Lesart (vgl. Genesee 1987: 1) außerhalb Kanadas kaum existieren würde. Sehr hilfreich ist deshalb meiner Einschätzung nach der Versuch, Immersionsmodelle als **Unterkategorie** des weiter gefassten Konzepts des zweisprachigen Unterrichts (als **Methode**, in institutionalisierten Vermittlungskontexten das **Ziel** einer zweisprachigen Erziehung zu erreichen: *bilingual education*) zu verstehen, die bestimmten **Kriterien** genügen müssen.

Swain & Johnson (1997: 6–11) unterscheiden deshalb zum einen
- **zentrale Merkmale** eines prototypischen Immersionsprogramms (*"core features of a prototypical immersion program"*) und zum anderen
- **variable Merkmale**, die verschiedene Immersionsprogramme voneinander unterscheiden (*"variable features that differentiate immersion programs from each other"*).

Die **acht zentralen** (gewissermaßen unabdingbaren) **Merkmale** eines Immersionsprogramms sind die folgenden:
a) **Verwendung einer Zweit- oder Fremdsprache als Unterrichtssprache** (auch Arbeitssprache genannt) zur Vermittlung von Fachinhalten (L2 = *medium of instruction*).
b) Das **Immersionscurriculum deckt sich (im Wesentlichen) mit dem Lehrplan der jeweiligen Regelschule**, die ihre Inhalte über die Umgebungssprache (für die meisten Schüler Muttersprache) transportiert.
c) Die **Mutter- oder Erstsprache der Lernenden** (= L1) **wird gezielt unterstützt** (= "*overt support*").
d) Das **schulische Programm ist auf eine Form der „additiven Zweisprachigkeit" ausgerichtet** (= "*additive bilingualism*": vgl. Lambert 1980 sowie unter 3.2.1); d.h. es stellt so etwas wie ein „Bereicherungsprogramm" dar (= *enrichment*), das die negativen Wirkungen der „subtraktiven Zweisprachigkeit" (wie sie viele Minoritätenkinder erfahren: *subtractive* oder *replacive bilingualism*) zu vermeiden versucht.
e) Die **Begegnung mit der Zweitsprache (L2) ist über weite Strecken auf das Klassenzimmer begrenzt**. Mit diesem Aspekt versucht man schulische Immersion von Spracherwerbssituationen des „natürlichen Sprachbads" zu unterscheiden; etwa wenn jemand – berufs- oder migrationsbedingt – in eine „fremde" Zielsprachenkultur „eintaucht": *immersing oneself in a second/foreign language and culture*.
f) Die **Lernenden treten** in das Programm **mit einem vergleichbaren und in der Regel begrenzten** (*limited*) **Sprachfähigkeitsniveau in der L2 ein** (siehe 4.1 zur internen Struktur der Sprachfähigkeit oder *proficiency*).
g) Die **Lehrkräfte sind zweisprachig**. Man beachte hierbei, dass dieses Qualifikationsmerkmal bei Lehrerinnen und Lehrern, die Minoritäten Sprachunterricht erteilen, häufig nicht gegeben ist (d.h. sie beherrschen nicht die Erstsprache ihrer Lernenden).
h) Die **Schulkultur eines Immersionsprogramms wird weitgehend von der soziokulturellen Realität der jeweiligen Umgebungssprache geprägt**. Diese *community language* durchdringt mit anderen Worten große Bereiche des Schullebens und Unterrichtsalltags: Kommunikationsmedium von Lehrern bzw. Schülern außerhalb des unterrichtlichen Kontextes, Schulorganisation (Sekretariat, Hausverwaltung), Schulleitungsfunktionen, pädagogisch-didaktische Fachgespräche, Elternversammlungen u. dgl. mehr.

Die „Staatliche Europa-Schule Berlin" (SESB) entspricht in diesen acht zentralen Aspekten dem komplexen Merkmalsbündel eines „prototypischen" Immersionsprogramms, wobei die einzelnen Aspekte immer auf einem Kontinuum (einer graduell abstufbaren Skala) angesiedelt sind. So gilt für die SESB das 50:50-Prinzip in Bezug auf die Zusammensetzung der Schulklassen und des Lehrkörpers sowie den

Anteil von Mutter- und Partnersprache in ihrer Verteilung auf bestimmte Lernbereiche (1.–4. Klasse) oder Sachfächer (5. und 6. Klasse). Folgt man der kanadischen Terminologie, ist die SESB in der Tat als „frühe Teilimmersion" (= *early partial immersion*) einzustufen. Was die **zehn variablen Merkmale** eines Immersionsprogramms angeht, treten die spezifischen Aspekte der SESB (siehe hierzu auch 1.2.5) schärfer hervor, wenn man sich die folgende Kriterienliste vergegenwärtigt:

a) Die **Stufe des Lehrgangs** (im Rahmen eines bestimmten Schulsystems), **auf der die Immersion beginnt**: Im Falle der SESB wird die L2 bereits in der Vorklasse als Unterrichtssprache eingeführt (frühe Immersion).

b) Der **Anteil an Immersionselementen**: An den Standorten der SESB wird die L2 (Partnersprache) für 50% der Fachinhalte „benutzt" (50:50-Prinzip, sprich Teilimmersion).

c) Das **Verhältnis von L1 und L2 als Medium des Unterrichts** (= Arbeitssprache) **über die Stufen des Lehrgangs hinweg**: Das 50:50-Prinzip wird an der SESB von der ersten bis zur sechsten Klasse durchgehalten.

d) Die **Kontinuität des Immersionsprinzips über die verschiedenen Schulstufen und Schulformen hinweg**: Ob es z.B. auch in den Sekundarschulen in der bisherigen Form weitergeführt wird (50:50-Prinzip, Muttersprachler als Lehrkräfte für die in der Partnersprache/L2 unterrichteten Fächer) ist zur Zeit noch nicht abzusehen (siehe dazu 6.2.2).

e) Die **Zielsprache als Lehrgegenstand** (in der Fachliteratur unter den Begriffen *bridging support* oder *language support* diskutiert) im Rahmen eines Immersionsprogramms: Hierunter versteht man curriculare Maßnahmen, die den Lernenden helfen sollen, die für den Erfolg der Immersion entscheidende (wenngleich nicht quantifizierbare: siehe 3.3.2) untere Schwelle der Sprachfähigkeit (*proficiency*) möglichst bald zu erreichen.

f) **Ressourcen**: Der Rückgriff auf zwei Arbeitssprachen in (bilingualen) Unterrichtsmodellen stellt erhöhte Anforderungen an die „Ausstattung" der Schulen (in einem weiten Sinne verstanden): muttersprachliche Lehrkräfte (die angemessen bezahlt werden müssen: zu diesem äußerst heiklen Punkt siehe 6.1), Material- und Lehrplanentwicklung mit Bezug auf die fremde Sprache und Kultur, Teilungsunterricht für die beiden Sprachgruppen (L1- bzw. L2-Unterricht), höhere Stundenzahl für die Schüler und damit mehr Lehrerstunden für die Schulverwaltung, Lehrerfortbildung und eine solide wissenschaftliche Begleitforschung.

g) **Engagement**: Ein Immersionsprogramm fordert von allen Beteiligten mehr Einsatz; seien es nun die Lehrer oder die Schüler, die Schulleiter oder die Eltern, die Kultusbeamten oder die Lehrerfortbildner (um nur die wichtigsten Gruppen zu nennen).

h) **Einstellungen zur Zielsprachenkultur**: Das Spektrum der Einstellungen auf Seiten der Eltern und Schüler kann beträchtlich variieren; von dem Wunsch nach weitest gehender Identifikation mit der L2 als Sprach- und Kulturgemeinschaft bis zur eher instrumentellen Funktion des L2-Erwerbs im Sinne langfristig zu erwartender Vorteile in beruflicher, wirtschaftlicher oder gesellschaftlicher Hinsicht.

i) **Sozialprestige der beiden Sprachen**: Die Beziehungen zwischen den beiden Sprachen (nicht zuletzt im Selbstverständnis der Lernenden und der Eltern, aber auch in der Gesellschaft der L1-Kultur insgesamt) können sehr komplex und – im Einzelfall – höchst spannungsreich sein – abhängig (unter anderem) von der Familiensituation, der berufs- oder migrationsbedingten Dauer des Auslandsaufenthalts (zwischen Zeitweiligkeit und Permanenz), den späteren Berufschancen oder Studienmöglichkeiten usw.

j) Eine **Messlatte für den Erfolg eines Immersionsmodells**: Es dürfte äußerst schwierig sein, eine konsensfähige Norm für ein erfolgreiches Immersionsprogramm festzulegen. Die Variabilität der Ansprüche, Erwartungen und Forderungen dürfte erheblich sein, denn woran sollte man einen derartigen Schultyp „messen"? Schon die Einrichtung solcher Schulen kann ein „Erfolg" sein, aber was kann, soll oder darf als Kriterium für die Leistung(en) der Schule, der Schüler und der Lehrer gelten? Innovative Schulentwicklung und Qualitätssicherung in pädagogischer und fachlicher Hinsicht dürften sehr viel schwieriger nachzuweisen sein als an Regelschulen.

1.2.2 Kanadische Immersionsmodelle

Nach den mir vorliegenden Angaben nahmen 1993/94 gut 300.000 Schüler (an 2.063 Schulen) an einem Immersionsprogramm in Kanada teil, was etwa 7% der gesamten Schülerzahl entspricht. In Kanada beginnt – zeitgleich zur frühen völligen Immersion (= *early total immersion*) – ein strukturierter kindgemäßer Fremdsprachenunterricht (*core French* genannt) mit der Vorschule und den ersten beiden Klassen der Grundschule (siehe Diagramm 1). Er wird zeitlich etwas verstärkt, wenn der Immersionsanteil ab Klasse 3 zurückgenommen wird. Analog hierzu haben die späten Immersionsprogramme in Kanada (= *late immersion*) stets einen **Vorlauf** in der Form eines kindgemäßen und grundschulgerechten Fremdsprachenunterrichts (Zielsprache Französisch), und zwar in aller Regel über die **gesamte** Grundschulzeit hinweg. Die Unterschiede im prozentualen Anteil des Immersionsunterrichts (= *percentage of instructional time*) sind bei der späten Immersion beträchtlich, denn die Programme dafür werden auf lokaler Ebene entwickelt (in Kanada: *county*). Das Konzept eines verstärkten Vorlaufs gilt im Übrigen auch für den bilingualen Unterricht in Deutschland, denn in den meisten Bundesländern bekommen die Schüler(innen) einen erweiterten Fremdsprachenunterricht im Umfang von zusätzlich zwei Stunden in den Klassen 5 und 6 (also 7 Wochenstunden in der Stundentafel), um sie in **sprachlicher** Hinsicht auf den Fachunterricht in der jeweiligen Arbeitssprache vorzubereiten.

Diagramm 1 fasst das gängige Schema der frühen völligen Immersion in Kanada zusammen (Genesee 1987: 21), wobei „K" für *kindergarten* (= „Vorschule") und die Ziffern 1–11 bzw. 13 für die Klassenstufen stehen:

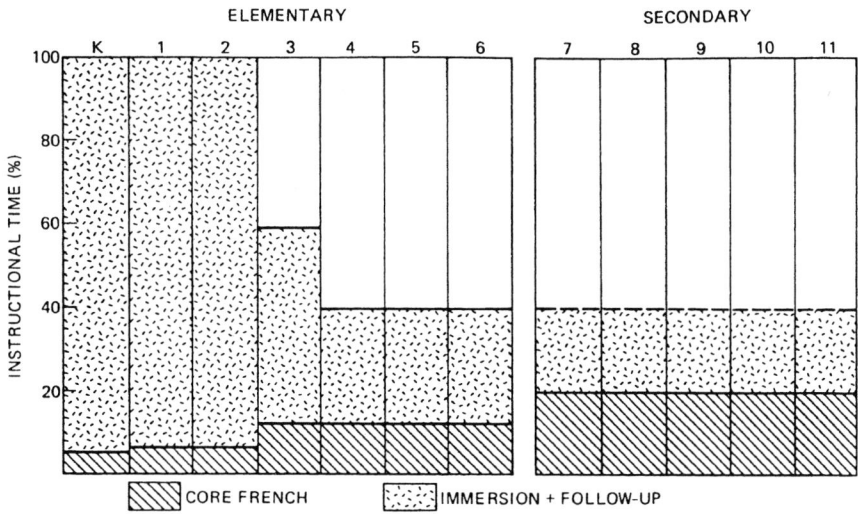

Diagramm 1: Schema der frühen völligen Immersion in Kanada

Die Unterscheidung von *immersion* und *follow-up* ist in Kanada damit zu erklären, dass angesichts der „engen" Definition von Immersion alle Programme mit einem Anteil von weniger als 50% Unterrichtszeit in der Zweitsprache (= L2) als *follow-up* gelten (in etwa mit dem bilingualen Sachfachunterricht der deutschen Sekundarschulen vergleichbar). Der Französischunterricht wird in Kanada als Fremdsprachenunterricht in der Sekundarstufe weitergeführt (häufig auch *extended core* genannt).

Diagramm 2 fasst zwei häufige Varianten einer späten Immersion (= *late immersion*) in Kanada zusammen (Genesee 1987: 23):

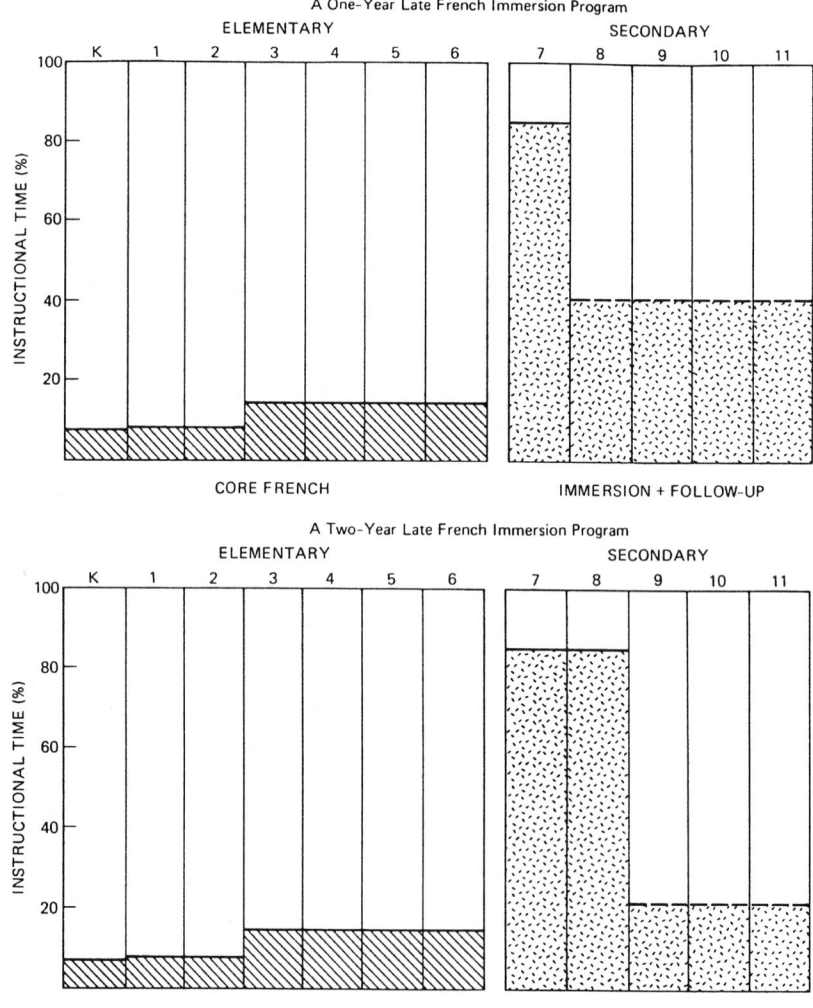

Diagramm 2: Zwei Programmvarianten von später Immersion in Kanada

Diagramm 3 illustriert zwei weitere Programmvarianten von später Immersion in anderen (als den von Genesee beschriebenen) Provinzen Kanadas, wobei in der Quelle (Swain & Lapkin 1982: 13) aus Platzmangel nicht die gesamte Grundschulzeit abgebildet ist (den dunkel markierten Französischunterricht/*core French* gibt es ab der Vorklasse; die unterbrochene Linienführung für das Modell rechts soll andeuten, dass es zum Zeitpunkt der Drucklegung des Buches wissenschaftlich noch nicht evaluiert war):

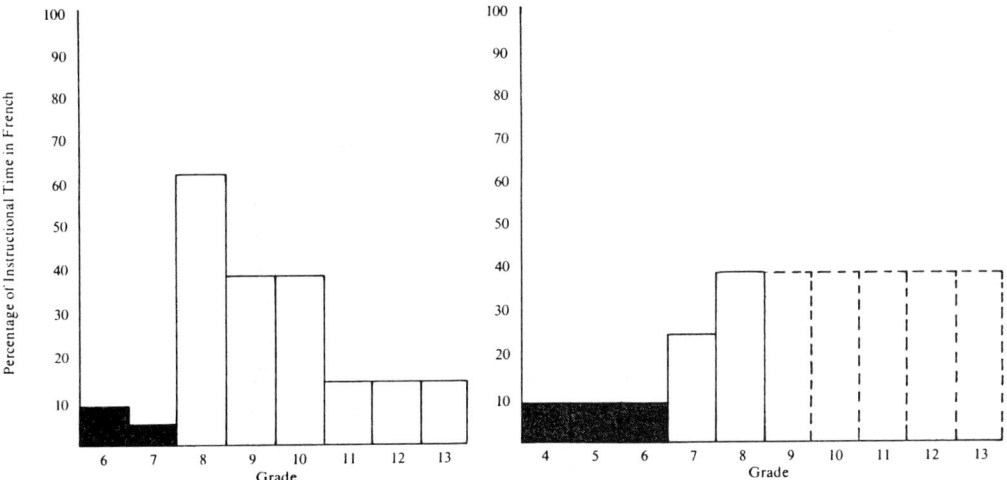

Diagramm 3: Zwei weitere Varianten von später Immersion in Kanada

1.2.3 Die Europäischen Schulen des Europarates

Gewisse Ähnlichkeiten zu kanadischen Modellen später Immersion gelten für die Europäischen Schulen, die für die Kinder der Mitarbeiter der europäischen Organisationen eingerichtet wurden. Eine der beiden Brüsseler Schulen ist wissenschaftlich evaluiert worden und leistet offenbar hervorragende Arbeit im fremdsprachlichen Bereich. Das Kompetenzniveau der Schüler mit Französisch als L2 lag dabei über dem der kanadischen Immersionsschüler (vgl. Baetens Beardsmore & Swain 1985, Housen & Baetens Beardsmore 1987), was angesichts des Status des Französischen als Umgebungssprache in der Brüsseler Region nicht sonderlich verwundert. Allerdings zeigt das Beispiel, wie wichtig der extracurriculare Kontakt mit der L2 für den Gesamterfolg schulischer Fremdsprachenangebote ist. Diagramm 4 fasst den Sprachunterricht an den Europäischen Schulen zusammen (übernommen aus Wode 1995: 94):

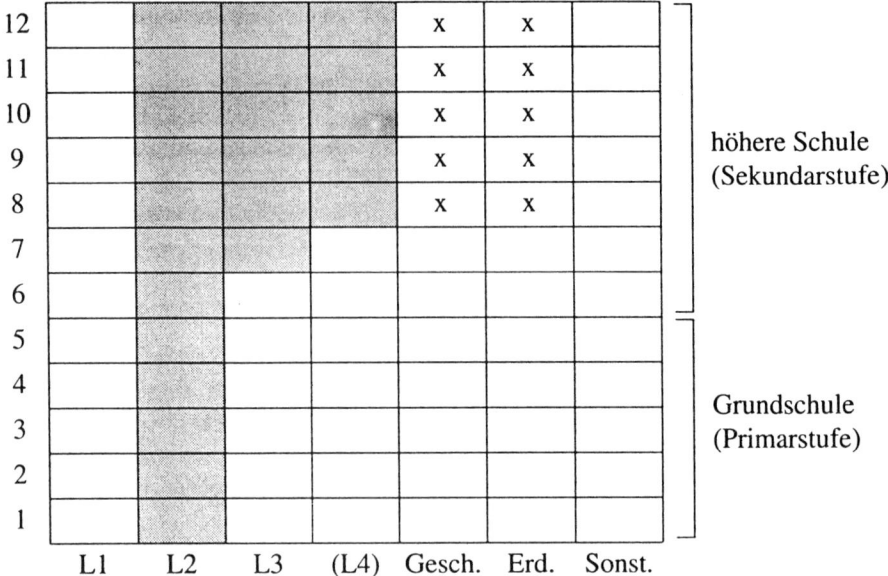

Diagramm 4: Der Sprachunterricht an den Europäischen Schulen des Europarates

Alle Kinder erhalten in der Grundschule (fünf Klassenstufen) und in den ersten beiden Jahren der Sekundarstufe einen gezielten Fremdsprachenunterricht in einer zweiten Sprache (nach Wahl eine der drei „großen" Verkehrssprachen der Europäischen Union [= EU] Englisch, Französisch oder Deutsch). In der 1. und 2. Klasse sind dafür 5 x 30 Minuten in der Stundentafel angesetzt, in der 3. bis 6. Klasse 5 x 45 Minuten, in der 7. und 8. Klasse 4 x 45 Minuten und von der 9. bis 12. Klasse jeweils drei Wochenstunden. Damit wird sichergestellt, dass die Schüler über eine angemessene L2-Kompetenz verfügen, wenn ab der 8. Klasse ausgewählte Sachfächer (in der Regel Erdkunde und Geschichte) in dieser Sprache unterrichtet werden (= so genannte Arbeits- oder Vehikularsprachen). **Alle Schüler** nehmen ab der 8. Klasse an dieser Form des Unterrichts in einer L2 teil. In der 7. Klasse beginnt der Unterricht in einer 2. Fremdsprache (= L3 in Diagramm 4), die eine der Amtssprachen der EU sein muss (also auch eine „kleinere" europäische Sprache sein kann). Dafür sind durchgehend drei Wochenstunden bis zum Abitur in der Stundentafel vorgesehen. Ab der 8. Klasse ist fakultativ (deshalb die Klammer für L4 in Diagramm 4) eine „alte" Sprache (Latein bzw. Griechisch) oder eine weitere „kleinere" EU-Sprache wählbar; und zwar in „Konkurrenz" zu anderen Wahlfächern wie Wirtschafts- und Sozialkunde, BK oder Musik.

Mit Abschluss der 12. Klasse wird an den Europäischen Schulen der EU das europäische Baccalauréat (= „Euro-Bac") verliehen, das zum Studium an den wissenschaftlichen Hochschulen und Universitäten aller Mitgliedsstaaten der EU berechtigt. Dies wäre für die Weiterführung der SESB auf den Sekundarstufen I und II im Prinzip die politisch und pädagogisch sinnvollste Zielperspektive (gewesen[4]); gerade wenn man an die Hauptstadtfunktionen der Stadt und die sich damit ausdifferenzierende Vielfalt von Sprach- und Zielgruppen denkt, die einer europäisch dimensionierten schulischen Bildung im Sekundarschulbereich bedürfen.

In der 3. bis 5. Klasse der Grundschule stehen zusätzlich am Nachmittag noch 3 x 45 Minuten für die so genannten „Europäischen Stunden" zur Verfügung, in denen die Kinder aus den drei Sprachabteilungen im Sinne eines Begegnungskonzepts in einer der drei Zweitsprachen (= L2) **zusammen** unterrichtet werden, wobei das gemeinsame Spielen und handlungsbezogene Aktivitäten wie Kochen, Nähen oder Projektarbeit im Vordergrund stehen.

Die Schülerinnen und Schüler werden selbstverständlich von Muttersprachlern der jeweiligen L1, L2 oder L3 unterrichtet, was ein angemessenes sprachliches Niveau im Erst- und Fremdsprachenunterricht sowie im bilingualen Sachfachunterricht gewährleistet. Im Übrigen ist auch das sonstige Schulpersonal stets mehrsprachig.

1.2.4 Das Luxemburger Schulsystem

Das Schulsystem des Großherzogtums Luxemburg zeigt, dass die institutionelle und die individuelle Mehrsprachigkeit im Erziehungswesen einer gesamten Region verankerbar und ausbildbar sind. In der Vorschule und in der 1. Klasse der Grundschule wird die Umgangssprache Luxemburgisch benutzt (ein für Sprecher des Hochdeutschen schwer verständlicher Dialekt des Deutschen). Ab Klasse 1 erhalten die Schüler einen strukturierten Deutschunterricht, d.h. **Deutsch als Fremdsprache** (= DaF) ist zunächst **Lehrgegenstand**. Über die sechs Jahre der Grundschule hinweg wird Deutsch zunehmend Unterrichtssprache, so dass in der 6. Klasse (mit Ausnahme des Französischunterrichts) der gesamte Unterricht in der Arbeitssprache Deutsch abläuft. In den ersten drei Jahren der Sekundarstufe wird Deutsch als Arbeitssprache in einigen Sachfächern fortgeführt, dabei aber im prozentualen Anteil an der Unterrichtszeit allmählich zurückgenommen, damit mehr Zeit für das Französische als Unterrichtssprache zur Verfügung steht.

Das **Französische** (als L3 der Schüler) wird **ab der 2. Klasse über alle Grundschuljahre hinweg als Fremdsprache** gelehrt, bevor es auf der Sekundarstufe zuneh-

---

[4] Inzwischen ist die politische Entscheidung gegen diese Möglichkeit gefallen, obwohl es eine engagierte Elterninitiative für diese Lösung gegeben hatte (siehe hierzu 6.2).

mend auch als Arbeitssprache eingesetzt wird – nunmehr komplementär zum DaF-Unterricht und zur Arbeitssprache Deutsch. Ab der 10. Klasse werden etwa 50% des Unterrichts in Französisch erteilt. Mit Ausnahme der DaF-Komponente ist in der eigentlichen Oberstufe Französisch alleinige Arbeitssprache in den Sachfächern. In allen Jahrgangsstufen der Sekundarschule (zumindest bis zur 12. Klasse) ist sowohl Deutsch als auch Französisch immer auch Lehrgegenstand. Für beide Sprachen gibt es zum einen einen **Vorlauf** in der Form einer kind- und grundschulgemäßen **Fremdsprachenvermittlung** und zum anderen (komplementär zur Funktion als Unterrichtssprache) einen den „bilingualen" Sachfachunterricht begleitenden **Stützunterricht** in der jeweiligen Zielsprache (der als systematischer Fremdsprachenunterricht konzipiert ist). Daneben gibt es natürlich in Luxemburg noch ein Angebot für Englisch als Fremdsprache.

1.2.5 Konsequenzen für die SESB

In einer abschließenden Einschätzung der soeben vorgestellten Immersionsmodelle kann angesichts der differenzierten Definition von Immersion (wie sie Swain & Johnson 1997 vornehmen) hervorgehoben werden, dass diese Programme keinen „ideologischen" Gegensatz zwischen den Spracherwerbstypen des strukturierten Fremdsprachenlernens und des Immersionsunterrichts aufbauen. Was die Belange der SESB angeht, sind es vor allem drei Punkte, die für die materielle wie konzeptionelle Konsolidierung bzw. Weiterentwicklung des Berliner Schulversuchs unabdingbar sind:

a) Sowohl der Vorlauf (= *bridging support*) als auch der die Immersion begleitende Fremdsprachenunterricht sind durch **langfristig** (über die gesamte Schulzeit) angelegte **Organisationsformen** charakterisiert. Es gibt mit anderen Worten kein erfolgreiches Immersionsprogramm, das mit dem Ende der Grundschule „abgeschlossen" ist.

b) Der Versuch, im Primarbereich eine Fremdsprache als Unterrichtssprache zur Vermittlung „fachlicher" Inhalte einzusetzen, läuft (angesichts der internationalen Erfahrungen und des augenblicklichen Kenntnis- und Diskussionsstands) auf einen **„dritten Weg"** hinaus. Es kann nicht länger um „reine" (quasi „naturwüchsige") Immersion **oder** systematischen Fremdsprachenunterricht gehen, sondern um eine **komplementäre Synthese** von „Zielsprache als Lehrgegenstand" (kindgerechtes aber ergebnisorientiertes frühes Fremdsprachenlernen) und „Zielsprache als Arbeitssprache" (Immersion bzw. bilingualer Sachfachunterricht). – Wie der bisherigen Darstellung zu entnehmen ist, zeichnen sich die Schulsysteme außerhalb Deutschlands, die für den Erfolg ihrer Immersionsmodelle bekannt sind, entweder durch eine „eigenständige" Komponente strukturierten Fremdsprachenlernens aus (die den eigentlichen Immersionsunterricht über mehrere Jahrgangsstufen der Primarstufe vorbereitet und ihn begleitet), oder aber sie diskutieren diese brennende Frage mit der gebotenen Offenheit und Selbstkritik. Seit etwa 1987 (d.h. nach gut 20 Jahren Erfahrung und einer regen Forschungstätigkeit in Nordamerika) ist diese letztere Entwicklung in der einschlägigen Fachliteratur unverkennbar. Es mehren sich (laut und vernehmlich) die Stimmen, die ein **eigenständiges sprachliches Curriculum für die Immersion im Primarbereich** fordern: Harley 1989; Lyster 1987, 1990, 1994; Stern 1990; Swain 1993; Genesee 1996; Endt 1996 (ausführlicher hierzu in den folgenden Abschnitten 1.3.1 und 1.3.3 sowie erneut im Kap. 5).

c) Schulversuche dieser Art brauchen eine **fundierte wissenschaftliche Begleitung und Evaluierung**. Der Schulversuch der SESB ist ein höchst interessantes und äußerst ambitioniertes Projekt innovativer Schulentwicklung, nicht zuletzt für unsere multikulturellen Ballungsgebiete. Ob es allerdings ein wegweisendes und zukunftsfähiges Projekt sein wird, das steht (um es salopp zu sagen) „zur Zeit noch in den Sternen". Selbst nach sieben Jahren (die Schüler des Pilotjahrgangs sind jetzt – im Schuljahr 1999/2000 – in der 7. Klasse) gibt es keine nennenswerte, solide Begleitforschung. Dabei greift der Schulversuch massiv in die sekundäre Sozialisation von nahezu 4.000 Kindern ein, indem er im primaren Bereich (in dem die Alphabetisierung vollzogen und die Grundlagen für das immer auch sprachlich vermittelte Sachlernen gelegt werden sollen) einen zweisprachigen Unterricht in bilingual zusammengesetzten Lerngruppen zu realisieren versucht. Allein in Kanada sind die Immersionsversuche der letzten 30 Jahre in gut tausend Forschungsberichten dokumentiert worden.

Das Engagement und das Interesse der Eltern an der Immersion dürften dort wie hier gleich groß sein, denn Eltern haben im Wesentlichen zwei Fragen:
- Entwickelt sich die Erstsprache ihrer Kinder unter diesen schulischen Bedingungen in altersangemessener Weise weiter?
- Leidet das Sachlernen unter diesen Voraussetzungen, wenn der Unterricht in einer Sprache erteilt wird, die die Kinder noch nicht hinreichend beherrschen?

Diese fundamentalen Fragen **muss** eine Schulverwaltung den Eltern, der interessierten Öffentlichkeit und natürlich auch den Schülern beantworten können. Es ist (um es ganz unverblümt zu sagen) ein **schulpolitischer Skandal**, dass eine umfassende, seriöse Evaluierung bisher noch nicht einmal ansatzweise in Angriff genommen wurde. In einer demokratischen Gesellschaft müssen die politisch Verantwortlichen über den Erfolg einer so weit gehenden curricularen Konzeption Rechenschaft ablegen. Gewiss wird jeder interessierte Laie den Gedanken nachvollziehen können (und die Forschungslage bestätigt diese Vermutung), dass jemand, der eine Zweit- oder Fremdsprache mit Erfolg in jungem Alter gelernt hat, in der Regel um so erfolgreicher in späterem Alter weitere Fremdsprachen lernen wird (ohne dass sein Sachlernen dabei Einbußen erfährt). Es wird doch aber die „ketzerische Frage" erlaubt sein dürfen, ob ein Teilimmersionsversuch mit einem „diffusen" Spracherwerbskonzept wirklich so viel Kompetenz in der Zweitsprache vermittelt, dass das Lernen in den Sachfächern nicht darunter leidet. Ist die Kompetenz in der Muttersprache Deutsch wirklich so, dass diesen Schülern (sollten sie nach der SESB-Grundschulzeit für das reguläre, deutschsprachige Sekundarschulwesen optieren) **keine** Schwierigkeiten erwachsen? Zur Zeit gibt es keine Antworten auf diese mehr als berechtigten Fragen.

Die im internationalen Kontext entwickelten Organisationsstrukturen mit ihren vielschichtigen Erfahrungswerten, die durch wissenschaftliche Begleituntersuchungen abgesichert sind, dürfen von der SESB nicht „blauäugig" oder im naiven Vertrauen auf die vermeintliche „Naturwüchsigkeit" des Spracherwerbs negiert werden.

> Ohne ein langfristig konzipiertes, systematisches und ergebnisorientiertes Fremdsprachenlernen (zusätzlich zum Einsatz der Partnersprache als Arbeitssprache im Unterricht), ohne ein schulpolitisch vernünftiges (ebenfalls langfristig strukturiertes) Weiterführungskonzept im Sekundarschulbereich und ohne eine fundierte wissenschaftliche Begleitforschung bleibt die SESB ein Torso. Sie unterliegt der doppelten Gefahr, dass zum einen die sprachliche, intellektuelle und schulische Entwicklung nicht weniger Schüler eher Schaden als Nutzen erfährt und dass zum anderen der Konzeption die Legitimation fehlt und die Eltern sich von dem Versuch abwenden (zu diesem Aspekt siehe 6.2).

Man darf sich nicht täuschen lassen: Die Erfolge der Immersion beruhen im Kleinen wie im Großen (auf der Mikroebene des Unterrichts von Einzelstunden und auf der Makroebene des Schulsystems) in erheblichem Maße auf Strukturleistungen des pädagogisch-didaktischen Feldes, die zum Teil deutlich über das hinausgehen, was konventionelle Konzepte von Schule, Unterricht, Lehrerfortbildung und Curriculumentwicklung üblicherweise erbringen.

1.3 Immersion: ein schulisch vermittelter Zweitspracherwerb

1.3.1 Immersion: kein natürlicher Spracherwerb

Die wichtigste Aufgabe für alle an dem Schulversuch Beteiligten (insbesondere für die Lehrer und die für die Lehrerfortbildung und Materialentwicklung zuständigen Moderatorinnen) liegt darin, innovative didaktisch-methodische Konzepte für die einzigartige **Synthese von** einer „guten" **Grundschulpädagogik und einem kindgemäßen wie primarstufengerechten Zweitsprachenerwerb unter institutionellen Lernbedingungen** zu entwickeln. **Jeder Immersionsversuch bleibt schulischer Unterricht.** Er ist eben kein „natürlicher" Zweitspracherwerb, wie ihn etwa Migrantenkinder erfahren. Immersion ist eine Form von Zweitspracherwerb unter institutionellen

Bedingungen, die sich **schulischer Vermittlungsverfahren** bedient. Nach allem, was inzwischen an gesicherten Erkenntnissen zur Immersion bereitsteht, wäre es sowohl für die in den Schulversuch involvierten Schülerinnen und Schüler als auch für die längerfristige politisch-pädagogische Akzeptanz des SESB-Modells fatal, wenn das didaktische Konzept des Schulversuch sich an einer Philosophie des „ungesteuerten", sich gewissermaßen „naturwüchsig" entfaltenden Zweitspracherwerbs im Sinne von Krashen (1981, 1985: *acquisition*; siehe auch Abb. 5) orientieren würde. Ein themenzentrierter Sachunterricht in einer Zweitsprache ist noch lange (*per se*) kein effizienter Sprachunterricht. Für die monolingualen Kinder kann der partnersprachliche Unterricht ein strukturiertes und gesichertes Fundament an zweitsprachlicher Handlungsfähigkeit legen, damit – darauf aufbauend – die anderen, über die Sach-Sprach-Begegnung laufenden Spracherwerbsmechanismen greifen können. Zum einen ist die Vorstellung eines „ungesteuerten" Spracherwerbs heutzutage nicht mehr haltbar (vgl. Wode 1993: 23f), denn auch endogene (im Organismus, d.h. im Lerner angelegte Sprachlernfähigkeiten) wirken natürlich „steuernd". Zum anderen ist die Vorstellung, Immersion bräuchte keine gezielte sprachliche Schulung der Lernenden, durch einen Rückgriff auf die Idee der „Natürlichkeit" in keiner Weise zu rechtfertigen. Jede Form von Spracherwerb (der gleichzeitige Erwerb von einer oder mehreren Erstsprachen, der gegenüber dem Erstspracherwerb zeitlich verschobene Erwerb einer zweiten Sprache oder das Fremdsprachenlernen unter schulischen Bedingungen) beinhaltet die **wechselseitige Interdependenz von endogenen und exogenen Faktoren** (letztere: von „außen" auf den Lernenden einwirkende Einflüsse). Spracherwerb bzw. Sprachlernen vollzieht sich immer **interaktionistisch**, d.h. im äußerst komplexen und vielschichtigen Wechselspiel von „internen" und „externen" Faktoren. Der von Krashen (1981, 1985) aufgebaute „fundamentale" Gegensatz von *acquisition* und *learning* wird heutzutage von den Spracherwerbsforschern in der Regel nicht akzeptiert (vgl. etwa Wode 1993: 58). Statt des Konstrukts der Existenz von zwei, auch qualitativ verschiedenen Systemen wird von einem Kontinuum mit zwei Polen ausgegangen, die das eher bewusste und das eher unbewusst-intuitive „Lernen" repräsentieren.

Die Suche nach einem geeigneten Spracherwerbskonzept für die SESB darf sich nicht nur auf das WAS & WIE des Spracherwerbs beziehen („was wird eigentlich gelernt, wenn eine Sprache gelernt wird, und wie soll das geschehen?"), sondern muss auch das WARUM im Auge behalten (vgl. Wode 1993: 26). Die Antwort darauf dürfte im Falle der SESB klar sein: Es ist eine gesellschafts-, bildungs-, kultur- und fremdsprachenpolitisch gewollte Innovation im Berliner Schulwesen, die
– zum einen dem erhöhten Bedarf an Fremdsprachenkenntnissen in unserer Gesellschaft gerecht zu werden versucht und
– zum anderen so etwas wie eine europäisch dimensionierte allgemeine, schulisch vermittelbare Bildung zu etablieren versucht, in der das fremdsprachliche und interkulturelle Moment einen höheren Stellenwert als bisher hat.

Die Diskussion um ein Spracherwerbskonzept für die SESB muss fremdsprachenpolitische Überlegungen mit einschließen.

Das **Sprachenlernen in der SESB** ist folglich ein **schulisch vermittelter Spracherwerb**, und dabei kommt bestimmten exogenen Faktoren eine sehr viel größere Bedeutung zu als in anderen Spracherwerbstypen (vor allem solchen, die man üblicherweise eher unter „natürlichem Sprachwerb" einordnet). Ein zentraler externer Faktor (der die Qualität und Quantität des Sprachlernens an der SESB entscheidend prägt) ist der Faktor „Lehrer". Die den Schulversuch tragenden Lehrerinnen und Lehrer sind zwar professionelle Grundschulpädagogen, haben jedoch nicht durchgehend eine fremdsprachendidaktische Ausbildung. Funktionale Sprachkompetenzen in der Partnersprache sind zwar wertvoll und hilfreich, ersetzen aber auch nicht ein strukturiertes Gebäude an fremdsprachendidaktischer Reflexionsfähigkeit. Weiterhin: Eine muttersprachliche Kompetenz in der jeweiligen Zielsprache ist eine notwendige, aber keine hinreichende Kompetenz im Qualifikationsprofil eines erfolgreichen Immersionslehrers. Das (hier fingierte!) Argument „Wir – als Lehrer – sind doch alle Muttersprachler bzw. wir – aus der Sicht der Schulverwaltung – haben doch für beide Partnersprachen Muttersprachler, das dürfte ja wohl reichen" wird der Spezifik der Immersion nicht gerecht. Dies spiegelt eine höchst reduktionistische Sicht der vermeintlichen „Natürlichkeit" des Spracherwerbs (wie sie die Immersion darstellt) wider. Bedauerlicherweise hat diese Einstellung durch bestimmte Spracherwerbstheorien eine Bestärkung erfahren. Insbesondere die so genannte Inputtheorie von Krashen (1981, 1985) ist bei nicht wenigen Lehrerinnen und Lehrern – bewusst oder unbewusst – auf eine recht große Akzeptanz gestoßen (obwohl sie von Seiten der Spracherwerbsforschung zum Teil heftig kritisiert wurde: am überzeugendsten von McLaughlin 1987 und aus der Sicht der Immersionsforschung von Swain in ihrer so genannten „Output-Theorie", vgl. Swain 1985, 1988).

Im Vergleich zum konventionellen Fremdsprachenunterricht (auch dem primaren Frühbeginn) herrschen in einer Immersionssituation deutlich bessere Voraussetzungen für den Aufbau einer zweitsprachlichen Kompetenz. Es wäre jedoch grundfalsch, im Immersionskonzept einen „perfekten" oder wahrhaft „authentischen" Kontext für Spracherwerb (*acquisition* im Sinne von Krashen) zu sehen. Die Kinder **„tauchen nicht ein"** in die **partnersprachliche Kultur** (Englisch, Russisch, Neugriechisch usw.), und sie werden nur in einem **höchst begrenzten Maße** (nämlich **in einem schulischen Vermittlungszusammenhang**) in einen anglophonen, frankophonen usw. **Sprachkontext** integriert. **Immersionsschüler sind** (verglichen mit natürlichen L2-Erwerbssituationen: siehe Kap. 2) **sehr viel mehr in einer Sprachlern- als in einer Spracherwerbssituation** (um Krashens Dichotomie zu bemühen); und zwar nicht zuletzt deshalb, weil:
– sie viel weniger Input erhalten,

- die Interaktionsprozesse (zwischen Lehrerin und Schülern oder unter den Schülern) sowohl von der Quantität als auch von der Qualität her begrenzt sind,
- sie meist notgedrungen eine eher vage Strukturanalyse des Inputs vornehmen müssen, um die Bedeutung des Gesagten rezipieren zu können,
- sie zu wenig produktiven, sprachlich komplexen Output einbringen können,
- sie (im Verhältnis zur Rolle der Lehrkraft in schulischen Interaktionsprozessen) eher reagieren als selbst Gesprächsabläufe initiieren und weil letztendlich
- insgesamt viel weniger Zeit (für die Lerngruppe und das einzelne Kind: als Sprachlerner) zur Verfügung steht.

1.3.2 Erklärung des Spracherwerbs: nativistische vs. interaktionstheoretische Ansätze

Wegen der grundlegenden Signifikanz der in der Philosophie der „Naturwüchsigkeit" angelegten potenziellen Missverständnisse in Bezug auf die Charakteristik eines natürlichen Spracherwerbs soll hier kurz das so genannte **nativistische Erklärungsparadigma** umrissen werden, das sowohl für die Erst- als auch für die Zweitspracherwerbsforschung eine höchst stimulierende Wirkung entfaltet hat. Der nativistischen Position, die den Spracherwerb letztendlich als Entfaltung eines genetisch gegebenen („angeborenen") „Programms" ansieht, kann die interaktionistische Position gegenübergestellt werden. Diese geht davon aus, dass Spracherwerb und Sprachgebrauch sich von Anfang an in sozialen Zusammenhängen vollziehen; d.h. in Interaktionen mit der Umwelt und in zwischenmenschlichen Interaktionen, die situativ eingebettet und soziokulturell vermittelt sind.

Der nativistischen Position Chomskys (1965) zufolge (und der darauf aufbauenden Richtung der Spracherwerbsforschung) müssen die von ihm postulierten sprachspezifischen mental-kognitiven Strukturen des *language acquisition device* (= *LAD*) angeboren sein (*innateness*-Argument). Entsprechend dieser These kann das begrenzte und unzureichende Angebot von Daten durch die Bezugspersonen nicht als kausaler Faktor für den gelungenen Spracherwerb eines Kindes angesehen werden: *the poverty of stimulus*-Hypothese. Der von Erwachsenen bereitgestellte Input wird als unzulänglich, entstellt und defizitär (= *deviant, meagre and degenerate*) charakterisiert. Wenn Spracherwerb mit (vermeintlich) restringiertem Input möglich ist, muss mit anderen Worten das Kind über eine angeborene Disposition verfügen, aus diesen sprachspezifischen (und vielleicht auch genetisch angelegten: vgl. Pinker 1994) abstrakten kognitiven Repräsentationen die strukturelle Ausdrucksseite der Sprache aufzubauen. Die Sprachkompetenz entfaltet sich nach dieser Sicht also unabhängig von anderen Aspekten der kognitiven Entwicklung eines Kindes.

Diesem Lager stehen spracherwerbstheoretische Auffassungen gegenüber, die stärker in den Traditionen Piagets verankert sind. Nach Piaget (1971) ist die kindliche

Entwicklung zuallererst ein Prozess der Entwicklung kognitiv-konzeptueller Strukturen, die sich in der aktiven Auseinandersetzung des Kindes mit der Umgebung ausbilden (Assimilation und Akkommodation). Dabei bestimmt der Gang der kognitiv-konzeptuellen Entwicklung u.a. auch die Bandbreite und die interne Organisationsstruktur der grammatischen Kategorien und Beziehungen mit, über die das Kind im Zuge des Spracherwerbs eine zunehmende Kontrolle erfährt. Diesen Grundannahmen zufolge kann der Spracherwerb nur über eine interaktionstheoretische Fundierung beschrieben und erklärt werden: *language acquisition as a social, interactive process* (vgl. dazu besonders Vygotsky 1962). Diese Sicht lässt den Charakter des Inputs und die Rolle der Bezugspersonen beim kindlichen Spracherwerb in einem ganz anderen Licht erscheinen. Vor allem in den frühen Stadien des Spracherwerbs ist die externe Kontrolle des Inputs durch die Erwachsenen (das so genannte *scaffolding* oder *tailoring*) essenziell, denn gerade das Kleinkind hat (noch) höchst begrenzte kognitive Kapazitäten (Gedächtnis, sensomotorisch verankerte Konzepte und Operationen, sprachliche Begriffe usw.), um komplexes „Material" zu verarbeiten. So unterschied schon Slobin (1973) zwischen Konstellationen im Input, die eher lernbegünstigend sind und solchen, die weniger lernfördernd sind. Aus vielen Untersuchungen (insbesondere der 60er und 70er Jahre) weiß man, dass sich die Sprache von Bezugspersonen mit Kindern beträchtlich von der Sprache unterscheidet, die Erwachsene untereinander gebrauchen. Ohne größere Schwierigkeiten lassen sich etwa 20 Merkmale für dieses so genannte *"motherese"* (= „Mutterisch") auflisten, und zwar auf der Produkt- wie auf der Prozessseite der sprachlichen Interaktion:

1. Klare Artikulation (besonders auf der segmentalen Lautebene)
2. Verminderung der Sprechgeschwindigkeit
3. Verlängerung von Pausen am Ende einer Äußerung
4. Deutlich markierte Intonationskurven sowie Überbetonung von Wort- und Satzakzent
5. Lexikalische Anpassungen
6. Grammatische Wohlgeformtheit
7. Geringe durchschnittliche Länge der Äußerung
8. Geringe Variation grammatischer Phänomene
9. Wenig Koordination/Parataxe (*and, then* usw.), noch weniger oder keine Subordination/Hypotaxe (Nebensätze)
10. Geringe Verwendung von Pronomina (Ersatz durch Substantive oder Eigennamen)
11. Verwendung von Konkreta aus dem Erfahrungsbereich des Kindes
12. Themen betreffen das Hier-und-Jetzt, d.h. Gesprächsinhalte sind relativ leicht aus dem Kontext zu erschließen
13. Wiederholungen von Wörtern, Satzteilen und ganzen Sätzen

14. Verständnisüberprüfendes Nachfragen
15. Lehrfragen (rhetorisch-didaktische Fragen)
16. Hohe Redundanz der Äußerungssequenzen
17. Expandieren und Paraphrasieren von Äußerungen des Kindes
18. Fokussierung der Aufmerksamkeit des Kindes auf kommende Äußerungen (*look, listen* usw.)
19. Fokussierung nicht-wohlgeformter Wörter oder Strukturen (was in grammatischer Hinsicht nicht nur über Negationspartikel erfolgt)
20. Aushandeln lexikalischer Bedeutungen

Abb. 3: Merkmale von „Mutterisch"

Im Gegensatz zu der durch Chomsky inspirierten Spracherwerbstheorie fokussieren die interaktionsorientierten Forschungsansätze (genauer siehe unten) nicht allein syntaktisch-strukturelle Phänomene. Darüber hinaus lenken sie den Blick verstärkt auf die semantisch-pragmatische und die strategische Dimension der sprachlich vermittelten Interaktion zwischen Kind und Erwachsenen. Über einen in diesem Sinne *tailored input* seitens der Bezugspersonen (von Moerk 1992: 231 auch *environmental scaffolding* genannt) wird die Sprache assimilierbar und das sprachliche Wechselspiel zwischen den Interaktanten überhaupt erst möglich. Parallel zu den sich (ebenfalls) entwickelnden Gedächtnis- und Verarbeitungskapazitäten wird die Sprachproduktion des Kindes mit der Zeit immer komplexer. Die aus dem Prozesscharakter der Interaktion erwachsende Interdependenz von Lernen und Lehren (*confirmation checks, clarification requests, corrective feedback, imitations, failures to understand, negotiation of meaning* usw.) erlaubt dem Kind, Hypothesen über die Regelhaftigkeit des Sprachsystems aufzustellen und zu testen, so dass von daher die Grammatik der Sprache internalisiert werden kann. Die Sprachvariante *"motherese"* als kommunikativer Stil "is an effective teaching language", wenn sie den folgenden Prinzipien genügt (Furrow & Nelson 1986: 175f):

- "It would use language within contexts that are readily interpretable by the child on other grounds".
- "It would adjust the length of utterances to the current ability of the child to integrate linguistic information".
- "It would be sensitive to the child's understanding, and would expand and recast utterances as needed to facilitate that understanding. Exact repetitions would not be helpful".

Im Prinzip waren diese grundlegenden Einsichten bereits zu Beginn der modernen Spracherwerbsforschung vorhanden. So beobachten Brown & Bellugi (1964) schon ein gewisses Anpassungsverhalten im Input der Eltern (vor allem „Modellieren" und „Expandieren" der Äußerungen des Kindes) und verwenden dafür Begriffe wie „Lehrverhalten" bzw. „Lehrtechniken".

Kontakt- und Bezugspersonen eines Kindes entwickeln mit anderen Worten (selbst in natürlichen Spracherwerbssituationen) ein situationsangemessenes **Sprachregister**, das für das Kind eine **Lehr- bzw. Vermittlungsfunktion** hat. Wenngleich dies bei den meisten Erwachsenen eher unbewusst geschehen dürfte, bleibt prinzipiell festzuhalten, dass extern gesteuerte Vermittlungsprozesse (als Folge eines kindzugewandten, kommunikationsorientierten **adaptierten** Sprachverhaltens) auch beim natürlichen Spracherwerb eine wichtige Rolle spielen. Das Chomskysche Axiom eines angeborenen sprachspezifischen „Moduls" (*innate language-specific knowledge*: d.h. Kognitionen, die spezifisch auf die Sprachfähigkeit des Menschen „angelegt" sind) wird von Moerk (1992: 231) in die Gefilde der "*nativist speculations*" verwiesen. Wissenschaftshistorisch gesehen wird die auf der Chomsky-These der „Universalgrammatik" (*universal grammar*) beruhende Spracherwerbstheorie als Rückschritt interpretiert, da die entsprechenden Forschungsansätze weder dem Kriterium der Beschreibungs- noch der Erklärungsadäquatheit genügen (um die von Chomsky selbst aufgestellten Prinzipien zu bemühen). Selbst wenn vielleicht nicht alle Spracherwerbsforscher so scharf wie Moerk urteilen wollen, so bleibt doch festzuhalten, dass heutzutage die extrem nativistische Erklärung des Spracherwerbs (wie sie von Chomsky vertreten wird) nur in höchst abgeschwächter Form akzeptiert werden kann (vgl. auch Wode 1993: 19f). Kontaktpersonen passen sich in differenzierter Form dem kognitiven und sprachlichen Entwicklungsstand eines Kindes an und schaffen durch diese subtilen sprachlichen Anpassungen (die auch auf Korrektheit und Angemessenheit des Inputs ausgerichtet sind) spracherwerbsbegünstigende Situationen. So enthält der lernfördernde Input der erwachsenen Bezugspersonen vor allem immer auch für das Kind „neue" und „komplexere" sprachliche Formen (verglichen mit den Formen, die das Kind „von sich aus" produzieren würde).

Die interaktionstheoretische Sicht des „natürlichen" Spracherwerbs heißt selbstverständlich nicht, dass die Rolle endogener Faktoren völlig negiert wird. Die grundlegende Einsicht der nativistischen Position, dass **Spracherwerb** immer (auch!) ein **kreativ-konstruktiver Prozess** ist, in dessen Verlauf der Lernende (beim Erstspracherwerb das Kind, also unbewusst) **Hypothesen** über die Struktur des Inputs entwickelt und an den sprachlichen Daten testet, bleibt davon unberührt. Die „Fehler" des Kindes (also die vom Kind produzierten Formen, die den Normen der Zielsprache nicht entsprechen) sind für dieses Testen von Hypothesen ein beredtes Zeugnis. In bestimmten Grenzen folgt der Spracherwerb in der Tat einer „inneren Systematik". Dabei ist der Organismus höchst aktiv, denn er **verarbeitet mittels** seiner **kognitiven Systeme** den sprachlichen **Input**, mit dem er konfrontiert wird. Sprachlernen ist somit nur möglich über das aktive Verarbeiten sprachlichen Inputs. Input wird immer selektiv aufgenommen (= **Intake**) und über **mentale Repräsentationen** gespeichert (= **Internalisierung**). Diese stellen die **Basis** für den jeweiligen **Output** (die spätere Verwendung) dar: vgl. dazu das Diagramm in Wode 1993: 45.

Sprachen werden mit anderen Worten (gerade in „natürlichen" Erwerbssituationen) „unbewusst" gelernt: Butzkamm (1981) hat dafür in Anlehnung an den Verhaltensforscher Konrad Lorenz den Begriff **„ratiomorph"** benutzt (im Kontrast zu **„rational"**, d.h. „bewusst"). Das „natürliche" Sprachenlernen reiht sich damit ein in viele andere komplexe Fähigkeiten des Menschen, die ebenfalls gelernt bzw. ausgeübt werden können, ohne dass sie dem einzelnen Kind oder Erwachsenen rational völlig durchschaubar sind. In gewissem (begrenztem) Maße kann man sich auch bei anderen (späteren) Spracherwerbstypen auf diese ratiomorphen kognitiven Fähigkeiten unseres Organismus „verlassen". Nicht alle Struktureigenschaften von Sprache können oder müssen „rational" durchschaut werden. Es versteht sich von selbst, dass mit Konditionierung im „kruden" Sinne des Behaviorismus Spracherwerb in seiner Gesamtheit nicht zu erklären ist.

Es kommt somit auf eine vermittelnde Sicht der Sachverhalte an. Es gibt nicht nur **den** Spracherwerb oder die **allgemein gültigen** Gesetzmäßigkeiten des Sprachenlernens, sondern es gibt **verschiedene Arten von Spracherwerb**, bei denen das **Zusammenspiel von endogenen und exogenen Faktoren** recht **unterschiedlich gewichtet** ist. Immersion ist dabei ein Spracherwerbstyp neben anderen: Auf keinen Fall kann Spracherwerb via Immersion einseitig auf das Wirken „innerer" Faktoren zurückgeführt werden. Externe Einflüsse (die kontrolliert werden können) haben hier mit Sicherheit einen höheren Stellenwert als bei anderen Spracherwerbstypen (etwa dem „natürlichen" Erst- oder Zweitsprachenerwerb).

1.3.3 Zielvorstellung: sprachliches Curriculum für den Immersionsunterricht

Für die Zweitspracherwerbsforschung hat die nativistische Position eine Reihe von Defiziten gebracht: Zum einen orientieren sich diese Forschungen zu sehr am frühkindlichen Erstspracherwerb (= L1), so dass die für die Mehrsprachigkeit eines Kindes oder Erwachsenen konstitutiven Phänomene von Kontakt und (zum Teil falschem) Transfer zwischen den Sprachen ausgeblendet werden. Zum anderen werden die Unterschiede im intellektuell-konzeptuellen Entwicklungsstand negiert, die bei älteren Lernern auch noch andere Verarbeitungsansätze für Sprache (im Gegensatz zu den frühkindlichen) wahrscheinlich erscheinen lassen. Im Sinne einer Piagets Einsichten folgenden entwicklungspsychologischen „Phasierung" kann das Sprachenlernen mit Eintritt in das Stadium der „formalen Operationen" (also etwa ab dem 11. Lebensjahr: 5. Klasse) durch „bewusstes Lernen" (= erklärende Regeln) unterstützt werden. In der Theorie zum Zweitspracherwerb (= L2) hat die Annahme von der endogen programmierten Entfaltung des Sprachsystems entweder zur These der Identität des L1- und des L2-Erwerbs geführt (Dulay & Burt 1974), oder sie hat dem „natürlichen Erwerb" (= *acquisition*) einen sehr viel höheren Wert als dem „schulisch gesteuerten Lernen" (= *learning*) eingeräumt (hierzu besonders Krashen 1981, 1985). Beide Theorien, die Identitätstheorie von Dulay & Burt und die Inputtheorie von Krashen, werden allerdings dem Spracherwerbstyp der Immersion (wie er auch an der SESB gegeben ist) nicht gerecht.

Nach Krashen gibt es zwei unterschiedliche und voneinander getrennte Wege, Kompetenz in einer L2 zu entwickeln: den über das „Erwerben" und den über das „Lernen". Das „Lernen" einer Sprache vollzieht sich nach Krashen immer über bewusste, regelgeleitete Vorgänge, die von einer „überwachenden Kontrollinstanz" (dem so genannten Monitor) gesteuert werden. Spracherwerb dagegen erfolgt **allein** durch einen Prozess des **Verstehens** von Information. Kurz zusammengefasst läßt sich Krashens sogenannte Input-Hypothese wie folgt skizzieren (Edmondson & House 1993: 250):

a) Der Mensch erwirbt Sprache nur durch das Verstehen von Mitteilungen oder die Aufnahme von „verständlichem Input".
b) Wir lernen durch das Verstehen von Sprache, die Strukturen enthält, die minimal über unserem gegenwärtigen Kompetenzgrad (i+1) liegen. Dies geschieht mit Hilfe des Kontextes oder mit Hilfe von außersprachlichen Informationen.
c) Wenn die Kommunikation erfolgreich verläuft, wenn der Input verstanden wird und wenn er in ausreichender Menge vorhanden ist, wird i+1 automatisch bereitgestellt.
d) Die Fähigkeit zur Sprachproduktion entwickelt sich von selbst. Sie wird nicht direkt gelehrt.

Abb. 4: Krashens Input-Hypothese

Die von Krashen vertretenen Hypothesen stellen keine optimale Leitlinie einer spracherwerbstheoretischen Fundierung des bilingualen Unterrichts in der Primarstufe dar. Ein Zweitsprachenlerner darf sich nicht nur auf die **Verstehensseite von Mitteilungen** (sprich das Dekodieren) einlassen, sondern er muss vor allem auch die **Beziehungen von intendierten Bedeutungen und sprachlicher Form** (sprich das Enkodieren) **realisieren** können. Dies gilt gleichermaßen für Morpheme, Wörter und grammatische Strukturen, aber auch für Texte, Diskurstypen und die Funktionen von Sprache (d.h. die außersprachlichen Zwecke, für die Sprache eingesetzt wird). Sprache ist ein **System von Zeichen**, wobei für jedes sprachliche Zeichen gilt, dass die Zuordnung von Form und Bedeutung einerseits arbiträr (nicht durch die außersprachliche Wirklichkeit determiniert) und andererseits konventionalisiert ist (je nach Sprachgemeinschaft verschieden geregelt). Eine Sprache lernen heißt folglich, ein System sprachlicher Zeichen auf verschiedenen Hierarchieebenen der Sprachstruktur zu lernen, einschließlich der Gebrauchsbedingungen für diese Zeichen im soziokulturellen Kontext der jeweiligen Zielsprache. In diesem umfassenden (nicht nur auf grammatische Phänomene bezogenen) Sinn gilt: „Spracherwerb ist Strukturerwerb" (Wode 1993: 37).

Die Spezifik von Immersion als Spracherwerbstyp macht natürlich eine besonders sorgfältige Reflexion der möglichen Einheit von Sachlernen und Sprachlernen notwendig. Die auszuwählenden Themen, Inhalte und unterrichtlichen Methoden müssen mit anderen Worten immer darauf untersucht werden, inwieweit sie sich für das Sprachlernen eignen bzw. verstärkt Spracherwerbsprozesse freisetzen. Ein sehr begrüßenswerter Schritt in Richtung auf einen SESB-spezifischen Sprachunterricht dürfte die Entscheidung in der neuen Stundentafel für die SESB sein (siehe Abb. 2), der Partnersprache durchgehend von der 1. Klasse an ein bestimmtes Stundendeputat zuzuweisen: 3 Wochenstunden in der 1. Klasse, 4 in der 2., 6 in der 3. und 4. Klasse sowie 5 in den Klassen 5 und 6. Die entscheidende Frage ist natürlich (und hier dürfte Zündstoff für Kontroversen gegeben sein), wie diese Stunden curricular zu füllen sind. Meines Erachtens kann ein Immersionsansatz auf eine **gezielte, didaktisch wie methodisch strukturierte Schulung der fremdsprachlichen Handlungsfähigkeit** bei den bei Schuleintritt **monolingualen Kindern nicht verzichten**. Die Wochenstunden für die Partnersprache bieten dafür den organisatorischen Rahmen. Gerade in der Vorschule und in den ersten Lernjahren darf ein **systematisches, ergebnisorientiertes und kindgemäßes „frühes" Fremdsprachenlernen** kein Tabuthema an der SESB sein.

Von unserem heutigen Kenntnisstand her, der insbesondere durch die differenzierten empirischen Untersuchungen der Forschergruppe am *Ontario Institute for Studies in Education* (= *OISE*) befördert wurde, lässt sich eindeutig feststellen (Harley et al. 1990: 75): "typical content-teaching is not necessarily good language teaching". Wie dem Publikationszeitpunkt dieses Zitats zu entnehmen ist, kam man in Kanada erst relativ spät zu dieser durchaus schmerzlichen, aber von der wissenschaftlichen Dignität her begrüßenswerten selbstkritischen Einsicht. Immerhin laufen die Immersionsversuche in Kanada seit etwa 1965 in einem nennenswerten Umfang – bei sorgfältigster wissenschaftlicher Begleitung. Vermutlich lässt sich die kanadische Situation der 70er und 80er Jahre auf den damals vorherrschenden Einfluss der in 1.4 skizzierten nativistischen Spracherwerbstheorie zurückzuführen. Im Einklang mit seiner Inputtheorie lässt sich dazu Krashen (1984: 62) mit der apodiktisch-axiomatischen Aussage zitieren: "subject-matter teaching **is** language teaching" ... and that is "what immersion has told us". Ganz so einfach funktioniert die Immersion nicht, wie die inzwischen langjährigen Erfahrungen in Kanada und in den USA gezeigt haben (vgl. Swain & Lapkin 1982; Genesee 1987, 1996; Lyster 1987, 1990, 1994; Swain 1985, 1988; Endt 1996). Ein themenzentrierter Unterricht (= *content teaching*) läuft durchaus Gefahr, die inhaltliche Kontrolle der Themen vor allem dem Lehrer zuzuordnen (= *a high proportion of topic control by the teacher*) und dadurch die Verstehensseite besonders zu betonen (so genanntes *transmission teaching*). Nach Krashen (1984) wäre dies kein Problem, denn seiner zentralen Prämisse zufolge ist *comprehensible input* "the only true cause of second language acquisition".

Die grundlegende Krashen-These, dass es reiche, die Verstehensfähigkeit zu sichern (über qualifiziertes Hören und Lesen), denn die produktive Seite des Sprachgebrauchs (das Sprechen) „ergäbe sich gewissermaßen von selbst", ist in dieser Simplizität nicht haltbar. Es ist in psycholinguistischer Hinsicht unmöglich, die Prozesse der Spracherzeugung mit denen des Sprachverstehens gleichzusetzen. Nicht umsonst sprechen Fremdsprachenforscher (vgl. etwa Neuner 1995) heutzutage von einer „Verstehens-" und einer „Mitteilungsgrammatik". Gerade im Prozess des Hörverstehens kann oder muss man nicht den Fluss der gesprochenen Sprache „restlos" dekomponieren, um das vom Gesprächspartner/Sprecher Gemeinte zu erschließen. Es genügt einerseits eine zum Teil „vage", nicht-determinierte Analyse der Sprachstruktur. Andererseits sind etliche syntaktische „Regeln" nur grammatikalisch zu sehen (etwa das <s> in der 3. Person Singular im Englischen *She loves dancing* oder bestimmte Formen des *subjonctif* im Französischen); d.h. sie tragen keine Konsequenzen für die „Bedeutung" der syntaktischen Fügung. Das Dekodieren einer solchen Äußerung ist im Prinzip auch ohne die Kenntnis der Regel möglich. Beim Produzieren von Sprache geht das aber nicht; denn für die kontextgerechte Sprachproduktion braucht man bestimmte Regeln, um einmal genügend Diskurs produzieren zu können und diesen darüber hinaus sprachlich akzeptabel und situativ angemessen gestalten zu können. Für nicht wenige Spracherwerbsforscher (z.B. Ellis 1984) ist **Sprachentwicklung gleichzusetzen mit dem Aufbau eines diskursiven** (= textsortengebundenen) **Sprachgebrauchs**. Auf die immersionstypischen Mängel in der produktiven Sprachverwendung wird in Kap. 4 eingegangen. Ein **optimaler L2-Erwerb** wird nicht allein durch die Verstehensfähigkeit „sichergestellt", sondern verlangt vielmehr **Verständnisleistungen und aktive Sprachproduktion**.

Es hat wie gesagt in Kanada über 20 Jahre gedauert, bis sich die Einsicht durchgesetzt hat, dass ein Immersionsprogramm gut damit fahren könnte, sich die Art des Unterrichts unter der Spracherwerbsperspektive genauer anzusehen. Swain (1988) schlägt eine **analytische Komponente** im Immersionsunterricht vor, die **Formaspekte und funktionale Aspekte der Zielsprache** in Beziehung setzt. Lyster (1987, 1990 und 1994) fordert ein **spezifisch sprachliches Curriculum für die Immersion**, das aus drei Programmteilen besteht:

a) einem sprachlichen Lehrplan im engeren Sinne [*sic!*],
b) einem kommunikativen Lehrplan (der die funktional-illokutionäre[5] Seite der Redemittel und die Prozesse des zweck- und adressatenbezogenen Schreibens beinhaltet: *process-oriented writing*) sowie

---

[5] Unter der Illokution (= *illocutionary force of an utterance*) versteht man die kommunikative Intention einer Mitteilung. Grundlegende Redeabsichten (= Sprechakte) sind etwa „Vorschläge machen", „Meinungen ausdrücken", „Wünsche formulieren" usw. (vgl. van Ek & Trim 1991 zu einer didaktisch ausgerichteten Klassifikation von Sprechakten).

c) einem allgemeinen „linguistischen" Lehrplan (vergleichbar mit Swains Ideen von 1988), der Elemente von Sprachbetrachtung und Sprachbewusstheit mit aufnimmt (= *language awareness*).

Was die zweite und dritte Komponente angeht, schwebt beiden Immersionsforschern vor, bestimmte Aspekte des kommunikativen Sprachgebrauchs (siehe erneut 4.1 zur internen Struktur der Sprachfähigkeit: *discourse competence, sociolinguistic and strategic competence*) in derartigen Phasen des Unterrichts gezielt anzugehen. Dies sollte sowohl auf der Ebene der **Sprachbetrachtung** als auch auf der Ebene der **text- und kontextsensitiven Sprachübung** geschehen: stilistische Ebenen der Sprachverwendung, Grade von Höflichkeit, Unterschiede zwischen gesprochener und geschriebener Sprache, Textsortenkonventionen, einfache Textbaupläne, schulfachbezogene Ausdrucksmittel u. dgl. mehr. Beide Autoren betonen mit Nachdruck, dass ein derartiges **sprachliches Curriculum** bereits **am Beginn eines Immersionsprogramms** in Angriff genommen werden muss. Die Tage eines kruden, rein „naturwüchsigen" Verständnisses von Immersion dürften damit auch in Kanada vorbei sein; ebenso wie die starre Zweiteilung von Krashen (= *non-interface position*), was „Erwerben" vs. „Lernen" angeht. Die Immersion braucht vermittelnde Positionen. Umso bedauerlicher wäre es, wenn die SESB bei einem längst überwundenen Stand der Diskussion (Mitte der 60er Jahre!) anknüpfen würde. Ein derartiges „sprachliches Curriculum" liegt zwar im Augenblick noch nicht vor, es wäre aber vernünftig, es für sinnvoll zu erklären und gezielt daran zu arbeiten.

Offenbar stehe ich mit meiner Sorge, was eine zu kurzschlüssige und simplifizierende Rezeption von Krashens Inputtheorie angeht, nicht ganz allein in der Immersionsdiskussion: „Denn sie [die Inputtheorie, W.Z:] wird von manchen Lehrern so rezipiert, daß sie daraus eine Vereinfachung ihrer Arbeit ableiten. Aus dem Glauben heraus, der bloße *Input* bewirke den Erfolg, halten sie eine Verbesserung ihrer Didaktik für unnötig" (Kubanek-German 1996: 17).

Der von Krashen propagierte Standpunkt ist somit heutzutage sowohl aus spracherwerbstheoretischer Sicht (siehe 4.3.2 zur so genannten Output-Hypothese) als auch aufgrund des vorhandenen Erfahrungswissens bezüglich verschiedener Immersionsmodelle nicht mehr vertretbar. In Kap. 1.2 wurden dazu bereits einige Ausführungen gemacht: zum kanadischen *core French*, zur Schulorganisation in Luxemburg, zu den Vorlaufphasen der Europäischen Schulen und zu den Phasen eines erweiterten Fremdsprachenunterrichts im Rahmen des so genannten „bilingualen Unterrichts" auf der Sekundarstufe an über 300 Schulen in Deutschland. Es kann und wird nicht darum gehen, an der SESB einen konventionellen Fremdsprachenunterricht im Sinne des so genannten „Frühbeginns" der 60er und 70er Jahre zu institutionalisieren. Weder ein fertigkeitsorientiertes Fremdsprachenlernen behavioristisch-audiolingualen Zuschnitts noch eine allein von grammatischer Progression determinierte Vorverlegung der herkömmlichen Fremdsprachenvermittlung kann die Antwort auf die Herausforderung eines Immersionsversuchs sein, Sach- und Sprachlernen in dialektisch interdependenter Weise zu verbinden, um von daher eine hohe didaktische Qualität und eine primarstufengemäße Synthese zu erreichen.

Dies ist heute ohne Zweifel ohne den Rückgriff auf Konzepte der 60er und 70er Jahre möglich, schließlich hat die neuere Fremdsprachendidaktik Ansätze (Prinzipien und Methoden) für frühes Fremdsprachenlernen entwickelt, an denen kein Immersionsversuch vorbeigehen kann. Ohne einen **eigenständigen fremdsprachlichen Lernbereich** kommt in Zukunft keine Grundschulpädagogik mehr aus, denn dafür haben sich die politischen, wirtschaftlichen und gesellschaftlichen Rahmenbedingungen in der Mitte Europas durchgreifend verändert. Dies ist fremdsprachenpolitischer Konsens (KMK 1994, FMF 1996, Zydatiß 1998). Seit dem Schuljahr 1998/99 gibt es nun auch in Berlin (im Rahmen der gerade anlaufenden umfassenden „Grundschulreform") einen Neubeginn in Sachen „frühes Fremdsprachenlernen". Andere Bundesländer und die meisten unserer Nachbarstaaten sind auf diesem Gebiet schon sehr viel weiter; und zwar mit Konzepten und Methoden eines ergebnisorientierten Unterrichts (Österreich, Italien, Ungarn, Frankreich, Schottland, Kroatien u.v.a.m.).

Es wäre geradezu absurd, wenn eine „sprachintensive Variante" der Regelschule (wie sie die SESB darstellt) auf die Entwicklung eines zukunftsorientierten, didaktisch wie methodisch strukturierten Konzepts für das früheinsetzende Lernen einer Zweit- bzw. Fremdsprache (angesichts der Ziele und der Schülerpopulation sind die Grenzen an der SESB fließend) verzichten würde. Ein Immersionsversuch kann sich nicht von der generellen fremdsprachenpolitischen und fremdsprachendidaktischen Entwicklung abkoppeln, sondern muss umgekehrt eine Vorreiterrolle für heutzutage unverzichtbare Innovationen der „Regelschule" spielen. Ist eine gezielte sprachliche Förderung der Schülerinnen und Schüler (und zwar sowohl der deutschsprachigen als auch der anderssprachigen Schüler) nicht in dem notwendigen Umfang gesichert, kann die Immersion ihre spezifische Leistungsfähigkeit für Sach- und Sprachlernen nicht erreichen. Es käme dann mit einiger Wahrscheinlichkeit zu Einschränkungen im Sachanspruch der Primarstufe und/oder zu Defiziten in der schulischen Entwicklung etlicher Schüler. Angesichts der grundlegenden Kompetenzen für das weiterführende Lernen, die eine moderne Grundschule anbahnen muss, wäre das pädagogisch nicht zu verantworten; vor allem nicht vor den Eltern, die an der SESB einen höheren Bewusstheitsgrad haben dürften als manche Eltern von Schülern der Regelschule. Das Lernen in der Grundschule steht in engem inhaltlichen Zusammenhang mit dem Lernen in der Sekundarstufe I. So werden bereits im vorfachlichen Sachunterricht Grundlagen für das spätere Lernen in den natur- und sozialwissenschaftlichen Fächern gelegt. Dies darf nicht durch Einschränkungen in der L2-Kompetenz behindert werden. Sollte sich dieser Eindruck einstellen (bzw. sogar nachweisbar sein), wäre damit der Schulversuch insgesamt auch politisch angreifbar[6].

Die Immersion über eine „integrierte Erziehung bilingualer Lerngruppen bei durchgehend zweisprachigem Unterricht" (Abgeordnetenhaus 1993: 1) ist ein zukunftsträchtiges innovatives Bildungskonzept für eine europäisch dimensionierte Grundschulpädagogik; gerade in den multikulturell zusammengesetzten Ballungsräumen, die in verstärktem Maße die Folgen von beruflicher Mobilität und Migration „verkraften" müssen. Dazu gehört (an der Schwelle zum nächsten Jahrhundert) als Teil einer allgemeinen, schulisch vermittelbaren Grundbildung ein eigener Lernbereich für das fremd- bzw. zweitsprachliche Lernen. Mit der für die SESB charakteristischen „Brechung" hinsichtlich der interkulturellen Perspektive beinhaltet ein **gezieltes Fremd- bzw. Zweitsprachenlernen** nicht nur eine „nützliche" Erweiterung des kommunikativen Ausdrucksrepertoires, sondern darüber hinaus allgemeinbildende Funktionen. Die SESB kann einen wesentlichen Beitrag zum Fremdverstehen und zum interkulturellen Lernen leisten, sprich zum täglich „gelebten" Umgang mit dem Anderen in uns und den anderen um uns. Wer die sprachenpolitisch notwendige Erziehung zur individuellen Mehrsprachigkeit einschließlich der Auseinandersetzung mit anderen (kulturell bestimmten) Denk-, Ausdrucks- und Handlungsweisen vorantreiben will, muss dafür ein sicheres sprachliches Fundament in der so genannten Partnersprache legen. Das in diesem Abschnitt begründete Desiderat eines sprachlichen Curriculums für das Immersionsprogramm der SESB soll wie folgt zusammengefasst werden:

> Immersion ohne gezielte (d.h. übrigens auch stark differenzierende) sprachliche Schulung und Förderung der Schülerinnen und Schüler wird zu einem Torso (einem unvollendeten Innovationswerk) geraten. Dem doppelten Charakter der Immersion als Synthese aus Sach- und Sprachlernen entsprechend kann hierbei nicht einem Entweder-Oder das Wort geredet werden, sondern es muss ein integriertes Sowohl-Als auch avisiert werden. Die SESB kann zum einen sprachliche Fähigkeiten in der zweiten Sprache über die wohlbegründete **Einheit von Sprache und Sache** aufbauen, indem die **Partnersprache als Vehikularsprache** eines anschaulich-konkreten, stark kontextualisierten und vernetzten vorfachlichen Sachunterrichts benutzt wird. Dies ist ein methodisch sinnvoller und (mit Einschränkungen) sprachlich auch ergiebiger Weg. Zum anderen muss die SESB über die in der Stundentafel ausgewiesene Komponente des partnersprachlichen Unterrichts

---

[6] Ich kann das Ketzern nicht lassen: Liegt hier nicht vielleicht doch ein Grund für die befremdliche Abstinenz des Berliner Senats, das sonst so prestigeträchtige Reformprojekt (dessen man sich nicht ungern „rühmt") von den in der Berliner Hochschullandschaft zweifellos vorhandenen Fachkompetenzen wissenschaftlich begleiten und evaluieren zu lassen?

eine **gezielte Entwicklung fremdsprachlicher Kompetenzen** verfolgen. Dies ist besonders wichtig für die Vorschulklasse und die ersten beiden Lernjahre (Klasse 1 + 2), damit die Kinder dem vorfachlichen Unterricht der Primarstufe und dem ab Klasse 5 einsetzenden Fachunterricht in der Partnersprache mit Gewinn folgen können. Die **kommunikativen Fähigkeiten in der Zweitsprache** sind **zielgerichtet** (über **kindgemäße und primarstufengerechte schulische Vermittlungsverfahren**) **aufzubauen.**

Dieses Prinzip ist sicherlich konsensfähig; allerdings dürften unterschiedliche Auffassungen bestehen, wie das Ziel **curricular** zu füllen ist. Es sei deshalb an dieser Stelle an die grundlegenden Prämissen curricularen Denkens und Handelns erinnert: Abhängig von externen (besonders schulorganisatorischen) Bedingungen und personellen Kapazitäten formuliert ein **Curriculum**
– verbindliche **(Richt)Ziele** und verbindliche **Inhalte**
und macht darüber hinaus Empfehlungen sowie ein Angebot zu
– **unterrichtsmethodischen Verfahren** sowie zu
– zielangemessenen Formen der **Lernerfolgskontrolle**.
In der Konzipierung eines Curriculums werden insbesondere Entscheidungen dazu getroffen, wie Inhalte und damit korrespondierende Methoden über mehrere Lernjahre hinweg didaktisch begründet und verteilt werden können.

Als Richtschnur weiterer Überlegungen sollen nunmehr drei zusammenfassende Empfehlungen gegeben werden:

Unmissverständlich ausgedrückt ist meine erste Empfehlung, in der Vorschule und in den Klassen 1 und 2 für die bei Schuleintritt monolingualen Kinder (die deutsch- wie die anderssprachigen Schüler) im Rahmen des Stundenkontingents des partnersprachlichen Unterrichts eine strukturierte Komponente ergebnisorientierten, systematischen Fremdsprachenlernens nach heutzutage gegebenen Konzepten und Methoden einer kindgemäßen und primarstufengerechten „frühen" Fremdsprachenvermittlung zu realisieren (mit Lernphasen von ca. 20–30 Minuten täglich: siehe ausführlicher unter 5.3.2). Die zentrale Rolle der Zweitsprache in einem Immersionsansatz, als intervenierende Variable (Vehikular- oder Arbeitssprache) zum Konzept- und zum Sachlernen, macht meines Erachtens eine systematische, effiziente und überprüfbare Vermittlung dieser Kulturtechnik unverzichtbar. Dies wäre ein sinnvoller, effektiver und für die Kinder durchaus freudvoller und lustbetonter Weg zu dem ersten „Etappenziel"; nämlich eine elementare fremd- bzw. zweitsprachliche **Handlungsfähigkeit** auszubilden, die weiter gehendes Sprach- und Sachlernen überhaupt erst möglich macht. Die Kinder hätten ein nicht zu unterschätzendes **Erfolgserlebnis**, da ein strukturierter, progressiver Lernzuwachs zu verzeichnen wäre. Diese Offenheit sollte der SESB-Schulversuch bieten; sprich man sollte ein kontrolliertes Unterrichtsexperiment innerhalb des Schulversuchs durchführen.

Die zweite Empfehlung dürfte keinen Dissens auslösen (siehe ausführlicher 4.3.3 und 5.4.1): Wann immer möglich, sollten der partnersprachliche Unterricht und der Sachunterricht miteinander verschränkt werden, indem die **themenorientierte Arbeit vor- bzw. nachbereitet** wird. Die L2-Kompetenzen sind kein bloßes „Abfallprodukt" eines rein themenzentrierten Unterrichts in der Partnersprache.

Die dritte Empfehlung bezieht sich auf den partnersprachlichen Unterricht für die bei Schuleintritt rezeptiv und produktiv bilingualen Kinder (siehe ausführlicher 5.2.2 und 5.3.3). Aufgrund des unterschiedlichen Kompetenzniveaus sowohl innerhalb dieser Gruppen als auch gegenüber den monolingualen Kindern ist **Binnendifferenzierung** angesagt. Die **bilingualen Kinder** brauchen einen **sprachlich anspruchsvolleren Unterricht in der Partnersprache**, der sich methodisch vor allem über den so genannten *story approach*[7] (zu Geschichten als tragender Säule der Spracharbeit, siehe 5.3.2), szenische Darstellung bzw. Hörspielarbeit u. dgl. (*drama techniques*) realisieren lässt.

Zusammenfassend für dieses erste Kapitel soll hier nochmals die Position unterstrichen werden, dass die Immersion einen eigenständigen Spracherwerbstyp darstellt, der **nicht** unter die Rubrik „natürlicher Spracherwerb" fällt. Sie beinhaltet einen schulisch vermittelten Zweitspracherwerb, der (wie in 3.3.2 und 3.1.2 detailliert ausgeführt wird) sowohl ein **gewisses Minimum an sprachlicher Handlungsfähigkeit** (= „Schwellen"-Hypothese) als auch spezielle **Anforderungen an die fach- bzw. inhaltsbezogene Literalität** in dieser Zweitsprache (sprich den **Umgang mit der Schriftsprache**: *CALP* im Gegensatz zu *BICS*) notwendig macht. Gerade wenn diese beiden Voraussetzungen nicht hinreichend beachtet bzw. von den Kindern (als Lernenden) im Unterricht nicht zufriedenstellend bewältigt werden können (weil elementare sprachliche Fähigkeiten fehlen!), ist die Gefahr nicht von der Hand zu weisen, dass sich
– Frustrationen im emotional-affektiven Bereich,
– Unklarheiten in der kognitiv-konzeptuellen Dimension und
– Missverständnisse in interkultureller Hinsicht

---

[7] Ein nach narrativen Prinzipien aufgebauter Gesamtunterricht entspricht in besonderer Weise dem „narrativen Denken" des Kindes (Bruner 1986). Authentische Kinderbücher und Geschichten können als Integrationsfaktor den Sprachunterricht und das lernbereichsübergreifende Lernen der Primarstufe strukturieren.

aufbauen. Ein weiteres Problem für den Unterrichtsalltag in der SESB könnte sich aus der sprachlichen Heterogenität der Schülergruppen ergeben; wenn nämlich der partnersprachliche Unterricht, aber auch der Sachkundeunterricht bestimmte Schüler (vor allem die zweisprachig kompetenten) in der Tendenz **unterfordert**, weil das Inhalts- bzw. Anspruchsniveau bezogen auf ihre altersgemäßen Interessen und Ausdrucksmöglichkeiten zu niedrig ist. Auch in diesen Fällen sind Störungen, Disziplinschwierigkeiten oder gar Verhaltensauffälligkeiten (siehe erneut 4.4) nicht gänzlich auszuschließen. Die SESB darf sich nicht der Gefahr aussetzen, Chancen für einen tiefer gehenden Wissensaufbau auf der Ebene des Sachlernens zu vergeuden; denn sonst „stimmen die (bzw. bestimmte) Eltern früher oder später mit den Füßen ab" und entziehen ihre Kinder dem Schulversuch.

Mein engagiertes Plädoyer für eine Komponente frühen Fremdsprachenlernens für die monolingualen SESB-Schüler(innen) und eine operative Differenzierung des Partnersprachunterrichts für die monolingualen im Gegensatz zu den (rezeptiv bzw. produktiv) bilingualen Kinder erwächst aus der grundlegenden Einsicht in die **zentrale Rolle originär sprachlicher Faktoren bei einer schulisch vermittelten Zweisprachigkeitserziehung** (siehe Kap. 3). Werden diese Momente in der curricularen Modellierung des Schulversuchs nicht genügend berücksichtigt, kann dies die schulische Entwicklung eines Kindes eher hemmen als fördern und schadet letztendlich der pädagogisch-politischen Akzeptanz des Modells (in der Fachwelt, der Elternschaft und der breiteren – informierten – Öffentlichkeit). Für ein zugleich ergebnisorientiertes **und** kind- bzw. primarstufengemäßes frühes Fremdsprachenlernen spricht heute vor allen Dingen das Argument, dass hier bereits die Dispositionen für den Erwerb weiterer Fremdsprachen und für die Entfaltung von Mehrsprachigkeit im Hinblick auf zunehmende interkulturelle Verstehens- und Verständigungsprozesse gelegt werden. Ein Schulversuch wie der der SESB darf sich von diesen Zielen nicht abkoppeln, sondern muss das Erreichen dieser Leitvorstellungen konstruktiv vorantreiben. Gelingt eine zweisprachige Erziehung, so weisen solche Kinder in aller Regel eine größere Offenheit und Fähigkeit in Bezug auf weiteres, erfolgreiches Fremdsprachenlernen auf.

2. Wie bringt man Kinder zur Zweisprachigkeit?

Eingedenk der im ersten Kapitel ausgeführten Grundposition ist die Wahl des Verbs **bringen** in der Überschrift dieses Kapitels mit Bedacht vorgenommen worden. Es soll deshalb nicht in erster Linie dargelegt werden, wie man zweisprachig **wird**, denn das würde unter Umständen einen Automatismus suggerieren, der in dieser Form bei Bilingualität nicht gegeben ist. Sehr viel produktiver scheint es mir im Zusammenhang der hier anstehenden Argumentation zu sein, das Hauptaugenmerk auf die Perspektive zu lenken, wie man als erwachsene Bezugs- oder Kontaktperson ein Kind zur Zweisprachigkeit führen kann. Mit der größte Mythos im Kontext der Zweisprachigkeitsdiskussion dürfte der sein, dass Bilingualität sich scheinbar mühelos (wie von selbst) beim natürlichen Zweitspracherwerb einstellt. Für die meisten Personen, Familien und sozialen Gruppen dürfte dies nicht zutreffen; zumindest wenn man unter Bilingualität mehr als eine nur rudimentäre Kompetenz in einer L2 (zusätzlich zu einer funktional ausdifferenzierten Erstsprache) versteht. Angesichts des akuten Mangels an Untersuchungen zur **Lehr**perspektive in Immersionsversuchen (selbst die kanadische Unterrichtsforschung ist in diesem Bereich kaum entwickelt: vgl. Genesee 1987, Endt 1996) kann hier im Wesentlichen nur auf empirische Arbeiten zur „natürlichen" Bilingualismusforschung zurückgegriffen werden. Für die Immersionsdiskussion ergeben sich daraus interessante Implikationen.

2.1 Was es heißt, zweisprachig zu sein

2.1.1 Kompetenz in zwei Sprachen

Wenn von Bilingualität die Rede ist, denkt man zunächst an ein gewisses **funktionales Sprachkönnen** (*proficiency*) **in zwei Sprachen**, und zwar weitgehend **ohne disfunktionale Sprachmischungen**. Allerdings erreichen die meisten bilingualen Sprecher nicht ein gleich hohes Kompetenzniveau in den beiden Sprachen (= *balanced bilingualism*). Die Vorstellung von einer Muttersprachenkompetenz in zwei Sprachen als „Ausweis" eines bilingualen Sprechers entspricht normalerweise nicht den Realitäten. Vielmehr ist die eine Sprache (eingegrenzt auf bestimmte Situationen, Themen und Ausdrucksbereiche) die **„starke" Sprache**, weil sie im Verhältnis zur anderen Sprache in bestimmten Erfahrungsfeldern besser beherrscht wird. Die Beziehungen zwischen der „starken" und der **„schwachen" Sprache** sind somit auf einem Kontinuum unterschiedlicher Fähigkeiten und Fertigkeiten in den beiden Sprachen angesiedelt, die sich laufend verschieben können. Objektiv (d.h. in quantitativer Hinsicht) lässt sich die Zweisprachigkeit kaum bestimmen: "The results of various investigations do in fact show that it is quite difficult to find bilinguals who would maintain that they have a complete command of two languages, or are able to use two languages well for all purposes" (Skutnabb-Kangas 1981: 37). Die Autorin, die eine der umfassendsten und engagiertesten Monographien zur Zweisprachigkeit vorgelegt hat (aus der spezifischen Sicht der Erziehung von Minoritäten) geht sogar noch einen Schritt weiter (S. 38): "We are thus forced to conclude that *we cannot decide whether complete bilingualism is possible*". Dies ist nicht zuletzt deshalb unmöglich, weil dazu das **subjektiv-individuelle Bewusstsein** gehört, **„in beiden Sprachen ‚zu Hause zu sein'"** (Kielhöfer & Jonekeit 1983: 11). Viele Zweisprachige erwähnen deshalb neben der Sprachkompetenz **emotional-affektive Momente**: Die Zweisprachigkeit gibt ihnen ein Gefühl von Können und Leistung (*achievement*), weil ihnen damit ein größerer geistig-kultureller Horizont eröffnet wurde (bis hin zur Lektüre von Fachtexten und Belletristik oder einem anderen Zugang zu unterschiedlichen Ausdrucksformen des Humors usw.). Andere wiederum betonen das Gefühl der Entspannung, das sie aus dem Umgang mit bestimmten Elementen der zweiten Sprache (bzw. des dahinter stehenden Kulturraums) ziehen können: „Ein französisches Buch oder Nachrichtenmagazin, der ARTE-Kanal, ein Glas Rotwein – das ist wie verreist, wie mit der Familie in Frankreich".

Bekanntlich finden sich in der älteren Fachliteratur bis 1950 (vgl. Weisgerber 1966) etliche **Negativurteile** über die Zweisprachigkeit, die nicht selten in den Ängsten und Alltagstheorien von Eltern wieder auftauchen; etwa in der Form, bilinguale Sprecher riskierten zwei getrennte Persönlichkeiten, Anomie („Mangel an sozialer Orientierung") oder eine gespaltene Identität. Neueren Forschungen zufolge verfügen Zweisprachige nicht über verschiedene Identitäten. Allerdings können die beiden Sprachen unterschiedliche Aspekte einer Persönlichkeit herausbringen. So berichten Zweisprachige, dass sie im Urteil ihrer Mitmenschen, die sie in beiden Situationen (= *settings*) kennen, z.B. in der einen Sprache sehr viel „umgänglicher", „weicher" oder „diplomatischer" wirken als in der anderen. **Identität** konstituiert sich auch **in der Differenz**, d.h. aus einer **Wahl zwischen verschiedenen Identitätskriterien**. So kann sich etwa das Verhaltensrepertoire eines Sprechers in Bezug auf ein bestimmtes Kriterium in beiden Sprachen gleichen, es kann aber auch unterschiedlich sein.

2.1.2 Das Prinzip der funktionalen Sprachtrennung

Das Kind muss im Kontext einer gemischtsprachigen Familie die Notwendigkeit sehen, selbst zweisprachig zu werden. Dies zeigt sich auf Seiten der Eltern zum einen in der Konsistenz, mit der sie auf ihre jeweilige Sprache zurückgreifen, und zum anderen in der Beharrlichkeit, mit der sie den Gebrauch der von ihnen gesprochenen Sprache (durch das Kind) einfordern. Das Prinzip einer funktionalen Sprachtrennung (vgl. Kielhöfer & Jonekeit 1993: 20) ist vermutlich die wichtigste Eingangsbedingung für das Gelingen einer zweisprachigen Kindererziehung überhaupt. Eine überwiegend strikte Trennung der beiden Sprachen verhilft dem Kind zu einer getrennten „Verarbeitung" (*processing*) und Internalisierung der beiden Sprachsysteme. Eine nur wenig reflektierte (d.h. besonderen situativen Umständen oder Sprachregistern angepasste) und rein quantitativ häufige Mischung der beiden Sprachen auf der lexikalischen und grammatischen Ebene kann nicht als Ausdruck einer gelungenen Zweisprachigkeit gelten. Döpke (1992: 60–70) beobachtet sechs Strategien des Einforderns der „schwächeren" Sprache, die sie auf einer Skala des Beharrens (= *insistence*) ordnet. Die Autorin untersucht den bilingualen Spracherwerb von Kindern, die mit Englisch und Deutsch in Australien aufwachsen:

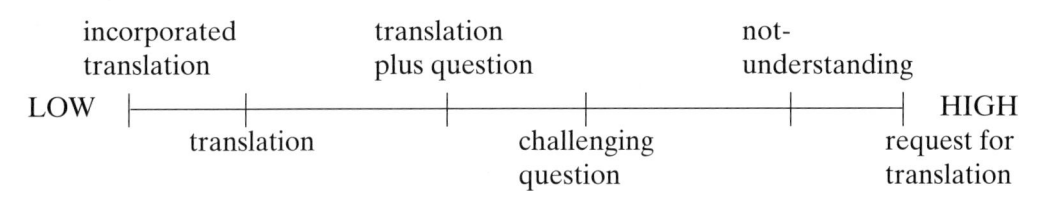

```
        incorporated         translation          not-
        translation          plus question        understanding
LOW     |-------+-------|-------+-------|-------+-------|   HIGH
                translation           challenging       request for
                                      question          translation
```

Abb. 5 : Grade des Beharrens auf dem Gebrauch der Zweitsprache (Döpke 1992: 67)

Beispiele für diese Kategorien wären folgende Interaktionssequenzen, wobei bei Döpkes australischen Probanden das Deutsche durchgehend die „schwächere" Sprache darstellt, die der Erwachsene einzufordern versucht:

(i) *incorporated translation*
   Der Erwachsene (= E) übernimmt einen Teil der Äußerung des Kindes (= K) in seine Übersetzung:
   K: I make mouth for you.
   E: Ja, ist der Mund auf der Stirn?

(ii) *translation*
   Übersetzungen werden oft von synktaktischer Erweiterung begleitet:
   K: Greenhouse.
   E: Gewächshaus, ein Haus aus Glas für Pflanzen.

(iii) *translation & question*
   Aussagesätze des Kindes werden in eine Frage überführt:
   K: This hurts me.
   E: So, tut dir ein bisschen weh?

(iv) *challenging question*
   Der Erwachsene initiiert ein Reihungsspiel aus Fragen und Antworten:
   E: Du bist ein müdes Kind?
   K: No!
   E: Bist du ein nörgelndes Kind? usw.

(v) *pretence of not-understanding*
   E: Wie bitte? – Was hast du gesagt?

(vi) *request for translation*
   E: Kannst du das nicht auf Deutsch sagen? usw.

Zentrale Momente dieser sechs Strategien sind somit aus der Sicht der die Interaktion (in der Regel) steuernden Bezugsperson die Frage (an das Kind) und die syntaktisch-semantische Erweiterung der Äußerung des Kindes. Die zweisprachige Erziehungssituation in der Familie braucht mit anderen Worten eine wohldurchdachte und überwiegend konsequent gehandhabte **Strategie zur funktionalen Trennung der beiden Sprachen**. Die beiden vorherrschenden „Ordnungsprinzipien" (Kielhöfer & Jonekeit 1983: 20) sind die beiden folgenden, wobei dies als simultaner oder sukzessiver Erwerb von zwei Sprachen ausgeprägt sein kann:

- Muttersprache – Vatersprache (*one parent – one language*: besonders in gemischtsprachigen Ehen),
- Umgebungssprache (*local language*) – Familiensprache (*home language*): besonders bei Migranten oder vorübergehendem Auslandsaufenthalt der Eltern.

Sowohl die informellen Erfahrungsberichte als auch empirische Studien (vgl. Saunders 1982, 1988; Döpke 1992) stützen die Auffassung, dass das Prinzip der Sprachentrennung wichtig ist, um der einen oder anderen Grundstrategie zum Erfolg zu verhelfen.

In den entsprechenden Falldarstellungen wird berichtet, dass das Elternteil, das die schwache Sprache repräsentiert, immer wieder auf dem Gebrauch dieser Sprache bestanden hat. So wurden die Äußerungen des Kindes in der starken Sprache in der anderen Sprache „modelliert" (d.h. wiederholt, umschrieben, ergänzt oder erweitert), oder der Gebrauch der schwachen Sprache wurde beharrlich „eingefordert" (bis hin zur Erklärung des Erwachsenen, die starke Sprache nicht zu verstehen – was aber *de facto* nicht der Fall war). So forciert das hier klingen mag, so ist für die Betroffenen doch ganz klar **Weg und Ziel der Zweisprachigkeitserziehung** zu unterscheiden. Zweifelsohne zeichnet sich der kompetente bilinguale Sprecher dadurch aus, situationsangemessen und registergerecht zwischen den Sprachen wechseln zu können. Der **Weg** zu diesem Ziel führt über die **funktionale Sprachentrennung**.

Dieses Prinzip ist nicht immer leicht einzulösen, denn gerade die Mütter, die in der Regel den Hauptteil der Betreuungs- und Erziehungsarbeit leisten, sehen sich im Laufe eines Tages einem häufigeren Wechsel der Sprachen ausgesetzt (Einkaufen, Arztbesuche, Begegnungen mit Erzieherinnen im Kindergarten, Besuche von Nachbarn oder Spielkameraden des Kindes usw.). Viele Eltern wechseln dann aus einer gewissen Höflichkeit heraus in die starke Umgebungssprache, damit sich andere Kinder oder Erwachsene nicht ausgeschlossen fühlen. Andere Eltern haben es sich in diesen Situationen zur Regel gemacht, ihr eigenes Kind grundsätzlich in der Zweitsprache anzureden. Damit dann die monolingualen Kinder und Erwachsenen einbezogen werden können, sagen sie lieber alles doppelt oder lassen ihre eigenen Kinder übersetzen. Das stärkt die **Position des zweisprachigen Kindes als Sprach- und Kulturmittler**. Die **zweisprachige Kindererziehung** ist eine **gewaltige Aufgabe** (vor allem für die Mütter, die in den meisten Fällen die Partner „von außerhalb" der starken Umgebungssprache sind), die nicht auf die Vorstellung reduziert werden kann, dass da eine Mutter freundlich mit ihrem Kind plaudert, das diese zweite Sprache schnell und ohne größeren Mühen aufnimmt.

In analoger Weise müssen sich die Eltern, die ihre Kinder eine Immersionsschule besuchen lassen, darauf einstellen, dass die Erzieherinnen und Lehrerinnen der „Partnersprache" in Gesprächen mit ihnen konsequent auf ihre eigene Muttersprache zurückgreifen, wenn ein Kind zugegen ist (zur Not muss halt in der anderen Sprache wiederholt oder übersetzt werden). Die sowieso gegebene Dominanz der Mehrheitssprache Deutsch darf nicht dazu führen, dass die Lehrer der Partnersprache vor den Kindern das Prinzip der Sprachentrennung aufgeben, nur um mit ungeduldigen Eltern eine schnelle „Verständigung" zu erreichen. Hier sind Einsicht und Rücksicht von Seiten der Eltern geboten. Den Eltern ist das Prinzip der Sprachentrennung auf den Elternabenden in angemessener Weise zu begründen und zu erläutern.

2.1.3 Zweisprachigkeit als langfristiger, dynamischer Prozess

Viele Eltern, die ihr Kind auf eine bilinguale Schule schicken, sehen in der späteren Abwesenheit eines „deutschen Akzents" einen großen Wert einer derartigen Erziehung. Diesem Merkmal wird von vielen Erwachsenen, die sich als zweisprachig bezeichnen, ein eher nachgeordneter Stellenwert zuerkannt. Sehr viel wichtiger ist das Aufrechterhalten des Kompetenzniveaus in den beiden Sprachen. **Zweisprachigkeit** ist mit anderen Worten **kein Zustand**, den man einmal und für immer erreicht hat, sondern ein **dynamischer Prozess**, der dem Vergessen, Verwechseln und der unangebrachten Sprachmischung anheimfallen kann. Dabei können sich immer wieder Verlagerungen und Umschichtungen zwischen den beiden Polen der jeweils stärkeren oder schwächeren Sprache ergeben. Der Weg zur Zweisprachigkeit über den Immersionsansatz einer bilingualen schulischen Erziehung ist ein schwieriger und langer, der eine Herausforderung (*challenge*) an das Kind darstellt und von vielen Eltern, die sich dafür entscheiden, auch so verstanden wird (= *enrichment*). Gemäß der Definition des kanadischen Erziehungsministeriums wird das oberste Kompetenzniveau (= "*top level of proficiency*") erst nach 5.000 Unterrichtsstunden in der

Zielsprache erreicht; d.h. am Ende der 8. Klasse eines im Kindergarten beginnenden *early total immersion*-Programms (Swain & Lapkin 1982: 14f). Erst von diesen Schülern wird (realistischerweise!) erwartet, dass sie (nach weiteren vier Lernjahren mit einer gewichtigen Komponente bilingualen Sachfachunterrichts) ein Studium oder eine anspruchsvolle Berufstätigkeit in der Zweitsprache aufnehmen bzw. ausüben können.

Dieser Punkt muss gerade gegenüber „ehrgeizigen" Eltern (*"pushy, overambitious parents"* – die es vermutlich an der SESB auch geben dürfte) nachdrücklich betont werden, da die Synthese von übersteigerten Erwartungen (an die Schule) und einem stark utilitaristischen Denken (fingiertes „Zitat": „Wann hat denn mein Kind Leistungskursniveau im Englischen, Französischen etc.?") eine unheilvolle Mischung für das einzelne Kind sein kann.

Andererseits ist gegenüber der politisch verantwortlichen Kultusbehörde (in Berlin: der Senatsschulverwaltung) mit Nachdruck zu betonen, dass ein Immersionsprogramm keinesfalls nur auf die Grundschulzeit begrenzt sein darf. In nicht wenigen Fällen dürften die Kinder nach sechs Unterrichtsjahren an der Grundschule über **keine** altersgemäßen Kompetenzen in der Erst- und/oder Zweitsprache verfügen (besonders im produktiven Bereich). Dies dürfte Konsequenzen für das Sachlernen haben. Vor allem aber muss in diesem Zusammenhang die **zeitliche Abfolge des weiterführenden Sprachenangebots** bedacht werden, d.h. der Beginn einer eventuellen dritten Fremdsprache (wenn man die Partnersprache als „fremde Sprache" einstuft): siehe genauer 6.2.2.

Auf jeden Fall zeigen die kanadischen Erfahrungen und Richtwerte, dass Grundschulen und Sekundarschulen als „Einheit" gesehen werden müssen; d.h. die SESB braucht ein reflektiertes und schulpolitisch abgesichertes Weiterführungskonzept, wobei als zertifikatsrelevante Zielvorstellung in europäischen Dimensionen gedacht werden sollte. Da das an sich erstrebenswerte Abschlussziel für den Sekundarschulbereich „Euro-Bac" als gescheitert angesehen werden muss (siehe 6.2), sollte man wenigstens in binationalen Kategorien denken: „*A Level*"-Prüfungen an den englischsprachigen Standorten, Befreiung von universitären Aufnahmeprüfungen der Zielsprachenländer (wenn das Abitur in der Partnersprache abgelegt wird) u. dgl. mehr.

Zur kanadischen Richtzahl von 5.000 Unterrichtsstunden wäre noch anzumerken, dass eine Immersion nach dem *early total*-Konzept den **gesamten** Unterricht in der Vorklasse (*kindergarten*) und in der 1. + 2. Klasse in der Zweitsprache Französisch durchführt (siehe die Diagramme in Kap. 1.2.2). In der 3. Klasse sinkt dieser Anteil auf 60% und in der 4.–6. Klasse auf jeweils 40%. Der entsprechende Anteil für die Erstsprache Englisch (= 60%) bleibt auf der Sekundarstufe erhalten. Die restlichen 40% der Unterrichtszeit verteilen sich auf den Fremdsprachenunterricht Französisch und einen „bilingualen Unterricht" in mehreren Sachfächern in der Zielsprache Französisch.

Die kanadische *early total immersion* reserviert in der Vorklasse sowie in den Klassen 1 + 2 etwa 7%, in den Klassen 3–6 etwa 13% der Stundentafel für eine strukturierte, primarstufengemäße Vermittlung des Französischen als „Fremdsprache" (= *core French* genannt). Damit stehen täglich mindestens 20–30 Minuten für ein strukturiertes, elementares Sprachtraining zur Verfügung (ein Schultag an der sechsjährigen kanadischen Grundschule hat im Schnitt 270 Minuten).

Spracherwerbstheoretisch wäre es sicher sinnvoller, dieses Zahlenverhältnis umzudrehen, denn gerade am Anfang eines Zweitspracherwerbsprozesses brauchen die Lernenden mehr Input und Zeit für die innere Verarbeitung des neuen Sprachmaterials (siehe erneut unten zur *silent period*).

Die Stundentafel der SESB weist (in der Fassung von 1997: siehe Abb. 2) drei Unterrichtsstunden in Klasse 1 und vier Unterrichtsstunden in Klasse 2 für den partnersprachlichen Unterricht aus. Dort kann in diesen täglich ca. 25–30 Minuten ein gezielter, aber differenzierender Unterricht in der „schwächeren" Sprache stattfinden: zum Aufbau eines elementaren Sprachkönnens (bei monolingualen Kindern) bzw. zum Ausbau der Kompetenzen in der „schwächeren" Zweitsprache (bei bilingualen Kindern) – ganz generell zur Stärkung der Identität des Kindes in dieser zweiten Sprache. Eine elementare, regelmäßige Spracharbeit sollte in der Vorschule beginnen (progressionsgestützt und ergebnisorientiert). Besondere Aufmerksamkeit kommt dem Aufbau des Wortschatzes zu.

Zur eingangs (in diesem Unterkapitel) angemerkten „Qualität" des Akzents wäre noch anzumerken, dass sich ein Zweitspracherwerb, der spätestens im Alter von 6–10 Jahren einsetzt, langfristig am günstigsten auf die **Aussprache** auswirkt (vgl. Wode 1993: 306), verglichen mit einem späteren Beginn des L2-Erwerbs. Andererseits muss man sich (als Lehrer bzw. Elternteil) darüber im Klaren sein, dass der Erwerb des Lautinventars einer Sprache im Primarstufenalter eines Kindes noch lange nicht abgeschlossen ist. Hier darf man nicht „die große Perfektion" in den ersten vier Schuljahren erwarten. Exemplarisch dafür soll der Konsonantenerwerb bei Kindern mit englischer Muttersprache genannt werden (Wode 1993: 191):

Konsonanten	Durchschnittsalter bei produktivem Gebrauch	Alter, in dem 90 % der Probanden den Konsonanten richtig sprechen
p m h n w	1;6	3;0
b	1;6	4;0
k g d	2;0	4;0
t ŋ	2;0	6;0
f j	2;6	4;0
r l	3;0	6;0
s	3;0	8;0
tʃ ʃ	3;6	7;0
z	4;0	7;0
dʒ	4;0	7;0
v	4;0	8;0
θ	4;6	7;0
ð	5;0	8;0
ʒ	6;0	8;6

Tab 1: Durchschnittliche Erwerbszeitpunkte englischer Konsonanten

Eine gezielte, längerfristig angelegte Ausspracheschulung in der jeweiligen Zielsprache ist als Aufgabe des partnersprachlichen Unterrichts unabdingbar.

2.2 Zur Qualität der Interaktionsprozesse bei einer zweisprachigen Kindererziehung

2.2.1 Zweisprachigkeit stellt sich nicht von selbst ein

Die meisten Eltern (die keine Erfahrungen mit der zweisprachigen Kindererziehung haben) glauben, dass sich die Zweisprachigkeit „von selbst" einstellt, wenn das „Angebot" von zwei Sprachen im Elternhaus vorhanden ist (gewissermaßen auf „natürliche" Weise: *as-a-matter-of-course*). So erhielt z.B. de Jong (1986: 46) auf ihre Frage *"Would you agree that the opinion held by the "general public" is that learning a second language comes quickly and easily to children?"* von der Mehrheit der Eltern ein „Ja", während viele Eltern, die sich um eine zweisprachige Erziehung ihrer Kinder bemühten, auf die Frage *"Do you agree with that opinion yourself?"* mit einem klaren „Nein" antworteten. Tatsachen und (uninformierte) Meinungen klaffen hier in der Tat weit auseinander.

Deshalb ist die Frage, ob sich die Zweisprachigkeit eines Kindes quasi von selbst ausbildet, auch auf Elternabenden der SESB zu thematisieren. Die (bei Eltern) vielleicht stillschweigend vorausgesetzte Annahme einer „Naturwüchsigkeit" des Zweitspracherwerbs unter den Bedingungen eines Immersionsunterrichts an einer staatlichen Schule ist gezielt zu hinterfragen und zu problematisieren. In Ergänzung hierzu sind die Eltern über die Ziele, die realistischen und durchaus begrenzten Möglichkeiten sowie die langfristige Anlage eines derartigen Versuchs zu informieren.

Bestimmte spracherwerbstheoretische Modelle, etwa die Identitätstheorie von Dulay & Burt (1974) oder die Inputtheorie von Krashen (1985), die letztendlich auf Chomskys Axiome eines angeborenen Spracherwerbsmechanismus (*innateness, language acquisition device*) und sprachspezifischer mental-kognitiver Strukturen (*linguistic universals*) zurückgehen, schätzen (wie in Kap. 1 dargelegt wurde) sowohl die externen, exogenen Faktoren des Spracherwerbs als auch die individuellen Unterschiede zwischen Lernenden eher gering ein und betonen demgegenüber den aktiv-kreativen Konstruktionsprozess des Spracherwerbs (= interne, endogene Faktoren). Die Tatsache, dass die Erfolge von Eltern mit der zweisprachigen Kindererziehung recht unterschiedlich ausfallen, ist Hinweis genug, dass sich dieses Ergebnis nicht von selbst einstellt, sondern erhebliche und ausdauernde Anstrengungen auf Seiten der Bezugspersonen voraussetzt (vgl. die sorgfältige quantitative Analyse von Döpke 1992 auf diskursanalytischer Grundlage).

2.2.2 Die Latenzperiode beim Zweitspracherwerb

Vor allem darf die Perspektive des Kindes nicht vergessen werden: Einige Kinder sprechen sehr positiv auf eine zweisprachige Erziehung an, andere verhalten sich eher abwartend und distanziert. Es ist ein Irrtum zu glauben, alle Kinder hätten ein „angeborenes, natürliches Talent" zur Nachahmung „fremder" Sprachen. Wode (1993: 292ff) fasst im Kapitel 12 seiner Monographie die personenbezogenen Faktoren und Merkmale zusammen, die für den Zweitspracherwerb wichtig sind (psychische Stabilität, Empathiefähigkeit, Lernertypen oder Lernstile u.a.). Die SESB sollte unbedingt die langjährigen Erfahrungen des frühen Englischlernens in Österreich zur Kenntnis nehmen, die gerade zu den psychosozialen Aspekten eines **positiven Selbstkonzepts** des Kindes als Sprachlerner (= *second language ego*) interessante Forschungsergebnisse vorgelegt haben: Risiko- und Kontaktbereitschaft, aktives Wahrnehmen von Gesprächsanlässen, Zutrauen in das eigene Können, „Gelassenheit" gegenüber eigenen Fehlern bzw. Korrekturen usw. (vgl. Seebauer 1997).

Kinder reagieren zum Teil sehr unglücklich und frustriert auf die Einsicht, sich nicht angemessen und flüssig genug in einer zweiten Sprache ausdrücken zu können

(= *self-consciousness*). Nicht wenige Kinder durchlaufen längere Phasen der „Blockade" oder „Verweigerung" in Bezug auf die produktive Anwendung der schwachen Sprache, besonders in Interaktionskontexten außerhalb der Familie (Sprachgebrauch ist für viele Kinder personenbezogen). Diese „Beobachterrolle" ist eine höchst aktive und wichtige Zeit für das zweisprachige Kind, selbst wenn kein signifikanter Output wahrzunehmen ist. Diese so genannte **Latenzperiode** (= *silent period*) schränkt zwar die Sozialkontakte des Kindes (vorübergehend) ein, ist aber spracherwerbstheoretisch ein **wesentliches Durchgangsstadium** (= „Inkubationszeit"). In dieser Phase sammelt das Kind (als Sprachlerner!) reichhaltige Erfahrungen mit der „neuen" Sprache (= *meaningful input*), und es bildet Hypothesen bezüglich der Regelhaftigkeit bestimmter Sprachphänomene (die bestätigt, verworfen oder modifiziert werden). Erst nach einer längeren Phase der internen, mental-kognitiven Verarbeitung des Sprachmaterials wird das Kind (kognitiv wie affektiv!) „bereit" zur aktiven Sprachproduktion (über den individuellen Intake zum Output).

Die Eltern von Immersionsschülern (für die Lehrer darf das wohl vorausgesetzt werden) müssen sich darauf einstellen, dass der von den Erzieherinnen und Lehrerinnen der Zweitsprache ausgehende Input nicht sofort (und keinesfalls in einem mechanistischen 1:1-Verhältnis) als Output für produktive Sprachanwendungssituationen bereitsteht. Nicht wenige Eltern sind in ihren Vorstellungen von den eigenen Sprachlernerfahrungen im schulischen Fremdsprachenunterricht befangen, der in der Regel dem linearen Schema von „Aufnahme – Übung – Anwendung" folgt. Diese herkömmlichen Vorstellungen vom schulischen Sprachenlernen gelten (mit Einschränkungen) **nicht** für die Immersionssituation und müssen deshalb mit den Eltern besprochen werden. Die Immersion hat einen höheren Anteil von Erwerbselementen als der „übliche", von Lehrer und Lehrwerk stark „gesteuerte" Fremdsprachenunterricht.

Jeder „natürliche" Spracherwerb folgt gewissen internen „Gesetzmäßigkeiten"; d.h. er ist ein komplex-vielschichtiger **aktiver Konstruktionsprozess**, der u.a. eine mehr oder weniger ausgedehnte „stille Phase" beinhaltet, in der das Kind zwar nicht „laut" spricht, dafür aber Hypothesen überprüft und Regeln in Bezug auf die Systemhaftigkeit der Zweitsprache induziert. Qualität und Quantität des Inputs sind dafür wesentliche Voraussetzungen, mit denen sich der Spracherwerb unter unterrichtlichen Bedingungen erheblich beeinflussen (= „steuern") lässt. Die didaktisch-methodisch wichtigste Konsequenz für die Vermittlungsverfahren am Anfang eines Immersionsprogramms ist die Einsicht, dass das aktive Sprechen (gewissermaßen vom ersten Tag an) **nicht** „erzwungen" werden kann. Hier lohnt es sich, einen Blick auf die so genannten „alternativen Methoden" des Fremdsprachenunterrichts zu werfen; insbesondere auf jene Ansätze, die eine **längere rezeptive Phase** und damit ein **relativ hohes Maß an zweitsprachlicher Dekodierungsfähigkeit** vorsehen, bevor reproduktive oder produktive sprachliche Leistungen von den Unterrichtenden „eingefordert" bzw. von den Lernenden selbsttätig erbracht werden:

– *Total Physical Response* (vgl. Asher 1974, 1977; Mattes 1996),
– *Silent Way* (Gattegno 1963, 1976),
– *Comprehension Approach* (Winitz 1981).

Ein Immersionsunterricht muss nicht nur viel, sondern vor allem auch einen qualitativ reich differenzierten Input bereitstellen. In methodischer Hinsicht ist als didaktische Konsequenz der so genannten Latenzperiode (besonders in den Anfangsphasen eines Immersionsprogramms) auf eine planmäßig strukturierte Entwicklung der Verstehensfähigkeiten der Kinder in der Zweitsprache zu achten. Im Gegensatz zu den Vorgehensweisen des traditionellen Fremdsprachenunterrichts sollen die Kinder längere Zeit zuhören (dürfen), um ihre Dekodierkompetenzen aufbauen zu können, bevor sie selbst mit dem aktiven Sprechen beginnen.

Zusätzlich **kann** und **muss** der „natürliche" (!) **Zweitsprachenerwerb von außen unterstützt werden**. Dies soll im Folgenden ausführlicher dargelegt werden.

2.2.3 Zum Diskursverhalten erwachsener Bezugspersonen

Über das Angebot eines „verständlichen Inputs", dessen Verarbeitung seine Zeit braucht (im Sinne von Krashens *comprehensible input*), praktizieren Erwachsene ein mehr oder weniger erfolgreiches Diskursverhalten gegenüber ihren Kindern, was sich u.a. in der Schnelligkeit des Spracherwerbs auswirkt. Selbst wenn die „Abfolge" des Spracherwerbs bei verschiedenen Lernern mehr oder weniger konstant ist (und auch unabhängig vom Erst- oder Zweitspracherwerb: *route of development* oder *natural order sequence*), so bleibt doch festzuhalten, dass die Geschwindigkeit (*the rate of development*) sich erheblich von Lerner zu Lerner unterscheiden kann. Die international besonders von Moerk (1977, 1980, 1985, 1992), Wells (1981, 1985) und Bruner (1978, 1986) vertretene interaktionstheoretische Fundierung der Erstspracherwerbsforschung ist in fruchtbarer Weise von Döpke (1992) für die Untersuchung bilingualer Spracherwerbsprozesse in zweisprachigen Familien (englisch-deutsche Kindererziehung in Australien) nutzbar gemacht worden. Ihr Ansatz ist für Immersionsschulen eminent wichtig, weil hier (meines Wissens zum ersten Mal) Hypothesen darüber aufgestellt und quantitativ überprüft werden, welche Aspekte im Sprachverhalten von Erwachsenen sich positiv auf die zweisprachige Entwicklung eines Kindes auswirken: "this study turned out to be about parents more than about children!!" (Döpke 1992: XVII). Es gelingt ihr ferner nachzuweisen, dass die Qualität der Interaktionsprozesse einen sehr viel höheren Stellenwert für eine erfolgreiche Erziehung zur Zweisprachigkeit haben kann als der rein quantitative Aspekt der Interaktion. Von daher hat z.B. eine nichtberufstätige Mutter, die viel Zeit mit dem Kind zu Hause verbringt, aber einen nur wenig strukturierten Input einbringt, nicht von vornherein einen „uneinholbaren" Vorteil gegenüber einem berufstätigen Vater, der „nur" die Abendstunden oder das Wochenende für die Kommunikation mit dem Kind Zeit hat, dann aber ein Diskurs- und Interaktionsverhalten einsetzt, das sowohl sprachlich reflektiert ist als auch auf der Beziehungs- und Sachebene dem Kind und dem Gesprächsgegenstand zugewandt ist. In ihrer Adaptation der beiden diskursanalytischen Modelle von Keenan & Schieffelin (1976) und Stubbs (1983) unterscheidet Döpke hinsichtlich einer verbalen Interaktion zwischen *exchanges* und *moves*. Ein Interaktionswechsel (= *exchange*) besteht aus einer Kette von Interaktionszügen (*moves*), die direkt aufeinander bezogen sind. Das gleiche Thema (*topic*) kann sich auf mehrere *exchanges* beziehen. Vereinfacht lässt sich die Struktur eines Interaktionsablaufs wie folgt darstellen (die eckigen Klammern repräsentieren die Mitteilungsabsichten, d.h. die Sprechaktebene oder Illokution: Abb. 6):

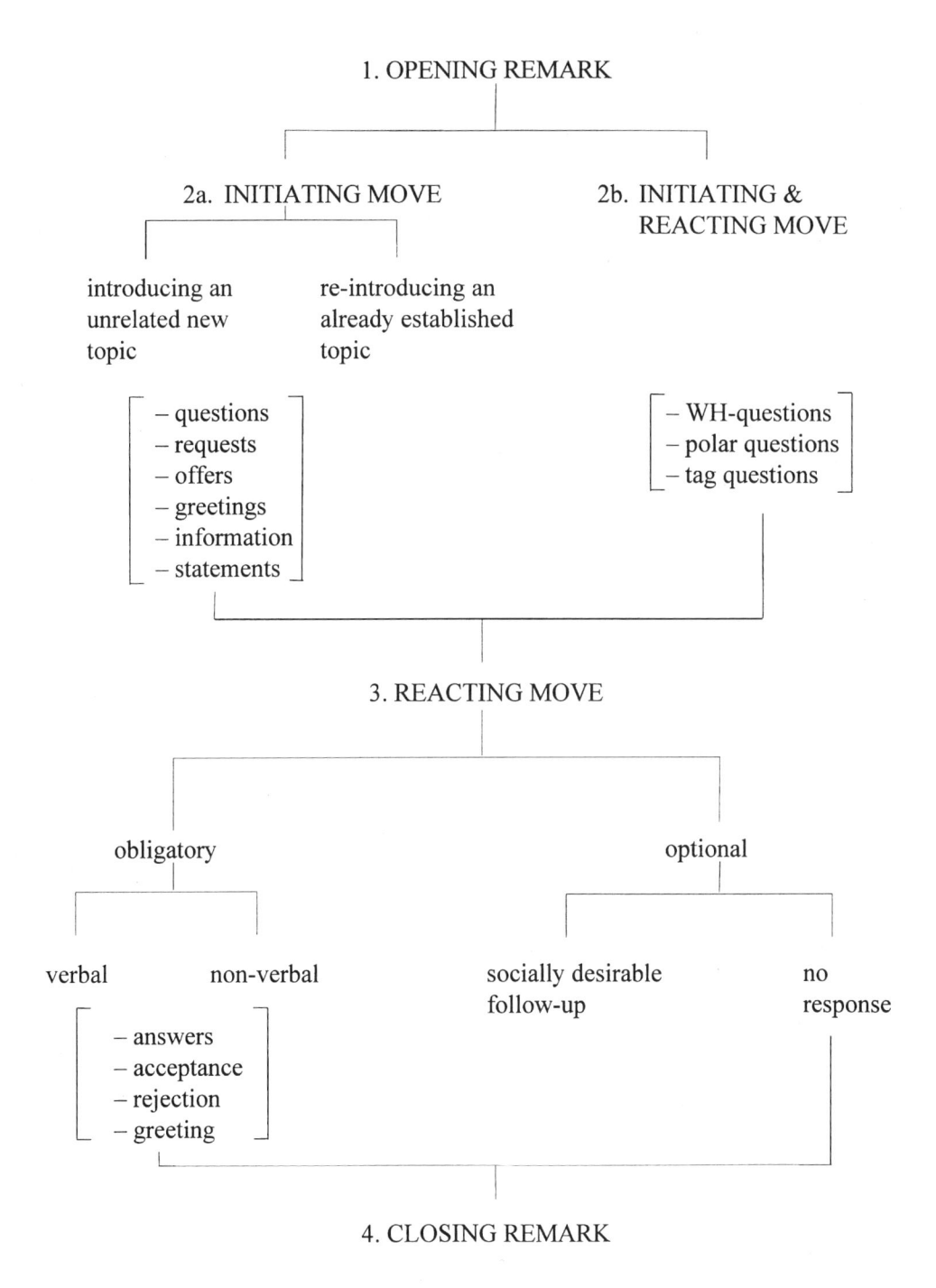

```
                        1. OPENING REMARK
            ┌──────────────────┴──────────────────┐
    2a. INITIATING MOVE              2b. INITIATING &
    ┌───────────┴───────────┐             REACTING MOVE
 introducing an      re-introducing an
 unrelated new       already established
 topic               topic
    ┌─────────────┐                    ┌──────────────────┐
    │ – questions │                    │ – WH-questions   │
    │ – requests  │                    │ – polar questions│
    │ – offers    │                    │ – tag questions  │
    │ – greetings │                    └──────────────────┘
    │ – information│
    │ – statements │
    └─────────────┘

                        3. REACTING MOVE
            ┌──────────────────┴──────────────────┐
         obligatory                            optional
     ┌───────┴────────┐                ┌──────────┴──────────┐
   verbal         non-verbal      socially desirable        no
                                     follow-up           response
   ┌──────────────┐
   │ – answers    │
   │ – acceptance │
   │ – rejection  │
   │ – greeting   │
   └──────────────┘

                        4. CLOSING REMARK
```

Abb. 6: Struktur von Interaktionsabläufen

Beim Einsatz eines derartigen diskursanalytischen Beschreibungsapparats lassen sich eine Reihe interessanter Feststellungen treffen. Da sind zunächst zwei höchst unterschiedliche Interaktionsstile zwischen Erwachsenen und Kindern zu nennen:
a) die kindorientierte Interaktion (= *a child-centred mode of interaction*) mit vielen inhaltlichen und rhetorischen Fragen der verschiedensten Art, (Teil)Wiederholungen, Paraphrasen, Erweiterungen und positiven Bestärkungen,
b) die kontrollorientierte Interaktion (= *a control-oriented mode of interaction*) mit vielen Imperativen, explizit negativen Reaktionen, Unterbrechungen und Zurückweisungen des Kindes sowie verhaltensmodifizierenden Direktiven.

Der zuerst genannte Stil, der primär auf eine kind- und themenbezogene Interaktion ausgerichtet ist ("*oriented towards conversing with the child*": McDonald & Pien 1982), wirkt sich auf den Spracherwerb eines Kindes eindeutig positiver aus als der zweite, was die Schnelligkeit der Entwicklung angeht (*rate of development*). Da dieses Moment für einen bilingualen Unterricht unter institutionellen Bedingungen natürlich höchst interessant ist (schließlich sollen die Kinder so schnell wie möglich zum Unterrichtsdiskurs in der Zweitsprache geführt werden), sollen die Merkmale dieses speziellen Interaktionsstils etwas genauer erläutert werden (vgl. Döpke 1992: 98ff). Der stärker kindorientierte Stil eines Erwachsenen zielt auf zusammenhängenden Diskurs zwischen Bezugsperson und Kind, wobei sich dieser aus möglichst vielen ein Thema konstituierenden Interaktionszügen zusammensetzt. Neben den bereits erwähnten „echten" Fragen ist hier eine rhetorische Technik hervorzuheben, die die Momente des Einbringens eines neuen inhaltlichen Beitrags und des Reagierens auf Redebeiträge des Kindes in einer den Fortgang des Gesprächs fördernden Weise miteinander verbindet. Gemeint ist die Kategorie 2b in der Abb. 7: "*initiating & reacting move*" (Döpke 1992:88), auch *retroactive move* (Wells 1981) oder "*verbal reflective*" genannt (McDonald & Pien 1982). Hierzu einige Beispiele (Zielsprache Englisch):

(i) K: [ba:ba:]
    E: **What** (is that supposed to mean)?
    K: (singt) "Bah, bah, black sheep ..."

(ii) K: I don't like beans.
    E: **Don't you**?
    K: No, but I like peas.

(iii) E: Emma got a needle into her arm, **didn't she**?
    K: Yes, and she cried.

An diesen Beispielen dürfte deutlich geworden sein, dass interaktionsstrategisch eine **Fragehaltung** auf Seiten der Erwachsenen (seien es nun „echte" oder „didaktische", explizite oder implizite Fragen) die für den Fortgang oder die Erweiterung eines Diskurses günstigste Voraussetzung ist. Dies ist auch im Unterrichtsgespräch mit Nachdruck anzustreben. Aus der Perspektive der Bezugspersonen lassen sich die grundlegenden *moves*, wie sie in Tab. 2 dargestellt sind, in bestimmte Bündel (*clusters*) fassen, die die Interaktionsintentionen eines Erwachsenen gegenüber einem Kind in Richtung auf eine inhaltsbezogene Kommunikation repräsentieren (vgl. Döpke 1992: 98):

(i) *conversation-oriented initiations*: alle Fragen und sonstigen Interaktionszüge eines Erwachsenen, die ein neues Thema einführen (in Tab. 2 als Prozentsatz aller Eröffnungen ausgewiesen),
(ii) *topic-oriented conversational drive*: alle Eröffnungs- und Reaktionszüge, die ein bereits eingeführtes Thema wieder aufgreifen und fortführen,
(iii) *responsiveness*: alle direkten Reaktionen eines Elternteils auf Beiträge des Kindes,
(iv) *no-response*: alle Unterbrechungen im Sinne von „über das Kind hinwegreden" bzw. das Nicht-Eingehen auf ein Kind,
(v) *control-oriented initiations*: alle Zurechtweisungen oder verhaltensmodifizierenden Bemerkungen, die ein neues Thema einführen (in Tab. 2 als Prozentsatz aller Eröffnungen ausgewiesen),
(vi) *control-orientation plus no-response*: alle auf Verhaltenskontrolle abzielenden Eröffnungen und Reaktionen inkl. Zurechtweisungen, Nicht-Reagieren u. dgl. mehr.

Bis auf (i) und (v) werden die übrigen Kategorien in der Tab. 2 als Prozentsatz aller *moves* eines Elternteils ausgewiesen. In quantitativer Hinsicht ergibt sich dann folgendes Bild, wobei hier (statt der sechs von Döpke untersuchten Kinder) exemplarisch die Angaben für zwei Kinder präsentiert werden sollen (vgl. Döpke 1992: 104f). Diese sechs Bündel von Interaktionszügen erfassen zum einen die Momente, mit denen eine Bezugsperson das Gespräch mit einem Kind vorantreibt: (i)–(iii). Hierbei unterscheiden sich Erwachsene in der Regel deutlich in der Hinsicht, ob sie gegenüber dem Kind eher eine initiierende oder eher eine reagierende Rolle einnehmen. Zum anderen beziehen sich diese Bündel – (iv)–(vi) – auf die verbalen Kontrollmechanismen, die ein Elternteil in der Interaktion mit dem Kind für notwendig oder sinnvoll hält. Daneben legt Döpke (1992: 101f) vier Werte vor, die als Indiz für ein hohes Maß an Themenkonstanz (*topic maintenance*) zwischen Kind und Bezugsperson gelten können: *exchanges per topic*, *moves per topic*, *moves per exchange* und das Verhältnis von *moves per topic* ausgedrückt als Relation aller inhaltlich weiterführenden Äußerungen (R: *responses*) eines Elternteils in Bezug auf eine Eröffnung (*initiation*: I), die ein neues Thema eingeführt hat.

Bei *KEITH* handelt es sich um einen Jungen, der als *balanced bilingual* einzustufen ist, obwohl er allein mit seinem Vater (*sic!*) Deutsch spricht, der im Übrigen (was noch überraschender ist) kein Muttersprachler des Deutschen ist, sondern ähnlich wie Saunders (1982, 1988) das Deutsche als Fremdsprache gelernt hat (= *artificial* oder *intentional bilingualism*). Bei *ALICE*, die als *receptive bilingual* gelten muss (die „schwächere" Sprache Deutsch ist auf der produktiven Ebene wenig entwickelt), spricht die Mutter mit dem Mädchen Deutsch. Eine Untersuchung des Interaktionsverhaltens in einer Eltern-Kind-Beziehung wäre unvollständig, wenn sie nicht auch den Beitrag des Kindes zum Erfolg eines inhaltsbezogenen Gesprächs erfassen wollte. Döpke hat deshalb ihren Korpus zusätzlich auf die Perspektive des Kindes hin analysiert (1992: 102, 106), wobei verständlicherweise nicht alle sechs Kategorien für diese Blickrichtung relevant sind (allerdings kam eine weitere Kategorie hinzu: *child-initiative in conversation*). Die Prozentangaben sind über die gleiche Kalkulation wie oben entstanden, allerdings bezogen auf die Zahl der *moves* eines Kindes:

(i) *child-initiative in conversation*: alle Fragen, Themeneröffnungen und inhaltlichen Wiederaufnahmen des Kindes (ausgewiesen als Prozentsatz aller *moves* des Kindes),
(ii) *responsiveness*,
(iii) *no-response*,
(iv) *control-oriented initiations*.

Die Ziffern 1 und 2 beziehen sich auf die beiden Aufnahmetermine, die in einem Abstand von sechs Monaten in den Wohnungen der untersuchten Familien stattfanden (die Dauer der Transkription war jeweils etwa zwei Stunden pro Kind und Sitzung).

In einer zusammenfassenden Interpretation des Zahlenwerks der Tab. 2 lassen sich eine Reihe faszinierender Feststellungen treffen:

- Eltern wie Kinder unterscheiden sich (als Individuen) erheblich im Hinblick auf das Ausmaß, mit dem sie spezifische Bündel von Interaktionsintentionen einsetzen.
- Einzelne Kinder und einzelne Erwachsene unterscheiden sich beträchtlich in dem Ausmaß, mit dem sie eine eher initiierende oder eine stärker reagierende Rolle in einer Interaktion einnehmen, wobei diese Relation aber nicht in allen Konstellationen gleich ist, sondern für jedes Elternteil unterschiedlich ausfallen kann.
- Kinder tendieren dazu, mehr mit dem Elternteil inhaltlich ausgerichtete Gespräche zu führen, das ein stärker **kindorientiertes sprachliches Interaktionsverhalten** offenbart, was sich wiederum in einer **beschleunigten Sprachentwicklung** des Kindes niederschlägt.
- In der zweisprachigen Familiensituation scheinen sich die stärker kindorientierten verbalen Interaktionsstrategien eines Elternteils in der Weise auszuwirken, dass das Kind seine **aktive Sprachproduktion stärker auf die Sprache dieser Bezugsperson fokussiert**: "children with parents from different language backgrounds have good reasons for preferring to model their language production on the

Perspective	Cluster Elternteil / Kind von Interaktionszügen	German-speaking parent to				English-speaking parent to			
		ALICE		KEITH		ALICE		KEITH	
		1	2	1	2	1	2	1	2
Child → Parent	Conversation-oriented initiations	56,8 %	43,3 %	57,9 %	57,6 %	66,3 %	60,1 %	43,7 %	39,7 %
	conversational drive	26,1 %	24,2 %	31,9 %	24,0 %	42,3 %	31,9 %	32,2 %	22,9 %
	responsiveness	31,3 %	24,0 %	47,9 %	51,6 %	48,3 %	27,1 %	37,8 %	40,7 %
	no-response	24,3 %	17,1 %	4,7 %	12,1 %	23,7 %	13,5 %	22,4 %	22,6 %
	control-oriented initiations	36,5 %	54,3 %	27,7 %	31,8 %	31,2 %	33,4 %	33,0 %	56,0 %
Topic Control	control-orientation & no-response	20,9 %	28,9 %	15,1 %	16,2 %	17,5 %	18,3 %	20,0 %	26,9 %
	exchanges per topic	1,70	1,44	2,26	2,16	2,83	2,09	1,69	1,50
	moves per topic	3,84	2,98	5,93	5,38	7,03	4,41	3,49	2,88
	moves per exchange	2,22	2,07	2,59	2,40	2,47	2,11	1,99	1,91
	moves/topic (R:I)	2,10	1,61	3,59	3,07	3,37	2,74	1,82	1,44
Child → Parent	child initiative in conversation	31,0 %	30,9 %	35,4 %	54,0 %	40,3 %	25,3 %	22,0 %	47,8 %
	responsiveness	49,5 %	37,8 %	50,2 %	33,0 %	49,0 %	64,0 %	24,0 %	20,4 %
	no-response	20,4 %	35,4 %	18,3 %	15,1 %	10,5 %	15,6 %	23,7 %	34,8 %
	control-oriented initiations	51,5 %	56,9 %	43,1 %	35,0 %	35,0 %	35,6 %	71,8 %	55,6 %

Tab 2: Diskursverhalten in zweisprachiger Eltern-Kind Interaktion

parent who is more skilful in incorporating the child's perspective and needs into the verbal interaction" (Döpke 1992: 140).

Wenn also (wie im Falle von *KEITH* in Tab. 2) ein Elternteil (hier der Vater, der im australischen Kontext die „schwächere" Sprache Deutsch vertritt) es versteht, stärker auf das Kind einzugehen und eine inhaltsorientierte sprachliche Interaktion in Gang zu setzen und länger aufrechtzuerhalten, besteht eine große Chance für das Kind, eine produktive Zweisprachigkeit zu erreichen. Bezieht sich dagegen die *child-centred mode of interaction* eher auf das Elternteil, das in der gemischtsprachigen häuslichen Situation die starke Sprache (noch dazu die Umgebungssprache) repräsentiert, hat dieses Kind sehr viel geringere Chancen, ein *balanced/productive bilingual* zu werden. Die Wahrscheinlichkeit (wie bei *ALICE* in Tab. 2), ein *receptive bilingual* zu bleiben, ist nicht unbeträchtlich. Das Diskursverhalten der Eltern (insbesondere die Qualität der Interaktionsprozesse, die von der Bezugsperson ausgehen, die die **schwächere** Sprache vertritt) ist mit anderen Worten ein wesentlicher Faktor für das Gelingen einer zweisprachigen Kindererziehung. Die Implikationen für den bilingualen Unterricht der Primarstufe liegen auf der Hand:

> Die Lehrerinnen und Erzieherinnen, die z.B. an der SESB die schwächere Partnersprache repräsentieren, müssen über hochentwickelte und differenzierte verbale Diskursstrategien verfügen, um die themenzentrierte Interaktion über die vorfachlichen Inhalte der Sachkunde zu gewährleisten. Hier muss ein dialogischer Gesprächsstil mit einer ausgeprägten und bewusst kontrollierten Fragehaltung aufgebaut werden, der die Schüler bei ihren thematischen Interessen abholt, ihre Motivation und Aufmerksamkeit sowie ihre sprachliche und sonstige Aktivität wachhält.

Ein bilingualer Unterricht, der sich in einem lehrerzentrierten Frontalunterricht (= *transmission teaching*) erschöpft (bei dem vornehmlich deklaratives Faktenwissen von der Lehrerin zu den Schülerköpfen transportiert wird), kann der Spezifik des Immersionsansatzes, *content teaching* und *language teaching* in dialektisch produktiver Weise miteinander zu verbinden, nicht gerecht werden. Das Diskursverhalten der Unterrichtenden muss (nach Ablauf der bekannten Latenzperiode: *silent period*) möglichst viele und zunehmend komplexer werdende Beiträge der Schüler induzieren, damit das individuelle Sprachkönnen ausgebaut wird (siehe unten Kap. 4.3 zu den fatalen Konsequenzen eines zu wenig am Output orientierten Immersionsunterrichts für das mündliche und schriftliche Sprachkönnen der Kinder in der Zweitsprache). Die Krashensche Input-Hypothese, der zufolge *comprehensible input* als "the only true cause of second language acquisition" anzusehen ist (Krashen 1984), stellt somit (wie oben in 1.3.2 bereits angesprochen) keine optimale

Leitlinie einer spracherwerbstheoretischen Fundierung des bilingualen Unterrichts der Primarstufe dar. **Erfolgreiche Immersion** setzt **sprachliche Interaktion** im **dialogischen Diskurs** mit vielen **expliziten wie impliziten** Fragen auf Seiten der Lehrer und Schüler sowie **outputorientiertes sprachliches Handeln** auf Seiten der Schülerinnen und Schüler voraus (zum Letzteren vgl. Swain 1985).

2.3 Zur Sprachlehrfunktion von Erwachsenen

Die bisherigen Ausführungen haben gezeigt, dass sowohl die Quantität als auch die Qualität eines in sprachlich-diskursiven Merkmalen modifizierten Inputs der Erwachsenen die Geschwindigkeit des kindlichen Spracherwerbs (*rate of development*) beeinflussen können. Viele Forscher, die den natürlichen Spracherwerb als Interaktionsprozess verstehen, scheuen sich nicht, diesem spezifischen Input eine Sprachlehrfunktion zuzuweisen. Exemplarisch dafür sollen genannt werden:

– Brown & Bellugi, die bereits 1964 bezüglich des Anpassungsverhaltens der Eltern beim Erstspracherwerb von *teaching techniques* sprechen,
– Moerk, der in vielen Arbeiten den L1-Erwerb von Kindern untersucht hat und von *parents as teachers* bzw. *parental language teaching and training* spricht,
– McLaughlin 1987, der eine zusammenfassende Übersicht über Theorien des Zweitspracherwerbs vorgelegt hat und von *conversational/mapping/segmentation lessons* spricht,
– Döpke, die (wie im letzten Abschnitt dargelegt wurde) eine detaillierte Untersuchung bilingualer Kinder auf diskursanalytischer Grundlage durchgeführt hat und darüber hinaus den Eltern eine Sprachvermittlungsrolle zuweist: "parents do in fact have a teaching function in their children's language development" (1992: 144).

Im Zuge dieser Sprachlehrfunktion greifen die Bezugspersonen mehr oder weniger bewusst auf bestimmte „Lehrtechniken" zurück: "when they presented the child with verbal models, rehearsed language information for the child, made pattern structures transparent or elicited verbalizations from the child" (Döpke 1992: 146f). Betrachtet man den Input der Erwachsenen unter diesem Aspekt, lassen sich vier Gruppen identifizieren, die mit unterschiedlichen Anteilen in den Äußerungen der Eltern vertreten sind (S. 148):

a) *"no teaching oriented utterances"*
   Zwischen 16 und 63% aller Äußerungen fallen in diese Kategorie, für die sich mit anderen Worten keine ausdrückliche „Sprachlehrfunktion" festmachen lässt. Der niedrigste Wert von 16% ist mit dem Diskursverhalten des Vaters von *KEITH* assoziiert. Damit wird das Bild bestätigt, dass dieser Vater offensichtlich als äußerst *"teaching oriented"* in der Art seiner Interaktion mit dem Jungen (einem *balanced bilingual*) einzustufen ist. Bei den übrigen Eltern entfielen 40–50% aller Äußerungen auf diese Kategorie.

b) *"techniques with unspecified goals"*
   Der Anteil der Äußerungen in dieser Kategorie liegt zwischen 7 und 26%, wobei der höchste Wert dem Vater von *KEITH* und dessen strukturiertem Input zuzuschreiben ist.
c) *"vocabulary teaching techniques"*
   Auf die lexikalische Seite entfallen zwischen 13 und 44% der Äußerungen aller untersuchten Eltern.
d) *"grammar teaching techniques"*
   Die Bandbreite aller Äußerungen in dieser Kategorie beträgt zwischen 6 und 17% bei den hier untersuchten Eltern.

Da jeder Immersionsansatz (also auch der der SESB) verpflichtet ist, die in qualitativer Hinsicht einmalige Synthese von *content teaching* und *language teaching* einzulösen, sollen die von Döpke (1992: 147ff) identifizierten Kategorien der *teaching techniques* hier aufgelistet und (wo nötig) mit sprachlichen Beispielen verdeutlicht werden. Als Zielsprache wurde von mir das Englische gewählt (P = *Parent*, Ch = *Child*). Der entscheidende Aspekt bei den so genannten *teaching techniques* ist (siehe Abb. 7) also der, dass es in der Sprache der Eltern und sonstigen Bezugspersonen über die Qualität des interaktiven mitteilungsbezogenen Diskursverhaltens hinaus eine Fülle sprachlicher Kommunikationsstrategien gibt, die den Input der Erwachsenen auch in formalsprachlicher Hinsicht charakterisieren. Da sind zum einen die Techniken zu nennen, die spezifische linguistische (insbesondere lexiko-grammatische) Merkmale fokussieren; also die Kategorien I und II in Abb. 7: vgl. Swains 1985 Konzept vom *focused input* als Alternative zu Krashens Idee vom *comprehensible input* (siehe erneut unten in 4.3.1). Da sind zum anderen die Techniken der Kategorie III in Abb. 7 hervorzuheben, die darauf abzielen, den Output des Kindes (d.h. den produktiven Sprachgebrauch) zu stimulieren. Dazu gehört ein gewisses Korrekturverhalten der Eltern, was von Krashen als dem Spracherwerb wenig förderlich verworfen wird. „Erfolgreiche" Eltern, deren Kinder sich durch eine schnelle Sprachentwicklung auszeichnen (*rate of development*), verfügen mit anderen Worten über einen sprachlichen Input, der einen besonders hohen und differenzierten Anteil an den Spracherwerb begünstigenden „Lehrtechniken" enthält (= Abb. 7). Sie modellieren, paraphrasieren, expandieren, transformieren, fragen, bestärken und korrigieren sehr viel mehr als andere Eltern.

I. Vocabulary
1. Modelling Techniques
a) **provision of label** (Induzierung eines Inhaltselements): *This is .../There are ...*
b) **mapping** (Induzierung von zwei oder mehr Inhaltselementen aus dem Kontext)
c) **contrastive correction**: Ch: *This is a dog.* – P: *This is a **cat**.*

d) **chaining** (Kombination neuer Inhaltselemente mit bereits vom Kind oder vom Erwachsenen benutzten Elementen): *This is a **wolf, a wild animal**, not a dog.*
e) **translation** (Erwachsener gibt Übersetzungsäquivalent)
f) **feature elaboration** (Kommentierung eines bereits benutzten Inhaltselements): *The beans taste **nice*** (= quality).
g) **functional elaboration** (Erläuterung der Verwendung einer Äußerung eines Objekts in der außersprachlichen Welt): *The car is to ride in.*
h) **general paraphrase** (Umschreibung einer Äußerung mit einem anderen Strukturrahmen)

2. Rehearsing Techniques
a) **vocabulary perseveration** (Wiederholung einer Äußerung des Kindes – teilweise oder in Gänze – um der Wiederholung willen, inkl. Aussprachekorrekturen)
b) **incorporation** (Aufnahme einer Äußerung des Kindes – teilweise oder in Gänze – in die Sprache des Erwachsenen)

3. Patterning Techniques
a) **contrasting provision of label** (Verwendung beider Elemente eines Gegensatzpaares): *Your hands are all **dirty** – now they are **clean**.*

4. Eliciting Techniques
a) **request for label** (echte Fragen oder Testfragen in Bezug auf Objekte): *What is this? What are you having for lunch?*
b) **choice question** (Alternativfragen): *Would you like milk oder mineral water?*
c) **request for insertion** (Angebot eines Strukturrahmens, der vom Kind lexikalisch zu füllen ist; bes. als Reihungsspiel): P: *This is a….* – Ch: *Wolf.*
d) **contrasting polar question** (Angebot beider Elemente eines Gegensatzpaares als Herausforderung an das Kind, eine Zuordnung zu treffen; bes. als Reihungsspiel): *Is this a fox or a wolf?*
e) **Where is X-question** (Kind zeigt auf das Objekt)
f) **What is X doing-question** (Kind soll mit einem Verb antworten)
g) **request for translation** (Kind soll eine Übersetzung geben: eines Wortes oder einer Äußerung)

II. Grammar
1. Modelling Techniques
a) **expansion** (strukturelle Erweiterung einer Ein- oder Mehrwortäußerung des Kindes): Ch: *Dog* – P: *Yes, this is a dog.*
b) **optional transformation** (Veränderung des Satztyps): z.B. Aussagesatz → Fragesatz/Befehlsform usw.
c) **morpheme correction** (kontrastive Korrektur eher untergeordneter morphologischer Formen): Ch: *I **goed** shopping.* – P: *Oh, you **went** shopping.*

d) **phrase extension** (Erweiterung der eigenen Äußerung oder der des Kindes um eine NP, VP oder Prep Phr, wobei häufig grammatische Veränderungen notwendig werden)
e) **complex extension** (Erweiterung der eigenen Äußerung oder der des Kindes um mehr als ein syntaktisches Element bis hin zum Nebensatz)

2. Rehearsing Techniques
a) **morpheme perseveration** (Wiederholung eines Morphems mit dem Ziel einer größeren Transparenz des Phänomens): *Du hast dich versteckt/zugedeckt/eingegraben usw., aber jetzt habe ich dich gefunden.*
b) **self-reduction** (Reduzierung einer komplexen Äußerung um eine oder mehr Konstituenten)
c) **minor substitution** (Änderung der Form einer Äußerung ohne inhaltliche Änderungen): Ch: *Give Amy the doll.* – P: *Give it to me.* (Nomen → Pronomen, Artikel, Präpositionen, Präfixe u. dgl.)

3. Patterning Techniques
a) **major substitution** (Substitution eines Inhaltselements oder Hilfsverbs innerhalb einer längeren Sequenz): *Yes, Jupiter **is a kind of star** too. It's a **planet** that **orbits** or **circles** round the Sun. It **has** 16 **moons**, **rocky objects** – **bodies** which **circle round** this **planet**.*
b) **frame variation** (Wiederholung des gleichen Inhalts unter Änderung des syntaktischen Rahmens): *Bring me the ball, bring it to me.*
c) **morpheme substitution** (Austausch eines Morphems, bes. als Reihungsspiel): *This is unbelievable/incredible, not possible/impossible* usw. (Negationspartikel)

4. Eliciting Techniques
a) **request for phrase extension** (Induzierung einer „zusätzlichen" NP, VP oder Prep Phr)
b) **request for complex extension** (Hervorlocken einer komplexen Antwort auf der Basis einer *WHY?*-Frage)

III. Techniques With Unspecified Goals
1. Self-repetition
Wiederholung einer Elternäußerung bei Ausbleiben einer sprachlichen Reaktion des Kindes, ohne ersichtlichen lexikalischen Fokus.
2. Provision of Answer
Bereitstellen einer Antwort bei Ausbleiben einer sprachlichen Reaktion des Kindes, inkl. der Antizipation einer derartigen Reaktion: Einbringen „neuer" Wortschatz- und Strukturelemente.

3. ***Query***
Einholen einer modifizierten Äußerung des Kindes, z.B. bei Miss-/Nichtverstehen bzw. bei stilistischen Veränderungswünschen: Ch: *I **want** an orange.* – P: *More polite, please/What about the magic word.* – Ch: *I'd like an orange, please.*
4. ***Request for Repetition***
Bitte um Wiederholung einer bestimmten Äußerungsform: P: *Say – Can I have an orange, please?*
5. ***Feedback***
a) **positive feedback** (Markierung einer Äußerung des Kindes als gut/korrekt/ „akzeptabel")
b) **negative feedback** (Markierung einer Äußerung des Kindes als „nicht-akzeptabel")

Abb. 7: Sprachlehrtechniken in der Eltern-Kind Interaktion

Die quantitative Auswertung dieser Kategorien in den Aufnahmeprotokollen von Döpke (1992: 154ff) offenbart einige für die zweisprachige Kindererziehung höchst aufschlussreiche Tendenzen, die von Immersionslehrerinnen und -lehrern unbedingt zur Kenntnis genommen werden sollten:

- Im Schnitt können mehr als die Hälfte (50–60%) aller Äußerungen der Erwachsenen als *teaching-oriented* eingestuft werden, indem sie ein spezifisches sprachliches Phänomen fokussieren („transparent machen") bzw. den aktiven Gebrauch eines Lexems, einer Konstruktion oder einer Äußerung durch das Kind induzieren. Jeder Sprachlerner (ob beim Erst- oder Zweitspracherwerb bzw. im Fremdsprachenunterricht) muss den Input „durchschauen". Der Spracherwerb (besonders dessen eher „unbewusst" ablaufende Komponente) wird erleichtert, wenn im verbalen Input die sprachlich distinktiven Elemente einer Kommunikationssituation in „auffälligen" (= *salient*) Konstellationen „arrangiert" sind (eine Einsicht, die sich im Übrigen funktional-stilistisch linguistische Analysen zunutze machen). Dieses **„Dekomponieren" des Inputs** (= *decomposition*) ist eine für jeglichen Spracherwerb grundlegende Voraussetzung, schließlich muss der Input „verarbeitet" werden (= *processing*), bevor daraus mentale (kognitive wie affektive) Repräsentationen werden, die vom Sprecher über das Langzeitgedächtnis abgerufen werden können.
- Einige Eltern verwenden gegenüber ihren Kindern einen in Bezug auf ihre „Sprachlehrfunktion" besonders reich strukturierten Input, was mit einer beschleunigten Sprachentwicklung des Kindes einherzugehen scheint. So benutzt der schon mehrmals erwähnte Vater von *KEITH* (dem Kind mit der höchstentwickelten bilingualen Sprachkompetenz unter Döpkes Probanden) z.B. in 58% seiner Äußerungen die eine oder andere lexikogrammatische *teaching technique*. Im Vergleich dazu liegt der niedrigste Wert für diese *specified teaching techniques* bei den deutschsprachigen Eltern bei 24%; bei den Englisch sprechenden Eltern

beträgt das Spektrum 29–46%. Döpke wertet diesen Unterschied als einen Hinweis darauf, dass die Eltern, die die „schwächere" Sprache vertreten (im australischen Kontext das Deutsche), sich vermutlich besonders sensibel und auch bewusst auf ihre Rolle als „Sprachvermittler" im lexikogrammatischen Kernbereich dieser Sprache einstellen.

- Wie aus den bereits weiter oben genannten Zahlen deutlich wird, gibt es bei allen Eltern durchgehend eine Dominanz der auf lexikalische Phänomene rekurrierenden Techniken (zwischen 13 und 44%) gegenüber den sprachlichen Interventionen, die auf grammatische Aspekte ausgerichtet sind (zwischen 6 und 18% aller Äußerungen). Wortschatz- und Bedeutungsvermittlung spielen folglich eine große Rolle im Bewusstsein der *parents as teachers*. In quantitativer Hinsicht ragt hierbei die Technik der *lexical perseveration* besonders heraus; d.h. Eltern verwenden viel Zeit, Mühe und Ausdauer darauf, dem Kind noch nicht vertraute Wortschatzelemente zu wiederholen und zu erhellen sowie in andere Verwendungskontexte einzuordnen (was nicht selten mit Aussprachekorrekturen einhergeht).
- Ähnlich wie beim Diskursverhalten lässt sich in zweisprachigen Familien eine gewisse Asymmetrie des sprachlichen Gleichgewichts feststellen; und zwar in der Weise, dass in all den Familien, in denen das Kind **nicht** als *balanced/productive bilingual* einzustufen ist, die Eltern mit der „stärkeren" Sprache auch einen deutlich höheren Anteil an „Lehrtechniken" zum Einsatz bringen. Auf der innerfamiliären Ebene scheint mit anderen Worten ein eher geringer Anteil an diesen *teaching techniques* im Input der Eltern, die die schwächere Sprache repräsentieren, ein durchaus gewichtiger Faktor dafür zu sein, dass diese Kinder *receptive bilinguals* bleiben.

Der Erfolg einer zweisprachigen Kindererziehung ruht mit anderen Worten in beträchtlichem Maße auf den „Schultern" des Elternteils, das in der jeweiligen Familiensituation die „schwächere" Sprache repräsentiert. Analog dazu lässt sich für die SESB daraus die folgende Konsequenz ziehen:

> Eine schulische Erziehung zur Zweisprachigkeit, wie sie ein Immersionsunterricht darstellt, weist den Lehrerinnen und Lehrern (deren Muttersprache die „schwächere" Sprache für die Kinder der jeweiligen bilingualen Lerngruppe ist) eine erhöhte Verantwortung für den Erwerb dieser zweiten Sprache zu (sprich der „Partnersprache" im SESB-Register). Das Diskursverhalten der Lehrerinnen und Lehrer im partnersprachlichen Unterricht muss besonders sorgfältig reflektiert und praktiziert werden. Als zentrale (erwachsene!) Bezugspersonen der Kinder müssen sich die Lehrkräfte ihrer spezifischen **Sprachlehrfunktion** in Bezug auf diese zweite Sprache bewusst werden und dementsprechend ihren Input und ihr

diskursives Interaktionsverhalten strukturieren; d.h. im Hinblick auf transparente, den Spracherwerb erleichternde Konstellationen fokussieren. Sowohl lexikalische als auch syntaktische Phänomene lassen sich im Unterrichtsgespräch durch einen bewussten Sprachgebrauch modellieren, wiederholen, einüben, hervorlocken und in ihrer situationsangemessenen Korrektheit oder Angemessenheit bestärken bzw. korrigieren (= *focussed input*). Dabei ist besonderer Wert auf **pädagogisch-emotionale Hilfestellungen bei Schwierigkeiten im Gebrauch der zweiten Sprache** zu legen. Schließlich verfügen zweisprachige Kinder (wenn die bilinguale Erziehung von Erfolg gekrönt ist) über **zusätzliche Fähigkeiten**, die monolinguale Sprecher nicht haben. Die Sprachlehrfunktion der Lehrerinnen und Lehrer sollte sowohl im themenzentrierten vorfachlichen Sachunterricht (*content-based instruction*) als auch besonders im partnersprachlichen Unterricht zum Tragen kommen (kindgemäße Sprachvermittlung in der „schwächeren" Sprache).

In schulpolitischer Hinsicht erscheinen folgende Maßnahmen sinnvoll:

Ein zentrales Moment eines Spracherwerbskonzepts der SESB muss die Lehrersprache sein. Ein kind- und altersgerechter, pädagogisch-didaktisch „guter" Grundschulunterricht ist eine notwendige, aber keine hinreichende Bedingung für eine erfolgreiche bilinguale Erziehung gemischtsprachiger Lerngruppen. Gutes *content teaching* ist nicht genug. Der bilinguale Unterricht der Primarstufe muss auch gutes *language teaching* realisieren. Die Fortbildungsmaßnahmen für die an dem Schulversuch beteiligten Lehrerinnen und Lehrer sollten als obligatorische Komponente einen Modul zur Lehrersprache anbieten, gerade weil die meisten der aktiven Lehrerinnen keine Ausbildung als Fremdsprachenlehrer(in) haben. Ohne gezielte Supervision dürfte das kaum zu bewältigen sein. In der Lehrerfortbildungsforschung für den fremdsprachlichen Bereich sind dafür bereits entsprechende Konzepte und Methoden entwickelt worden: vgl. Thornbury 1996 mit seinem Programm *"teachers research teacher talk"* („Lehrer erforschen ihre – eigene – Unterrichtssprache"). Immersionslehrerinnen müssen Sprache als Prozess und Sprache als Produkt bewusst reflektieren und für geplante Vermittlungsvorgänge der „schwächeren" Sprache nutzen können. Die Zweitsprache ist Ziel und Medium des bilingualen Unterrichts. Eine konsequente Lehrerfortbildung zu Fragen der Lehrersprache mit den Schwerpunkten Diskurs- und Korrekturverhalten sowie Sprachlehrtechniken von Immersionslehrern erscheint dringend geboten.

2.4 Kontakt und Identifikation als Eckpfeiler einer zweisprachigen Erziehung

2.4.1 Sprache als *tie* und *tool*

Eine Erziehung zur Zweisprachigkeit kann sich nicht allein auf das Sprachlernen im engeren Sinne beziehen. Sie muss die soziokulturellen Momente des hinter der jeweiligen Zielsprache stehenden Kulturkreises mit bedenken und Möglichkeiten zum interkulturellen Lernen realisieren. Dies wird an der SESB selbstverständlich bzw. vornehmlich in der dieser „Schulform" eigenen „bilateralen" Brechung der beiden daran beteiligten Sprachen bzw. Kulturräume geschehen: Deutsch-Englisch/ Französisch/Russisch usw. Hierbei deckt die jeweilige Ziel- bzw. Partnersprache unterschiedliche soziokulturelle Kontexte ab: etwa Großbritannien und Irland, aber auch zum Teil Nordamerika und weitere anglophone Länder, Spanien und Lateinamerika, Frankreich und frankophone Länder außerhalb Europas usw. Entscheidend ist die grundlegende Einsicht, die von Skutnabb-Kangas (1981: 1ff) sehr einfühlsam formuliert wird: Sprache ist immer *tie* und *tool*. Sprache als Werkzeug (= *tool*) ist ein gesellschaftlich vermitteltes (= konventionalisiertes) System sprachlicher Zeichen, das jedem einzelnen von uns erlaubt, seine externe und interne Welt sowie die Beziehungen zwischen diesen „Realitäten" zu beschreiben. Sprache ist ein „Instrument" (ein Mittel der Kommunikation), das zwischen den Individuen und der außersprachlichen Wirklichkeit „vermittelt", wobei letztere natürlich die mentale „Innenwelt" des einzelnen miteinschließt (Erfahrungen, Interessen, Wünsche, Einstellungen, Bedürfnisse, Zielvorstellungen etc.). Sprache als Identifikation mit einem und Bindung an einen kulturellen Raum (= *tie*) gestattet uns, unsere Erfahrungen und kulturellen Leistungen weiterzugeben, die wir im Verbund mit anderen Menschen modifizieren, differenzieren und weiterentwickeln. Sie erlaubt uns damit, mit anderen Menschen (die in örtlicher oder zeitlicher Hinsicht von uns „entfernt" sind) in Kontakt zu treten. Sprache verbindet Menschen (unabhängig davon, was man mit Sprache auch in destruktiver Hinsicht anfangen kann).

Aus dem Spannungsfeld von *tie* und *tool* (der doppelten Funktion von Sprache als Medium der Identifikation mit einem bestimmten Kulturkreis und als Mittel der kommunikativen Interaktion) erwachsen im Falle des zweit- bzw. fremdsprachlichen Sprachgebrauchs die Spezifika der *interkulturellen Kommunikation*. Wiederum kann sich die SESB als sprachbetonte Schulform den allgemeinen sprachenpolitischen Prämissen von Schule Ende der 90er Jahre nicht verschließen:

> Gefragt sind bei unseren Schülerinnen und Schülern (als Sprachlernern – und darum geht es an der SESB in besonderem Maße) zunehmend Fähigkeiten, die

über die objektsprachlichen Wissensbestände und das Fertigkeitsniveau eines konventionellen Fremdsprachenunterrichts hinaus zielorientiertes und situationsangemessenes sprachliches Handeln freisetzen, so dass die sicherlich zahlreicher werdenden konkreten **Begegnungssituationen** zwischen Vertretern unterschiedlicher Kulturräume sprachlich-kommunikativ bewältigt werden können. Aufgrund des Unterrichts von bilingualen Sprachgruppen verfügt die SESB über besondere Möglichkeiten zur Schaffung von **interkultureller Sensibilität** und zum **gegenseitigen Verstehen** in multikulturell zusammengesetzten Klassen. Daneben müssen über den Unterricht hinaus **Kontaktmöglichkeiten** mit Muttersprachlern und fremdkulturelle Erfahrungssituationen geschaffen werden. Da im schulischen Kontext nicht alles über direkte Begegnungen „laufen" kann, kommt dem **Umgang mit fremdsprachlichen Texten**, insbesondere der zielsprachlichen **Kinder- und Jugendliteratur**, eine große pädagogisch-didaktische Bedeutung zu, um eine tiefer gehende Identifikation mit der Zielsprachenkultur anzubahnen und zu etablieren. Die Partnersprache an der SESB ist sowohl als **Kommunikations-** als auch als **Identifikationssprache** zu modellieren. Bilingualität bezieht sich nicht nur auf **Sprache** (bzw. Sprachkönnen), sondern immer auch auf **Inhalte**. Dabei induziert die interkulturelle Perspektive eine **Relativierung der eigenen Grundorientierung**; sprich sie initiiert (zumindest in den pädagogisch fruchtbaren Momenten) einen **Sichtwechsel**.

Kontakt und Begegnung müssen natürlich in der bilingualen Lerngruppe und Schule „anfangen". Ausgehend vom kindgemäßen ICH-Bezug und der Hier & Jetzt-Referenz sollten sich die Kinder über Inhalte austauschen können, die sie selbst und ihre spezifischen Lebensverhältnisse in Berlin (die wiederum kulturell vermittelt sind) betreffen. Dabei lassen sich mit Sicherheit für Kinder höchst interessante Beobachtungen machen, die sich auf ihre interkulturelle Sensibilität (*cultural awareness*) positiv auswirken werden.

Die SESB ist in besonderem Maße dazu aufgerufen und geeignet, den Momenten einer ethnozentrischen Haltung in den Einstellungen von Kindern (und Eltern) zu einer Fremdkultur entgegenzuwirken. Wie aus diversen Untersuchungen bekannt ist (vgl. Wode 1993: 300), kann sich *Ethnozentrismus* sowohl direkt als auch indirekt (als intervenierende Variable, die dann weitere emotional-affektive Faktoren beeinflusst), negativ auf den Erwerb einer zweiten Sprache auswirken. Faktenwissen und Kontakt allein reichen für das „Verstehen" des „Fremden" nicht aus. Die **Begegnungssituationen** müssen **didaktisch** und **sprachlich strukturiert** werden. Wertvolle Anregungen dazu liefern Byram et al. (1997), deren Beispiele und Erfahrungen mit „kurzen" Klassenfahrten ins Ausland (= *short study visits abroad*) in adaptierter Form auf **Erkundungsprojekte** im Berliner Raum übertragen werden können.

Erneut dürfte ein – vorsichtiger – Blick auf die kanadischen Erfahrungen in Bezug auf die zuletzt angesprochenen sozial-affektiven Aspekte der Immersion hilfreich sein. Dies ist in der Tat mit einiger Vorsicht zu tun, denn das Verhältnis von anglophoner und frankophoner Bevölkerung ist in Kanada (bekanntlich) alles andere als „einfach" bzw. spannungsfrei. Fest dürfte stehen, dass die ursprüngliche soziopolitische Zielvorstellung, die bei der Immersion dort immer mitbedacht wurde (nämlich die Überwindung der beiden *solitudes*: das „Nebeneinanderherleben" der beiden Sprachgruppen) **nicht** eingelöst wurde (vgl. Vollmer 1992). Ein höchst signifikantes Ergebnis entsprechender Langzeituntersuchungen bezüglich der Einstellungen anglophoner Immersionsschüler zu frankophonen Kanadiern war (vgl. Genesee 1987: 114), dass die während der Grundschulzeit (Klassen 1–6) durchaus vorhandenen positiven Einstellungswerte bereits im Verlauf des Sekundarschulbesuchs (Klassen 7–12) deutlich zurückgingen (also parallel zur Intensität der „Begegnung" mit der Zweitsprache im Unterricht: siehe Diagramme in Kap. 1.2.2). Einen weiteren Abbau in der „Offenheit" gegenüber der L2-Bevölkerung gab es nach dem Ende der Schulzeit. Über Tagebuchstudien konnte Genesee selbst (1987: 106ff) feststellen, dass der Umgang der Immersionsschüler und deren Eltern (!) mit der frankophonen Bevölkerung und der medienvermittelten Kultur (Zeitungen, Bücher, Fernsehen etc.) im Wesentlichen **reaktiver Natur** war. Sowohl die Kinder als auch deren Eltern begegneten zwar (im offiziell zweisprachigen Kanada) gelegentlich frankophonen Kanadiern im Alltagsleben und waren dann auch bereit und fähig, sich auf französisch geführte sprachliche Interaktionen einzulassen, aber sie suchten fast nie selbst den Kontakt (die Zahl der Begegnungen war im Gegensatz zu den englisch geführten Interaktionen verschwindend gering). Ihr Konsumverhalten gegenüber den modernen Massenmedien unterschied sich in keiner Weise von der rein anglophonen Bevölkerung; d.h. sie lasen (in der Regel!) weder eine französische Zeitung (geschweige denn ein französischsprachiges Buch) noch verfolgten sie von sich aus ein Fernsehprogramm in französischer Sprache. Es gab mit anderen Worten so gut wie keinen aktiv gesuchten Kontakt mit der L2-Kultur (im Sinne eines heute akzeptierten weiten Kulturbegriffs). Außerhalb des Unterrichts wurde keine interkulturelle Praxis „gelebt". Mit dem Abschluss der *High School* ging im Übrigen nicht nur das „Verständnis" für die Zweitkultur zurück (was über entsprechende Tests verifiziert werden konnte), sondern es sank auch (sehr deutlich und relativ schnell) das funktionale Sprachkönnen in der Zweitsprache (*L2-proficiency*), das über viele Jahre aufgebaut worden war. Dies wird jeden, der einmal Latein in der Schule gelernt hat, aber nie wieder darauf zurückgreifen wollte oder musste, nicht verwundern. Bei den kanadischen Immersionsversuchen ist natürlich immer zu bedenken, dass es dort keine gemeinschaftliche Erziehung (= *cohabitation*) von anglo- und frankophonen Kindern gibt.

Grundsätzlich bleibt festzuhalten:

Sowohl im Unterricht als auch darüber hinaus muss es an der SESB ausreichend Möglichkeiten für Kontakt mit Vertretern sowie Identifikation mit Manifestationen und Produkten der L2-Kultur geben, damit ein hohes Maß an Offenheit, Affinität und positiver Einstellung zur Zweitkultur aufgebaut werden kann. Dies ist kein „Nebenprodukt" einer zweispachigen Erziehung. Begegnung und Kontakt müssen durch entsprechende schulische (unterrichtliche wie extracurriculare) Veranstaltungen gezielt herbeigeführt werden. Kulturelles Lernen ist auf erfahrungsgestütztes Lernen angewiesen. Familiäre Anstrengungen können dieses Ziel unterstützen.

2.4.2 Zusätzliche Begegnungen mit Muttersprachlern

Im Falle der natürlichen Zweisprachigkeit dürfte der wichtigste Faktor in Bezug auf eine Entscheidung für eine zweisprachige Kindererziehung die Situation der sprachlichen „Mischehe" sein. Häufig beobachtet man in Familien, in denen die Zweisprachigkeit erfolgreich praktiziert wird, eine **große Affinität zu Sprache** im Allgemeinen und eine **positive Einstellung zur jeweiligen Zweitsprache** im Besonderen (Kielhöfer & Jonekeit 1983: 15, 23f). In vielen bilingualen Familien scheint es eine überdurchschnittliche Aufgeschlossenheit zu anderen Sprachen und Kulturen zu geben, denn häufig haben sich die jeweiligen Partner über einen berufs- oder studienbedingten Aufenthalt im Ausland kennen gelernt; Entwicklungen, denen nicht selten ein originäres Interesse an fremdkulturellen Begegnungen mit Land und Leuten zugrunde lag. Den Eltern in einer gemischtsprachigen Ehe ist es in der Regel wichtig, dass ihre Kinder die Ferien in dem anderen Land verbringen, um von daher **Kontakt** mit Verwandten und Freunden aufnehmen zu können. Des Weiteren gibt es in gewissen Abständen Besucher aus dem Ausland, die die Familie an ihrem Hauptwohnort besuchen, so dass sich von daher natürliche Anknüpfungspunkte für den Gebrauch der zweiten Sprache ergeben. Wenn die Kinder etwas älter sind, werden sie häufig allein zu den Großeltern oder den Familien ihrer Cousins und Cousinen geschickt, was der Entwicklung der eher „schwächeren" Sprache äußerst förderlich ist. Nicht selten sind es diese Situationen (in denen eine kommunikative Notwendigkeit für den Gebrauch der Zweitsprache besteht), die aus einem „rezeptiven" Zweisprachigen (der die schwächere Sprache versteht, aber wenig Bereitschaft zur produktiven Anwendung zeigt) einen „produktiven" Zweisprachigen machen. Ein Ferienaufenthalt im Land der schwächeren Sprache wird nur dann den gewünschten Erfolg für die bilinguale Entwicklung eines Kindes haben, wenn bereits gewisse Vorkenntnisse vorliegen. Eine zweite Sprache lässt sich nicht „von Null an" während einer Ferienreise lernen, selbst wenn es Begegnungen mit Muttersprachlern gibt. Man kann sich wahrlich nicht darauf verlassen, dass Kinder auf einen „fremden", neuen Spielkameraden zugehen, der die andere Sprache weder rezeptiv noch produktiv beherrscht.

Die Zweisprachigkeit muss schon vorher in der Familie praktiziert worden sein. Wenn eine gewisse untere Schwelle an zweitsprachlicher Kompetenz gegeben ist, wird sich der Kontakt mit Gleichaltrigen äußerst positiv für die weitere Sprachentwicklung auswirken.

Für Eltern, die ihre Kinder auf eine Immersionsschule schicken, sollte meines Erachtens aus diesen Beobachtungen die Konsequenz folgen, dass eine **zweisprachige schulische Erziehung** durch eine **positive Einstellung zur Partnersprache im Elternhaus** zu **fördern** und zu **unterstützen** ist. Davon wird man allerdings nicht in allen Fällen ausgehen können. So dürfte es durchaus Eltern geben, die „stolz" von Urlaubsplänen in Bezug auf die diversen Mittelmeerländer erzählen, demgegenüber (wenn etwa das Kind an einem englischen Standort der SESB ist) eine Reise nach Großbritannien oder Nordamerika überhaupt nicht in Erwägung gezogen wird (obwohl die finanziellen oder zeitlichen Möglichkeiten vorhanden wären). Ohne angemessene Unterstützung seitens der Eltern sind ein hohes Sozialprestige der Zielsprache und ein ausgeprägtes Utilitätsdenken der Eltern nicht die allerbesten Voraussetzungsbedingungen für eine wirklich erfolgreiche zweisprachige Sozialisation in der Schule. Die Schule sollte diesen Aspekt den Eltern gegenüber bewusst vertreten. Deshalb gilt:

Die Eltern müssen so weit wie möglich das zweisprachige Bildungskonzept **aktiv** mittragen; z.B. indem sie:

- die Zielsprache lernen bzw. vorhandene **Sprachkenntnisse vertiefen**,
- mit den Kindern die **Hausaufgaben** in der Partnersprache erledigen (zumindest teilweise), damit die „schwächere" L2 in der L1-Umgebung der Familie benutzt wird und so den Kindern signalisiert werden kann, dass die zweite Sprache einen gewissen Status für das Elternhaus hat (der L2-Erwerb kann mit anderen Worten nicht nur der Schule „aufgeladen" werden),
- nach Möglichkeit eine gemeinsame **Urlaubsplanung** mit Zielen im Land der Partnersprache realisieren,
- intensive **Spielzeiten** mit Kindern der Partnersprache außerhalb der eigentlichen Unterrichtszeit **arrangieren**,
- ihre Kinder das seit dem Schuljahr 1998/99 obligatorische **Betreuungsangebot am Nachmittag** so intensiv wie möglich nutzen lassen,
- auf die Schulleitung und den Förderverein des jeweiligen Standorts einwirken, auf dem Schulgelände ein strukturiertes und differenziertes **Betreuungsangebot** am Nachmittag einzurichten, das über handlungsorientierte Aktivitäten einen direkten **Kontakt mit den anderssprachigen Kindern und den nicht-deutschen Erzieherinnen und Erziehern** ermöglicht.

Die Schule muss verstärkt didaktisch-methodische Konzepte entwickeln, die sowohl interkulturelle Begegnungssituationen außerhalb des Unterrrichts im engeren Sinne als auch „offenere" projektbezogene, themenorientierte Unterrichtsvorhaben realisieren. Letzteres wird selbstkritisch als Versäumnis der kanadischen Versuche angemerkt (vgl. Genesee 1987). Es ist davon auszugehen, dass sich derlei Kontakte (besonders das Erfolgserlebnis bei der kommunikativen Verwendung der Partnersprache im außerunterrichtlichen Kontext) sehr positiv auf die Motivation der Kinder auswirken, die Zweitsprache zu lernen (Genesee 1987: 82) – nicht zuletzt in Verbindung mit einer positiven Einstellung des Elternhauses zur L2 und deren Erwerb (S. 83). Im Einzelnen sollten in Berlin folgende Möglichkeiten realisierbar sein (im Übrigen im Einklang mit den generellen Vorgaben des Berliner Rahmenplans zu einem projekt- und handlungsbezogenen vorfachlichen Unterricht):

Über die Pflicht-Stundentafel hinaus können Arbeitsgemeinschaften eingerichtet und von Lehrern wie Eltern betreut werden, die in der **Verbindung von Sprache und Handeln** andere kommunikative Kompetenzen als die unterrichtlich relevanten aktivieren (z.B. Töpferei, Presse- oder Reporterclub, PC-Gebrauch, Instrumentalmusik, Chor, Tanz, Sport etc.). Es lassen sich Kontakte zu den anderen Standorten der SESB, zu Institutionen, Betrieben, Personen und sozialen Zirkeln herstellen, die für die jeweilige Partnersprache repräsentativ sind: Restaurants, Radio- oder Fernsehsender, Zeitungsredaktionen, Kulturhäuser (*British Council*, Amerika-Haus, *Institut Français*, Haus der Wissenschaft und Kultur der Russischen Föderation usw.), Geschäfte, Clubs (z.B. *Berlin International Women's Club*), Konsulate, Botschaften u. dgl. Im Sinne von **Erkundungs- und Begegnungsprojekten** sind diese Vorhaben im Unterricht sprachlich, inhaltlich und landeskundlich vorzubereiten. Es gibt Ausstellungen und Theateraufführungen, die in zweitkultureller und/oder fremdsprachlicher Hinsicht relevant und ergiebig sind: etwa das antike Rom/Athen (Pergamon- und Bode-Museum), Malen wie die französischen Impressionisten (Nationalgalerie) usw. Jede Klasse sollte ein **Korrespondenzprojekt** mit einer Schule der Partnersprache aufbauen und pflegen (Briefe, Ton- und Videokassetten; ggf. sogar *e-mail*: man denke an die Programme „Schulen ans Netz" oder „Computer in die Schule" = CidS). Letztendlich sollte auch eine nicht allein touristisch geprägte **Auslandsklassenfahrt** für SESB-Schüler möglich sein. Dabei wären ein Aufenthalt und ein gemeinsamer Unterricht mit einheimischen Schülern in einer Partnerschule angesagt (vgl. Byram et al. 1997). Im Rahmen der SESB-charakteristischen **Projekttage und -wochen** sollten verstärkt Muttersprachler der jeweiligen Partnersprache in die Schule geholt (am besten zu einem bestimmten Rahmenthema) und Inhalte europäischen (bi- wie multikulturellen) Zuschnitts thematisiert werden. In didaktisch-methodischer Hinsicht sollten Handlungs- und Outputorientierung (mit einem konkreten „Werkstück" als Ergebnis: *activity-centred immersion*) im Vordergrund stehen. Dies ist mit der sozialen Dimension zu koppeln, denn Gleichaltrige (= *peer interaction*) pflegen nun einmal einen etwas anderen sprachlichen wie nichtsprachlichen Umgang untereinander als Kinder mit Erwachsenen. Ein vergleichbares strukturiertes Angebot ist im Rahmen der Nachmittagsbetreuung von den Erzieherinnen und Erziehern zu machen.

Ohne **Kontakt und Begegnung mit gleichaltrigen und erwachsenen Muttersprachlern** – auch **über den Unterrichtskontext hinaus** – läuft jede Immersion **Gefahr**, nach den ersten Unterrichtsjahren (wenn eine gewisse mündliche Grundkompetenz in der zweiten Sprache gesichert ist) in sprachlich-kommunikativer Hinsicht zu **fossilieren**. Es findet kein kommunikativ bedeutsamer Lernfortschritt in der Zweitsprache mehr statt, da der Schulalltag mehr oder weniger erfolgreich bewältigt wird. Der **Unterrichtsdiskurs** ist bekanntlich ein sehr spezifisches Sprachregister (vgl. Edmondson & House 1993: 226ff). Die über Immersion erreichbaren Erfolge in der Bewältigung zweitsprachlich realisierter Unterrichtsaktivitäten sollten Eltern und Lehrer nicht darüber täuschen, dass hier ein **relativ begrenztes Kommunikations- und Interaktionsverhalten** vorliegt. Die Methodik des bilingualen Unterrichts auf der Primarstufe darf sich nicht in der Vermittlung von vorfachlichen Unterrichtsinhalten erschöpfen. Wann immer es die familiäre oder die schulische Situation erlaubt, sollten deshalb diese weiteren Horizonte des Fremdsprachenlernens dem Kind **erfahrbar** gemacht werden. Sprache-in-Gebrauch liegen immer erfahrungsbasierte Konzeptualisierungen und Handlungssysteme zugrunde, die wiederum in einen kulturellen Kontext eingebettet sind. Schule und Eltern sollten deshalb jede nur denkbare Chance nutzen, **konkrete Wahrnehmungen und Erfahrungen bezüglich der wechselseitigen Abhängigkeit von Sprache und Kultur zu gewinnen**. Vieles davon lässt sich durchaus auch in der Berliner Region realisieren.

2.4.3 Perspektivenwechsel als Ziel interkulturellen Lernens

Begegnungen der soeben skizzierten Art müssen „gewollt" und institutionalisiert werden. Sie würden viele Fragen der Kinder zu interkulturell relevanten Sachverhalten auslösen, auf die „die Schule" Antworten haben muss. Die Begegnung mit „Fremden" bzw. „Fremdem" ist über den pädagogisch zentralen Kontakt mit der jeweiligen Lehrkraft hinaus wichtig, um den bereits angesprochenen Perspektivenwechsel und damit eine Erziehung zum „Verstehen" in einem tieferen (bildenden) Sinne zu gewährleisten. Die **Spezifik** des **interkulturellen Lernens** beinhaltet neben dem **„Eindringen" in einen fremdkulturellen Orientierungsrahmen** immer auch eine **Reflexion und Relativierung der eigenkulturellen Referenzsysteme**. Somit scheinen folgende Schlussfolgerungen unabdingbar zu sein:

Die curricularen Vorgaben des Berliner Rahmenplans sind – ausgerichtet auf die spezifischen inhaltlichen Gegebenheiten der jeweiligen Zielsprachenkulturen – in Teilen zu modifizieren, um den Besonderheiten des interkulturellen Lernens und der immersionsgemäßen Synthese von Sach- und Sprachlernen gerecht werden zu können. Die **Lehr- und Lerntraditionen der beiden Kulturen müssen sich gegenseitig „befruchten"** (können). Es kann nicht darum gehen, „alles" den bisher existierenden deutschen Vorgaben unterzuordnen. Die Zweitsprache als Partnersprache zu definieren, heißt auch, Ziele, Inhalte und Methoden des vorfachlichen Unterrichts im jeweiligen Zielland (und später in der 5. und 6. Klasse, der Sachfächer) mit den etablierten, konsensfähigen Unterrichtskonzepten der Berliner Grundschule in produktiver Weise zu verschränken. Dies betrifft die Alphabetisierung ebenso wie das Sach- und weiterführende Sprachlernen. In den neu zu entwickelnden Rahmenplänen für die SESB muss Platz, Raum und Zeit geschaffen werden für Inhalte und Verfahren, die sich (auch) an der Messlatte des partnersprachlichen Kulturkreises orientieren. Genuines interkulturelles Lernen ist an einer bilingualen Schule nur über den wechselseitigen Kontakt von Sprach- und Kulturräumen, von Personen und Bildungstraditionen zu gewährleisten. Dies ist als langfristiger Prozess zu sehen, zu entwickeln und immer wieder neu zu überdenken.

Der Sachfachunterricht der 5. und 6. Klasse wird ohne diesen Sichtwechsel nicht auskommen können; allein schon deshalb, weil es keine originären, speziell auf die Belange der SESB zugeschnittenen Unterrichtsmaterialien gibt. Indem man zum Teil auf Materialien des jeweiligen Ziellandes zurückgreift, wird man nicht nur mit anderen Themen oder Schwerpunkten konfrontiert (etwa in Geschichte), sondern vor allem auch mit anderen didaktisch-methodischen Traditionen und Konzepten. Das Heranziehen von historischen Quellen ist z.B. im Geschichtsunterricht unserer europäischen Nachbarländer bei weitem nicht so verbreitet wie in Deutschland. Dafür erfährt die handlungsorientierte Dimension in den Materialien zum Teil eine deutlich stärkere Akzentuierung, was für den Spracherwerb höchst dienlich ist. Im Übrigen dürfte es – für Lehrer und Schüler gleichermaßen – schon recht erhellend (wenn nicht sogar „schockierend") sein, im deutschen Geschichtsunterricht von der „Völkerwanderung" zu sprechen bzw. zu hören, während der entsprechende Begriff bei Briten und Franzosen *Barbarian invasion* bzw. *l'invasion des barbares* lautet. – Was die Identifikationsfunktion der Sprache und den Perspektivenwechsel durch die interkulturelle Begegnung (in einem weiten Sinne) angeht, wie sie etwa u.a. durch inhaltliche Textarbeit im vorfachlichen Unterricht und im bilingualen Sachfachunterricht ausgelöst wird, gibt es forscherisch noch sehr viel aufzuarbeiten und unterrichtlich zu bewältigen. Interkulturelles Lernen bezieht sich auf höchst komplexe Orientierungssysteme und tangiert somit das Wahrnehmen, Denken, Werten und Handeln der Menschen. Dabei muss die Integrierung von eigen- und fremdkulturellen Orientierungssystemen sowohl von den Schülern als auch von den Lehrern und der Schulverwaltung geleistet werden.

2.4.4 Identifikation mit der soziokulturellen Realität der Partnersprache

Neben dem Kontakt mit Sprechern der Zielsprache ist die **Identifikation mit einem spezifischen soziokulturellen „Milieu"** eine Grundvoraussetzung für ein erfolgreiches Lernen und Aufrechterhalten mehrerer Sprachen. Für eine derartige Anbindung an bzw. Verwurzelung in bestimmte(n) kulturelle(n) Sektionen einer Sprachgemeinschaft spielt die **Kinder- und Jugendliteratur** eine bedeutsame Rolle. Glücklicherweise verfügen alle am Schulversuch der SESB beteiligten Partnersprachen (als „große" National- und Kultursprachen) über ein reichhaltiges, sprachlich und kulturell differenziertes Repertoire an Reimen, Gedichten, Spottversen und Liedern (*nursery rhymes/songs, poetry books*), Spielen (*action games, finger games* u. dgl.), Märchen, Fabeln, Geschichten und sonstigen Kinderbüchern (etwa Sachgeschichten). Der Einsatz derartiger Textsorten und Gattungen gehört mit zum so genannten *story approach*, der ausführlicher in Kap. 5 dargelegt werden soll. An dieser Stelle sollen nur einige Argumente für den Umgang mit derartigen authentischen Materialien genannt werden:

– Insbesondere die lyrischen Kurzformen lassen die prosodischen Merkmale (Wort- und Satzbetonung, Rhythmus, Junktur und Intonation) ganzheitlich „einsinken", wobei die Reime und Alliterationen zusätzlich die analytische Seite des Lesenlernens vorbereiten.
– Der Wortschatz vergrößert sich beträchtlich und differenziert sich in semantischer Hinsicht, weil diese Literaturgenres mit den logischen Beziehungen „spielen", die zwischen den Lexemen[8] eines Wortfeldes bestehen (Synonyme, Antonyme, Ober- und Unterbegriffe).
– Gerade die neueren Kinderbücher transportieren die wünschenswerte Idiomatik des Sprachausdrucks, die bei Immersionsschülern bekanntermaßen eine „schwache" Stelle darstellt (vgl. Genesee 1987 sowie unten in 4.2).
– Das Struktureninventar wird implizit erweitert und gefestigt, weil die meisten Kinderbücher mit Reihungen, Wiederholungen, Analogien und Parallelismen „arbeiten".
– Es werden originäre kulturelle Inhalte und kognitive Schemata[9] (*frames* und *scripts* im psycholinguistischen Sinne: Faktenwissen bzw. Situationswissen) übermittelt, bis

---

[8] Unter einem Lexem versteht man die semantische Grundform eines Wortes; z.B. KOMMEN oder *GO* im Gegensatz zu den flektierten Formen (komme, kommt, kommend oder *goes, gone, went, going* usw.). Andere Begriffe für diese abstrakte Basiseinheit des Lexikons sind „Lemma", "word type" (siehe auch 4.2.1).

[9] Unter den Schemata versteht man in der Psycholinguistik mentale Ordnungsprinzipien, nach denen unser Gehirn unser Wissen „abspeichert" und langfristig verfügbar macht.

hin zu kulturell geprägten Stilmodalitäten (Groteske, *nonsense* u. dgl.) und Humor (im Englischen etwa *black humour, funny-haha* vs. *funny-peculiar* usw.).
- Das Kind wird in seiner moralischen und sozialen Entwicklung gefördert, indem es über die Fiktionalität das „Dazwischen" (zwischen Gut und Böse) lernt bzw. die Geschichten als „Vehikel" für die Bewältigung eigener Beziehungskonflikte erfährt.

Im Rahmen genuin grundschulpädagogischer Ansätze, wie sie z.B. *topic web, storyline* und *story approach* darstellen (siehe Kap. 5 und McTaggart & Liepe 1995), sollte mit anderen Worten im mutter- und im partnersprachlichen Unterricht der SESB viel vorgelesen und viel gelesen werden (aus bzw. in Kinderbüchern, Gedichtbänden, Märchen u. dgl.):

> Im Sinne inhaltlich vernetzter Planungsmodelle und thematischer Unterrichtsmodule können von Anfang an authentische Geschichten, lyrische Kurzformen und die so genannten „Einfachen Formen" (Rätsel, Witze, Karikaturen, Bildergeschichten u. dgl.) für eine integrierte Sach-Spracharbeit eingesetzt und ausgewertet werden; und zwar im mutter- wie im partnersprachlichen Unterricht.

Zusätzlich müssen die SESB-Schulen über leicht zugängliche und funktionsfähige Kassetten- und Videorekorder verfügen, um Hör- und Videokassetten mit mutter- und anderssprachiger Kinderliteratur (dem jeweiligen Themenbereich entsprechend) abspielen zu können.

> Alle SESB-Standorte müssen eine reichhaltige schulinterne **Mediothek** mit authentischen Materialien aufbauen (können): Kinder- und Sachbücher, Hörkassetten, Videofilme. Damit wird über den Input seitens der Lehrkräfte hinaus ein breit gefächerter sprachlicher Input (gerade auch in seiner **dialektalen Differenziertheit**) sichergestellt. Dies ist heutzutage unbedingt notwendig, schließlich werden die meisten der an der SESB unterrichteten Sprachen in mehr als einem Land als Mittel der Kommunikation benutzt. – Daneben sollte jede Klasse (unter tätiger Mithilfe der Eltern, d.h. aus familiären Ressourcen) eine eigene, lerngruppenspezifische Medien- und Materialsammlung einrichten (= *self-access centre*). Mit derartigen Ressourcen wird vor allem die **freie Verfügbarkeit des Kindes über die zweitsprachliche Literatur** angebahnt und ermöglicht, was eine zentrale Voraussetzung für die Identifikation mit der Zweitkultur ist. Zugleich ist damit ein Schritt auf dem Wege zu der heutzutage pädagogisch wünschenswerten größeren **Lernerautonomie** getan (= *self-directed learning*).

Im Sinne der spracherwerbstheoretisch wünschenswerten Identifikation mit kulturellen Zeugnissen der anderen Sprache muss eine bilinguale Schule den selbständigen und **eigenverantwortlichen Umgang mit Literatur fördern**. Die Eltern können dabei eine wichtige Rolle einnehmen (insbesondere die Eltern der nicht-deutschen Partnersprachen an der SESB), indem sie z.B. selbst Texte auf Band aufnehmen bzw. ihre eigenen häuslichen Ressourcen für einen gemeinsamen Pool zur Verfügung stellen, auf den die Kinder sowohl in der Schule (Freiarbeit) als auch zu Hause freien Zugriff haben (als *listening/viewing for pleasure* und *personal choice*). Auf jeden Fall sollten die Eltern die aktive Verwendung medienvermittelter Literatur in der zweiten Sprache „in ihren eigenen vier Wänden" bewusst unterstützen. Damit wird keiner früheinsetzenden „Nachhilfe" das Wort geredet, sondern einer gezielt gehandhabten Strategie der Zuwendung zu fremdkulturellen „Produkten", deren Rezeption Kindern einer bestimmten Entwicklungsstufe einen pädagogischen und sprachlichen Gewinn bringt. Die Auseinandersetzung mit der Kinder- und Jugendliteratur der Partnersprache stellt somit ein wesentliches Moment der **„sekundären Sozialisation"** eines Kindes dar (die durch die Schule vertreten wird) und muss deshalb einen hohen Stellenwert an einer bilingualen Institution wie der SESB haben.

Im Übrigen wäre zu prüfen, ob nicht die medienpädagogischen Einrichtungen in Berlin (Landesbildstelle, Institut für Lehrerfortbildung BIL) mit Serviceleistungen für die SESB in Bezug auf deutschsprachige und fremdsprachliche Sendungen des „Kinderkanals", des Kabel- und Satellitenfernsehens aufwarten könnten (fiktionale Literatur und Sachthemen). Die **medienpädagogische Erziehung** ist bekanntlich 1995 von der „KMK" (= Kultusministerkonferenz) als ein inhaltlicher Schwerpunkt schulischer Bildungsarbeit identifiziert worden und darf deshalb an der SESB aufgrund der spezifischen „bikulturellen Brechung" dieses Bereichs nicht fehlen.

3. Zweisprachiger Unterricht und Schulleistung: Hypothesen zur bilingualen Sprachkompetenz

Jeder Immersionsansatz, also auch der der SESB, der über das Partnersprachenmodell das zusätzliche, pädagogisch höchst interessante Moment der Erziehung zweisprachiger Lerngruppen enthält (gelegentlich auch als *cohabitation, two-way immersion* oder reziproke Immersion bezeichnet), muss sich der Frage nach den eventuellen Wechselbeziehungen zwischen dem Sprachkönnen in den beiden Sprachen und der mehr oder weniger erfolgreichen schulischen Entwicklung eines „zweisprachigen" Kindes stellen. Hierbei ist Zweisprachigkeit grundsätzlich (wie in 2.1.3 ausgeführt wurde) als dynamische, sich über Jahre entfaltende Zielkategorie zu verstehen:

bilingualer Unterricht
(bilingual education)

Sprachkönnen in der Zweitsprache   Schulleistungen im Sach- bzw. Fachunterricht
(second language proficiency)   ⟷   *(academic achievement)*

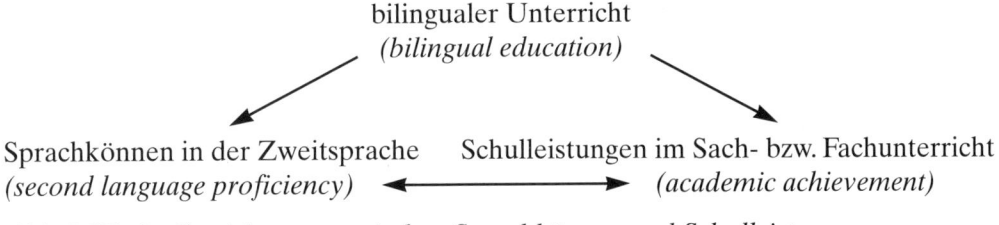

Abb. 8: Wechselbeziehungen zwischen Sprachkönnen und Schulleistung

3.1 Elementarer kommunikativer Sprachgebrauch und Sprache als Werkzeug verbalen Denkens

3.1.1 Kontextuelle und kognitive Parameter sprachlichen Handelns

Auf der Basis der empirisch umfassend dokumentierten Immersionsansätze an kanadischen Schulen (frühe völlige, frühe partielle oder späte Immersion, d.h. *early total* bzw. *early partial immersion* und *late immersion*: vgl. Genesee 1987, Swain/Lapkin 1982) hat Cummins (1978, 1979) eine ganze Reihe von Hypothesen zur **Signifikanz genuin sprachlich-kommunikativer Faktoren** für den Erfolg oder Misserfolg einer Immersionserziehung vorgelegt (was die Rolle anderer Komponenten wie Sozialschicht der Eltern, Sozialprestige der Erst- und Zweitsprache, Motivation der Lerner u. dgl. natürlich keineswegs in Abrede stellt). Die allgemeine Sprachfähigkeit (*language proficiency*) als zentrale Komponente kommunikativen sprachlichen Handelns in Situationen (siehe ausführlicher zur internen Struktur der *proficiency* unter 4.1) involviert zwei unterschiedliche Ebenen, die beide ein Kontinuum beinhalten. Die Sprachfähigkeit wird als Funktion von Kontextualisierung **und** kognitivem Aufwand gesehen:

```
                    cognitively demanding language skills
                                    ▲
                                    │
                    A               │              D
                                    │
    ◄───────────────────────────────┼───────────────────────────────►
    context-embedded    B           │           C    context-reduced
    language skills                 │                language skills
                                    │
                                    ▼
                   cognitively undemanding language skills
```

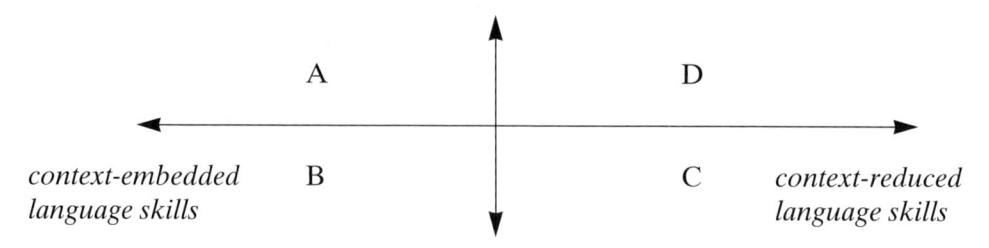

Abb. 9: Kontextuelle und kognitive Momente als Parameter sprachlichen Handelns

Die sprachliche Handlungsfähigkeit ist somit immer in ihrer Interdependenz mit Anforderungen auf der kontextuell-situativen und der kognitiv-intellektuellen Ebene zu sehen (als Wechselspiel von Sprache, Denken und Handeln). Für die horizontale Ebene gilt, dass hier mehr oder weniger stark ausgeprägte kontextuelle Informationen vorliegen, die die Rezeption oder Produktion sprachlicher Bedeutungen bestimmen. Das prototypische Beispiel für *context-embedded communication* sind Alltagsgespräche zwischen Leuten, die sich gut kennen, über vertraute Themen, wobei außersprachliche oder paralinguistische Hinweise den „Sinn" des Gemeinten unterstreichen. Ein Großteil der sprachgebundenen Interaktion des Vorschulkindes ist an diesem Pol des Spektrums angesiedelt (Referenz auf das Hier und Jetzt des situativen Kontextes). Am anderen Ende des Kontinuums stehen Äußerungen, in denen die „Aussage" (*message*) über sprachlich explizite Mittel transportiert wird (= *context-reduced reference*). Dies ist die Domäne der Information und Explikation (etwa im Sinne der *ideational function of language* von Halliday: vgl. Kress 1976: XIX). Sie macht einen Großteil des schulischen Unterrichts aus, denn bereits im vorfachlichen Unterricht der Primarstufe wird Wissen in seiner Einbettung mit Menschen, Sachverhalten und Lebenswelt transportiert. Hier ist vor allem der aktive Umgang mit textgebundener Sprache zu nennen, also das Lesen und Verfassen von Texten: *reading and writing for academic purposes* (wobei englisch *academic* mit „schulbezogen" oder „fachbezogen" gleichzusetzen ist). Bisher hat sich noch kein Immersionsversuch explizit mit dem Problem auseinander gesetzt, welche Redemittel und Kommunikationsstrukturen in der Zweitsprache für die verschiedenen Lernbereiche der Primarstufe eigentlich notwendig sind oder wünschenswert wären. Vor allem sollte man sich fragen, welcher Sachwortschatz und welche Verstehensgrammatik für die Dekodierung „vorfachlicher" (Klasse 1–4) und fachbezogener Sachtexte (ab Klasse 5) gebraucht werden bzw. welche Mitteilungsgrammatik für die Enkodierung (das „Verfassen") unterrichtsrelevanter Textarten oder Diskursgenres verfügbar sein müsste.

Das Kontinuum der vertikalen Ebene bezieht sich auf den Grad der intellektuell-kognitiven Anforderungen, die im Vollzug einer sprachlich-kommunikativen Aufgabe eingebracht und bewältigt werden müssen. Prototypische Beispiele für kognitiv weniger anspruchsvolle Kommunikationsaufgaben sind Einkaufsdialoge oder stark ritualisierte Tischgespräche bzw. informelle Unterhaltungen über den jeweiligen Film- oder Fernsehkonsum. Demgegenüber sind die meisten schulisch relevanten Rezeptionsweisen und Darstellungsverfahren (zur texttypologischen Palette vgl. Werlich 1976 und Zydatiß 1989) stärker am intellektuell anspruchsvollen Pol des Kontinuums angesiedelt: insbesondere die grundlegenden Textsorten der Beschreibung, Erzählung, Explikation und Argumentation.

Nach Cummins ist das Ausmaß der kognitiven Anforderung einer Kommunikationsaufgabe zum einen eine Funktion der Informationsdichte (Menge pro Zeiteinheit), die verarbeitet werden muss, und zum anderen eine Funktion des Automatisierungsgrades, mit dem eine sprachliche Teilfertigkeit verfügbar ist. Die Entwicklung des Sprachkönnens in einer Zweitsprache ist ein langfristiger, in den Teilschritten zyklischer Prozess: Aufgaben, die das erste Mal vollzogen werden, können (selbst wenn sie inhaltlich wenig anspruchsvoll und stark kontextualisiert sind, wie etwa der Kauf von Materialien zum Tapezieren einer Wohnung) in einer Fremdsprache durchaus „schwierig" sein; d.h. sie sollten von der Sache und vom sprachlichen Ausdruck her gut geplant, sorgfältig überlegt und vielleicht sogar (vorher) „geprobt" worden sein. Bei entsprechender Wiederholung automatisieren sich die sprachlichen Fertigkeiten, und die Aufgabe wird weniger anspruchsvoll auf der intellektuellen Ebene. Ziel eines jeden zweisprachigen Unterrichts muss es deshalb sein, die Lernenden für die schulisch geforderten Aufgaben vom Planquadrat A zum Planquadrat D in der Abb. 9 zu bringen: *the developmental nature of second language proficiency* (vgl. Genesee 1987: 138f). Dies braucht sehr viel Zeit (siehe oben 2.1.3 zur kanadischen Definition des *top level of proficiency* nach 5.000 Unterrichtsstunden in der L2). Erfolgreiche Immersionsprogramme stellen ohne Zweifel eine pädagogische „Bereicherung" für den Absolventen dar (= *enrichment*). Die „Kehrseite" dürfte sein, dass die ihnen innewohnenden Herausforderungen, die für nicht wenige (Mittelschichts)Eltern in ihrer Entscheidung für diese Schulform eine wesentliche Rolle spielen (*immersion = challenge*), höhere Anforderungen an das Kind als Lerner stellen (Genesee 1987: 141).

An dieser Stelle muss eine Angelegenheit klargestellt werden: Immersion auf der Primarstufe (wie auch der bilinguale Sachfachunterricht auf der Sekundarstufe) ist **keine Elitebildung** (weder von den Zielbestimmungen noch vom faktischen Vollzug her). Sowohl in Kanada als auch hier in Deutschland (damit wird wieder die sprachenpolitische Dimension des Schulversuchs tangiert) ist die **individuelle Zwei- bzw. Mehrsprachigkeit** der nachwachsenden Generation eine bildungs- und kulturpolitische Aufgabe ersten Ranges. Eine **schulisch vermittelte Zweisprachigkeit** ist kein Privileg für ausgewählte Söhne und Töchter eines „späten" Bildungsbürgertums, sondern eine **gesellschaftliche Notwendigkeit für breite Kreise der Bevölkerung** (als künftige Bürgerinnen und Bürger eines auf wirtschaftliche und politische Einigung zustrebenden Europas). Aufgrund der entsprechenden Bedarfsanalysen bei Wirtschaft, Handel, Handwerk und Industrie sowie der weitreichenden Initiativen des Europarates wissen wir heute, dass qualifizierte, funktionale Sprachkenntnisse nicht nur von Akademikern und international hochmobilen Managern verlangt werden, sondern zunehmend eine gewichtige Rolle in den europäisch dimensionierten Ausbildungs- und Qualifikationsprofilen von Nicht-Akademikern spielen (= *non-professional jobs*): bei Industriearbeitern und Handwerkern sowie vielen Berufen in Banken, Handel, Vertrieb und sonstigen Dienstleistungen. Die so genannten „Euro-Kompetenzen" müssen heutzutage von möglichst vielen Schülerinnen und Schülern erworben werden.

Die kanadischen Erfahrungen zeigen ohne jeden Zweifel: Bei entsprechender **Motivation** und **positiver Einstellung zum schulischen Lernen** (d.h. zu den Sachinhalten des vorfachlichen Unterrichts) können Schülerinnen und Schüler aller Leistungsniveaus mit Erfolg am bilingualen Unterricht teilnehmen; wobei eine positive Haltung der Eltern zum Lernen einer Zweitsprache und eine Unterstützung durch verständnisvolle Lehrer eine große Hilfe für das Kind sind. Allerdings dürfen die **Anforderungen** nicht unterschätzt werden, denn jedes fundierte Sprachenlernen verlangt erhebliche, langfristige Anstrengungen. Dieser Tatbestand nimmt die Schule in die **Pflicht**, die für das „Funktionieren" des bilingualen Unterrichts **notwendige** „untere" **Kompetenzebene in der Zweitsprache** (siehe ausführlich 3.3.2) **planmäßig und möglichst schnell herbeizuführen**. Die Anforderungen eines bilingualen Unterrichts sind größer, und der Zeitaufwand für das Erreichen eines bestimmten Ziels ist höher (da Sach- **und** Sprachlernen realisiert werden müssen) – aber die Anforderungen sind im Prinzip von allen Kindern erfüllbar. Förderung (*enrichment*) für leistungswillige und leistungsfähige Schülerinnen und Schüler darf an der SESB genausowenig ein Tabuthema sein wie Förderung für „schwächere" oder immer wieder neu hinzukommende Schüler (die Fluktuation bei den nichtdeutschen Schülern dürfte an der SESB höher als in der Regelschule sein). Als curriculare Konsequenz sollte somit folgen:

> Es sind bewusst gewisse „Abstriche" am inhaltlichen Kanon des gültigen Rahmenplans zu machen; d.h. für die SESB sind vorzugsweise solche Themen auszuwählen, die sich besonders für die Freisetzung von Spracherwerbsprozessen und/oder interkulturelles Lernen eignen.

3.1.2 BICS vs. CALP

Hiermit wird die zweite Hypothese von Cummins angesprochen. Danach muss in Bezug auf das Sprachkönnen zwischen der **Geläufigkeit des elementaren Sprachgebrauchs** (*surface fluency*) und dem Einsatz der **Sprache als Werkzeug des verbalen Denkens** (*instrument of thought*) unterschieden werden. Zum einen gibt es sprachlich-kommunikative Fertigkeiten, die im Rahmen stark kontextualisierter und intellektuell wenig anspruchsvoller Interaktionszusammenhänge aktualisiert werden: "*Basic Interpersonal Communicative Skills*" (= ***BICS***). Dies ist, wie bereits angedeutet, die Domäne der *face-to-face communication*, wobei die Gesprächspartner sich in einem wechselseitig bekannten Kontext- und Referenzrahmen bewegen, der an die sprachliche Elaboriertheit der Mitteilungen keine großen Ansprüche stellt (= *conversational proficiency*). Da diese sprachlichen Phänomene in einem beträchtlichen Maße soziokulturell determiniert sind, lässt sich die sprachliche Realisierung in derartigen Interaktionszügen und Diskurstypen **nicht** sehr leicht von einer ersten auf eine zweite Sprache übertragen. Kinderbücher spielen zum Teil mit den potenziellen Missverständnissen[10], die das Hineinwachsen in die sprachspezifische Idiomatik einer Kultur beinhalten kann. Der Kontext für den folgenden Auszug aus Jill Tomlinsons *The Owl Who Was Afraid of the Dark* (Mammoth, London 1992: 74) ist die Erstbegegnung zwischen *Plop*, einer jungen Eule, und einem Hobbyastronomen, der durch sein Fernrohr schaut:

Man : Well, well. I thought you were a meteor. How do you do?
Plop : How do I do what?
Man : Oh you know what I mean. How are you?
Plop : Hungry.

Zum anderen lassen sich kommunikative Fertigkeiten identifizieren, die in kontextreduzierten und intellektuell anspruchsvollen Situationen zum Tragen kommen, von Cummins gebündelt als "*Cognitive/Academic Language Proficiency*" (= ***CALP***). Die Sprache in diesen Interaktionszusammenhängen ist sehr viel expliziter, präziser und komplexer als die, die etwa von Schülern in ihren außerunterrichtlichen Aktivitäten (*peer interaction*) benutzt wird; und zwar sowohl auf der rezeptiven als auch auf der produktiven Ebene. Im schulisch-unterrichtlichen Kontext ist *CALP* fest im Umgang mit der **Schriftsprache** verankert: **Lernziel Literalität** (= *literacy:* "the ability to read and write") in einem weiten Sinne; nämlich des Zugriffs auf die Themen und Inhalte der außersprachlichen Welt – vgl. hierzu Halliday (1973) über die heuristische (= "*to learn something from texts*") und die darstellende Funktion der Sprache (= "*to refer to the world outside*"). Kommunikative Fähigkeiten in

---
[10] Der Mann versucht einen Sprechakt auf der Kontaktebene von Sprache (eine „Begrüßung") zu realisieren, während die Eule dessen Äußerungen als Fragen nach konkreten Handlungen oder subjektiven Befindlichkeiten interpretiert.

dieser Domäne (= *academic language*) sind relativ leicht von einer Sprache auf eine andere zu übertragen. Wer in einer Sprache lesen gelernt hat, kommt normalerweise damit auch in einer zweiten Sprache ohne größere Schwierigkeiten zurecht. Ein Germanistikstudent mit einem soliden Fundament in der Textanalyse und -interpretation kann in der Regel diese Kompetenz ohne Probleme auf ein anderes philologisches Fach übertragen usw.

In einem populärwissenschaftlich gehaltenen Beitrag für zweisprachige Elternhäuser (Baker 1997) prägt der Autor eines der umfassendsten Handbücher zur Bilingualismusforschung (Baker 1996) das leicht eingängliche Begriffspaar "*street language*" vs. "*school language*" für die Cummins'sche Unterscheidung von *BICS* und *CALP*. Die „Sprache des Curriculums" ist sowohl linguistisch als auch inhaltlich „anspruchsvoller" als der Sprachgebrauch „auf der Straße", auf dem Schulhof oder Spielplatz (besonders unter Gleichaltrigen). Bei der Gegenüberstellung von *BICS* und *CALP* ist unbedingt zu beachten, dass es sich hierbei um **theoretische Konstrukte** (um Hypothesen) handelt, die nicht direkt (empirisch) verifizierbar oder falsifizierbar sind. Als wissenschaftliche Modellbildung haben sich die beiden Konzepte aber durchaus bewährt, vor allem was die Erklärung des Scheiterns nicht weniger Minoritätenkinder in der Schule betrifft (wenn sie in einer wenig entwickelten Zweitsprache den Anforderungen des Lehrplans nachkommen sollen). Es sollte ferner bedacht werden (wenn mit *BICS* und *CALP* argumentiert wird), dass hiermit keine statische, polarisierte Dichotomie gemeint ist, sondern dass auch diese Konzepte immer auf einer graduell abgestuften Skala angesiedelt sind, die zudem dynamische Wechselbeziehungen zwischen den beiden Kompetenzformen beinhalten. **Sprachkompetenzen** entwickeln sich (mal schneller, mal langsamer), und sie sind **nicht nur** (aber **doch auch**!) **an kognitive Fähigkeiten gebunden**.

Jede zweisprachige schulische Erziehung wird zwar zunächst *BICS* als elementare Geläufigkeit (*fluency*), besonders im mündlichen Sprachgebrauch des Unterrichtsdiskurses, ausbilden. Jedoch sollte sich kein Lehrer und keine Lehrerin von der – nach einiger Zeit – scheinbaren Leichtigkeit des situationsangemessenen Ausdrucks in schulbezogenen Alltagssituationen blenden lassen (vor allem im interpersonellen Bereich: Halliday in Kress 1976: XIX). Ein Beispiel wäre etwa die elegante Formulierung "*Please, madam, am I being excused?*" (wenn der Schüler auf die Toilette muss), was nicht besagen muss, dass dieser Schüler ein „guter" Leser ist. *BICS* ist eine notwendige, keinesfalls aber eine hinreichende Bedingung für ein funktionales Sprachkönnen in der bilingualen Unterrichtssituation. Der schulische Kontext braucht darüber hinaus *CALP*, die Fähigkeit (rezeptiv wie produktiv) mit inhaltsbezogener, semantisch kohärenter, linguistisch komplexer und vor allem in lexikogrammatischer Hinsicht „durchkomponierter", textgebundener Sprache in Wort und Schrift umgehen zu können. Sprache als kognitives Instrument ruft andere Fertigkeiten auf als die Umgangssprache der Alltagskommunikation.

In 3.1.1 wurde ausgeführt, dass es bisher noch keine angewandt-linguistischen Analysen und Beschreibungen zu den lexikalischen, grammatischen und illokutionär-pragmatischen (= textfunktionalen) Merkmalen bestimmter unterrichtsrelevanter Textsorten der Primarstufe gibt. Dies wäre eine genuin fremdsprachendidaktische Forschungsaufgabe ersten Ranges. Schon ein flüchtiger Blick auf die fachspezifische Lexik in Schulfächern wie Geographie oder Biologie zeigt uns, dass im Englischen und in allen romanischen Sprachen (aber auch im Russischen und Türkischen, das bekanntlich seine Lehnwörter am Französischen orientiert hat) viele Fachbegriffe lateinischen Ursprungs verwendet werden. Dies dürfte für nicht wenige Schüler (zum Teil in Abhängigkeit von der primären Sozialisation im Elternhaus und den dort eingesetzten Sprachregistern) eine zusätzliche sprachliche Lernaufgabe bedeuten. Selbst wenn wir zur Zeit die linguistisch distinktiven Merkmale dieser schulrelevanten „Fachsprache" nicht im einzelnen „benennen" können, so dürfte doch kein Zweifel daran bestehen: Schülerinnen und Schüler müssen über solide Kenntnisse in der Zweitsprache und differenzierte lexikogrammatische „Kenntnisse" verfügen (im Sinne eines funktionalen Sprachkönnens), wenn sie an der Rezeption bzw. Produktion von Texten, die für den vorfachlichen Unterricht und den Fachunterricht relevant sind, nicht scheitern sollen. Deshalb ist mit Nachdruck festzuhalten:

Es muss vor allem in der Vorklasse sowie in der 1. und 2. Klasse der SESB (aber auch danach) einen **ziel- und adressatengerechten** (d.h. primarstufen- wie kindgemäßen) **partnersprachlichen Unterricht** geben, der allen Schülerinnen und Schülern (die eine recht heterogene Population darstellen) eine **strukturierte und differenzierte sprachliche Förderung in der Zweitsprache** zukommen lässt. Vermutlich gibt es so etwas wie eine *subject-matter literacy*, d.h. eine **sachfachbezogene Literalität** (einschließlich des Sachunterrichts auf der Primarstufe), die im schulischen Kontext an den rezeptiven wie produktiven Umgang mit sachbezogener Schriftsprache gebunden ist. Diese wird einerseits im Vollzug des Unterrichts ausgebildet (schulisches Sachlernen ist immer auch Sprach- und Konzeptlernen), andererseits setzt sie gewisse (meist unbewusst vorhandene) sprachliche Kenntnisse und kognitive Operationen voraus. Um Sachtexte sinnstiftend „entziffern" (dekodieren) zu können und etwas daraus zu lernen (= heuristische Funktion der Sprache) bzw. bestimmte Textarten mitteilungs- und formgerecht verfassen (enkodieren) zu können (Darstellungs- und Ausdrucksfunktion der Sprache), müssen bestimmte lexikalische und grammatische Mittel sowie bestimmte texttypologische Phänomene (die eine kohärente Vertextung gewährleisten) funktional verfügbar sein. Ein elementarer, kommunikativer Gebrauch der gesprochenen Sprache ist dafür zwar eine notwendige, aber keine hinreichende Voraussetzung. Der **partnersprachliche Unterricht** wird mit anderen Worten auch **auf die inhaltlichen und sprachlichen An-**

> sprüche des nachfolgenden **vorfachlichen und fachlichen Sachunterrichts projiziert** sein müssen. Eine **Verzahnung von Sachkunde und Partnersprache** ist **zwingend geboten**. Hierfür müssen **schriftliche Materialien** zur Verfügung stehen, die einerseits inhaltlich interessant und anspruchsvoll sind und andererseits sprachlich komplex und strukturiert genug sind, um auf die Arbeit in den Sachfächern hinzuführen.

Um es in aller Deutlichkeit zu sagen: Die zweite, „schwächere" Sprache der Kinder (die so genannte Partnersprache im Register der SESB) ist – auf kindgerechte Weise! – mit der größtmöglichen Effizienz als **Sprache** zu vermitteln; d.h. zum einen als systematisches, in sich (auf vielen Ebenen) strukturiertes Inventar sprachlicher Zeichen in den Teilbereichen Aussprache, Wortschatz, Syntax und Textbildung und zum anderen als Vollzug der elementaren kommunikativen Fertigkeiten (*skills*) des Hör- und Leseverstehens, Sprechens und Schreibens. Das Erreichen dieser eher sprachlich-kommunikativen („schlichteren") Lernziele ist im Falle der Immersion unbedingt notwendig, denn darauf beruht der Schulerfolg eines Kindes. Es hilft dem Kind nicht sehr viel, wenn demgegenüber (sprich **der praktischen Beherrschung der L2**) die „höheren Ziele" über Gebühr betont werden: interkulturelles Lernen, (inter)kulturelle Bewusstheit, „Stärkung der eigenen Identität durch das Fremde einer L2" und viele andere Schlagworte mehr. **Die Vermittlung einer funktionsfähigen L2-Kompetenz darf nicht als „bloßes sprachliches Lernen" abqualifiziert werden**. Das haben uns die vielfältigen Erfahrungen im deutschen und internationalen Kontext mit aller Eindringlichkeit gezeigt: Die schulische (= sekundäre) Sozialisation eines Kindes leidet, wenn nur unzureichende Kenntnisse bzw. Fähigkeiten in der jeweiligen „Schul-" oder „Arbeitssprache" des Unterrichts vorhanden sind. Deshalb führt kein Weg daran vorbei, im Rahmen des partnersprachlichen Unterrichts einen intensiven und ergebnisorientierten Fremdsprachenunterricht (mit primarstufengemäßen Verfahren und Medien) zu erteilen. Machen wir uns nichts vor: Ein vielseitiger, funktional differenzierter und inhaltlich angemessener bzw. subjektiv befriedigender **Sprachgebrauch** in kommunikativen Verwendungssituationen ist letztendlich **nur möglich auf der Grundlage eines transfer- und anwendungsfähigen (internalisierten) Sprachsystems!**

3.2 Bilinguale Sprachkompetenz: eine gemeinsame oder zwei getrennte Kompetenzen?

3.2.1 *Common* vs. *separate underlying proficiency* (*CUP* vs. *SUP*)

Die bisher skizzierten Zusammenhänge und Unterschiede zwischen *BICS* und *CALP* werden durch eine weitere Hypothese expliziert, nämlich die der *common underlying proficiency* (= *CUP*). Diesem Konstrukt zufolge entwickelt sich im Prozess des mono- wie des bilingualen Spracherwerbs eine „tiefer liegende", gewissermaßen mit abstrakteren Repräsentationen besetzte sprachliche Kompetenz (eben diese *common underlying proficiency*), die ihrerseits als intervenierende Variable für das weitere kognitive Wachstum des Individuums und damit für die weitere Entwicklung in einer oder mehreren Sprachen fungiert ($BICS_1$, $BICS_2$ usw.). Cummins hat versucht, diese *CUP*-Hypothese in graphische Metaphern zu bringen; im Folgenden werden die Diagramme von Skutnabb-Kangas (1981:115) bzw. Baker (1995: 48) übernommen:

a) Skutnabb-Kangas (1981: 115)

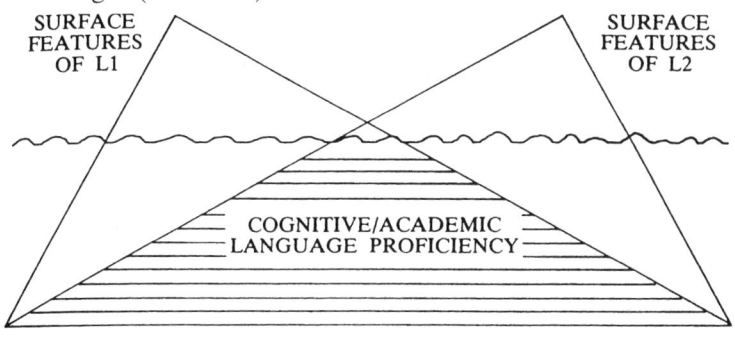

b) Baker (1995: 48)

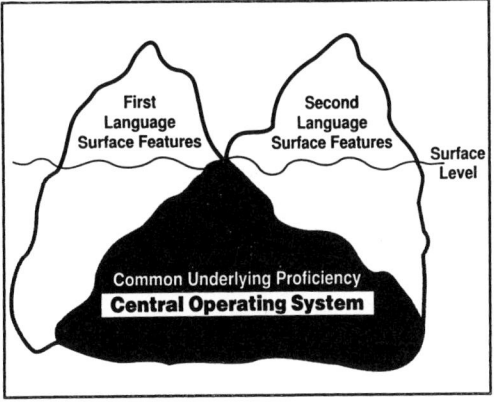

Abb. 11: CALP als common underlying proficiency

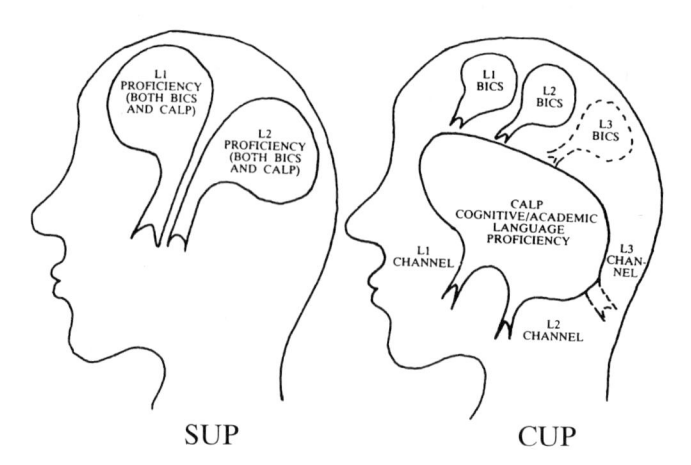

Abb. 12: BICS und CALP als separate oder common underlying proficiency

Das Konstrukt einer getrennten oder gemeinsamen „tiefer liegenden" Sprachfähigkeit hat weitreichende Konsequenzen, besonders für **Minoritätenkinder**. Wird die Existenz von *SUP* angenommen (*separate underlying proficiency*), wird man ein Minoritätenkind intensiv einem Unterricht in der „schwachen" L2 aussetzen wollen, um möglichst viel sprachlichen Input und Wissen über diesen „Kanal" zu verankern. Diese so genannte *submersion* ist jedoch für die geistig-schulische Entwicklung eines Kindes nicht ohne Risiko, denn nach den vorliegenden Erfahrungen braucht ein Kind fünf bis sieben Jahre, um (wenn es etwa mit Eintritt in die Schule im Alter von sechs Jahren in der „schwachen" L2 unterrichtet wird) seine *CALP* auf die gleiche Höhe wie ein monolinguales Kind zu bringen (vgl. Baker 1996: 155, 1997: 2). Die sechs[11] Grundschuljahre sind von der SESB somit voll und intensiv zu nutzen, um die Kinder in der L2 auf eine Sprachfähigkeit (*proficiency*) zu bringen, die einer altersgemäßen monolingualen Kompetenz vergleichbar ist. Gelingt dies nicht in Bezug auf die „schwächere" Partnersprache (ist mit anderen Worten diese intervenierende Variable – *CALP* – als sprachlich-kognitive Basis schulischen Lernens nicht tragfähig genug, sprich defizitär), müsste sich entweder ein Absenken des Anspruchsniveaus in der Lerngruppe oder eine Beeinträchtigung der Schulleistungen bestimmter Kinder konstatieren lassen. Eine grundlegende Frage für die Eltern ist doch wohl die folgende (insbesondere wenn ab der 7. Klasse der Weg in das „reguläre", monolinguale Schulwesen eingeschlagen wird): Leidet die Qualität des Sachlernens bzw. das Wissen der Schüler in den Sachfächern, wenn der Unterricht in L2 erteilt wird? Da die Frage mehr als berechtigt ist, müssen empirisch validierbare Antworten gegeben werden können. Eine **externe Qualitätskontrolle** ist (im eigenen längerfristigen Interesse des Schulversuchs) **dringend vonnöten**.

---

[11] Die sehr vage „Zielvorstellung" (Sukopp 1996: 9), am Ende der 4. Klasse sollte die L2-Kompetenz so weit entwickelt sein, dass „alle Kinder am Fachunterricht in einer Partnersprache erfolgreich teilnehmen können", erscheint mir zu optimistisch zu sein.

Nach Skutnabb-Kangas (1981: 113) könnte somit etwa folgender (prototypisch-theoretischer) Entwicklungsverlauf für *BICS* und *CALP* in den beiden Sprachen angenommen werden (Diagramm 4):

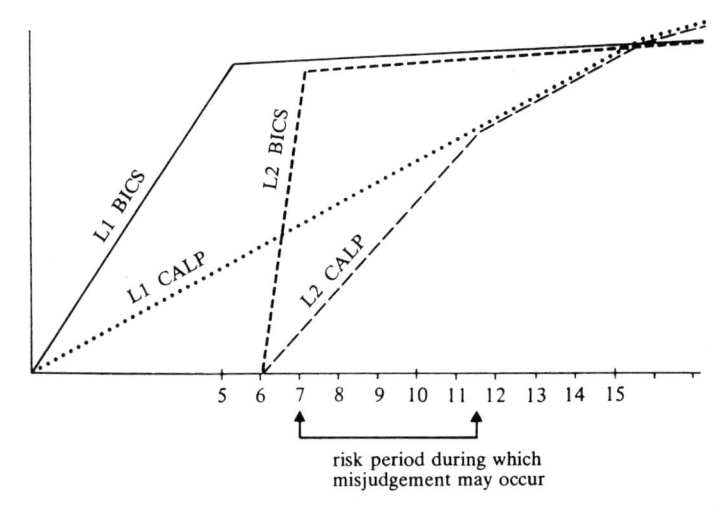

Diagramm 5: Beschulung in der „schwachen" L2 (Risikoperiode)

Da sich *BICS* sehr viel schneller entwickelt (Baker 1996 und 1997 nennt einen Zeitraum von etwa zwei Jahren), gibt es also eine Spanne von mehreren Jahren, in denen das Kind aufgrund eines flüssigen elementaren Sprachgebrauchs falsch eingeschätzt wird, was sich in einem zu hohen sprachlich-intellektuellen Anforderungsniveau seitens der „Schulsprache" (der Sprache des Curriculums) auswirken kann. Im ungünstigsten Fall entstehen dann die leidlich bekannten Fälle von „doppelter Halbsprachigkeit" (*semi-literacy* bzw. *semilingualism*), d.h. die sprachliche Kompetenz in **beiden** Sprachen wird beeinträchtigt und damit auch die generelle kognitiv-schulische Entwicklung des Kindes (= *subtractive bilingualism*: Lambert 1980). Immersion von Kindern der Majoritätenkultur ist demgegenüber in aller Regel eine Form des „additiven Bilingualismus" (= *enrichment*).

Die Gefahr des „subtraktiven Bilingualismus" ist auch für SESB-Schüler nicht völlig von der Hand zu weisen. So dürfte es etliche Fälle geben, bei denen Kinder in den partnersprachlichen (nicht-deutschen) Zug einer Klasse aufgenommen wurden, obwohl sie keine *balanced bilinguals* waren, sondern eher *receptive bilinguals* (die in ihrer „schwachen" L2 über ein recht geringes produktives Sprachkönnen verfügten). Eine solche Entscheidung kann langfristig gesehen erhebliche negative Konsequenzen für die schulischen Leistungen eines Kindes haben, denn im Sinne der Abb. 8 und der unten in 3.3.1 ausführlicher begründeten Interdependenzen mit L1 und L2 fungiert das Sprachkönnen in der „schwächeren" Sprache als intervenierende Varia-

ble für eine ganze Reihe von Faktoren, die beim Schulerfolg im Rahmen einer bilingualen Erziehung mitspielen, so etwa
- das generelle Zusammenspiel von Sprache und Denken/Kognition,
- die strukturellen Unterschiede von Mündlichkeit und Schriftlichkeit als Modalitäten unterrichtlichen Lernens (bes. *BICS* vs. *CALP*),
- der Einfluss von kontextuell-situativen und kognitiv-intellektuellen Elementen auf die Geläufigkeit und das Gelingen sprachlichen Handelns.

Ein Kind, bei dem „nicht einmal" der elementare mündliche Sprachgebrauch hinreichend entwickelt ist, wird mit einiger Wahrscheinlichkeit (*to put it mildly*) etliche Probleme beim Lesen- und Schreibenlernen haben. Gerade die Ansätze, die für die Alphabetisierung in der englischen und französischen Sprache entwickelt wurden, beruhen zu einem Großteil auf der mündlichen Sprachentwicklung (*development of oral language/"oracy"*) bzw. der phonologischen Struktur der Sprache; d.h. sie basieren implizit auf vorhandenen Kenntnissen und Fähigkeiten in der gesprochenen Sprache (siehe den folgenden Abschnitt 3.2.2 und 3.3.1). Sicher kann man im Laufe des Leselehrgangs zum Teil kompensatorisch arbeiten, aber es dürfte sich eine weitere Konsequenz ergeben: Die Unterschiede in den Lerngruppen der SESB werden sich noch weiter auseinander entwickeln. Schließlich gibt es in den anderssprachlichen Gruppen immer Kinder mit Schulerfahrungen außerhalb Deutschlands, die oft ganz andere Ziele und Unterrichtstraditionen beinhalten als die Berliner Schule. Dies kann Kinder, die über „bessere" Eingangsvoraussetzungen verfügen, in ihrer individuellen Entwicklung behindern; es sei denn, es wird in erheblichem Maße **differenziert**. Das Wissen um diese Zusammenhänge gebietet deshalb im Interesse der längerfristigen schulischen Entwicklung der Kinder eine **klare schulpolitische Strategie** (dies darf ebenfalls kein Tabuthema an der SESB sein):

Das **Eingangsinterview** sollte in sprachlich-kommunikativer Hinsicht **strukturiert** sein. Es sollte den Lehrern ein objektivierbares Bild darüber vermitteln, ob das Kind die Zielsprache altersgemäß verwendet. Dazu sollten u.a. die grundlegenden **Darstellungsverfahren** des Beschreibens (Präsensbezug), Erzählens (Vergangenheitsbezug) und des futurischen Zeitbezugs thematisiert werden, da diese das Fundament der kommunikativen Sprachverwendung im Strukturenbereich auf dieser Altersstufe ausmachen. Die das Eingangsinterview führenden Lehrerinnen und Lehrer sollten sehr offen mit den Eltern über die langfristigen Konsequenzen sprechen, die eine Alphabetisierung in der schwachen Sprache für das Kind haben kann. Den Eltern sollte mit anderen Worten dringend davon abgeraten werden, ihr Kind in einen solchen Zug zu geben. Die Lehrer haben an diesem Punkt eine hohe Verantwortung. Im Interesse der Kinder darf das Ablehnen eines Kindes kein Tabu an der SESB sein.

Im Gegensatz zu anderen Ländern hat Deutschland bekanntlich keine differenzierte oder qualitativ ausgeprägte „Testkultur", was schulische Leistungen angeht. Vermutlich wird sich in Zukunft hier einiges bewegen (nicht zuletzt wegen der TIMSS-Studien, die einen internationalen Leistungsvergleich in den mathematisch-naturwissenschaftlichen Fächern durchgeführt haben). Was den sprachlichen Sektor und die Primarstufe angeht, mangelt es an objektivierten Testinstrumentarien für diese Altersgruppe (sowohl was das Deutsche als Muttersprache als auch was die übrigen Partnersprachen angeht). Für Deutsch als Zweitsprache sind einige Testbatterien vorhanden, allerdings auf einem sehr eingeschränkten, rein quantitativen Niveau. Als **diagnostisches Mittel** wäre eine **Sprachstandsmessung bei Schulanfängern** (in der Vorklasse und in der 1. Klasse) sehr hilfreich, um die Eltern vernünftig beraten und den Lehrkräften klare Hinweise geben zu können, in welchen sprachlichen Bereichen gezielt gefördert werden muss. Durchaus nicht selten ist die (angebliche oder vermeintliche) Erstsprache der Kinder **nicht** die „starke" Sprache des Kindes (Eltern irren sich oder folgen eher einem gewissen Wunschdenken).

> Die SESB braucht ein konsensfähiges, in regelmäßigen Abständen durchgeführtes **Verfahren zur Sprachstandsbeobachtung und -analyse**, das die Entwicklung der partnersprachlichen Kompetenz der einzelnen Schüler dokumentiert und daraus die pädagogisch-didaktisch sinnvollen Schlüsse zieht, was die Förderung bestimmter Schüler und die differenzierende Spracharbeit auf den verschiedenen Jahrgangsstufen angeht.

Seit einigen Jahren gibt es offenbar ein Formblatt, auf dem die Lehrer(innen) ihre Beobachtungen zur L2-Entwicklung eintragen sollen. Nur wird an vielen Standorten diese Tätigkeit nicht eingefordert, oder sie unterbleibt wegen „Arbeitsüberlastung" der Lehrkräfte. Auf diese Weise dürften Konsequenzen in Bezug auf Differenzierung und Förderung in etlichen Klassen nicht gezogen werden, obwohl sie sehr wohl im Interesse der Kinder wären.

Die langsam auch in Berlin anschwellenden Migrations- und Mobilitätsströme lassen den Hinweis auf zwei weitere Gruppen von SESB-Schülern sinnvoll erscheinen, die meiner Einschätzung nach nicht immer auf optimale Weise (was ihre Sprachkompetenzen angeht) in diesen Klassen bzw. Zügen platziert werden:

> Auf keinen Fall sollten die verfügbaren anderssprachlichen Plätze (im englischen, französischen usw. Zug) mit Kindern „aufgefüllt" werden, die keine *balanced/productive bilinguals* sind. In diesem Zusammenhang ist auch davor zu warnen (eine Entwicklung, die mit dem Umzug der Regierung nach Berlin und dem weiteren

Zuzug ausländischen Botschafts- und Wirtschaftspersonals aktuell wird), den englischen oder französischen Zügen Kinder aus international hochmobilen Familien zuzuordnen, die bei Schuleintritt nicht über das altersgerechte funktionale Sprachkönnen in einer dieser Partnersprachen verfügen. Als „Durchlauferhitzer" für Kinder von Eltern, die einen Auslandsdienst anstreben, ist das SESB-Modell völlig ungeeignet.

Ebenso verfehlt dürfte (auf längere Sicht) die Entscheidung einer Schule sein, deutschsprachige Kinder (die mit ihren Eltern eine gewisse begrenzte Zeit im Ausland gelebt haben und dort zur Schule gingen) dem partnersprachlichen Zug zuzuordnen. Wenn die Familie ihren Lebensmittelpunkt auf absehbare Zeit in Deutschland hat, wird die nicht-deutsche Partnersprache aller Voraussicht nach zur „schwächeren" Sprache; mit all den negativen Konsequenzen einer solchen Situation für das Kind: dauerhafter Gebrauch der „schwächeren" Sprache als Schulsprache (Schriftspracherwerb), Motivationsdefizite bezüglich des kulturellen Umfelds dieser Sprache, eventuelle Probleme bei den Hausarbeiten (weniger Unterstützung durch die Eltern) usw.

Um den oben eingebrachten Exkurs auf die Erziehung von Minoritätenkindern abzurunden, kann noch Folgendes festgehalten werden: Eine auf der Annahme von *CUP* beruhende Unterrichtsstrategie (und Sprachpolitik) wird darauf angelegt sein, die Herkunftssprache von Minoritätenkindern zu stärken, um auf der bereits vorhandenen *CALP* aufzubauen; sprich die vermittelnde Rolle der *CUP* zu nutzen, um weiteres kognitives Wachstum zu fördern und von daher die Ausgangskanäle in den beiden Sprachen zu stützen: z.B. über Schulunterricht in der L1 plus Stützunterricht in der „schwachen" L2 sowie so viel Sprachanwendung wie möglich in den außerunterrichtlichen Aktivitäten des Kontakts mit Sprechern der Mehrheitskultur. Die aus der bilingualen Entwicklung von Minoritätenkindern gewonnenen Einsichten sollten an der SESB mit Einschränkungen auch bei den Kindern mit nichtdeutscher Herkunftssprache beachtet werden:

Der Unterricht in der **Partnersprache Deutsch** muss ebenfalls **ziel- und adressatengerecht**, d.h. vor allem wiederum in erheblichem Maße **differenziert** konzipiert und realisiert werden. Das Spektrum reicht von Deutsch als Fremdsprache (für monolinguale anderssprachige Kinder) bis Deutsch als Zweitsprache (für zweisprachige Kinder unterschiedlicher bilingualer Kompetenzniveaus).

Zum Teil hat man es mit eher monolingualen Kindern zu tun, die einen strukturierten, hocheffektiven Fremdsprachenunterricht für die Zielsprache Deutsch brauchen (besonders bei Neuzugängen oder Seiteneinsteigern). Zusätzlich sollten für einen Unterricht in Deutsch als Fremdsprache (= DaF) die **Förderstunden** benutzt werden:

Ein **jahrgangsübergreifender intensiver Förderunterricht** für die anderssprachigen „Seiteneinsteiger" erscheint sinnvoll und notwendig. Hierfür sind u.a. die bereits vorhandenen Sprachkurse im Medienverbund zu nutzen, die fremdsprachlichen DaF-Anfangsunterricht für Kinder anbieten.

Nicht selten wird es sich bei den anderssprachigen Kindern um *receptive* oder *unbalanced bilinguals* handeln, für die Deutsch zwar die Umgebungssprache im Berliner Umfeld ist, die sich aber dennoch in ihrem familiären Kontext eher in ihrer „starken" Erstsprache bewegen und deren deutscher Input quantitativ wie qualitativ restringiert ist. Hier sollte man sich nicht von einer gewissen Geläufigkeit der Alltagssprache (= *surface fluency*) täuschen lassen, sondern den Unterricht in der Partnersprache Deutsch für diese Kinder auf die schulisch-vorfachlichen Anforderungen der Lernbereiche hin perspektivieren, die in deutscher Sprache unterrichtet werden (eine enge Kooperation der Lehrerinnen und Lehrer ist angesagt). Schlussendlich wird es „echte" *balanced bilinguals* geben, deren Alphabetisierung in der „Muttersprache" mehr oder weniger vorangeschritten ist und die nun (aufgrund des hohen interlingualen Transfereffekts von *CALP*) „begierig" auf das Lesenlernen und den Schriftspracherwerb in der L2 sind. Hier eventuell bis zur 3. Klasse zu warten (wie die ursprüngliche Konzeption vorsah), erscheint nicht ratsam. Wiederum muss als Leitlinie gelten: Die Chancen für einen zusätzlichen Wissensaufbau (bei sprachlich weiter fortgeschrittenen Schülern) dürfen nicht verschwendet werden. Die Begegnung mit der Schriftsprache der L2 sollte für alle Schüler bereits in der 2. Klasse einsetzen (rezeptiver und produktiver Gebrauch).

Kinder mit den Erstsprachen Russisch und Neugriechisch (also mit einer nichtlateinischen Schrift) sollten relativ früh an das deutsche Alphabet herangeführt werden, damit sie sich in der deutschsprachigen Umgebung angemessen zurechtfinden können.

Die SESB hat eine besondere Verantwortung für den partnersprachlichen Unterricht in der Zielsprache Deutsch, besonders wenn das Deutsche eindeutig die „schwächere" Sprache der anderssprachigen Kinder ist.

Demgegenüber sollten die Lehrerinnen und Lehrer die Eltern dieser Kinder mit Nachdruck dahin gehend beraten, im Elternhaus die L1 zu fördern, um von daher *CALP* weiterzuentwickeln. Die Eltern dürfen die Erstsprache ihrer Kinder weder abwerten noch ignorieren.

Ein „radebrechender Unterricht" im Deutschen in den Familien der Partnersprachen Englisch, Russisch usw. bringt nichts für den schulischen Erfolg dieser Kinder. Die Eltern können sehr viel mehr für die sprachlich-intellektuelle Entwicklung ihrer Kinder tun, wenn sie die Herkunftssprache unterstützen: "It is clear that in minority language situations a prerequisite for attaining a higher threshold level of bilingual competence is maintenance of L1 skills" (Cummins 1979: 232).

3.2.2 Vorformen der Literalität in der gesprochenen Sprache

Es gibt ohne jeden Zweifel in der gesprochenen Sprache „Vorformen" (und zwar bereits in der Vorschulzeit), die als Hinführung zur Literalität (*literacy*) zu verstehen sind (vgl. Genesee 1987: 175):

– die inhaltsbezogene, themenzentrierte Interaktion zwischen Bezugspersonen und Kind: also das sachorientierte Interesse eines Kindes an einem „Gegenstand" so oft wie möglich aufnehmen und möglichst lange aufrechterhalten (d.h. nicht nur Kontakt auf der nonverbalen interpersonellen Ebene initiieren und pflegen),
– das Bestehen auf einer gewissen Eindeutigkeit der Referenz in derartigen Situationen: genaues Hinsehen, Wiedergabe von Beobachtungen in Zeichnungen, Namensgebung für spezifische Stofftiere, das Anregen bzw. Beantworten von Fragen des Kindes nach Bedeutungen (*object/concept labels, meaning quests*) usw.,
– eine gestufte Komplexität der Syntax (kein restringierter *baby talk*), d.h. ein bewusst eingesetztes *motherese* (siehe Abb. 3 in 1.3) mit zunehmend komplexer werdenden Satzkonstruktionen und einem hohen Maß an Kohäsion auf der Ausdrucksebene: Proformen, Konnektoren, Passiv und andere Topikalisierungen, aufmerksamkeitsfördernde Floskeln (*gambits*) usw.,
– die Strukturierung von Ereignissen in der zeitlichen Dimension: z.B. über die „geordnete" Wiedergabe von Erlebnissen, Träumen und sonstigen Begebenheiten in der Welt des Kindes („narrative Prinzipien" des Spracherwerbs).

Da sich die einzelnen Elternhäuser sowohl in der Quantität als auch in der Qualität dieser Interaktionsformen beträchtlich unterscheiden, ist das jeweilige Fundament eines Kindes an *CALP* bei Schuleintritt sehr unterschiedlich. **Ein bilingualer Unterricht kann sich** (je nach den individuellen Gegebenheiten) zu diesem Zeitpunkt **stimulierend, aber auch retardierend für das Kind auswirken.** Von daher ist die Diagnose der Eingangskompetenz und der Entwicklung in der Vorklasse äußerst wichtig.

3.3 Interdependenzen der Schulleistung mit der Eingangskompetenz in L1 und L2

3.3.1 Das Kompetenzniveau in der Erstsprache

Auf der Grundlage der bisherigen Differenzierungen und Konstrukte entwickelt Cummins zwei weitere Hypothesen, die für die Immersionssituation von zentraler Bedeutung sind, da damit in theoretischer Hinsicht der eigentlichen Dynamik der Wechselbeziehungen zwischen sprachlich-konzeptuellen und kognitiven Phänomenen auf der einen Seite und der schulischen Entwicklung eines Kindes (manifestiert als *academic achievement* und *educational development*) auf der anderen Seite im Rahmen eines zweisprachigen Unterrichts Rechnung getragen werden kann: "a cognitively and academically beneficial form of bilingualism can be achieved only on the basis of adequately developed first language (L1) skills" (Cummins 1979: 222). Gemäß der in diesem Zusammenhang relevanten ersten Hypothese, der **Interdependenzhypothese** (= *"developmental interdependence hypothesis"*), muss das **Kompetenzniveau in der Erstsprache** ein hohes sein; d.h. das Kind sollte die Phase des Denkens in Klassen, Symbolen und konkreten Operationen im Sinne Piagets erreicht haben, bevor der Unterricht in einer zweiten Sprache beginnt (was bei einem Schuleintrittsalter von sechs Jahren in aller Regel der Fall ist). Vorausgesetzt die Erstsprache wird im Elternhaus auf diesem hohen Niveau erhalten und altersgemäß ausgebaut (was bei Kindern einer *majority language* mit hohem Sozialprestige oder bewusst zweisprachig erziehenden Familien gegeben sein dürfte), wird ein schulischer Unterricht in einer L2 in der Regel erfolgversprechend sein („sogar" wenn, wie bei der *early total immersion*, der gesamte Unterricht in den ersten Lernjahren in der L2 erteilt wird): "the development of competence in a second language (L2) is partially a function of the type of competence already developed in L1 at the time when intensive exposure to L2 begins" (Cummins 1979: 222). Auf der Grundlage einer altersgemäß entwickelten, „elaborierten" L1 führt ein zweisprachiger schulischer Unterricht für diese Kinder letztendlich zur „additiven" Variante des Bilingualismus (= *enrichment*). Diese Kinder unterliegen keiner Gefahr, ihre Muttersprache oder die Kultur ihrer Familiensprache zu verlieren bzw. zurückzuweisen (viele Familien „pendeln" häufig zwischen beiden Sprach- und Kulturräumen). Weder ihre sprachliche noch ihre ethnische Identität ist bedroht: "When the usage of certain functions of language and the development of L1 vocabulary and concepts are strongly promoted by the child's linguistic environment outside of school, ... then intensive exposure to L2 is likely to result in high levels of L2 competence at no cost to L1 competence ... However, for children whose L1 skills are less well developed in certain respects, intensive exposure to L2 in the initial grades is likely to impede the continued development of L1. This will, in turn, exert a limiting effect on the development of L2" (Cummins 1979: 233).

Eine (durchaus überwindbare) Schwierigkeit kann sich für die deutschsprachigen Kinder daraus ergeben, dass die **Sachkunde** vorwiegend in der nicht-deutschen Partnersprache unterrichtet wird.

> Da jeder Unterricht, auch der vorfachliche der Primarstufe, sachbezogene Konzept- und Begriffsbildungen implantiert, sollte die SESB eine gewisse Unterrichtszeit dafür reservieren, zentrale Inhalte der Sachkunde (die in der „schwächeren" Partnersprache erarbeitet wurden: Man denke nur einmal an Begriffe wie „Keimblatt", „Stromkreis" u. dgl.) „nochmals" (natürlich in anderer Form und mit anderen Aktivitäten bzw. Materialien) in der Muttersprache zu thematisieren.

Vermutlich kann man sich nicht in allen Fällen auf die kompensatorische Funktion des Elternhauses verlassen (auch dies wieder ein Beispiel, dass bilingualer Unterricht mehr Zeit als der Unterricht an der Regelschule erfordert).

Wie das letzte Zitat von Cummins zeigt, kann ein zweisprachiger Unterricht aber auch hemmende Wirkungen zeigen. Probleme können auftauchen, wenn bei Beginn des bilingualen Unterrichts das Eingangsniveau in der L1 sehr niedrig ist oder wenn (besonders bei einem geringen Sozialprestige der L1 im Kontext der Mehrheitskultur) diese Sprache in der Familie und in dem dahinter stehenden soziokulturellen „Milieu" wenig gepflegt wird (wenn also die Identifikation mit dieser Sprache und einer damit verbundenen Sprachgemeinschaft allmählich zurückgeht).

> Die SESB tut gut daran, die nicht-deutschen Herkunftssprachen der Schüler als Kommunikations- und Identifikationssprachen voll in das Schulleben zu integrieren: Festtage, Feiern, Aufführungen, Bräuche u. dgl. Daneben müssen diese Sprachen in der Elternarbeit, in den Verlautbarungen der Schulleitung und in der Funktionsfähigkeit eines zweisprachigen Schulsekretariats (trotz der faktisch gegebenen Dominanz des Deutschen) als Vehikularsprachen benutzt und – besonders in den Augen der Eltern – als „Partnersprachen" erfahren werden können. Die Schule kann und muss einen Beitrag zum **Spracherhalt** der Herkunftssprachen der anderssprachigen Schüler an der SESB leisten.

Die kanadischen Erfahrungen sind an diesem Punkt nicht sehr positiv: Das Englische war jenseits der Schulkorridore und besonders auf der Ebene der Administration „übermächtig", was in den Augen der Schüler nicht gerade den Status der Zweitsprache Französisch hob.

3.3.2 Das Kompetenzniveau in der Zweitsprache: „Schwellen"-Hypothesen

Der zweiten Hypothese zufolge sind hinsichtlich der Sprachfähigkeit in der Zweitsprache **zwei Stufen** in einer so genannten **„Schwellen"-Hypothese** anzusetzen (= *"threshold hypothesis"*). Je nach Erreichen oder Nichterreichen einer ersten unteren Stufe oder einer zweiten höheren Stufe können davon positive oder negative Effekte für die Entwicklung eines Kindes ausgehen. Gemäß der These der *"lower proficiency threshold"* nimmt ein restringiertes Sprachkönnen in der zweiten Sprache einem Schüler die Chance, in der bestmöglichen Weise vom Unterricht in dieser Sprache zu profitieren. Wer unter dieser unteren Schwelle der zweisprachlichen Kompetenz bleibt, riskiert ein Zurückbleiben in der Schulleistung (*academic achievement*). Gemessen am kognitiv-konzeptuellen Potential in der Erstsprache wären solche Schüler *"under-achievers"*: "if a bilingual child attains a very low level of competence in the second (or first) language, interaction with the environment through that language, both in terms of input and output, is likely to be impoverished" (Cummins 1979: 229f).

Ebensowenig wie es eine quantifizierte Definition für Zweisprachigkeit geben kann (vgl. Skutnabb-Kangas 1981: 80ff), lässt sich auch keine operationalisierbare Bestimmung dieser unteren Schwelle festmachen. Dennoch muss die SESB die allergrößte Aufmerksamkeit darauf verwenden, das Erreichen der gegenstandsabhängigen *lower threshold* so effizient und so rasch wie möglich anzustreben. „Gegenstand" ist die situationsbezogene und sachgerechte Strukturierung und Vermittlung vorfachlicher und (ab Klasse 5) fachlicher Unterrichtsinhalte, die im Spannungsfeld von Kindgemäßheit und Sachanspruch in allen Dimensionen menschlichen Verhaltens als Lernaufgaben bewältigt werden müssen: auf der kognitiv-intellektuellen, der emotional-affektiven, der sozialen und der Handlungsebene (zu der unabweisbar die sprachlich-kommunikative Dimension gehört). Es wäre **naiv** anzunehmen, dass sich dieses „Fundamentum" an zweisprachlicher Kompetenz als Nebenprodukt des Vorschulunterrichts und des vorfachlichen Unterrichts (etwa der ersten beiden Klassen) einstellen würde. **Dieses Kompetenzniveau muss gezielt angegangen werden**, denn **unterhalb dieser „unteren" Schwelle** ist ein **bilingualer Unterricht eher von Schaden als von Nutzen**! Dies ist ein zentraler Dreh- und Angelpunkt eines Spracherwerbskonzepts für die SESB:

> Die inzwischen geänderte Stundentafel der SESB sieht ab der 1. Klasse eine bestimmte Wochenstundenzahl für den partnersprachlichen Unterricht vor. Indem die Kinder nach ihren Erstsprachen getrennt werden, kann eine intensive sprachliche Schulung in der Zweitsprache stattfinden. Ein Teil dieses Unterrichts (insbesondere für die monolingualen Kinder) ist für ein regelmäßiges (täglich etwa

20–30 Minuten) und ergebnisorientiertes „frühes" Fremdsprachenlernen zu nutzen. Das Erreichen dieser „unteren Schwelle" eines funktionalen Sprachkönnens in der Zweitsprache sollte so zielgerichtet und effizient wie möglich angestrebt werden. Moderne Kindersprachkurse (siehe 5.3.2) sind professionell zu nutzen. – Daneben bereitet der partnersprachliche Unterricht die Schülerinnen und Schüler auf die Erfordernisse des vorfachlichen Unterrichts und (später) auch auf die des eigentlichen Fachunterrichts vor.

Es wäre eine Forschungsaufgabe ersten Ranges, der Frage nachzugehen, was zur Zeit am Ende der ersten, zweiten und dritten Stufe der Grundschule (2., 4. und 6. Klasse) als Sprachstand in der L2 „vorhanden" ist bzw. was an sprachlich-kommunikativen Beständen bzw. Fertigkeiten vorhanden sein müsste, um den inhaltlichen Anforderungen dieser Jahrgangsstufen gerecht werden zu können. Man sollte zumindest versuchen, die unteren „Schwellen-Ebenen" (an L2 Kompetenz) für spezielle curriculare Bausteine zu konkretisieren, um von daher den Lernertrag (= *outcome*) der immersionsspezifischen Synthese von Sprach- und Sacharbeit zu steigern.

Wie in 2.2.3 und 2.3 mit einiger Gründlichkeit ausgeführt wurde, übernimmt jede erwachsene Bezugsperson eines Kindes (also auch eine Grundschullehrerin oder ein -lehrer) eine „Sprachlehrfunktion" gegenüber dem Kind; und zwar sowohl beim Erst- als auch beim Zweitspracherwerb. Allerdings unterscheiden sich Erwachsene nicht unerheblich in dem Ausmaß, in dem sie bestimmte Diskurs- und Kommunikationsstrategien sowie gewisse Sprachlehrtechniken – bewusst oder unbewusst – einsetzen. Wenn sich nun die Unterschiede im Sprachverhalten erwachsener Bezugspersonen beschreiben und darüber hinaus die sprachlichen Mechanismen identifizieren lassen, die die Geschwindigkeit des Spracherwerbs positiv beeinflussen, entspricht es aller Vernunft der Spracherwerbsforschung und des fremdsprachendidaktischen Denkens, dieses Wissen beim schulisch vermittelten Zweitspracherwerb gezielt einzusetzen. Sicherlich gibt es immer „Naturtalente" und „begnadete" Sprachlehrer(innen). Ein dem Spracherwerb förderliches Kommunikations- und Interaktionsverhalten lässt sich aber auch lernen, am besten unter Anleitung (*supervision*, *microteaching* u. dgl.). Von daher sollte es einen Fortbildungsbaustein zur Lehrersprache geben, in dessen Verlauf gezielt (auf der Grundlage von Unterrichtsmitschnitten) auf die weiter gehende, positive Entfaltung von Sprachlehrtechniken und Diskursstrategien eingegangen werden könnte.

Die Quintessenz der Cummins'schen Hypothesen ist die, dass es **sprachspezifische Faktoren** gibt, die (neben anderen Variablen) von erheblicher Bedeutung für den Schulerfolg eines Kindes sind. Die Einrichtung eines **Fortbildungsmoduls zu Konzepten und Methoden des frühen Fremdsprachenlernens** erscheint deshalb **dringend geboten**: „Wer A sagt" (d.h. wer eine „sprachintensive Variante" der Grundschule als Teil einer europäisch dimensionierten allgemeinen Bildung „haben" will), „der muss auch B sagen" (d.h. der muss kindgemäße und primarstufengerechte Konzepte und Methoden des frühen Fremdsprachenlernens zur Kenntnis nehmen und prüfen, was sich davon in ein strukturiertes Spracherwerbskonzept der SESB integrieren lässt).

Betreffen die eventuellen Defizite im Sprachkönnen der L2 mehrere Lernende, so kann eigentlich nur der Sachanspruch des vorfachlichen Unterrichts heruntergesetzt werden, was sich unter Umständen im Vergleich mit monolingualen Regelklassen als niedrigerer Leistungsstand diagnostizieren ließe. In den Dokumentationen der kanadischen Immersionsversuche wird übereinstimmend betont (Cummins 1979, Swain & Lapkin 1982, Genesee 1987), dass dies (angeblich) niemals ein Problem war (allerdings stellt Endt 1996: 77 in seinem Überblick zu „neuen Aufgaben der Begleitforschung" genau diese Frage an die kanadischen Immersionsprogramme). Sicher ist der Unterricht in der Vorklasse (Kanada: *kindergarten*) und in den ersten beiden Lernjahren nicht in dem Maße von der konzeptuell-symbolischen Seite der Sprachverwendung abhängig wie der der späteren Jahre des vorfachlichen und fachlichen Unterrichts. Am Anfang sind die Interaktionen stärker enaktiv und ikonischmedial geprägt (im Sinne von Bruner 1978): handlungs- und situationsorientierte Unterrichtsgestaltung. Der bilinguale Unterricht an der SESB sollte diese Momente bewusst verstärken: Medieneinsatz, Ausstellen des sprachlichen Outputs der Kinder usw. Allerdings hat das für die Grundschularbeit zentrale **Prinzip der Kindorientierung oder Kindgemäßheit** immer auch **sprachliche Konsequenzen**, denn der Bezug auf die Alltagswirklichkeit und die Umwelterfahrungen der Kinder lässt die **Kinder sprachlich tätig** werden. Ohne ein gewisses Minimum an zweisprachlicher Handlungsfähigkeit kann das nicht gelingen. Zumindest besteht die Gefahr (die im Übrigen für den bilingualen Sachfachunterricht der Sekundarstufe durchaus belegbar ist), dass hier wieder ein wenig kindgerechter (da lehrer- und stoffzentrierter) Frontalunterricht (= *transmission teaching*) Raum greift.

Das in 3.2.1 angesprochene Problem, Kinder in den anderssprachlichen Zug (Englisch, Französisch usw.) aufzunehmen, die man eher als *receptive bilinguals* bezeichnen kann, hat noch einen weiteren Aspekt, der sich für die Lerngruppe in ihrer Gesamtheit äußerst entwicklungshemmend auswirken dürfte: Bei diesen Kindern wird in aller Regel das Deutsche (nicht zuletzt weil es auch die dominierende Umgebungssprache im gesamten Umfeld der Schule ist) die „stärkere" Sprache sein. Die nicht-deutsche Sprache ist damit (für das Kind relativ gesehen) die „schwächere" Sprache. Sie „sitzen" aber in dem Zug, der eigentlich eine altersgerecht „voll" bzw. adäquat ausgebaute Sprachkompetenz voraussetzt (als Fundament der Alphabetisierung und des sich differenzierenden Sachlernens). Wenn diese Kinder im Gesamtverband der Klasse (zu dem dann auch die „monolingualen" deutschsprachigen Kinder gehören) am vorfachlichen Unterricht (besonders der Sachkunde) teilnehmen, ist die Gefahr nicht von der Hand zu weisen, dass sie (aufgrund ihrer relativ schwachen Sprachkompetenz) im Sinne der von der „Philosophie" der SESB intendierten Begegnung der beiden Sprachgruppen (= *peer interaction*) keine angemessenen „Inputproduzenten" für ihre Mitschüler sind. Damit wäre einer der Eckpfeiler des gesamten Partnersprachenkonzepts, das von der sprachlich-kulturellen *cohabitation* und der Gleichrangigkeit der beiden Unterrichtssprachen ausgeht (= *two-way immersion*), ernsthaft bedroht. Die nicht-deutschen Partnersprachen wären in ihrer Funktion und ihrem Status an der SESB erheblich geschwächt – und der Unterrichtsdiskurs (vermutlich) nicht von einer Qualität, wie man sie in monolingualen Klassen der Regelschule erwarten könnte (siehe ausführlicher dazu unten in 4.3.2).

Nicht zuletzt deshalb werden alle drei Grundtypen der Immersion in Kanada (beginnend mit dem *kindergarten*) immer von einem strukturierten Französischunterricht (dort *core French* genannt: pro Tag im Schnitt 20–30 Minuten) vorbereitet bzw. begleitet. Die beiden Hauptziele sind *readiness training* und *remedial teaching* (Genesee 1987). Cummins (1979: 230) zieht daraus das Fazit: „The attainment of a lower level threshold of bilingual competence would be sufficient to avoid any negative cognitive effects". – Allerdings: Wie lässt sich diese Schwelle für bestimmte Inhalte operationalisieren?

Im zweiten Teil seiner „Schwellen"-Hypothese macht Cummins eine "*higher proficiency threshold*" geltend, der zufolge die positiven Effekte auf die sprachlich-konzeptuelle und die kognitive Entwicklung eines Menschen (die nicht selten mit der Zweisprachigkeit assoziiert werden) erst dann wirksam werden können, wenn eine zweite, höhere Ebene der bilingualen Sprachkompetenz erreicht worden ist (was schwierig genug ist). Aus seiner Zusammenfassung diverser Studien (1979: 228f) wird deutlich, dass eine früh erworbene, hohe Sprachfähigkeit in zwei (oder mehr) Sprachen das sprachlich-kognitive Wachstum eines Kindes in quantitativer (Umfang des Wortschatzes, Zahl der Konzepte) und qualitativer Hinsicht fördern kann:

– vertieftes Verständnis von lexikogrammatischen Form-Inhalts-Beziehungen,
– kontrastive Vergleiche zwischen sprachlichen Teilsystemen,
– kreativer Sprachwitz u. dgl. mehr.

Ganz allgemein scheinen sich bei wirklich kompetenten *balanced bilinguals* eine stärker analytisch geprägte Sprachbewusstheit (*language awareness*) sowie ein Potential an sprachverarbeitenden und lernfördernden Strategien einzustellen, die (eher allgemein) die kognitive Entwicklung eines Kindes fördern und (sehr viel spezifischer) das Lernen weiterer Fremdsprachen erleichtern: "The attainment of a second higher level of bilingual competence might be necessary to lead to accelerated cognitive growth" (Cummins 1979: 230).

Im Kontext einer umfassenden fremdsprachenpolitischen Legitimation des Schulversuchs der SESB (als Beitrag der Berliner Grundschule zu einer innovativen, europäisch dimensionierten allgemeinen Bildung) ist die **Partnersprache** (auch) **als Fremdsprache zu modellieren**. Dabei sind die Konzepte und Verfahren des frühen Fremdsprachenlernens, die in den letzten Jahren entwickelt wurden, auf keinen Fall mit den Methoden gleichzusetzen, die in den 60er und 70er Jahren für den so genannten „Frühbeginn" zum Einsatz kamen. Damit würde sich im Übrigen der Status der in der Klasse 5 einsetzenden „neuen Fremdsprache" relativieren. Es ist nicht auszuschließen, dass für einige Schüler (und die SESB soll und muss allen Leistungspotentialen offenstehen) diese dritte Sprache „zu früh kommt". Im Einklang mit den vorliegenden sprachenpolitischen Grundsatzpapieren (KMK 1994, FMF 1996, Zydatiß 1998) wäre es vermutlich sinnvoller, die „neue Fremdsprache" erst ab der 6. oder der 7. Klasse anzubieten. In den Reformkonzepten zur Differenzierung und Diversifizierung des Fremdsprachenlernens in Deutschland wird (als mögliche Alternative zur jetzigen Praxis) eine Vorverlegung der 2. Fremdsprache in die 6. Klasse befürwortet, wenn die erste Fremdsprache **ergebnisorientiert** in der Primarstufe unterrichtet wurde. Andererseits gibt es Modellversuche (z.B. in Rheinland-Pfalz), in denen die 2. Fremdsprache Englisch bereits in der 6. Klasse angeboten wird, wenn als Eingangssprache Latein (ab der 5. Klasse) gewählt wurde. Dies ist als Angebot für besonders bildungs- und leistungsorientierte Schüler bzw. Elternhäuser gedacht. Die SESB sollte sich von diesen „Generalverkehrsplänen" für eine Fortentwicklung und Flexibilisierung des Fremdsprachenangebots in den verschiedenen Schulformen nicht abkoppeln.

In den teilweise sehr heftigen Diskussionen um die **Sprachenfolge** an der SESB (siehe 6.3) bricht des Öfteren der im Verhältnis zum Berliner Schulgesetz unklare Status der SESB-Partnersprachen durch:
- Ist die Partnersprache der SESB eine „normale" Fremdsprache? – Aber warum soll dann in der 5. Klasse eine „neue" Fremdsprache (und in der 7. Klasse eine weitere dritte) folgen, wenn vielleicht die ersten beiden Sprachen noch nicht ausreichend gefestigt sind?!
- Wenn die Partnersprache vom Schulgesetz her (bzw. von den entsprechenden KMK-Gremien) als „Fremdsprache" eingestuft wird, warum wehrt man sich dann so vehement gegen ein ergebnisorientiertes frühes Fremdsprachenlernen im Rahmen des Schulversuchs?
- Wenn die bilinguale Erziehung für **alle** Begabungsdimensionen und Leistungspotentiale im Vordergrund steht, warum geht man dann nicht mit der überkommenen Sprachenfolge flexibler um bzw. schafft bei der KMK die juristischen Voraussetzungen, dass dies in Deutschland endlich möglich wird? Hier muss der SESB-Schulversuch offensiv(er) werden und sprachenpolitische Weichenstellungen einleiten, die längst überfällig sind.

Der Beginn einer zweiten Fremdsprache in der 5. Klasse sollte vielleicht auch im Licht der Tatsache gesehen werden, dass ein Teil des Fachunterrichts in der nichtdeutschen Partnersprache stattfinden wird. Dies gibt eventuell den anderssprachigen Schülern einen gewissen Vorteil (eine Situation, die für russische, türkische, griechische usw. Schüler in der Regelschule sonst eher umgekehrt „funktioniert") – zensurenrelevant ist schulrechtlich aber allein die „reine" Fachleistung. Vielleicht sollte man in den Klassen 5 und 6 eher die jeweilige Partnersprache (für beide Lerngruppen einer SESB-Klasse) konsolidieren statt bereits in Klasse 5 mit einer weiteren Sprache „aufzuwarten". Der Primat in der bildungs- und kulturpolitischen Zielsetzung des SESB-Versuchs dürfte doch wohl der Ausbildung einer funktionsfähigen Zweisprachigkeit im Rahmen der sechsjährigen Berliner Grundschule gehören. Die sprachenpolitisch höchst wünschenswerte Erziehung zur **Mehrsprachigkeit** von immer mehr Schülerinnen und Schülern (definiert als Kompetenz in zwei oder mehr Fremdsprachen) sollte realistischerweise vielleicht doch eher den weiterführenden Schulen vorbehalten bleiben. In diesem Zusammenhang wäre zu bedenken, dass ein in Sachen Mehrsprachigkeit wirklich erfolgreiches Schulmodell wie das der Europäischen Schulen des Europarats die dritte Sprache immer erst in der Sekundarstufe (ab Klasse 7) anbietet (siehe Abb. 3 in Kap. 1.2.3).

Andererseits muss man auch sehen, dass nicht wenige Schülerinnen und Schüler (an den Standorten der SESB mit anderen Partnersprachen) so früh wie möglich Englisch lernen wollen. In diesen Fällen erscheint ein Beginn in der 5. Klasse sinnvoll. Dies lässt sich nicht „von oben" oder *ex cathedra* entscheiden, sondern sollte empirisch geprüft werden (über entsprechend evaluierte Versuche mit unterschiedlichen Zeitpunkten des Einsetzens der dritten Sprache).

3.4 Individuelle Unterschiede in der Sprachlernfähigkeit

3.4.1 Sprachfähigkeit (*proficiency*) und Sprachlerneignung (*aptitude*)

Seit Chomskys vernichtender Kritik an den älteren behavioristischen Erklärungsversuchen des Spracherwerbs wird in der auf der nativistischen Position beruhenden Erst- und Zweitspracherwerbsforschung die **Frage der individuellen Unterschiede** in der Sprachlernfähigkeit (= *language learning ability*) kaum noch ernsthaft diskutiert. Der Chomskyschen Hypothese von der Existenz eines „angeborenen" Spracherwerbsmechanismus (= *language acquisition device* oder *LAD*) zufolge ist der Spracherwerb ein aktiv-kreativer Konstruktionsprozess, der den universellen Prinzipien der Universalgrammatik (= *universal grammar*) folgt – also jenen sprachspezifischen mental-kognitiven Strukturen, deren Aktivierung über den sprachlichen Input dem Kind erlaubt, die im Gehirn angelegten abstrakten Repräsentationen des sprachlichen Ausdrucks in Performanz zu überführen. Für McLaughlin führt dieses Axiom bezüglich der Beschreibung und Erklärung des Erwerbs einer Zweitsprache zu erheblichen konzeptionellen Schwierigkeiten auf Seiten der Theoriebildung: "little attention is given to the possibility of differences in language learning ability" (1990: 161). Individuelle Unterschiede werden von Krashen der „Lern"-Komponente zugeschrieben; d.h. sie treten gemäß der Krashenschen Monitor-Hypothese erst beim „bewussten Lernen" auf (*monitored learning*). Oder aber sie werden als Folge affektiver Variablen (Einstellung, Motivation, bisherige Lernerfolge usw.) angesehen: *affective filter hypothesis*.

McLaughlin verweist mit Nachdruck darauf, dass die unbestreitbare Tatsache einer unterschiedlichen Geschwindigkeit des Spracherwerbs (*rate of development*) bei den einzelnen Kindern (die beim L2-Erwerb noch weiter als beim L1-Erwerb auseinander klafft) den Status des *LAD*-Konstrukts als Erklärungsinstanz erheblich beeinträchtigt. McLaughlin zufolge (1990: 158) muss sich die Spracherwerbsforschung nach einer langen Phase der Abstinenz erneut der Sprachlerneignung (*aptitude*) zuwenden: "I will argue that it is a factor of considerable importance in understanding the relationship between first und second language proficiency". **Sprachlerneignung** will er nicht als statisches Persönlichkeitsmerkmal verstanden wissen (als angeborene „Begabung"), sondern als dynamische intervenierende Variable, die mit anderen (externen) Variablen wie Motivation, Intelligenz sowie den Darbietungsformen des sprachlichen Inputs und der Qualität der sprachlichen Kommunikation interagiert und von daher zu höchst unterschiedlichen Ausprägungen der Sprachfähigkeit führen kann. Unter *proficiency* (siehe genauer 4.1) wird im Gegensatz zu *aptitude* immer eine durch unterrichtliche Verfahren aufgebaute Sprachkompetenz verstanden; sprachlich-kommunikative Fähigkeiten also, die durch strukturierte Lehr-Lern-Angebote vermittelt werden (was selbstinduzierte außerunterrichtliche Lernprozesse nicht ausschließt).

McLaughlin (1990: 164f) knüpft an das bekannte (zwischenzeitlich aber nur noch wenig beachtete) Modell von Carroll an, der 1959 seinen *Modern Language Aptitude Test* (= *MLAT*) vorgelegt hatte (vgl. Carroll & Sapon 1959, Carroll 1967). Dieser Test unterscheidet vier Komponenten der Sprachlerneignung:

a) *phonetic coding ability*: die Fähigkeit, unterschiedliche Lautsequenzen zu identifizieren sowie deren Struktur kurz- oder längerfristig zu speichern, um sie dann korrekt reproduzieren zu können,
b) *grammatical sensitivity*: die Fähigkeit, die syntaktische Funktion von Wörtern oder Wortverbänden in unterschiedlichen Satzstrukturen und Kontexten zu erkennen,
c) *rote learning ability* (oder: *associative memory*): die Fähigkeit, neues Sprachmaterial als Komplex von Form und Bedeutung schnell zu erfassen, auswendig zu lernen und langfristig zu speichern,

d) *inductive language learning ability*: die Fähigkeit, aus einer vorliegenden Menge sprachlicher Daten die den sprachlichen Teilsystemen inhärenten Regeln zu erschließen und auf andere Äußerungen bzw. Kontexte zu übertragen.

Im Hochschulunterricht mit Lehramtsstudierenden begegnet man eigentlich jedes Mal Unglauben oder sogar Unwillen bei der Vorstellung des Modells von Carroll, das auf langjährigen empirischen Analysen und konkreten Auswahlprozeduren für Teilnehmer an Intensivsprachkursen beruht. Offenbar fällt es angehenden Fremdsprachenlehrern schwer zu akzeptieren (aus welchen Gründen auch immer),

– dass es einerseits **eigenständige (sprachlich-kognitive) Faktoren einer Sprachlerneignung** geben könnte (die nicht unbegrenzt von anderen Variablen zu überspielen sind) und
– dass andererseits **kognitive Fähigkeiten und Gedächtsnisleistungen** eine derart prominente Rolle bei „guten" Fremdsprachenlernern einnehmen.

Ohne Zweifel lassen sich auf der Grundlage ansprechender Lernarrangements seitens der Lehrenden durch ein großes Sachinteresse sowie durch hohe Motivation und Ausdauer auf Seiten einzelner Schüler beträchtliche Erfolge beim schulischen Erwerb von Fremdsprachen erzielen. Festzuhalten bleibt jedoch, dass es selbst bei vergleichbaren Voraussetzungen erhebliche Unterschiede in der Geschwindigkeit des Lernens sowie im Ausmaß des resultierenden Sprachkönnens zwischen verschiedenen Schülern gibt.

Binnendifferenzierung ist im gesamten partnersprachlichen Unterricht (für Deutsch und die übrigen Zielsprachen) sowohl aufgrund der erheblichen individuellen Unterschiede in der Sprachlernfähigkeit als auch aufgrund der heterogenen Zusammensetzung der Lerngruppen an der SESB unabdingbar.

Unter Bezug auf die Hypothesen von Cummins und die Daten von Genesee (1987) verweist McLaughlin auf die in den kanadischen Immersionsversuchen immer wieder bestätigten **hohen Korrelationen** zwischen den *literacy skills* in der ersten und zweiten Sprache, dem **Schulerfolg** und der **verbalen Intelligenz** eines Kindes. Er interpretiert diese Zusammenhänge als Hinweis auf das Vorhandensein einer allgemeinen Sprachverarbeitungs- bzw. Sprachlernfähigkeit (*general language learning ability* oder *language processing capacity*); also das, was Cummins *CALP* nennt. Unterstützend für seine These zieht er (ähnlich wie Edmondson & House 1993: 180ff) die Untersuchungen von Skehan (1986, 1989) heran. Diesem gelang es, von den ca. 125 Kindern, die in dem extensiv wie intensiv reich dokumentierten *Bristol Language Project* (z.B. Wells 1981, 1985) auf ihren L1-Erwerb hin untersucht wurden, 100 Probanden im Alter von 13–16 Jahren im Hinblick auf ihr Fremdsprachenlernen zu verfolgen. Die Studien von Wells und seinen Mitarbeitern hatten **erhebliche Unterschiede in der Geschwindigkeit des Erstsprachenerwerbs von Kindern** festgestellt (gemessen u.a. an der Durchschnittslänge der Äußerungen, der syntaktischen Komplexität und dem Umfang des Vokabulars). Nach Skehan waren die Kinder, die ihre **Muttersprache schnell erworben** hatten, **auch die besseren Fremdsprachenlerner**. Sie kamen zudem vorzugsweise aus Familien der Mittelschicht, in denen die Erziehung zur Literalität (*literacy*) einen hohen Stellenwert hat: Rückgriff auf Bilder- und Kinderbücher, Diskursverhalten der Eltern ausgerichtet auf das Initiieren und Aufrechterhalten von Gesprächen mit dem Kind, Einstellungen und Erwartungen der Bezugspersonen im Hinblick auf die Formen und Normen sprachlich vermittelten kommunikativen Handelns, das Anregen von Fragen des Kindes, der Aufbau von sprachlichen und nichtsprachlichen Routinen, das Setzen oder Aushandeln von erreichbaren Zielen, das Planen von Lösungswegen u. dgl. mehr.

Skehan und McLaughlin zufolge (ähnlich hatte bereits Carroll 1973 argumentiert) bauen Kinder aus Elternhäusern, in denen viel Sprachlernerfahrung mit dekontextualisierter, inhaltlich anspruchsvoller Sprache im Sinne von Cummins möglich ist, grundlegende Fertigkeiten auf (= *CALP*), die auf neue Sprachlernsituationen übertragen werden können. Demgegenüber korreliert die elementare, situationseingebettete mündliche Sprachkompetenz eines Kindes (*BICS* bei Cummins) nicht sehr hoch mit dem sprachlichen Wert des Intelligenzquotienten (= IQ) oder der Schulleistung des betreffenden Kindes. Statt die Schriftlichkeit mehr oder weniger auszublenden (es **müssen** angemessene schriftliche Materialien eingesetzt werden!), sollte sie zielbewusst gefördert werden, denn sonst verstärken sich nur die Defizite der eher schwächeren Schüler gegenüber den stärkeren, die von zu Hause einen Vorteil haben: "Another way of thinking about the interdependence hypothesis [Cummins, W.Z.], then, is to say that as expertise develops in one language, it develops in another" (McLaughlin 1990: 173). Es wird weiteren Untersuchungen vorbehalten sein zu klären, was die lernstrategischen Kompetenzen (*strategic competence* bei Harley et al. 1990, van Ek & Trim 1991) als Komponente der *second language proficiency* (siehe 4.1) zur Ausbildung des funktionalen Sprachkönnens im Rahmen der Immersion beitragen können: "I believe there is an interdependence between first and second languages in the cognitive/academic domain because experience with one language gives the learner strategies and metacognitive skills that generalize to subsequent languages ... Teachers, in my view, need to do more than provide 'comprehensible input'. They need to make these strategies and metacognitive skills available to learners" (McLaughlin 1990: 173). Auch dieser renommierte Spracherwerbsforscher spricht sich somit gegen eine „krude Naturwüchsigkeit" des schulisch gesteuerten L2-Erwerbs aus. Er trifft sich damit in seinen Forderungen mit der neueren Position von Swain (1988) und Lyster (1987, 1990), die sich für eine Sprachbetrachtungskomponente im Rahmen eines genuin „sprachlichen Curriculums" aussprechen.

Nachdem in den 70er und 80er Jahren die Fragen nach der internen Struktur der Sprachlerneignung und den individuellen Unterschieden beim Fremdsprachenlernen keine große „Konjunktur" mehr hatten, zeichnet sich in den letzten Jahren eine deutliche Renaissance in der Auseinandersetzung mit dieser Problematik ab. Hatten sich die Forschungsaktivitäten in den beiden Jahrzehnten davor eher um eine Klärung und Gewichtung der extern-exogenen Bedingungen des unterschiedlichen Lernerfolgs von Fremdsprachenlernern bemüht (Motivation, Angst, Einstellungen zur fremden Sprache und Kultur – also affektive Variablen), so tritt neuerdings die Beschäftigung mit den genuin sprachlichen Faktoren (also die Frage nach dem Stellenwert intern-endogener Variablen) wieder in den Vordergrund. Die von Sparks & Ganschow (1997: 55f) salopp formulierte Frage "How does one know that a student is endowed (or not endowed) with a 'knack' for learning a foreign language?" dürfte auch für die SESB höchst interessant und relevant sein. Die beiden Autoren gehen von der übergeordneten, kognitionswissenschaftlich begründeten Annahme aus, dass Lernende, die in einer bestimmten Domäne **Lernschwierigkeiten** haben, über **kognitive Defizite** oder **Unterschiede der kognitiven Verarbeitung** verfügen (im Vergleich zu anderen Lernern), die **auf relativ spezifische Weise mit der internen Struktur der jeweiligen Lernaufgabe** in Verbindung stehen (in der L1-Erwerbsforschung als *assumption of specificity* bekannt). Unterschiede in der Fähigkeit, unter schulischen Bedingungen eine Fremdsprache mit Erfolg (bzw. mehr oder weniger erfolgreich) zu lernen, wären demnach in Unterschieden zu suchen, wie Lernende mit **sprachlichen Phänomenen** umgehen (denn das Fremdsprachenlernen ist vornehmlich eine **Sprach**lernaufgabe). Damit ist die Diskussion genuin sprachlicher Faktoren wieder „salonfähig" geworden (vgl. Carroll 1973, 1990).

Sparks & Ganschow (1997) verweisen in ihrem Forschungsbericht auf ihre eigene Hypothese der *"Linguistic Coding Differences"*, die inzwischen für mehrere Zielsprachen sowie den L1- und L2-Erwerb Bestätigung gefunden hat. Durchgehendes Merkmal bei **Lernern mit Problemen im Fremdsprachenunterricht** war die Tatsache, dass sie **offensichtliche oder verdeckte Schwierigkeiten beim L1-Spracherwerb und/oder im L1-Unterricht in der Schule** hatten: verzögerter L1-Erwerb, sprachtherapeutische Behandlung, schlechte Zensuren in der L1 usw. Dabei kristallisierten sich vor allem Schwierigkeiten auf der **phonologischen und der orthographischen Ebene** der Sprachverarbeitung als das Hauptproblem für die wenig erfolgreichen Fremdsprachenlerner heraus. Dabei scheint es im Übrigen häufig so zu sein, dass die affektiven Variablen wie „Angst im Fremdsprachenunterricht" oder „negative Einstellung zum fremdsprachlichen Fach" eher eine Folge von als die Ursache für Misserfolg beim Fremdsprachenlernen sind.

Bezogen auf den Schulversuch der SESB wäre für mich aus diesen Erkenntnissen die Fragestellung zu ziehen, ob und wenn ja, wie schnell oder früh sich an der SESB „schlechte" Sprachlerner identifizieren lassen und wie die Schule mit solchen *poor language learners* vernünftigerweise umgehen kann. Dieses Problem darf an der SESB kein Tabu sein:

Die frühzeitige Diagnose von Lernschwierigkeiten im sprachlichen Bereich ist an der SESB besonders wichtig.

Folgerichtig findet sich in der kanadischen Literatur sogar der vorsichtige Hinweis, ob Immersion (wirklich) für alle Schüler angebracht erscheint (vgl. Endt 1996: 77).

3.4.2 Unterschiedliche „Lernstile" und lernstrategische Kompetenzen

Das Zitat von McLaughlin (1990: 173) verweist auf einen weiteren Tatbestand, den die SESB als Schulversuch mit einer gewissen Pilotfunktion für Innovationen in der Berliner Regelschule produktiv nutzen sollte. Der Autor bezieht sich auf „Lernstrategien" und „metakognitive Fähigkeiten", die von Lernern einer Zweitsprache in schulischen Vermittlungskontexten zu entwickeln sind. Dies ist zur Zeit ein außerordentlich intensiv bearbeitetes Feld der Fremdsprachenforschung, da es gleichermaßen für die Fremdsprachendidaktik und die Grundschulpädagogik relevant ist. Letztendlich geht es dabei um nicht weniger, als dass (wie es Gogolin 1994 ausgedrückt hat) gerade die **Grundschule** den in den Köpfen von Lehrern, Schülern, Administratoren und Eltern in aller Regel verankerten „**monolingualen Habitus**" „aufbrechen" muss. In einer multikulturellen Gesellschaft, wie sie auch in Deutschland als faktisch gegebenem Einwanderungsland vorhanden ist, muss **sprachliche Grundbildung als Erziehung zur Mehrsprachigkeit angelegt** sein. Mehrsprachigkeit ist als Bildungsziel und als „Normalfall" des Bedingungsfelds der Primarstufe zu akzeptieren und didaktisch-methodisch zu strukturieren. Parallel dazu wird Interkulturalität zum „Grundprinzip der Verständigung" (Gogolin). Dies müsste letztendlich sogar für die Lehrpläne im europäischen Kontext gelten (man denke z.B. nur einmal an die anderssprachigen SESB-Schüler, die eventuell mit ihrer Familie nach einiger Zeit wieder zurück nach England oder Frankreich gehen). In einer derart konzipierten Grundschulpädagogik müssen Sprach- und Kulturbegegnung, interkultureller Muttersprachenunterricht, früh einsetzendes Fremdsprachenlernen und Spracherhalt der Herkunftssprachen anderssprachiger Schüler zusammenkommen. Angesichts der sich grundlegend und rapide verändernden gesellschaftlichen Rahmenbedingungen wird das **fremdsprachliche Moment** mit anderen Worten zu einem **integralen Bestandteil der sprachlichen Bildung der Grundschule**, sprich zu einem „neuen" Lernbereich der Primarstufe. Dafür sind in anderen Bundesländern, aber auch außerhalb Deutschlands, eine ganze Reihe didaktisch-methodischer Konzepte entwickelt worden (vgl. dazu zusammenfassend Hellwig 1995, Gompf & Meyer 1996), die von der Berliner Schule nicht einfach negiert werden dürfen. Ab 1998/99 gibt es auf freiwilliger Basis (für die Schulen) das Programm einer „Begegnung mit Fremdsprachen" ab Klasse 3 (Englisch, Französisch oder Russisch nach Wahl der Schule).

Das Zitat von McLaughlin weist darüber hinaus auf weitere Herausforderungen hin, die eine primarstufengemäße Didaktik dieser „fundamentalen" ersten Fremdsprache betreffen; vorausgesetzt sie wird ergebnisorientiert vermittelt (und davon sollte man in der SESB wohl ausgehen). Als so genannte **Eingangssprache** für weiteres (lebenslanges!) Fremdsprachenlernen (und alle neueren sprachenpolitischen Entwürfe gehen inzwischen von Kompetenzen in mindestens zwei Fremdsprachen für alle Schüler mit Realschulabschluss oder Abitur aus!) darf der Unterricht in dieser Sprache nicht nur zum Erwerb des Englischen/Französischen/Russischen usw. (den Partnersprachen der SESB) führen, sondern er muss zugleich einige grundlegende **Dispositionen zum Erwerb weiterer Fremdsprachen** vermitteln. Der partnersprachliche Unterricht der SESB kann sich von diesen höchst sinnvollen Reformbestrebungen nicht abkoppeln, sondern er muss zunehmend darauf perspektiviert werden, „das Lernen von Fremdsprachen zu lehren". Es sind mit anderen Worten zum einen die **Sprachlernerfahrungen der Kinder** im Unterricht bewusst zu **thematisieren** (McLaughlins „metakognitive Reflexion"). Zum anderen muss bei den Kinder ein **Potential an grundschulgerechten Lernstrategien und Arbeitstechniken**[12] **für fremdsprachliches Lernen** gezielt aufgebaut werden (zum derzeit letzten Forschungsstand dazu vgl. Rampillon & Zimmermann 1997). Ganz generell muss sich der Sprachunterricht der Primarstufe verstärkt darauf einlassen, bei den Kindern ein Bewusstsein dafür zu entwickeln, wie jedes einzelne Kind Sprache (am besten) lernt. Wir wissen heute, dass es dafür sehr unterschiedliche „Zugriffsweisen" oder **Lernertypen** gibt (vgl. etwa Wode 1993: 293ff zu bestimmten Merkmalen der Persönlichkeitsstruktur).

Die Begriffe „Lernstil" und „Lernstrategien" werden in der Fachliteratur recht unterschiedlich verwendet. In Anlehnung an Grotjahn (1998: 11) soll deshalb von **Lernstil** die Rede sein (oft auch **kognitiver Stil** genannt), wenn auf persönliche „relativ stabile, zumeist **situations- und aufgabenunspezifische Präferenzen**" eines Lerners Bezug genommen wird. Die subjektiven „Gewohnheiten", Dispositionen oder Zugriffe auf eine Lernaufgabe sind dem jeweiligen Lerner in der Regel **nicht bewusst**, und sie erschließen sich auch dem Beobachter nur indirekt über dessen Verhalten. In einer groben Einteilung lassen sich die verschiedenen **Lernstile** zwei Polen oder Grundfigurationen zuordnen (Abb. 12 in Anlehnung an Edmondson & House 1993: 201 und Grotjahn 1998), die bei individuellen Lernern mit wechselnden „Anteilen" vertreten sein können:

---

[12] Im Gegensatz zu den Lernstilen sind Lernstrategien eher situations- und aufgabenabhängige mentale Handlungen, die mehr oder weniger bewusst beim Lernen eingesetzt werden (z.B. visuelle Vorstellungen von Wortinhalten). Eine Arbeitstechnik (Abdecken von Vokabeln, Nachschlagen im Wörterbuch) ist eine konkrete, beobachtbare Handlung.

Unterschiedliche Lernstile

Umfeldabhängigkeit
extrovertierter sozialer Stil
personenbezogene Orientierung
abhängige Selbsteinschätzung
global-holistische Betrachtung
kontextgebundenes Lernen
natürliche „Erwerber"
„impulsive" Lerner
"data-gatherers"
"risk-takers"
"fluency" orientiert
„wildes Raten"
integrative Motivation
kooperative Lernformen
höhere soziale Kompetenz
rechts-hemisphärisch

Umfeldunabhängigkeit
introvertierter sozialer Stil
nicht-personenbezogene Orientierung
unabhängige Selbsteinschätzung
analytische Betrachtung
kontextunabhängiges Lernen
natürliche „Lerner"
reflexive Lerner
"rule-formers"
"risk-avoiders"
"accuracy" orientiert
kontrolliertes Hypothesenbilden
instrumentelle Motivation
individualistische Lernformen
geringere soziale Kompetenz
links-hemisphärisch

Abb. 12: Bipolare Charakterisierung unterschiedlicher Lernstile

Die Aufstellung der Abb. 12 stellt ein Kontinuum von Eigenschaften dar, wobei keiner der beiden Pole dem anderen „überlegen" ist (es handelt sich um deskriptive und nicht um wertende Zuordnungen). Neben der kognitiven, affektiven und sozialen Dimension, die in der Abb. 12 angesprochen werden, können sich Lernstile auch auf den bevorzugten **Wahrnehmungskanal** beziehen: z.B. primär visuelle oder auditive Lerner vs. primär haptische („taktile") oder kinästhetische Lerner (letztere brauchen deutlich mehr motorische, körperlich-handlungsorientierte Elemente im Unterricht). Die unter dem Begriff Lernstil zusammengefassten Verhaltensdimensionen werden zuweilen in das Bild einer „Zwiebel" umgesetzt (Eliason, zitiert nach Grotjahn 1998: 12), wobei ausgehend vom „Kern" vier „Schichten" differenziert werden:

- grundlegende Persönlichkeitsmerkmale (etwa Intro- vs. Extrovertiertheit),
- Aspekte der Informationsverarbeitung (kognitiver Stil im engeren Sinne),
- Formen sozialer Interaktion (das Verhalten im Spannungsfeld von Ich und Anderen),
- Präferenzen im Hinblick auf Unterrichtsmodalitäten.

Dabei ist der „Kern" am wenigsten beeinflussbar (biologische Determinanten), während die äußeren Schichten stärker durch Entwicklungs- und Sozialisationsprozesse Veränderungen unterworfen sein können. Da Schüler unterschiedlich lernen, d.h. relativ stabilen Lernstilen folgen, sollte somit gelten:

Das Spracherwerbskonzept der SESB sollte versuchen, aufgrund seiner didaktisch-methodischen Differenziertheit unterschiedlichen „Lernstilen" gerecht zu werden.

Wie die Abb. 12 zeigt, gibt es dabei ein relativ breites Spektrum von Persönlichkeitsmerkmalen im Verbund mit speziellen kognitiven, affektiven und sozialen Zugriffen auf schulische Lernaufgaben. Ein Immersionsunterricht, der eher dem „naturwüchsigen" Paradigma folgt, ist didaktisch wenig strukturiert. Er stellt Lernende, die stärker dem feldunabhängigen Pol der Abb. 12 zuneigen (analytisch-reflexive, auf Korrektheit und „nachweisbare" Ergebnisse bedachte Lerner) vor erhebliche Probleme, denn sie müssen „ständig mit unbekanntem sprachlichen Material, unerwarteten Situationen oder auch divergierenden kulturellen Normen zurechtkommen" (Grotjahn 1998: 13). Ein Unterricht, der im Sinne eines sprachlichen Lehrplans klarer strukturiert ist (siehe 1.3.3), kommt diesen Schülern eher entgegen. Der Aspekt der unterschiedlichen Lernstile spricht deshalb für den „dritten Weg" einer Synthese von frühem Fremdsprachenlernen und der immersionstypischen Verbindung des Sach- und Sprachlernens.

Ein relativ wenig strukturiertes „klassisches" **Immersionsprogramm fordert** den Schülern **viel Ambiguitätstoleranz** ab („die Bereitschaft einer Person, widersprüchliche oder unvollständige Informationen zu verarbeiten": Grotjahn 1998: 13). Schüler, die mit dieser Eigenschaft nicht im Übermaß ausgestattet sind, können in relativ unstrukturierten Vermittlungssituationen mit erheblichen Frustrationen reagieren.

Eine Forschungsfrage ersten Ranges wäre somit die, was eigentlich einen „guten" (erfolgreichen) SESB-Schüler ausmacht. Was bringen diese Schüler(innen) mit bzw. ein, das sie mit Erfolg und Freude zu zweisprachigen Sprechern macht? Warum sind bestimmte Kinder eventuell weniger erfolgreich bzw. zufrieden?

Ziele eines auf Immersionsprinzipien aufbauenden L2-Erwerbs in der Primarstufe sollte auch sein, die **Sprachlernkompetenz** (Meißner 1995: 175) der Schüler zu fördern. Zur allgemeinen Begründung (weniger zur methodischen Umsetzung) dieses Konzepts kann auf die *language-awareness*-Bewegung verwiesen werden (Hawkins 1984, James & Garrett 1991, van Lier 1995). Fragen der „Sprachbewusstheit", der Sprachbetrachung und des „Sprachgefühls" im Sinne von „Sprachsensibilität" (**nicht**: explizites Regelwissen im konventionellen grammatischen Sinne!) gehören mit zu einem Sprachbildungsprogramm der SESB (vgl. auch Hellwig 1995: 28f zum frühen Fremdsprachenlernen allgemein). Spracherwerbstheoretisch ist an der *language-awareness*-Bewegung interessant, dass sie im Gegensatz zur „Schule" von Krashen von einer *interface*-Position ausgeht. Während nach Krashen „bewusstes" Lernen niemals in unbewusstes „internalisiertes" Sprachwissen bzw. Sprachkönnen übergehen kann, halten die tätigkeitspsychologischen und interaktionistischen Ansätze der Spracherwerbsforschung eine solche Umsetzung durchaus für möglich. Der pädagogische Vorteil an der *interface*-Position wäre im Übrigen, dass sie mit einem didaktisch strukturierten, durch unterrichtliche Vermittlungsverfahren „gesteuerten" Ansatz des „kontrollierten" Sprachlernens sehr viel besser vereinbar wäre (siehe 1.3.3 zu den neueren kanadischen Ideen eines „sprachlichen Curriculums" im Kontext eines Immersionsprogramms). Die Krashen'sche *non-interface*-Haltung mit ihrer einseitigen Betonung und „Aufwertung" der eher unstrukturierten „naturwüchsigen" Elemente des L2-Erwerbs hat zu diesen Zielen und Teilkompetenzen der Sprachfähigkeit (= *proficiency*: siehe 4.1) nichts beizutragen.

Das fremdsprachliche Moment ist kein „störender Faktor" des vorfachlichen Unterrichts der Grundschule, sondern muss zunehmend als Teil der sprachlichen Grundbildung der Primarstufe gesehen und entwickelt werden. Die **Partnersprache** der SESB nimmt in einem fremdsprachenpolitischen Gesamtkonzept den Status einer **Eingangs- oder Fundamentalsprache** für weiteres (lebenslanges) Fremdsprachenlernen ein. Damit ist über den Erwerb eines funktionalen Sprachkönnens in dieser Zielsprache hinaus die Sprachlernkompetenz der Kinder systematisch zu fördern. Im partnersprachlichen Unterricht der SESB sind mit anderen Worten die fundamentalen Dispositionen und lernstrategischen Kompetenzen zum Erwerb weiterer Fremdsprachen grundzulegen: Reflexion individueller Sprachlernerfahrungen (besonders was deren kontrastive Dimension und interkulturelle Vermitteltheit betrifft) sowie Aufbau eines primarstufengemäßen Potenzials an sprachbezogenen Lernstrategien und Arbeitstechniken.

4. Potenzielle Defizite von Immersionsschülern

Die kanadischen Immersionsversuche haben sich – wiederum mit bemerkenswerter Unvoreingenommenheit und Offenheit – der Frage möglicher Defizite dieser Schülerinnen und Schüler zugewandt. Schließlich hat es nicht an Kritik gefehlt, bis hin zur grundsätzlichen Infragestellung des gesamten Ansatzes (vgl. dazu besonders Hammerly 1987, 1989, 1991). Es erscheint deshalb an dieser Stelle angeraten zu sein, zunächst etwas detaillierter auf die interne Struktur der schon mehrmals erwähnten L2-Kompetenz einzugehen (englisch *proficiency*, in der Regel als „allgemeine Sprachfähigkeit" übersetzt). Hierunter versteht man das Kompetenzniveau eines L2-Lerners (zu einem bestimmten Zeitpunkt einer Sprachlernbiographie), das durch schulische Vermittlungsverfahren, aber auch durch eigenverantwortetes Sprachlernen (Auslandsaufenthalte, Lektüre schriftlicher Texte, Medienrezeption, PC-Nutzung u. dgl.) aufgebaut wurde. Bekannte *proficiency*-Tests sind für britisches Englisch die *Cambridge Proficiency Tests* (Oberstufen- und Nach-Abitur-Niveau) oder der *TOEFL*-Test für Nordamerika (u.a. Studieneingangstest für amerikanische Universitäten) sowie neuerdings der „*APIEL*"-Test (= *Advanced Placement International English Language*) für nicht-muttersprachliche (fortgeschrittene) Lerner des Englischen. Von den *proficiency*-Tests sind lehrplan- oder lehrwerkbezogene Leistungstests (= *achievement tests*) und Tests zur Sprachlerneignung (= *aptitude tests*: siehe oben 3.4.1) zu unterscheiden.

4.1 Zur internen Struktur der allgemeinen Sprachfähigkeit (*proficiency*)

Die Frage der internen Struktur der Sprachfähigkeit (*proficiency*) wird seit etwa 20 Jahren in der Angewandten Linguistik und Fremdsprachenforschung heftig diskutiert. Während die älteren kognitiven (Grammatik-Übersetzungs-Methode) und habitualisierenden Methodenkonzepte (audiolinguale Methode, hauptschulgemäße Arbeitsweise u. dgl.) davon ausgingen, dass sich das Sprachkönnen über die Verfügbarkeit von Wortschatz und Grammatik gewissermaßen „von selbst" einstellt, betonte die „frühe" pragmadidaktische Variante des kommunikativen Ansatzes in der Fremdsprachendidaktik die Verfügbarkeit von Mitteilungsabsichten (*functions* bzw. *illocutions*) und semantisch-konzeptuellen Kategorien (*general* und *specific notions*) bei der Ausbildung einer elementaren Kommunikationsfähigkeit in Alltagssituationen. Mitte der 70er Jahre konfrontierte Oller (1974, 1976) die Fachwelt mit der These, der Sprachfähigkeit (in einer Erst- und einer Zweitsprache) läge ein genereller Faktor zugrunde (analog zum g-Faktor/*general factor* der Intelligenzstruktur): vgl.

ferner die Auseinandersetzung zum Ollerschen Konzept einer – einheitlichen – „internalisierten Erwartungsgrammatik": Sang & Vollmer 1980a, 1980b; Vollmer 1981. Inzwischen wird das Konzept der kommunikativen Kompetenz sehr viel differenzierter gesehen, insbesondere seitdem der Fremdsprachenunterricht sich stärker der diskursanalytischen, der interkulturellen und der inhaltsbezogenen Dimension fremdsprachlicher Interaktionsprozesse zugewandt hat.

Im Gegensatz zu Oller, der wie erwähnt einen „generellen Faktor" der *language proficiency* annimmt, haben die kanadischen Immersionsforscher ein vierdimensionales Modell der Sprachfähigkeit entwickelt, das zwischen grammatischer, Diskurs- und soziolinguistischer Kompetenz unterscheidet. Die vierte, für unabdingbar gehaltene Dimension (die lernstrategische Kompetenz: siehe 3.4.2) konnte in den 80er Jahren noch nicht in das Versuchsdesign integriert werden, da man damals noch zu wenig über die interne Struktur von fremdsprachenbezogenen Lernstrategien wusste. Ohne jeden Zweifel verfügen aber gerade erfolgreiche Zweit- oder Fremdsprachenlerner über differenzierte Lernstrategien und Arbeitstechniken, um den ureigenen Schwierigkeiten des Sprachenlernens (dem Verarbeiten und Behalten vieler Daten sowie dem Verwechseln und Vergessen) wirkungsvoll begegnen zu können. Die Fremdsprachendidaktik geht heute davon aus, dass solche sprachbezogenen Strategien und Techniken zunehmend bewusst gelernt und eingeübt werden müssen: vgl. O'Malley & Chamot 1990, Ellis & Sinclair 1989, Rampillon 1996, Rampillon & Zimmermann 1997.

Der zentralen Hypothese von Merrill Swain und ihren Mitarbeitern zufolge sollte u.a. anhand der empirischen Befunde der kanadischen Immersionsdaten nachgewiesen werden, dass grammatische und soziolinguistische Kompetenz sowie Diskurskompetenz (= *grammatical competence, discourse competence* und *sociolinguistic competence*) Schlüsselkomponenten der *second language proficiency* sind (vgl. Harley et al. 1990: 9ff). Interessanterweise decken sich diese drei Dimensionen mit den zentralen Momenten, die van Ek & Trim (1991) in der Neubearbeitung des *Threshold Level* des Europarats als Komponenten der Kommunikationsfähigkeit (= *communicative ability* identifizieren. Darüber hinaus werden dort noch *strategic competence, sociocultural competence* und *social competence* genannt. Abgesehen von der Zielsprache Englisch hat der Europarat auch Taxonomien von Mitteilungsabsichten und Redemittellisten für die Sprachen Deutsch, Französisch, Spanisch und Italienisch vorgelegt (Russisch ist in Arbeit).

Im Rahmen einer groß angelegten Untersuchung wurden die drei – theoretisch postulierten – Dimensionen (= *traits*) der Sprachfähigkeit über eine 9er-Matrix operationalisiert (Harley et al. 1990: 12); und zwar im mündlichen Bereich über:
– die Bewältigung eines inhaltlich vorstrukturierten Interviews,
– die Nacherzählung eines Filmausschnitts (ohne Ton), der sich eine Aufgabe zur kritisch-subjektiven Argumentation in Bezug auf eine Szene des Films anschloss

sowie
- die Umsetzung eines Rollenspiels (mit einer bewussten Auswahl an bestimmten Sprechakten).

Für den schriftlichen Bereich wurde erneut auf den Film zurückgegriffen. Im Rahmen eines Briefes und einer informellen Mitteilung wurden narrative, argumentierende und sozial-zwischenmenschliche Kontaktleistungen abverlangt; d.h. **produktive, textbezogene Sprachleistungen** (nicht nur isolierte sprachliche Teilelemente!), die anschließend auf ihre formale Korrektheit, ihre Kohärenz (als Text oder Diskurs) sowie ihre soziale und situative Angemessenheit analysiert wurden (Tab. 3):

Traits / Method	Grammar Competence (focus on accuracy in sentences)	Discourse Competence (focus on cohesion and coherence)	Sociolinguistic competence (focus on social appropriateness of language use)
Oral Composition	structured interview	story retelling & suasion (= argumentation)	role-play: requests, offers, complaints
Multiple choice "Select the ..."	"... correct form" (sentence level)	"... coherent sentence" (paragraph level)	"... appropriate utterance" (speech act level)
Written Composition	narrative & letter of suasion	narrative & letter of suasion	formal request letter & informal note

Tab. 3: Design der kanadischen Untersuchung zur Sprachfähigkeit

Die neun Tests wurden sowohl Immersionsschülern der 6. Klasse des **frühen völligen Immersion-Programms** als auch vergleichbaren frankophonen Muttersprachlern vorgelegt und über faktorenanalytische Prozeduren (LISREL) ausgewertet. Zwar konnten über dieses Design die theoretisch angenommenen Komponenten des Sprachkönnens empirisch **nicht** bestätigt werden, dafür wurden aber andere unterrichtlich relevante Ergebnisse zutage gefördert, die für die Beibehaltung der vom Forscherteam getroffenen konzeptuellen Differenzierung sprechen.

Zum einen wurde ein g-Faktor deutlich (*"general language proficiency factor"*), der (bis auf *sociolinguistic competence in written composition*) alle Komponenten der Matrix „bediente", am stärksten aber im Teilbereich der grammatischen Kompetenz ausfiel. Ein zweiter Faktor wies positive Korrelationen mit allen schriftlichen Aufgaben auf (*written method factor*). Letzterer Befund wurde von Swain et al. als Indiz für eine schulspezifische Art der Sprachfähigkeit gewertet (*literacy-oriented linguistic proficiency*), das sofort an das Cummins'sche *CALP*-Konstrukt erinnert (*context-

reduced & academically relevant communication). Im Übrigen korrelieren Intelligenz (vor allem verbaler IQ) und Schulerfolg eines Kindes sehr viel höher mit den literalitätsbezogenen sprachlichen Fertigkeiten (*CALP*) als mit dem elementaren mündlichen Sprachkönnen (*BICS).* Zu diesen von Cummins eingeführten Konzepten (vgl. Cummins 1978, 1979) wurde oben in 3.1 ausführlich Stellung genommen. Diese empirisch sehr aufwendige Untersuchung, die zum Besten gehört, was die Zweit- und Fremdsprachenforschung bisher hervorgebracht hat, zeitigte zwei Ergebnisse, an denen kein Immersionsversuch vorbeigehen kann:

Zum einen können ohne eine hinreichende grammatische Kompetenz keine komplexen und kohärenten gesprochenen und geschriebenen Texte produziert werden. Dies bestätigt die unabweisbare Erkenntnis, dass **Spracherwerb primär Strukturerwerb ist** (siehe oben Kap. 1), **vor allem im Kernbereich des grammatischen Struktureninventars**. Zum anderen gibt es eine für die Schulleistung und den schulischen Erfolg eines Kindes höchst relevante Form der Sprachfähigkeit, die an **Fähigkeiten im schriftlichen Bereich** gebunden ist: **Literalität** *(= literacy).* Immersionsunterricht muss eine gesicherte grammatische Kompetenz und einen auch im produktiven Bereich fundierten Schriftspracherwerb in der Zweitsprache realisieren. Der partnersprachliche Unterricht der SESB braucht einen differenzierten Lernzielkatalog für diese beiden Domänen. Orientierungspunkte für diese Lernziele sollten zum einen die inhärenten Strukturmerkmale der jeweiligen Zielsprache (sprich die Partnersprachen, die an der SESB als Zweitsprachen gelernt werden) und zum anderen die Ansprüche des (vor)fachlichen Unterrichts in Sachen Schriftlichkeit fachbezogener Texte sein.

4.2 Schwächen im lexikogrammatischen Bereich

4.2.1 Wortschatzbestände und Wortschatzlernen

Die Fehlerrate im lexikalischen Bereich scheint beträchtlich zu sein (vgl. die in Genesee 1987 referierte Literatur), vor allem was die Idiomatik des Ausdrucks betrifft: "distinctively less idiomatic". Selbst wenn keine „offensichtlichen" Fehler zu beobachten sind, so erweist sich der Sprachgebrauch vieler Immersionsschüler (z.B. über Vermeidungsstrategien) ganz eindeutig als weniger idiomatisch als der von Muttersprachlern: vgl. etwa *"I'll put you to bed now"* vs. *"I'll tuck you in now".* Darüber hinaus ist die lexikalische Variabilität und Spezifiziertheit (*lexical sophistication*) schwächer ausgeprägt als bei vergleichbaren frankophonen Kindern. Im verbalen Bereich versuchen die Schüler mit Verben „auszukommen", die einen relativ hohen Funktionswert haben (*high coverage verbs*). Die Unterrichtsbeobachtungen des kanadischen Teams konnten eine gezielte, bewusst vorgeplante Wortschatzvermittlung eigentlich nur im Kontext von themenbezogenen Leseübungsphasen nachweisen: Aussprache und Erklärung unbekannter Wörter sowie Verständnissicherung in Bezug auf bestimmte Textpassagen (d.h. Fokussierung auf die **rezeptive** Seite des Gebrauchs). Ein Transfer auf andere Verwendungskontexte eines Wortes, wie in fremdsprachendidaktischer Hinsicht im Sinne einer bezugs- und wortfeldbezogenen sowie kollokationsorientierten Wortschatzarbeit üblich, war in Immersionsklassen fast nie zu beobachten. Für die Spracharbeit an der SESB ist somit festzuhalten:

> Ein systematischer, nachweisbarer Zuwachs an lexikalischen Ausdrucksmitteln muss im Vordergrund des partnersprachlichen Unterrichts stehen, da dies ein Lernziel ist, das für den Spracherwerb im Allgemeinen und für jede Variante von *content-based language learning* im Besonderen (= Sprachlernen über Fachinhalte) unabdingbar ist.

Es fällt außerordentlich schwer, in der Fachliteratur verlässliche Angaben zu Wortschatzbeständen von Kindern zu finden. Zum einen hängt der Umfang sehr stark von der Struktur der Einzelsprache ab (insgesamt rechnet man für das Deutsche – ohne Fachsprachenlexik – mit ca. 300.000, für das Französische mit ca. 200.000 und das Englische sogar mit ca. 500.000 Wörtern). Zum anderen sind Untersuchungen zum kindlichen Wortschatz methodisch äußerst schwierig, so dass i.A. nur Zählungen aus den 20er und 30er Jahren existieren. Danach (vgl. Wode 1993: 150) hat ein englischsprachiges Kind mit 5 Jahren im Schnitt gut 2.000 Wörter (gezählt als Lexem/Lemma oder *word types*: z.B. *GO*) aktiv verfügbar. Davon zu unterscheiden sind die flektierten Formen (= *tokens*) des jeweiligen „Grundwortes": im Falle von *GO* etwa *goes, go, gone, went* usw. Mit 5–6 Jahren liegt der Umfang bei ca. 2.300 Wörtern und steigt im Alter von 6 Jahren auf gut 2.500 Wörter (gezählt als *word types*). Bei den meisten Kindern kommen dann in den ersten Grundschuljahren etwa 1.000 „neue" Wörter pro Jahr dazu (vgl. Coadie 1997: 131). Crystal (1987: 244) berichtet von durchschnittlich 3.000 aktiv benutzten Wörtern (= *types*) bei 11-jährigen deutschsprachigen Kindern. James Coadie (Ohio University, persönliche Mitteilung im Rahmen eines Vortrags in Hannover) nennt eine Zahl von 5–6.000 Wörtern (= *types*) für den **aktiven Wortschatz** der alltäglichen Umgangssprache eines „gebildeten" erwachsenen nordamerikanischen Sprechers (was etwa 3.000 Wortfamilien entspricht: siehe unten zu dem Letzteren).

Diese Zahlen sind durchaus als Indiz für den hohen Stellenwert des Wortschatzes im Rahmen eines themenzentrierten Unterrichts in einer Zweit- oder Fremdsprache zu werten (eine Einsicht, die der bilinguale Sachfachunterricht der Sekundarstufen I + II vollauf bestätigt):

Es sind mit anderen Worten erhebliche und gezielte Anstrengungen in den ersten Lernjahren eines Immersionsversuchs vonnöten, um die Kinder im partnersprachlichen Unterricht im Hinblick auf den vorfachlichen Gesamtunterricht auf einen Sprachstand im lexikalischen Bereich zu bringen, der sie mit Erfolg an einem Unterricht teilnehmen lässt, dessen Inhalte über eine zweite Sprache vermittelt werden.

Was den in 3.1.2 und 4.1 explizierten Stellenwert der Schriftsprache für den Schulerfolg angeht, dürften die Ergebnisse einer Untersuchung von J. B. Carroll aus dem Jahre 1971 interessant sein (vgl. Carroll et al. 1971), der einen repräsentativen Querschnitt textbezogener Materialien für Schüler der amerikanischen *Elementary School* und der *Junior High School* (= Klassen 3–9) darauf analysierte (siehe Tab. 4), mit welchem Wortschatz (gemessen in *types* und nach Häufigkeit geordnet) welcher Prozentsatz an Wörtern in den Texten dieser Schulbücher erschlossen werden konnte (das Korpus betrug ca. 5 Millionen Wörter, sprich *tokens*):

Wortschatzumfang (= types)	10	100	1.000	2.000	3.000	5.000
Prozentsatz erschließbarer Wörter (coverage in texts)	24%	49%	75%	81%	85%	89%

Tab. 4: Erschließbarer Wortschatz in Unterrichtsmaterialien des American Heritage Intermediate Corpus (Carroll et al. 1971) in Abhängigkeit vom Umfang eines nach der Häufigkeit gestuften Vokabulars

Die 100 häufigsten Wörter (dies sind in erster Linie die Funktionswörter, bestimmte Präpositionen, die Formen von *be* und *have*, *do*, *say* u. dgl.) decken mit anderen Worten bereits die Hälfte aller Texte ab. Die Angaben von Carroll et al. decken sich in erstaunlich hohem Maße mit der neuesten Analyse zum englischen Mindestwortschatz, die auf der Grundlage maschinenlesbarer Korpora erstellt wurde. Nach der Untersuchung von Grabowski (1997: 147ff) lassen sich mit den ersten tausend häufigsten Wörtern (= Lemmata) 78% und mit den häufigsten 2.000 Wörtern (= Lemmata oder *word types*) 86% aller Wortformen (= *tokens*) in den untersuchten Texten ihrer Korpora „abdecken". Mit einem über Frequenzuntersuchungen kompilierten Wortschatz von etwa 1.000 Wörtern (= *types*) lassen sich folglich ca. ¾ der Wörter in den unterrichtlich relevanten Texten der Klassen 1–8 erschließen; mit einem **aktiven** Bestand von ca. 2.000 Wörtern etwa ⅘ aller Wortformen in altersangemessenen schriftlichen Texten. Alles was darüber hinausgeht (2–5.000 Wörter), bringt im Sinne eines systematischen Lernens frequenzbezogener Grund- und Aufbauwortschätze wenig Gewinn für die sachbezogene Textarbeit der Grundschule (im Einklang mit dem *principle of diminishing returns*, d.h. der Aufwand lohnt sich kaum). Nach einer rein subjektiven Einschätzung sollten die „ersten" tausend Wörter allerdings, nach schülerorientierten Themenbereichen, Wortfeldern und Wortfamilien geordnet, bis zum Ende der 2. Klasse vermittelt sein (was kontinuierliche, systematische Arbeit verlangt: im Schnitt ca. 3 Wörter pro Schultag). Auch dieser Aspekt müsste und könnte (zumindest teilweise) empirisch geprüft werden, indem man z.B. einmal alle Arbeitspläne und Unterrichtsmaterialien der ersten beiden Klassen auf die in den Themen und Inhalten „versteckte" Lexik untersucht. Bei diesen Zahlenspielen in Bezug auf den Wortschatz muss beachtet werden,

– dass hier von Lemmata (oder *word types*) die Rede ist, was noch lange nicht bedeutet, dass die vielfältigen morphologischen Formen, Ableitungen oder Kollokationen eines Grundwortes funktional verfügbar sind (= zusätzliche Lernarbeit!) und
– dass der Grundwortschatz von 1.000 oder 2.000 Wörtern in der Zweitsprache spätestens in der 3. und 4. Klasse auch schriftlich gefestigt sein muss, damit der rezeptive wie produktive Umgang mit Texten (Schreibaufgaben, schriftliche Darstellungsverfahren!) seine spracherwerbsfördernden Wirkungen erzielen kann (vgl. Ellis 1984 und Swain 1985 zur Outputtheorie und zur Rolle der Diskursentwicklung beim Spracherwerb).

Bei etwa 200 Unterrichtstagen im Jahr müssten somit im Schnitt von der 2. bis 4. Klasse pro Tag gut 3 Wörter (= *types*) in ihrem Schriftbild erarbeitet und gesichert werden, wenn der partnersprachliche Unterricht auf einen aktiven Mindestwortschatz von 2.000 Wörtern (Lemmata) am Ende der 4. Klasse hinarbeiten will. Daneben sind natürlich die abgeleiteten Wortformen (= *tokens*) und die **Integrierung des** jeweils vorhandenen **Wortschatzes in Wort-, Themen- und Sachfelder** sowie **Wortfamilien** zu berücksichtigen. Die Letzteren ergeben sich aus den Inhalten des Unterrichts und den spezifischen Interessen der Kinder an bestimmten Sachthemen. Auf jeden Fall kostet eine systematische Wortschatzarbeit viel Zeit. Deshalb bleibt festzuhalten:

> Ein aktiver Mindestwortschatz von (gut) 1.000 Wörtern scheint das absolute Minimum zu sein, das für die ab der 3. Klasse „sporadisch" einsetzende Textarbeit verfügbar sein sollte. Ab der 3. Klasse (ab der 5. Klasse erscheint mir das ein Muss zu sein) werden Texte (wenn sie eingesetzt werden) – schwerpunktmäßig – nicht mehr dazu benutzt, um lesen zu lernen, sondern um aus Texten Sachverhalte zu erschließen (= *heuristic function of language*). Dieser Wortschatz ist systematisch aufzubauen und immer wieder „umzuwälzen", damit er langfristig speicherbar und bei Bedarf aktivierbar ist.

Die textbezogene Wortschatzarbeit ist in der 3. und 4. Klasse gezielt fortzuführen, denn bei einem aktiv verfügbaren Vokabular von rund 2.000 Wörtern am Ende der 4. Klasse bleibt immer noch ein erheblicher „Rest" von unbekannten Wörtern, denen man im Zuge der Rezeption unbekannter Unterrichtstexte begegnet. Wird die Wortschatzvermittlung mit Bezug auf das **textgestützte Sachlernen** in der 3. und 4. Klasse nicht zielbewusst genug betrieben, kann es in der 5. und 6. Klasse (wenn die Sachfächer Biologie, Geschichte/Sozialkunde und Erdkunde in der Partnersprache unterrichtet werden) eigentlich nur zu einem „Sprachschock" bei vielen Schülern kommen (besonders bei den von ihrem Ausgangspunkt her monolingualen deutschsprachigen Kindern). Selbst wenn dann bereits 2.000 Wörter (als *types*) aktiv verfügbar wären (siehe Tab. 4), wäre ein lexikalischer „Steilheitsgrad" von 20% in authentischen Texten der Schulbücher (die für Schüler der jeweiligen Zielsprache verfasst wurden) höchst frustrierend, wenn nicht sogar unzumutbar. Moderne Lehrwerke für den Fremdsprachenunterricht haben in der Regel eine *lexical density* von 3–4%. Die Rezeption relativ komplexer authentischer Texte verlangt eine methodisch sorgfältig strukturierte fremdsprachliche Arbeit (wie sie für den bilingualen Unterricht der Sekundarstufe entwickelt wird, allerdings in der Regel erst ab der 7. Klasse). Der im bilingualen Sachfachunterricht grundständiger Sekundarschulen im „Vorlauf" zur Verfügung stehende **erweiterte** Fremdsprachenunterricht (normalerweise zwei zusätzliche Stunden) wird für die kommunikationsorientierte Schulung der produktiven sprachlichen Fertigkeiten genutzt. Oder aber die muttersprachlichen Lehrerinnen und Lehrer der 5. und 6. Klasse müssen sich ihre Unterrichtstexte selbst schreiben bzw. aus zielsprachlichen Vorlagen adaptieren, wobei die Themen im Kontrast der beiden Sprach- und Kulturräume nicht immer identisch sein dürften. Der Umfang des in solchen Texten angelegten Fachwortschatzes darf auf keinen Fall unterschätzt werden.

Wode (1993) hütet sich vor jeglichen Angaben zum „passiven" (besser: rezeptiven) Wortschatz von Kindern, da diese Zahlen nur geschätzt werden können. In der Leseforschung für die Erstsprache Englisch wird zum Teil angenommen, dass ein Kind bei Schuleintritt über 20.000 Wörter bzw. (abgeleitete) Wortbedeutungen (= *tokens*) auf der rezeptiven Ebene erkennt. Am Ende der allgemein bildenden Schulzeit rechnet man bei Sprechern des Englischen mit 45.000–60.000 und bei englischsprachigen College- bzw. Universitätsabsolventen mit 60.000–100.000 rezeptiv verfügbaren Wortbedeutungen (letztere Angabe gemäß Mackey 1965, zitiert bei Multhaup 1995: 53). Dies entspricht etwa 50.000 Lexemen bzw. *word types* (= Lemmata) oder rund 27.000–30.000 *Wortfamilien (= word families)*. Hinter dem Konzept der Wortfamilie steht die Einsicht, dass sich etliche Bedeutungen ableiten lassen, wenn man das zentrale Konzept der „Familie" kennt: *long-length-lengthen; book-bookish-bookworm* etc. Eine Schulung in der Nutzung dieses so genannten **potenziellen Wortschatzes** ist somit eine Aufgabe des partnersprachlichen Unterrichts (durchaus im Sinne der oben erwähnten Sprachsensibilität und der damit einhergehenden Lerntechniken).

So unverlässlich diese Zahlen sein mögen, auf jeden Fall ist der rezeptive Wortschatz eines Kindes beträchtlich. In diesem Zusammenhang sei daran erinnert (siehe oben 2.3), dass die lexikalische Seite der Sprachvermittlungstechniken im Rahmen des „natürlichen" Bilingualismus in quantitativer Hinsicht ausgeprägter ist als die grammatische Seite. Auch sollte man bedenken, dass eigentlich alle Kurse zum früh einsetzenden Fremdsprachenlernen (zumindest betrifft dies das Angebot für das Englische, das ich überschaue) ein nach Themen geordnetes Bildwörterbuch oder ein Lern-Wörterbuch (das dann allerdings auf das Schreiben rekurriert) als integrierten Bestandteil eines modernen Medienverbunds kennen. Somit folgt:

Die SESB muss im partnersprachlichen Unterricht eine **systematische Wortschatzarbeit** verfolgen. Hier ist besonders daran zu denken (die Waldorf-Pädagogik hat damit ebenfalls beste Erfahrungen gemacht: vgl. Jaffke 1994), Wörter, Wortverbände, kurze Texte, Gedichte, Reime u. dgl. laut und rhythmisch zu sprechen, zu lernen und klanggestaltend zu lesen (inklusive einer angemessenen Flüssigkeit) sowie Lieder der Zielsprache laut- und intonationsgerecht zu singen. Gerade die **Klangnetze** der neuen Wörter sind intensiv zu aktivieren. Daneben können Reime und Echowörter gesucht werden sowie Unsinnswörter spielerisch gebildet werden, um damit ein höheres Maß an Sprachsensibilität (= *language awareness*) bis hin zu Wortzusammensetzungen und sogar einfachen grammatischen Fügungen (Plural-, Vergangenheitsformen usw.) einzuüben. Die themenorientierte Arbeit des Sachunterrichts ist durch eine **Arbeit mit Bezugs- und Sachfeldern sowie mit Wortfeldern und Wortfamilien** im partnersprachlichen Unterricht vor- bzw. nachzubereiten. Aufgrund der für den späteren Fachunterricht unabdingbaren, differenzierten wie gesicherten **Konzeptbildungen** in der Zweitsprache ist das **textgestützte Sach- und Sprachlernen** gerade im Bereich der **Lexik** aufs engste zu verzahnen und langfristig auf die Erfordernisse des in der 5. und 6. Klasse voll greifenden Sachfachunterrichts in der Partnersprache zu perspektivieren.

4.2.2 Grammatikalischer Strukturenerwerb

Ähnliche Beobachtungen (zu den sprachlichen Defiziten der kanadischen Immersionsschüler) gelten für den grammatischen Bereich, in dem viele Formen und Konstruktionen fehlerhaft sind oder aber in der Performanz der Schüler erst gar nicht auftauchen. Was den Vergleich von muttersprachlichen und nichtmuttersprachlichen Schülern angeht, lagen die Leistungen der Immersionsschüler im grammatischen und soziolinguistischen Bereich der kommunikativen Sprachverwendung in den Tests deutlich unter denen ihrer frankophonen *peers*. Im Gegensatz zur Identitätshypothese von Dulay & Burt 1974, die negativen L1-Transfer so gut wie ausschließen, sind viele dieser Verstöße gegen die Korrektheit ganz klar durch kontrastive Unterschiede zur Muttersprache bedingt.

Im Zuge eines sorgfältig geplanten Unterrichtsexperiments, dem ein Workshop zur Lehrerfortbildung voranging, sollte eine funktional-analytische Form von grammatischer Unterweisung in den themenzentrierten Unterricht von 6. Klassen integriert werden (vgl. Harley et al. 1990: 68ff). Als Beispiel wählte man die Verwendung von *imparfait* und *passé composé* in Erzählungen. Der Unterrichtsbaustein hatte eine frankokanadische Legende als Basistext, deren Er- und Verarbeitung mit thematisch passenden Sprichwörtern, kontextualisierten Übungen zum Gebrauch der Verbformen sowie einer Aufgabe zum eigenständig-kreativen Schreiben gekoppelt war. Obwohl alle Lehrerinnen und Lehrer in die linguistischen und didaktisch-methodischen Aspekte einer funktionalgrammatischen Unterrichtsführung eingewiesen worden waren (Berücksichtigung von Form, Bedeutung und Funktion eines grammatischen Phänomens plus Fehlerkorrektur), setzte nur einer von vier Lehrern die entsprechende Unterrichtsstrategie angemessen um; mit dem Ergebnis, dass hier im Nachtest (einer *written composition*) der größte Zugewinn gegenüber dem Vortest zu beobachten war.

Positiv gesprochen zeigt das Experiment, dass eine höhere Frequenz und die Fokussierung eines bestimmten syntaktischen Inputs in Verbindung mit grammatischer Bewusstmachung (hier der Textfunktion der Vergangenheitstempora) und einer kontrolliert-komplexen Sprachproduktion sowohl die Korrektheit als auch die Geschwindigkeit der grammatischen Entwicklung vorantreiben kann. Allgemeiner formuliert: In der geglückten **Synthese von kommunikativen Aufgabenstellungen und sprachformenbezogener Analyse** (= *task-based* und *form-focussed analytic activities*) scheint die **optimale Mischung für den weiterführenden Immersionsunterricht** zu liegen (wenn das Fundament an elementarem mündlichen Sprachgebrauch und Alphabetisierung gelegt und die entwicklungspsychologische Phase der formalen Operationen im Sinne Piagets erreicht ist). Es müssen gleichermaßen Inhalt und Ausdruck (= *message* und *code*) berücksichtigt werden. Leider hat man in Kanada dieses Defizit der Immersion erst relativ spät (in den 80er Jahren) erkannt, so dass bisher seitens der Immersionstradition noch keine konkreten Vorschläge für die **Synthese von mitteilungs- und formbezogener sprachlicher Arbeit** auf Primarstufenniveau vorliegen. Die 20 Jahre „gepflegte" Philosophie der „Naturwüchsigkeit" des grammatischen Strukturenerwerbs hat sich definitiv **nicht** bewährt und wird inzwischen (z.B. von Kowal & Swain 1997) gegenüber den Kritikern der Immersion als Manko des gesamten Ansatzes eingeräumt (vgl. Bibeau 1983, 1984; Hammerly 1989, 1991). So berichtet Genesee (1983) in seiner Synopse der einschlägigen Untersuchungen von erheblichen Fehlerraten bei bestimmten grammatischen Phänomenen (Zielsprache Französisch):

- 86% bei reflexiven Pronomina,
- 52% beim *passé composé* (= „Perfekt"),
- 49% bei grammatisch femininen Adjektiven sowie
- 73% bei idiomatischen Ausdrücken.

Lyster (1987) diagnostiziert für die 8. Klasse kanadischer Immersionsschulen *"a distinct inter'anguage"*; d.h. eine **fossilisierte Lernersprache** mit relativ vielen Wortschatz- und Grammatikfehlern, sprachlichen Stereotypien und einer ausgeprägten Vermeidungsstrategie, was komplexere Strukturen oder Ausdrucksmittel angeht.

Inzwischen wird in Kanada anerkannt (vgl. Swain 1988, Lyster 1990, Harley 1993, Kowal & Swain 1997 sowie Vollmer 1992: 16), dass es auch im Rahmen eines Immersionsansatzes **Phasen des gezielten Sprachlernens** geben muss (= *medium-oriented instruction*), in denen die Vermittlung und Einübung von sprachlicher Form und sprachlicher Korrektheit im Vordergrund stehen – vor allem im zentralen Bereich des Strukturenerwerbs im Bereich der Morphosyntax (= Grammatik im engeren Sinne). Phasen dieser Art müssen im Curriculum ausgewiesen und verankert sein. Was die methodischen Wege zu mehr „Sprachrichtigkeit" und zu einer „höheren Bewusstheit" (*consciousness raising*) in Bezug auf die im jeweiligen Sprachsystem der Zielsprache angelegten strukturellen Möglichkeiten angeht, ist zumindest ein explorativ-experimentelles Verhalten auf Seiten der Lehrkräfte angesagt (besser wäre eine gezielte Lehrerfortbildung zu Grundsätzen und Materialien des frühen Fremdsprachenlernens). Eine fundamentale Abwehr der außerhalb Deutschlands gewonnenen Erkenntnisse zur Immersion kann dem SESB-Versuch nur schaden. Dieses **sprachliche Handlungswissen**, das vornehmlich spielerisch-unbewusst ausgebildet und eingesetzt wird, ist **nicht** zu **verwechseln** mit dem **formalen Ordnungswissen** des konventionellen Fremdsprachenunterrichts, das im Einklang mit den entwicklungspsychologischen Einsichten von Piaget, Bruner u.a. erst auf einer späteren Spracherlernungsstufe möglich ist. Rhythmik, Bewegung, Tanz, Sprechgesang (= *chants*), musisch-ästhetische Elemente und entspannende Phasen gehören selbstverständlich dazu: durchaus im Sinne von *Total Physical Response (TPR)*, *Silent Way*, darstellendem Spiel (= *drama techniques*) und Suggestopädie (siehe oben 2.2.2 sowie zuletzt Mattes 1996). Wiederum empfiehlt sich der vorurteilslose Blick auf neuere Konzeptionen des frühen Fremdsprachenlernens (vgl. die zusammenfassende und ausgewogene Darstellung von Hellwig 1995a sowie verschiedene Beiträge in Gompf & Meyer 1996).

Den Zielen und der Organisationsstruktur der SESB entsprechend dürfte ein zweispuriges Vorgehen im Hinblick auf den **Strukturenerwerb** sinnvoll sein. Zum einen müsste dafür der partnersprachliche Unterricht genutzt werden; beginnend mit den Sprachbegegnungsphasen der Vorschule und den aus dem muttersprachlichen Unterricht herausgelösten Stunden der 1. Klasse, fortgeführt im Partnersprachenunterricht der Klassen 2–4.

Der Unterricht in der Partnersprache ist (zumindest in Teilen bzw. für bestimmte Schülergruppen, die über die entsprechende Sprachkompetenz in der L2 noch nicht verfügen) in didaktisch-methodischer Hinsicht als **frühes Fremdsprachenlernen** zu modellieren; d.h. als ein situativ und interkulturell eingebetteter, kommunikativ und kooperativ ausgerichteter, spielbetonter und ergebnisorientierter Erwerb der zweiten Sprache. Gerade in den unteren Klassenstufen der SESB dürften dafür die in den Ländern der Zielsprache kommerziell produzierten, modernen Unterrichtsmaterialien mit **Lehrgangscharakter** eine große Hilfe sein.

Derartige Kindersprachkurse stehen heute immer in einem integrierten **Medienverbund** (zu einer kurzen exemplarischen Erläuterung derartiger Kurse siehe 5.3.2). Alle modernen Materialien zeichnen sich durch eine **dreigleisige Progression** aus:

- nach **Themen** und **Inhalten** (etwa: Zahlen, Ländernamen, Körper, Farben, Mahlzeiten, Uhrzeit, Kalenderbegriffe, Wohnen usw.), was natürlich sinnvolle und sachangemessene Querverbindungen zum Wortschatz der Zielsprache eröffnet,
- nach **Sprachfunktionen** oder **Mitteilungsabsichten** (etwa: Vorstellung, Begrüßung, Zahlen, Personenbeschreibung, Buchstabieren, Fragen nach Sachen, Personen usw.),
- nach **Redemitteln** (besonders grammatischen **Strukturen**).

Insbesondere die in den Ländern der jeweiligen Zielsprache produzierten Materialien zeichnen sich in der Regel durch ein hohes professionelles Know-how, ihre langjährige Erprobung in der Praxis, den großen Aufwand in der phantasievollen methodischen Aufbereitung und die reichhaltigen, auf einem internationalen Markt von Lernern damit gewonnenen Erfahrungen aus. Einige englischsprachige Materialien (zu den anderen Partnersprachen abgesehen von DaF fehlt mir der Überblick auf dem Lehrmittelsektor) zeichnen sich interessanterweise durch einen bewussten **Bezug der Themen auf die Inhalte des Curriculums der Primarstufe** aus (= *subject-matter from across the curriculum*); erlauben also ein lernbereichsübergreifendes, mit dem Sachlernen verbundenes Sprachlernen (BK und Werken, Mathematik und Musik, Sachkunde bzw. *simple science*).

Mit dem Fortgang des Kurses werden die Themen immer komplexer. Die Materialien sind im Prinzip auch ohne die „Bücher" einsetzbar. Als Ausgangspunkt für die mündliche Spracharbeit systematisieren sie den Unterricht in der Zweitsprache und geben diesem die dringend notwendige Kontinuität und Perspektive in Richtung auf eine produktive Verfügbarkeit des für die jeweilige Zielsprache konstitutiven zentralen Struktureninventars. Ein spracherwerbstheoretisch aufgeklärter partnersprachlicher Unterricht darf das Ziel eines systematischen Strukturenerwerbs nicht für gering erachten. Die Methoden, die mit den soeben skizzierten Materialien einhergehen, haben nichts mehr mit den habitualisierenden Verfahren gemein, die im Rahmen des „Frühbeginns" der 60er und 70er Jahre benutzt wurden. Sie sind auch nicht identisch mit denen des heutigen konventionellen Fremdsprachenunterrichts mit seiner Betonung formbezogener und grammatischer Metasprache. Ganz im Gegenteil: Sie würden eine für das später (auf der Sekundarstufe) einsetzende Fremdsprachenlernen heilsame Reform einleiten können (Stichworte: kindgemäßes, lernerorientiertes, handlungs- und prozessorientiertes, ganzheitliches Sprachenlernen).

> Moderne Unterrichtsmaterialien (= „Kurse" für frühes Fremdsprachenlernen) erlauben ein ganzheitliches Sprachlernen mit Anknüpfungsmöglichkeiten für eine Verschränkung der fremdsprachlichen Arbeit mit den Inhalten der primären Lernbereiche.

Ich verwende hier absichtlich nicht den Ausdruck *language across the curriculum*, denn der besagt im kognitionstheoretischen Sinne, dass alle kognitiven Prozesse beim Wahrnehmen, Erkennen und Erweitern von Sachverhalten bzw. Wissen über Sprache vermittelt werden. In eher eingeschränkter Weise ist hier von der in Grenzen möglichen Integration von Sache und Sprache die Rede, wenn in bestimmten Unterrichtsphasen die **Sprache** der **primäre Fokus des Lernens** sein soll. Ich bin **keineswegs** davon **überzeugt**, dass das **eigentliche Sprachlernen voll und ganz in das inhaltliche Sachlernen integrierbar ist**. Die Verzahnung ist zwar höchst wünschenswert (siehe ausführlicher dazu 5.4.2); die Immersionsphilosophie täte aber gut daran anzuerkennen, dass es tendenziell unterschiedliche Stränge des Sach- und des Sprachlernens gibt (oder geben muss), die zumindest teilweise (sprich: phasenweise) eigene Schwerpunktsetzungen verlangen.

Neben diesen Querverbindungen von der Sprache zur Sache (die moderne Materialien – zumindest für das Englische – zweifelsohne bieten) gibt es die in der Grundschulpädagogik gut dokumentierten Querverbindungen von der Sache zur Sprache (im angloamerikanischen Kontext oft als *storyline*- oder *topic-web*-Ansatz bzw. als *content-based second-language instruction* bezeichnet): vgl. die inzwischen „klassische" Darstellung von Met 1991 bezüglich der nordamerikanischen Immersionsversuche. Gerade im kanadischen Kontext besteht kein Zweifel mehr daran, dass sowohl dieser letztere Zugriff (der „indirekte" von der Sache zur Sprache: *learning language through content*) als auch der in den vorangegangenen Abschnitten propagierte „direkte" Zugriff (von der Zielsprache zur Sache im Sinne eines kindgemäßen frühen Fremdsprachenlernens) eine Berechtigung hat. Met (1991: 285) formuliert diese *conditio sine qua non* sehr deutlich: "It is inappropriate to assume that desired levels of proficiency and accuracy will emerge miraculously from content lessons taught in a second or foreign language".

Die SESB braucht für die Primarstufe eine integrierte Sach-Spracharbeit, die die spezifischen Zugriffe von der Sache zur Sprache (= L2) und von der Sprache (= L2) zur Sache wechselseitig aufeinander bezieht, um von daher ein Optimum an Effizienz für den Erwerb der Partnersprache zu begründen. Beide Zugriffe ergänzen sich in dialektisch-interdependenter Weise und dürfen auf keinen Fall gegeneinander ausgespielt werden. Ein strukturiertes, ergebnisorientiertes Fremdsprachenlernen nimmt Inhalte der übrigen Lernbereiche auf und gewährleistet von daher einen vernetzten, ganzheitlichen Konzept- und Strukturenerwerb, während ein themenzentrierter Unterricht Spracherwerb über die Inhalte der Sachkunde sowie (nach Möglichkeit) weiterer Lernbereiche transportiert.

Von daher macht es allerdings nicht viel Sinn, den **Mathematikunterricht** gänzlich aus dem partnersprachlichen Unterricht herauszunehmen, denn mathematische Operationen wie Messen, Ordnen, Vergleichen und Kontrastieren (von Längen, Größen, Formen, Gewichten u. dgl.) gehören natürlich mit zur fundamentalen Auseinandersetzung mit Sachen und Welt, die auch sprachlich bewältigt werden muss. Der Umgang mit Mengenbegriffen ist in den verschiedenen Zielsprachen sprachspezifisch enkodiert, was erhebliche Probleme im sprachlichen Ausdruck der Partnersprache bereiten dürfte, wenn dafür nicht die Redemittel bereitstehen (diese transportieren auch landeskundliche Information): im Falle des Englischen etwa £, $, *pence, ounce, yard, mile, miles per gallon* etc.; das Rechnen mit „alten" und „neuen" *FFs (francs)* im Französischen usw.

Sicherheit im rezeptiven wie produktiven Strukturengebrauch ist eine Voraussetzung, die für den Umgang mit verschrifteten Texten des Fachunterrichts unerlässlich ist. Diese Texte sind in ihrem Bauplan und Satzbau sowie in den dabei eingesetzten Konstruktionen und logischen Verbindungen (Konnektoren, Konjunktionen, Wortstellung, kohärenzstiftende Signale u. dgl.) beträchtlich komplexer und differenzierter als die gesprochene Umgangssprache (einschließlich des im Unterricht zum Tragen kommenden Registers). Von daher muss eine textbezogene Strukturenarbeit betrieben werden, besonders in der 5. und 6. Klasse.

Es ist eine SESB-gerechte Konzeption einer **integrierten Text-Spracharbeit** mit dem **Schwerpunkt einer funktionalen** (insbesondere **textsensitiven) grammatischen Unterweisung** für die 5. und 6. Klasse zu entwickeln und zu erproben, die die mündliche und schriftliche Auseinandersetzung mit anderssprachlichen Texten des Fachunterrichts soweit wie möglich mit den Themen und Inhalten dieser Sachfächer verbindet. Sowohl die Rezeption als auch die Produktion von sachbezogenen Texten verlangen eine gewisse Sicherheit im textsortenspezifischen Gebrauch ausgewählter grammatischer Strukturen, da die letzteren sich durch eine gewisse (funktionalstilistisch nachweisbare) „Häufigkeit" und „Auffälligkeit" (= *recurrence* und *salience*) in textgebundener Sprache auszeichnen.

Sachtexte haben bekanntlich nicht für alle Inhalte des primaren Curriculums und nicht für alle Kinder dieses Alters den gleichen Aufforderungscharakter. Deshalb kommt **fiktionalen Texten** – gerade auch für den Strukturenerwerb – eine hohe Motivationskraft zu. In diesem Zusammenhang muss besonders der so genannte *story approach* genannt werden, der auf authentische Kinderbücher der jeweiligen Zielsprache zurückgreift (vgl. Garvie 1990, Kubanek-German 1992, Liepe 1995, McTaggart & Liepe 1995, Ellis & Brewster 1991, Wright 1995 und 1997).

Authentische Kinderbücher zeichnen sich durch ein hohes Maß an bewusst eingesetzter, **durchkomponierter Sprachgebung** aus (Alliterationen, Reime, Wiederholungen, Parallelismen, Symbole, Vergleiche, Wortspiel, Tempusgebrauch, Konnektoren, „normale" und ungewöhnliche Wortstellung u. dgl.), die dem eher implizit-unbewussten Strukturenerwerb (von der semantischen Ordnung und Differenziertheit des Wortschatzes ganz zu schweigen) äußerst förderlich ist. Da gute Kinderbücher auf Inhalte und Darstellungsweisen rekurrieren, die für Kinder eines bestimmten Alters wichtig bzw. fesselnd sind, kann der Einsatz dieser Form von Literatur für einen ganzheitlichen, Sach- und Sprachlernen vernetzenden Unterricht genutzt werden.

Daneben müssen im partnersprachlichen Unterricht immer wieder Phasen eingeplant werden, in denen sprachbezogene Übungen durchgeführt werden, die aufgrund bestimmter Defizite im Sprachkönnen notwendig sind (= *remedial teaching*).

4.3 Mängel im mündlichen und schriftlichen Sprachgebrauch

Wie aus den bisherigen Einlassungen deutlich geworden sein dürfte, unterliegt der Unterrichtsdiskurs der Immersion (wenn er sich monolingual im Bereich der Zielsprache bewegt) durchaus der **Gefahr**, vorrangig auf das **Verstehen** (seitens der Schüler) fokussiert zu sein. Sprachdidaktisch gesehen kann dann das Unterrichtsgeschehen als wenig „kommunikativ" gelten. Erinnern wir uns: Die kommunikative Interaktion ist Ziel und Mittel des Spracherwerbs, wobei dem qualifizierten, sprachlich fokussierten Input der Bezugspersonen sowie der Qualität und Quantität der Interaktion zwischen Lehrkraft und Schülern entscheidende „Hebammen"-Funktionen zukommen. Primäre erwachsene Kontaktperson ist im schulischen Kontext die jeweilige Lehrkraft der Zielsprache. Von daher hat man sich in Kanada auch die Lehrerseite des Unterrichts etwas genauer angesehen.

4.3.1 Fehlerkorrektur und fokussierter Input seitens der Lehrer

Neben einer gewissen Einseitigkeit der Ausrichtung auf die Verstehensseite eines inhaltsorientierten Unterrichts konnte die **Fehlerkorrektur** seitens der Lehrer als ein weiterer Schwachpunkt des Unterrichtsdiskurses identifiziert werden. Damit wurde ein weiteres Axiom von Krashen, die Korrektur von Schülerfehlern hätte keinen Platz im *content teaching*, nachhaltig erschüttert. Der so genannte „Monitor" ist bei Krashen bekanntlich eine „negative" Kontrollinstanz: "learners acquire structure by understanding messages and not focussing on the form of input, by 'going for meaning'" (Krashen 1981: 54).

Berücksichtigt man nun, dass im Kontext der oben (4.2.2) erwähnten Untersuchung von 6. Klassen der *early-total*-Immersionsvariante nur 19% aller grammatischen Fehler korrigiert wurden (und das offenbar recht unsystematisch und wenig erhellend für die Schüler), dann unterstreichen diese Beobachtungen die Forderung Swains einer spracherwerbstheoretisch notwendigen Modifizierung der Krashen'schen Input-Hypothese. Dem Begriff des „verständlichen Inputs" (= *comprehensible input*) stellt sie zum einen das Konzept des „fokussierten Inputs" (= *focused input*) gegenüber, das zum anderen durch ihr Konstrukt der *comprehensible-output*-Hypothese ergänzt wird (Swain 1985, Harley et al. 1990: 67). Unter *focused input* subsumiert sie ein Bündel unterrichtlicher Maßnahmen wie systematische Wortschatzarbeit, funktional-analytische grammatische Unterweisung, Fehlerkorrektur seitens der oder des Unterrichtenden (*corrective feedback*) sowie das „Aushandeln von Bedeutungen" bei unverständlichen, fehlerhaften oder zu Missverständnissen Anlass gebenden Schüleräußerungen (= *negotiation of meaning, two-way negotiated meaning exchanges*). Maßnahmen dieser Art tragen dazu bei, die Internalisierung der sprachlichen Regelsysteme zu beschleunigen. Grundschulkinder haben durchaus ein „naives" Sprachbewusstsein (vgl. Hellwig 1995b), das auf sprachgebrauchsnahe bewusst machende *ad hoc*-Hilfen anspricht, die ihrerseits lernerleichternd wirken. Dies ist umso wichtiger, weil normalerweise die wenigsten Lerner zugleich auf die Form und die Bedeutung einer inhaltlichen Mitteilung achten können. Erst wenn das Verständnis gesichert ist, kann die Ausdrucksseite fokussiert werden. Ein Fremdsprachenlerner muss sich vor allem auf die Beziehungen von Form und Bedeutung der sprachlichen Zeichen einlassen (und zwar auf allen Ebenen der Sprachstruktur); d.h. Immersionslehrerinnen und -lehrer müssen in ihrem Bewusstsein und Handeln Unterrichtsstrategien verankern, die gleichermaßen Inhalt und Form (= *message & medium*) berücksichtigen. Ohne strukturiertes Sprachlernen kann keine Variante der Immersion auskommen: "It appears, then, that in immersion classes, where language and content learning are equally important goals, the question of how to achieve a closer relationship between the teaching of structure and the teaching of meaning is a topic that deserves serious consideration" (Harley et al. 1990: 75).

Die rezeptiven Kompetenzen (Hör- und Leseverstehen) dieser Schüler sind zweifellos hoch (= *near-native*: vgl. Genesee 1987). Ein funktionales Sprachkönnen beinhaltet allerdings mehr als ein „Herüberbringen der Aussage" (= *getting one's message across)*. Es impliziert die Fähigkeit, sprachliche Ausdrucksmittel kontextuell angemessen, kohärent und lexikogrammatisch weitgehend korrekt für eine inhaltsbezogene Kommunikation einsetzen zu können. Das heißt nicht, dass damit einer Rückkehr zum formalen Grammatikunterricht das Wort geredet wird. Schließlich erschöpft sich die Sprachfähigkeit (*proficiency*) nicht in der grammatischen Kompetenz. Allerdings macht es sich die Spracherwerbstheorie à la Krashen zu einfach, wenn sie dem Output (also dem produktiven Sprachgebrauch der Lernenden) als einzige Funktion die Rolle zuweist, mehr *comprehensible input* zu generieren.

Die Parallelen zum Erstspracherwerb (*motherese*-Register: 1.3.2 Abb. 4) und zum natürlichen Zweisprachenerwerb (Sprachlehrfunktion der Erwachsenen gegenüber bilingualen Kindern: 2.3) sind beachtlich: Die Qualität des Inputs und der Interaktion haben einen signifikanten Einfluss auf die Geschwindigkeit des Spracherwerbs und den Grad der Sprachrichtigkeit des Outputs der Lerner. Ohne gezielte Korrekturen seitens des Lehrers und ohne einen auch formorientierten, funktional-analytischen Sprachunterricht **fossiliert das Sprachkönnen** von Immersionsschülern, d.h. es beginnt zu stagnieren. Ein erstes Plateau wird Adiv zufolge von Schülern der *early total immersion* (vgl. Genesee 1987: 59) schon gegen Ende der 3. Klasse erreicht, wenn der elementare kommunikative Sprachgebrauch im Unterrichtsdiskurs gesichert ist. Ein zweites Plateau konstatiert Lyster (1987) für die 8. Klasse. Es müsste empirisch (über entsprechende Sprachstandsanalysen) festgestellt werden, ob es auch an der SESB eine derartige Plateaubildung in der L2-Kompetenz gibt und wenn ja, wann diese (differenziert nach bestimmten Schülergruppen) eintritt.

4.3.2 Eingeschränkte Komplexität der Schüleräußerungen

Wenn nach dem Zeitpunkt einer beginnenden Stagnation des Sprachkönnens keine gezielten Anforderungen an komplex-anspruchsvolle mündliche Sprachleistungen und an die textgebundene schriftliche Sprachproduktion erfolgen, läuft die Sprachfähigkeit Gefahr zu verkümmern. Dies steht in krassem Widerspruch zur These Krashens (1981: 57), die besagt, der *comprehensible input* sei "the only 'causative variable' in second language acquisition". Die empirischen Daten der kanadischen Unterrichtsforschung stehen dieser Auffassung deutlich entgegen. Die Schülerbeiträge im französischen Teil des Unterrichts von 6. Klassen erreichten durchgehend nur ⅔ der Zahl, die im englisch geführten Unterricht der gleichen Klassenstufe zu beobachten waren, wobei die meisten Äußerungen lehrerinitiiert und von geringem Umfang waren (Harley et al. 1990: 66). In Tab. 5 bedeuten NP = Nominalphrase, Adv Phr = Adverbialphrase und Prep Phr = Präpositionalphrase; mit *clause* ist im Englischen der „einfache" vollständige Satz oder der Teilsatz eines Satzgefüges gemeint:

Sprache	Gesamtzahl der Äußerungen (in 90 Min. Unterricht)	Äußerungslänge (in %)			
		1 oder 2 Wörter	NP, Adv Phr, Prep Phr	Satz *(clause)*	„länger" als *clause*
Französisch (L 2)	227	39,5	11,7	30,1	14,9
Englisch (L 1)	358	35,1	10,6	34,9	16,7

Tab. 5: Komplexität von Schüleräußerungen in L1 und L 2

Längere Äußerungen, über den Umfang des einfachen Satzes hinaus (= *clause*), waren mit anderen Worten – abgesehen von Übungen im lauten Lesen – nur mit 15% aller Schüleräußerungen zu verzeichnen (= *sustained utterances*). Demgegenüber waren die kürzest-möglichen Redebeiträge (*minimal utterances*) mit 40% im Unterrichtsgespräch vertreten. In Ergänzung zu ihrer These vom „fokussierten Input" betont Swain (1985: 249) in ihrer Hypothese vom *"comprehensible output"* (die vielleicht besser *acceptable output* genannt werden sollte) die Notwendigkeit für den Lernenden zum Output „gedrängt" zu werden (= *to be pushed in output)*: "The claim, then, is that producing the target language may be the trigger that forces the learner to pay attention to the means of expression needed in order to successfully convey his or her own intended meaning". Die Notwendigkeit dafür ist durch andere Untersuchungen (etwa von Spilka 1976 und Hammerly 1987, 1989, 1991) belegt worden.

Spilka (1976) konstatiert für Immersionsschüler der 6. Klasse (*early-total*-Variante) eine lexikogrammatische Fehlerrate von durchschnittlich 52% in allen Sätzen der gesprochenen Sprache gegenüber 7% bei Muttersprachlern (Hammerly 1987 berichtet von 54%); wobei diese Daten in Gesprächen mit den Schülern über ihnen vertraute Themen erhoben wurden. Die in der freien mündlichen Anwendung der Zweitsprache zu beobachtenden Defizite, die sich auch in Inkohärenz und geringer Flüssigkeit des Ausdrucks (*fluency*) niederschlagen, sind einerseits eine Folge der Tatsache, dass die Sprache im Unterricht von den Schülern zu wenig verwendet wird und dass sie andererseits zum situationsangemessenen und textsortengerechten Diskurs nicht hinreichend „gedrängt" werden.

Was die gesprochene Sprache angeht, muss die Unterrichtsgestaltung längere, komplexe Äußerungen der Schüler möglich machen; z.B. über offenere Fragen der Lehrer, über mehr Eigenbeiträge der Schüler und mehr Gruppenarbeit, in deren Vollzug die Zweitsprache benutzt wird. Aufgrund entsprechender Untersuchungen in institutionalisierten Vermittlungskontexten von Zweit- und Fremdsprachen (vgl. Chaudron 1988, Allwright & Bailey 1991, Thornbury 1996) lassen sich inzwischen etliche Aspekte eines „wenig kommunikativen" Unterrichts relativ genau benennen; z.B.:

– wenige „echte" Fragen der Lehrer (also eher didaktische *display questions* statt inhaltsbezogene *referential questions*),
– viele lehrerinitiierte Impulse (*teacher-initiated talk* statt *student-initiated talk*),
– wenig Rückmeldung in Bezug auf inhaltliche Aspekte der Schülerbeiträge (Tendenz zu ritualisierten Kommentaren der Lehrkraft statt *feedback on content*),
– geringe Pausen zwischen den Lehrerimpulsen (*minimal "wait time"*), was die Schüler von eigenen Beiträgen abhält,
– eingleisige Stoffvermittlung (*transmission teaching*) u.v.a.m.

Dies kann nur durch eine entsprechende Unterrichtsforschung (*classroom research*) „vor Ort" geklärt werden, die in enger Kooperation mit den Lehrerinnen und Lehrern die Merkmale des Unterrichtsdiskurses identifiziert, um auf dieser empirischen Grundlage die „kommunikative Qualität" der Interaktionen (wo ggf. nötig) zu erhöhen. Die Kanadier haben dafür (weil sie Immersions- und Regelklassen vergleichen wollten) ein eigenes Beobachtungs- und Analyseinstrumentarium entwickelt, das so genannte "*COLT Observation Scheme*" (wobei *COLT* für "*Communicative Orientation of Language Teaching*" steht: vgl. Anhang F in Allwright & Bailey 1991: 216–219). In adaptierter Form wäre dies auch an der SESB einsetzbar. Eine professionelle Fortbildung, die auf Optimierung von Lehrerhandeln ausgerichtet ist, gehört zu einem Schulversuch genauso dazu wie eine Unterrichtsforschung, die den Handlungsraum und die Kognitionen der beteiligten Lehrer ernst nimmt. Die Lehrer können und müssen dabei mit ihren subjektiven Theorien in eine **interventionsorientierte Handlungsforschung** eingebunden werden:

> Man sollte als Lehrer(in) an der SESB die Bereitschaft und das Recht haben, im Rahmen einer auf konkreter Unterrichtsforschung aufbauenden qualifizierten Fortbildung Charakteristika eines im sprachdidaktischen Sinne mehr oder weniger „kommunikativen Unterrichtsstils" zu erkennen (= *awareness raising*), um darauf gestützt sein eigenes Unterrichtsverhalten nach Möglichkeit modifizieren zu können (= *improved classroom practice*).

Die **kommunikative Qualität der Interaktion** ist nicht zuletzt deshalb außerordentlich wichtig, weil die Zeit auch im Rahmen der Immersion knapp ist. Mit einem (zugegebenermaßen) höchst problematischen Rechenexempel kommt man bei den Zahlen der Tab. 5:

- auf zwei bis drei Schüleräußerungen pro Unterrichtsminute (die noch dazu wenig komplex waren),
- oder – bei 25 Schülern in einer Klasse – auf durchschnittlich vier bis fünf Äußerungen pro Schüler in einer Unterrichtsstunde (wenn man einmal den deutschen „Takt" von 45 Minuten anlegt).

Das unterscheidet sich offensichtlich nicht wesentlich von Beobachtungen in Schulklassen mit konventionellem Englischunterricht, die für die ersten drei Lernjahre (5.–7. Klasse) eine aktive Sprechzeit von 10–15 Minuten für alle Schüler in einer Stunde ergaben, was weniger als ½ Minute für den einzelnen Schüler darstellt (vgl. Multhaup 1995: 55). Selbst wenn man dabei das „stille Mitlernen" berücksichtigt, bleiben der **Zeitfaktor** und damit die **Übungszeit** nicht zu unterschätzende Momente allen schulisch gesteuerten Sprachlernens. Kinder sprechen demgegenüber häufig nicht weniger als drei Stunden pro Tag in der Phase ihres vorschulischen Erstspracherwerbs. Der Mangel an Zeit macht einen didaktisch und methodisch reflektierten Einsatz der Unterrichtssprache und der von den Schülern „einzufordernden" mündlichen Sprachleistung in der L2 zwingend erforderlich.

4.3.3 Diskurskompetenz als Zielvorstellung der Immersion

Wie in 4.1 deutlich wurde, kann eine entfaltete Diskurskompetenz als eine zentrale Komponente der allgemeinen Sprachfähigkeit (*proficiency*) und damit des L1- und L2-Spracherwerbs gelten (vgl. Swain 1985, Ellis 1984). Für Ellis ist der Spracherwerbsprozess im Wesentlichen ein Prozess der Sprachverwendung (*language use*), d.h. Sprachwissen und kompetenter Sprachgebrauch bilden sich vor allem über die Teilnahme an (gesprochenen wie geschriebenen) Diskursen aus. In Kanada wird dies inzwischen als einer der realen „Schwachpunkte" der Immersion gesehen (Genesee 1987: 176, 184) und selbstkritisch angemerkt, dass man sich bisher darum zu wenig gekümmert hat. Um es sehr direkt und geradezu „platt" zu sagen:

> In einem Immersionsprogramm muss viel, mit Sicherheit mehr als an einer
> „Regelschule" geschrieben werden (in der L2).

So neu ist diese Einsicht nicht. Im Prinzip hatte bereits Vygotsky (1962, 1978) auf bestimmte Zusammenhänge von Sprache und Denken, gesprochener und geschriebener Sprache hingewiesen. Swain hat seit 1985 ihre Erkenntnisse zur Rolle des Schreibens im Rahmen ihrer **Outputtheorie** präzisiert. Sie weist damit dem **Schreiben vier Hauptfunktionen** für den schulisch vermittelten L2-Erwerb zu (vgl. Kowal & Swain 1997: 293):

a) inhaltsbezogene Übung in der Anwendung vorhandener Ausdrucksmittel und Automatisierung des Sprachgebrauchs (*meaningful practice of one's linguistic resources and developing automaticity in their use*),
b) der Gebrauch von Redemitteln zum Zweck des Hypothesentestens (*trying out means of expression to see if they work*),
c) das Einholen von Rückmeldungen zur Verständlichkeit oder sprachlichen Korrektheit des Produzierten (*generate responses from fluent speakers of the L2 to provide learners with information about the comprehensibility or wellformedness of their utterances*),
d) ein Gewahrwerden in Bezug auf die sprachlichen Phänomene, über die man funktional noch **nicht** hinreichend verfügt (*noticing the linguistic gaps* oder: *moving from semantic to syntactic processing*).

Angesagt sind somit vielfältige Anlässe und Gelegenheiten zum Schreiben im partnersprachlichen Unterricht sowie (als Aufgabe der wissenschaftlichen Begleitforschung) ein curriculares Modell der Diskursentwicklung, das in Abstimmung mit den Inhalten und Aufgaben des vorfachlichen und fachlichen Unterrichts die sprachlich-stilistischen und die funktional-pragmatischen Merkmale unterrichtsrelevanter Textsorten und Diskursgenres beschreibt: als Verstehens- und Mitteilungsgrammatik (Letzteres in einem weiten Sinne). Schließlich versucht schulischer Unterricht, neues Wissen und neue Fertigkeiten zu implantieren.

Die im „Rahmenplan" der Berliner Grundschule für das „Fach Deutsch" zu den entsprechenden Teilgebieten „Lesen" und „Texte verfassen" ausgeführten Angaben für die verschiedenen Klassenstufen sind zwar eine erste Anregung, werden aber meines Erachtens den spezifischen Anforderungen an eine **didaktische Texttypologie** für den Unterricht an der SESB nicht gerecht (vgl. die Texttypologie von Zydatiß 1989 für den „herkömmlichen" Englischunterricht). Das sollten sie natürlich auch nicht leisten. Die Besonderheit der SESB liegt jedoch darin, dass die zweite Sprache erst noch gelernt werden muss (was viel Zeit und vielfältige Übung erfordert) und dass die „fremde Sprache" als **Arbeitssprache des Sachlernens** verwendet wird. Der

Blick in den „Berliner Rahmenplan" für die „Sachkunde" zeigt, dass **die den Themen und Inhalten dieses Lernbereichs inhärenten sprachlichen Aspekte überhaupt nicht explizit genannt werden**. Dies ist jedoch (wie in 4.2.2 angesprochen wurde) eine der wichtigsten Voraussetzungen für ein integriertes Sach- und Sprachlernen überhaupt und muss deshalb von der auf einen Immersionsversuch projizierten Curriculumentwicklung vordringlich und mit Nachdruck angegangen werden (vgl. Met 1991). Bestimmte sprachliche Lernziele sind mehr oder weniger fest mit bestimmten Themen und Inhalten des Sachunterrichts verbunden. Die nordamerikanische Curriculumentwicklung (vgl. Snow, Met & Genesee 1989) spricht hier von „obligatorischen" und „kompatiblen" sprachlichen Elementen (*content-obligatory and content-compatible language objectives*).

Will man z.B. ein Thema wie Nahrungsmittel und Nährstoffe in der Sachkunde aufgreifen, braucht man unbedingt (um wieder einmal ein Beispiel mit der Zielsprache Englisch zu nehmen) eine Auswahl von Redemitteln der folgenden Art:

– nominale Begriffe wie: *food, plate, school lunch; plant, seed, shoot, ground, soil, water, sun, pod, flower, root; fat, fibre, vitamins, protein* usw.,
– verbale Begriffe wie: *get to, go straight to, send; dig up, plant, grow, pick, cut off; catch (fish), keep fresh/cold, freeze, cut into (fillets), pack; cook, fry, bake, grill, heat; digest* usw.,
– Adjektive: *hot, frozen, cold; healthy, fresh, fat* usw.,
– diverse grammatische Strukturen mit Bezug auf die drei grundlegenden Zeitstufen der
  • Vergangenheit: *What happened to? How did it get to?*
  • Gegenwart: Verwendung von Aktiv- und Passivformen
    (i) *simple present:* der generisch-habituelle Gebrauch dieses Tempus,
    (ii) *present passive simple: X is/are dipped in/coated with/cooked in*
  • Zukunft: *What will happen next?* (Vorhersage/*prediction*),
– kohäsionsstiftende Konnektoren: *first, then, next, before, later (in the year)* usw.,
– modale Fügungen: *we can grow/bake/cook, how to cook/poach, we have to peel, we need to put* usw.,
– verbale Erklärungen und Begründungen: *we call this, this is called, a place where, a kind of, they are good because ...* usw.,
– Ausdruck von Ursache und Wirkung: *this helps your body to, this gives/keeps you ..., when X drops off Y grows, they become ... when ..., ... so that ..., if ... then ...* usw.

Wie aus dieser kurzen Übersicht deutlich wird, braucht man bereits für relativ „einfache" Inhalte eine Fülle von Ausdrucksmitteln, die **semantisch-konzeptuell, funktional-pragmatisch** und **strukturell-grammatisch** vorgeordnet sein müssen, um dann gezielt in den Unterricht eingebracht werden zu können. In der Auseinandersetzung mit den sachbezogenen Themen des primaren Curriculums werden **grundlegende**

Darstellungsverfahren der mündlichen (und zum Teil auch bereits der schriftlichen) **Rede aktualisiert**, die üblicherweise (im monolingualen Unterricht) in ihren sprachlichen Implikationen selten bewusst reflektiert werden. Wird jedoch im Rahmen von Immersion eine Zweitsprache als Arbeitssprache im Sachunterricht benutzt, liegt eine **qualitativ andere Ausgangssituation** vor, insofern als jetzt den Schülern diese Redemittel **in einer sehr viel stärker strukturierten Weise verfügbar gemacht werden müssen** – wenn man sich nicht mit dem lehrer- und stoffzentrierten *transmission teaching* zufrieden geben will.

Nach meinen langjährigen Erfahrungen in der Ausbildung künftiger Englischlehrerinnen und -lehrer (die hier an der Freien Universität Berlin oft auch Grundschulpädagogik studieren) ist die **Fähigkeit** zu **einer gegenstandsangemessenen Textanalyse** eine der schwierigsten und anspruchsvollsten fremdsprachendidaktischen Kompetenzen. Diese Fähigkeit kann (selbst bei den meisten Philologiestudenten!) nicht „einfach" (stillschweigend) vorausgesetzt werden, sondern muss systematisch im Studium über die didaktisch reflektierte Analyse von komplexen Lehrwerktexten und authentischen Texten (fiktionaler wie nichtfiktionaler Natur) entwickelt werden. Erst die gegenstandsbezogene didaktische Reflexion der Texte erlaubt dem Fremdsprachenlehrer, das in einem Text angelegte **primäre Potenzial** an Wortschatz- und Strukturelementen sowie an Redeabsichten und Stilmitteln zu erkennen und in seinem Unterricht für spracherwerbsfördernde Aktivitäten zu nutzen.

Diese **Sensibilität** für das in einem Text liegende **sprachliche Potenzial**, das es in Richtung auf kommunikative Fertigkeiten zu entfalten gilt, gehört meines Erachtens zu den distinktiven Merkmalen im Qualifikationsprofil eines „guten" Immersionslehrers. Diese Fähigkeit muss in der Ausbildung der ersten Phase systematisch geschult werden, oder sie ist in der Fortbildung der praktizierenden Lehrkräfte gezielt aufzugreifen. **Der inhaltsbezogene Zugriff auf Materialien und Texte reicht nicht. Die Sprache ist ein eigenständiger Parameter der curricularen Planung des Immersionsunterrichts**. Da kommunikativer Sprachgebrauch immer text(sorten)gebunden ist, kommt der sprachlichen Analyse der Texte und Materialien und damit der Entwicklung der Diskurskompetenz der Schülerinnen und Schüler eine vorrangige Bedeutung zu.

> Effizient unterrichten lässt sich doch wohl nur, was von der Curriculumentwicklung auf der Inhaltsebene systematisch beschrieben und – darauf aufbauend – in **sprachdidaktisch angemessener Form** (d.h. sach- wie lerner- und zielgerecht) **modelliert** wurde. Erst dann greifen die „ratiomorphen", eher unbewusst-implizit wirkenden Spracherwerbsfähigkeiten der menschlichen Kognitionen in optimaler Weise. Ein im besten Sinne „aufgeklärtes" (da rational begründetes) Spracherwerbskonzept für die SESB wird sich gerade in Bezug auf die absolut notwendige

integrierte Synthese von Sach- und Sprachlernen dem naiven „Naturwüchsigkeits"-Paradigma verweigern. Dies gilt umso mehr, je stärker auf textgebundene Unterrichtsmaterialien zurückgegriffen wird. Hier sind Informationen zu entnehmen sowie Aussagen zu gliedern, zu verändern und zu bewerten; also recht komplexe sprachlich-kognitive Leistungen zu erbringen, die über ein alltagssprachliches Interaktionsverhalten weit hinausgehen.

Im Berliner „Rahmenplan Deutsch" werden dazu unter den Stichworten „Texte planen/aufschreiben/überarbeiten" einige Hinweise gegeben, die aber meines Erachtens als curriculare Modellierung keinesfalls ausreichen, wenn auf die Partnersprache als Unterrichtssprache rekurriert wird. Die Zielvorstellung „Diskurskompetenz" muss im Falle der Immersion sehr viel schärfer umrissen und in sprachlich-kommunikativer Hinsicht präziser ausformuliert werden. Dem prozessorientierten oder „kreativen" Schreiben kommt in einem handlungsorientierten und schüleraktivierenden Fremdsprachenunterricht eine sehr viel größere Rolle zu als im konventionellen, auf grammatische Progression und Korrektheit ausgerichteten Unterricht. So betont z.B. Leni Dam (1995) in ihrem seit vielen Jahren an dänischen Schulen laufenden Modellversuch zum so genannten „autonomen" Fremdsprachenlernen zwei grundlegende Prinzipien (zur psycholinguistischen Begründung vgl. Vygotsky 1978):

a) den konsequenten Gebrauch der Zielsprache im Klassenzimmer („Einsprachigkeit" auf Seiten der oder des Unterrichtenden; siehe 2.1.2 zum Prinzip der funktionalen Sprachtrennung),
b) den gezielten Rückgriff auf Prozesse des Schreibens und das Erstellen sprachlicher Handlungsprodukte (Poster, Textcollagen, Mitteilungen, Notizen, Lernertagebuch usw.) gewissermaßen vom ersten Unterrichtstag an, wobei die Ergebnisse in der Klasse ausgestellt werden bzw. Eingang in die Ressourcensammlung der Lerngruppe finden.

Das „frühe Schreiben" begünstigt die **Entwicklung der mündlichen Diskurskompetenz** und erhöht die **Sprachbewusstheit** der Lernenden. Im Gegensatz zur gesprochenen Sprache wenden sie sich zum einen sehr viel bewusster dem Laut- und Schriftbild eines Wortes zu und reflektieren zum anderen sehr viel genauer die interne Struktur eines Satzes oder Sinnabschnitts, den sie produzieren wollen.

Besonders relevant werden diese Überlegungen und Forderungen natürlich im Zusammenhang mit dem Fachunterricht der 5. und 6. Klasse. Es gibt ohne Zweifel so etwas wie eine **Sachfach-Literalität** *(subject-matter literacy)*: für Biologie, Geographie, Geschichte, Sozialkunde usw. Angesagt sind folglich gegenstands- wie prozessbezogene Untersuchungen (wiederum Aufgabe der wissenschaftlichen Begleitung des Schulversuchs) zu den funktional-distinktiven sprachlichen Elementen der dort benutzten Materialien im:

- **lexikalischen Bereich**: Bezugs-, Wort- und Kollokationsfelder sowie Idiomatik für bestimmte inhaltliche Ausdrucksrepertoires,
- **grammatischen Bereich**: textsortenspezifische Konstruktionen und syntaktische Formen (narrative Texte verlangen eine andere „Textgrammatik" als diskursive Texte: „erzählte" vs. „besprochene Welt" im Sinne des Klassikers der Textgrammatik von Harald Weinrich 1964),
- **texttypologischen Bereich**: unterschiedliche Textbaupläne, Layout, Versprachlichung von Graphiken, Tabellen u. dgl.,
- **lernstrategischen Bereich**: fachbezogene Arbeitstechniken und deren sprachliche Implikationen.

In Abwesenheit eines angemessenen curricularen Modells einer primar- und orientierungsstufenbezogenen Entwicklung der Diskurskompetenz in der Partnersprache (= *discourse development*) kann man eigentlich allen Lehrerinnen und Lehrern an der SEBS nur dringend raten, einerseits sich selbst für derartige funktional-stilistische Aspekte textgebundenen Sprachgebrauchs zu sensibilisieren (ein zugegebenermaßen kläglicher aber ehrlicher Rat) und andererseits die Schüler zum Verfassen zusammenhängender Diskurse in einem möglichst breiten Spektrum von Textarten anzuregen (im Sinne eines gelenkten wie eines „spontanen", kreativen Schreibens.

Es dürfte sich von selbst verstehen, dass dieser Zustand auf Dauer nicht haltbar ist. Hier sind erneut die wissenschaftliche Begleitforschung im Verbund mit einer praxisbezogenen Curriculumentwicklung gefordert. Damit schließt sich der Argumentationszusammenhang gegenüber der Krashen'schen Inputtheorie, denn *managing output* bzw. *doing discourse* sind ebenso **unverzichtbare Voraussetzungen des Spracherwerbs** (als Angebot auf der Lehrerseite und als Ergebnis auf der Lernerseite). Über die **Sprachproduktion**, sprich das Planen und Präzisieren der Mitteilungsabsichten (*intended meaning*) und das Edieren der sprachlichen Form (*focus on form*), wird nicht nur die für den Schulerfolg wichtige Diskurskompetenz entfaltet, sondern auch das der Zielsprache inhärente Regelsystem internalisiert und differenziert. Gerade über das Schreiben (das in solchen Phasen prinzipiell nicht zensurenrelevant sein darf) gewinnt der einzelne Schüler einen „Schonraum" (gegenüber seinen sprachlichen Fähigkeiten und den eventuellen Kommentaren seiner Mitschüler), indem er grammatische Strukturen und andere Redemittel mehr oder weniger bewusst einsetzt und dabei eigene „Lücken" erkennt. Ohne die elementaren Formen der **Outputorientierung** im Sinne eines **prozessorientierten Schreibens** als „Freiräume sprachlichen Handelns" (vgl. Kupetz 1997) dürfte der Spracherwerb an der SESB in qualitativer Hinsicht restringiert sein: "More discourse-rich pedagogical approaches may be called for if immersion programs are to realize their full language teaching potential" (Genesee 1987: 77).

Letztendlich reiht sich das textgebundene Schreiben damit ein (über das Rechtschreiben hinaus) in einen handlungsorientierten Literaturunterricht, der die herkömmliche Textarbeit an der Grundschule um sprachspielerisch-kreative Elemente ergänzt, ohne allerdings den Handlungsbegriff „schrankenlos" zu einem unreflektierten und viel zu subjektiven sprachlichen „Aktionismus" auszuweiten. Aus der im Kulturkontakt erwachsenden Begegnung verschiedener Traditionen der Schreiberziehung dürfte die SESB Gewinn ziehen können. So ist z.B. vorstellbar (und teilweise auch zu beobachten), dass einige Kinder (sagen wir im englischsprachigen Bereich: Erstsprache) bereits in der 1. Klasse komplette Sätze und kleinere Texte verfassen (Stichwort: *emergent writing*), im partnersprachlichen Unterricht (also Deutsch) dann überhaupt nichts schreiben (dürfen) oder nach ganz anderen Konzepten der Schreiberziehung unterrichtet werden. Hier sind mit Sicherheit eine größere Flexibilität und ein „Austausch" der Methoden möglich, zumal die *CALP*-bezogenen Fähigkeiten einen hohen Transfereffekt haben. Über die unterschiedlichen didaktischen Konzepte des Lese-Schreib-Lehrgangs ist eine **pädagogische Diskussion** unter den deutsch- und den anderssprachigen Lehrkräften herbeizuführen, die für die Fortentwicklung der Berliner Schule nur von Vorteil sein kann.

4.4 Verhaltensauffälligkeiten im zweisprachigen Unterricht

Familien mit zweisprachiger Kindererziehung berichten nicht nur über die Notwendigkeit von viel Phantasie und Ausdauer, sondern vor allem auch von einem gesunden **Selbstbewusstsein gegenüber Dritten**, die allzu oft (und meist vorschnell) ihre eigene „Experten"meinung beisteuern glauben zu müssen. Die Eltern zweisprachig aufwachsender Kinder müssen darauf vorbereitet sein, nahezu ständig Kommentaren, Ratschlägen, Warnungen und handfester Kritik zu begegnen. Es sind meistens Zufallsbekanntschaften, die ihr Missfallen an der zweisprachigen Erziehung kundtun; gerade wenn davon andere Fremdsprachen als Englisch betroffen sind (insbesondere „kleinere" europäische oder außereuropäische Sprachen). Nicht selten halten sie die Eltern für unangemessen ehrgeizig oder unterstellen ihnen ein gewisses Ausgrenzungsverhalten gegenüber dem Sprach- und Kulturraum der Umgebungssprache (die die Mehrheitskultur darstellt). Gerade von Erzieherinnen und Lehrerinnen wird berichtet (z.B. de Jong 1986), dass sie häufig Überforderung diagnostizieren (mit der Zweisprachigkeit als vermeintlicher Ursache), wenn es im Kindergarten oder in der Grundschule Probleme gibt.

Eltern sollten sich davon nicht über Gebühr beeindrucken lassen, denn in den kanadischen Immersionsversuchen (vgl. Genesee 1987) konnte gezeigt werden, dass Kinder mit Schwierigkeiten in Immersionsschulen eigentlich immer allgemeine pädagogisch-erziehliche Probleme hatten, die in Verhaltensstörungen oder in der generellen Einstellung zur Schule begründet waren (und nicht in der Zweisprachigkeit *per se*). Eltern tun gut daran, sich mit anderen Eltern zweisprachiger Kinder zusammenzufinden, damit sie sich über gemeinsame Interessen und vermutlich auch gemeinsame Sorgen austauschen können. Im Übrigen können von einem derartigen Kreis wertvolle Initiativen für das Schulleben ausgehen, auf die Schulen dieses Typs ganz besonders angewiesen sind. Immersionsschulen müssen besonders offen für die Eltern sein, denn ohne Unterstützung des Elternhauses (*parental support and involvement*) bleibt eine zweisprachige schulische Erziehung „Stückwerk". Umgekehrt haben nicht wenige Eltern ein besonders großes Interesse am Erfolg des bilingualen Unterrichts, gemischt mit gewissen Ängsten. Auf beide Momente muss die Schule mit Transparenz, fundierten Argumenten und konstruktiven pädagogischen Hinweisen reagieren können, gerade wenn die Lernbereitschaft zum Erwerb der zweiten Sprache bei einem Kind nicht übermäßig ausgeprägt ist.

Ein Problem könnte sich aus den zum Teil recht großen Unterschieden in den schulischen Voraussetzungsbedingungen und dem nicht zu leugnenden Leistungsgefälle zwischen verschiedenen Schülern ergeben; und zwar in der SESB-spezifischen „Brechung" einer unterschiedlichen Sprachfähigkeit (*proficiency*) in den beiden Sprachen. Einige Kinder sind dann streckenweise vielleicht unterfordert, andere überfordert, weil Sprachkompetenz und intellektuelle Entwicklung bzw. originäre Sachinteressen auseinander klaffen. Es ist nicht auszuschließen, dass diese Kinder in derartigen Situationen mit sozial unangemessenem Verhalten aufwarten (Reaktionen, die sie normalerweise nicht zeigen würden).

Zum einen muss das grundschuldidaktische Prinzip der **Differenzierung** sehr viel deutlicher und stringenter als in der Regelschule gehandhabt werden. Zum anderen ist gerade auch unter dem Aspekt des Vermeidens von Verhaltensauffälligkeiten das Erreichen der (ominösen) „unteren" Sprachfähigkeitsschwelle im Sinne von Cummins (siehe 3.3.2) zielbewusst anzustreben. Den Schülerinnen und Schülern muss möglichst rasch zu einer L2-Kompetenz verholfen werden, die ihnen eine Teilnahme am partnersprachlichen Unterrichtsdiskurs und am Sachkundeunterricht erlaubt, der ihrer intellektuellen Entwicklung und ihrem persönlichen Ausdrucksbedürfnis entspricht.
Dem partnersprachlichen Unterricht obliegt ferner die nicht leicht zu lösende Aufgabe, den bilingualen Kindern ein anspruchsvolles Angebot für eine vertiefte und weiterführende Spracharbeit in Richtung auf eine strukturierte Entwicklung ihrer mündlichen und schriftlichen Diskurskompetenz zu machen. Unterforderung bei diesen Kindern könnte sich in überproportional häufigen Störungen und Verweigerungen ausdrücken.

Grundsätzlich bleibt somit als zusammenfassende Aussage des Kapitels 4 festzuhalten: Didaktisch reflektierte und methodisch differenzierte schulische Vermittlungsverfahren führen (bei ansonsten unveränderter Beibehaltung aller anderen Variablen) zu einem schnelleren Erreichen eines bestimmten zweit- oder fremdsprachlichen Könnensniveaus. Dies gilt auch für einen Spracherwerbstyp, wie ihn die Immersion darstellt. Qualifizierter, fokussierter Input seitens der Lehrkräfte, variable themenbezogene Interaktion zwischen Lehrer und Schülern sowie allmählich komplexer werdender produktiver Output auf Seiten der Lernenden sind zweifellos wichtig. Vergessen wir – in einer längerfristigen Perspektive schulischer Bildungsziele – nicht, dass gerade das **Schreiben** aufgrund der modernen Informations- und Kommunikationstechnologien zur Zeit eine höchst bemerkenswerte Renaissance erfährt, wie der verstärkte Gebrauch des Faxgeräts, des PCs und der *e-mail*-Interaktion zeigt. Ebenso wichtig ist ein längerfristig angelegtes, systematisches und ergebnisorientiertes Fremdsprachenlernen, das den inhaltsorientierten Unterricht in der Vehikularsprache vorbereitet, begleitet bzw. nachbereitet. Die („schwächere") **Partnersprache** der SESB-Schülerinnen und -Schüler **muss** auch **Lehrgegenstand sein**. Nur so lässt sich die Internalisierung der Struktur der Zweitsprache mit einem vertretbaren Verhältnis von Aufwand und Nutzen sicherstellen. In der unnachahmlich „leichten" Diktion der angloamerikanischen Unterrichtsforschung zum schulischen Zweitspracherwerb ausgedrückt: *"The outcomes favour instruction"* bzw. *"Instruction does matter!"* (so sinngemäß bei Long 1983 und Chaudron 1988). Oder noch deutlicher: *"Pure immersion is dépassé"* (Bibeau 1984).

Damit ist auf elegante Weise der Übergang zur zusammenfassenden Synopse des Spracherwerbskonzepts des SESB gegeben (= Kapitel 5) – zumindest wie es meinen Vorstellungen und Einsichten entspricht.

5. Leitvorstellungen und Prinzipien eines Spracherwerbskonzepts der SESB

Im Folgenden sollen die eingangs (in 1.1.3) aufgeworfenen Fragen nochmals möglichst kurz, aber thesenhaft geordnet, beantwortet werden. Damit werden die Umrisse und Grundsätze eines Spracherwerbskonzepts deutlich, das die SESB konsolidieren und in ihrer weiteren Entwicklung fördern könnte.

5.1 Sprachenpolitische und bildungstheoretische Begründungszusammenhänge

Das Spracherwerbskonzept der SESB muss sich in den größeren Rahmen der (fremd)sprachenpolitischen und bildungstheoretischen Diskussion im gesamtdeutschen und europäischen Kontext einfügen. Diese ist gekennzeichnet von den Herausforderungen, die sich aus den Veränderungen und Entwicklungen im europäischen und globalen Maßstab gerade auf dem Gebiet des **Fremdsprachenlernens** und der **Aus- bzw. Fortbildung** der künftigen bzw. praktizierenden **Sprachlehrerinnen und -lehrer** ergeben. Im Zusammenhang damit erfährt die Frage, was eine **allgemeine** (schulisch vermittelbare) **Grundbildung** heute und in Zukunft ausmacht, neue Akzente. Das fremdsprachliche Moment wird für immer mehr Schülerinnen und Schüler zu den elementaren Kulturtechniken gehören, die bereits in der Primarstufe ihre Grundlegung erfahren müssen.

5.1.1 Sprachenpolitische Überlegungen

Individuelle Mehrsprachigkeit
Im Zuge eines in unserer Gesellschaft stark anwachsenden und sich verändernden Fremdsprachenbedarfs wird die Förderung der individuellen Mehrsprachigkeit (verstanden als Kompetenz in mindestens zwei modernen Fremdsprachen: für Schüler, die einen Realschulabschluss oder das Abitur anstreben) zu einer zentralen gesellschafts-, kultur- und bildungspolitischen Aufgabe der kommenden Jahre.

Erweiterte Fremdsprachenkenntnisse für deutsche Schüler
Die Rahmenbedingungen für das Erlernen von Fremdsprachen in unserer Gesellschaft müssen sowohl unter dem Aspekt des Gebrauchswerts erweiterter Fremdsprachenkenntnisse als auch unter Bildungsaspekten erheblich verbessert werden. Die SESB ist für diese Ziele ein eminent wichtiger Modellversuch, der (angemessene Erfolge und eine vernünftige Weiterführung in den Sekundarstufen vorausgesetzt: siehe unten) Berlin ein hauptstadtgerechtes Profil in diesem Bereich geben und eine Vorbildwirkung für andere Regionen Deutschlands haben könnte.

Pflege der Herkunftssprachen anderssprachiger Schüler
Abgesehen von den eher „nach außen" gerichteten Konzepten zur Förderung des frühen, ergebnisorientierten Lernens fremder Sprachen für monolinguale deutsche Kinder kann die SESB eine wichtige Aufgabe zur Pflege der Herkunftssprachen anderssprachiger Schülerinnen und Schüler erfüllen, was natürlich die Erweiterung ihrer Sprachkenntnisse (aufgrund der sekundären Sozialisation, die Schule leistet) miteinschließt. Dies geht über die Kompetenzen hinaus, die üblicherweise die Familie als Instanz der primären Sozialisation vermittelt. Sie ist damit ein konkreter Beitrag zu einer stärker „nach innen" (auf Deutschland) gerichteten Sprachpolitik, die in ihren gesellschaftlichen und bildungstheoretischen Begründungen deutlich auf das friedvolle und vernunftgeleitete Zusammenleben deutschsprachiger und anderssprachiger Kinder im Rahmen einer gemeinsamen schulischen Sozialisation abhebt. Im Gegensatz zur traditionellen (Fremd-)Sprachenpolitik in Deutschland werden an der SESB (noch dazu in der Primarstufe) auch bisher wenig oder gar nicht gelehrte Sprachen vermittelt. Indem jeweils zwei Sprachgruppen zusammen unterrichtet werden, kommt dem Verstehen fremder Kulturen eine zentrale Bedeutung zu.

Deutsch als Fremd- bzw. Zweitsprache für anderssprachige Schüler
Dem partnersprachlichen Unterricht für die Zielsprache Deutsch kommt an der SESB ein hoher Stellenwert zu. Der Partnersprachunterricht für Schülerinnen und Schüler, deren Herkunftssprache nicht das Deutsche ist, ist erheblich zu differenzieren, denn in diesen Lerngruppen kommen zum Teil sehr heterogene Sprachkompetenzen zusammen (siehe 5.2.2). Da das Spektrum von monolingualen Seiteneinsteigern bis zur ausgewogenen bilingualen Kompetenz reicht, ist der Unterricht sowohl nach den Prinzipien von Deutsch als Fremdsprache (DaF) als auch nach denen von Deutsch als Zweitsprache (DaZ) zu konzipieren. – Der (in der Regel) in der deutschen Sprache durchgeführte Mathematikunterricht stellt nur ein höchst begrenztes sprachliches Funktions- und Ausdruckspotenzial zur Verfügung, das die Chancen für die Verschränkung von Sache und Sprache doch sehr einengt.

Durchbrechen des „monolingualen Habitus"
Die SESB durchbricht mit ihrem Konzept des bilingualen Unterrichts in multikulturell zusammengesetzten Lerngruppen – sehr viel mehr als die so genannte Regelschule – den bisher tradierten „monolingualen Habitus" (Gogolin) der deutschen Schule (insbesondere den der Grundschule). Sie sieht damit (zumindest potenziell) das fremdsprachliche Element nicht als „störenden Faktor" eines kindgemäßen und ganzheitlichen Unterrichts der Primarstufe, sondern nimmt die Auseinandersetzung mit „dem Fremden" und den Blick für die Bedeutung des Eigenen inmitten des Anderen als konkret gelebte interkulturelle Praxis konstruktiv auf.

Fremdsprachen als elementare Kulturtechniken in der Primarstufe
Im Gegensatz zu früher sind Fremdsprachen nicht mehr Symbol herausgehobener, formaler Bildung für ausgewählte oder vermeintliche Eliten, sondern elementare Kulturtechniken (im Sinne von Huber 1995), die selbstverständlich einen Platz im primaren Curriculum (neben der muttersprachlichen Kompetenz, dem Verständnis grundlegender Zusammenhänge in der Mathematik und Sachkunde sowie dem musisch-ästhetischen und psychomotorischen Ausdrucksbereich) haben müssen.

Zweitsprachen als „basale Fähigkeiten" mehrsprachiger Sprcher
In einer mehrsprachigen Gesellschaft wird es immer mehr Menschen geben, für die die Umgebungssprache der Mehrheitskultur eine Zweitsprache darstellt. Die Partnersprachen der SESB sind ein Versuch, zum einen diesen Bedingungen Rechnung zu tragen und zum anderen eine hohe Sprachkompetenz in der zweiten Sprache auf intentionalem (didaktisch strukturiertem) Wege aufzubauen. Von daher weist die grundlegende **kognitionstheoretische Einsicht** (im Englischen auf die griffige Formel *language across the curriculum* gebracht), dass **nahezu alle Vermittlungsinhalte** und die **meisten Vermittlungsprozesse** in unseren Bildungseinrichtungen **sprachlicher Natur** sind, dem Partnersprachenunterricht an der SESB eine hohe Verantwortung zu. Eine differenzierte Kompetenz in der Partnersprache ist der Schlüssel zum Erfolg des SESB-Projekts. Der funktionale Gebrauch der Partnersprache wird zur **basalen Fähigkeit** im Rahmen des Berliner Immersionsversuchs. Hier wird Grundlagenarbeit für das weitere Lernen geleistet. Die partnersprachliche Kompetenz legt die Voraussetzungen für weitere Entfaltungen im Bereich der sprachlichen Bildung und das von der Schule (über Sprache) vermittelte Sachlernen. Wenn kein solides (sprachliches) Fundament gegeben ist, werden alle weiteren Lernanstrengungen bruchstückhaft bleiben, da die kognitive Basis des Sachlernens wenig tragfähig ist.

5.1.2 Bildungstheoretische Überlegungen

Fremdsprachen als Teil einer europäisch dimensionierten allgemeinen Bildung
Als Komponente einer europäisch (und im weiteren Sinne interkulturell) dimensionierten allgemeinen (schulisch vermittelbaren) Bildung verweist jeglicher Fremd- oder Zweitspracherwerb auf Werthaltungen und identitätsbildende Prozesse von Menschen, auf gesellschaftliche Normen, Risse und Widersprüche von Kulturen. Fremdsprachen weiten den Blick für das Andere und zum Teil Fremde in den kulturellen Leistungen eines anderen Kulturkreises.

Persönlichkeitsbildende Momente des Fremd- und Zweitspracherwerbs
Der Erwerb einer Zweit- oder Fremdsprache hat immer auch persönlichkeitsbildende Momente – Ziele, die unter den heutigen soziopolitischen Rahmenbedingungen

bereits in der Primarstufe grundgelegt werden müssen. Allgemein anerkannte Intentionen sind in diesem Kontext die Bereitschaft zum Kommunizieren-Wollen, die Offenheit und Höflichkeit gegenüber Fremden, die Kooperationswilligkeit mit dem Ziel, Verstehen und Verständigung mit anderen anzustreben, die Horizonterweiterung, der Abbau von Ethnozentrismus sowie – nach Möglichkeit – die Herausbildung einer gewissen Empathie gegenüber „den" und „dem" Fremden. Die SESB ist für die Realisierung dieser Ziele durch den gemeinsamen Unterricht bilingualer Lerngruppen besonders geeignet.

Interkulturelles Lernen
Es geht an der SESB nicht nur um die Intensivierung, Differenzierung und Diversifizierung des Sprachenangebots in der Berliner Schule (obwohl dies Vorbildcharakter für die Regelschule haben könnte), also „mehr Sprachen" bzw. andere (besonders „kleinere") Sprachen effektiver als bisher zu lernen, sondern auch um die Vermittlung kulturellen Wissens und die Anbahnung interkulturellen Verstehens. So sind zum einen Gegenstandsbereiche in den Unterricht einzubeziehen, an denen Einsichten in die Lebensweisen der fremden Kultur (bzw. der hinter der jeweiligen Ziel- oder Partnersprache stehenden Kulturkreise) gewonnen werden können. Es sind zum anderen Lehr- und Lernmethoden zu entwickeln, die die Schüler zum Bedenken ihrer eigenen kulturell geprägten Sicht- und Handlungsweisen und zum Verständnis der fremden Sicht- und Handlungsweisen anregen. Die interkulturelle Perspektive beinhaltet immer auch eine Relativierung der eigenen Grundorientierung, d.h. sie induziert (zumindest potenziell, in den fruchtbaren Momenten) einen Perspektivenwechsel. Durch die Lösung von der primären Bindung an die Erstsprache und die damit einhergehenden „vertrauten" Inhalte kann ein (in Teilen) veränderter Orientierungsrahmen aufgebaut werden.

Sichtwechsel auf der pädagogisch-didaktischen Ebene
Die Bilingualität der SESB darf sich somit nicht nur auf die Sprache beziehen, sondern muss (zumindest in Teilaspekten) die Themen und Inhalte des primaren Curriculums miteinschließen. Was die didaktisch-methodische Seite des Unterrichts angeht, ist eine pädagogische Diskussion unter den deutsch- und den anderssprachigen Lehrkräften über eventuell unterschiedliche Ansätze und Konzepte angesagt mit dem Ziel, zu einer fruchtbaren Synthese der teilweise verschiedenen Lehr- und Lerntraditionen zu kommen.

Kontakt und Begegnung als Eckpfeiler interkultureller Kommunikation
Das interkulturelle Lernen kann sich an der SESB nicht nur auf den zweisprachigen Unterricht beziehen. Im Zuge der sicherlich zahlreicher werdenden konkreten Begegnungssituationen zwischen Vertretern unterschiedlicher Kulturräume müssen zunehmend Unterrichtsstrukturen und außerunterrichtliche Aktivitäten aufgebaut

werden, die den direkten Kontakt mit anderen Sprechern der Partnersprache (über die Lehrkräfte hinaus) sowie konkrete Erfahrungen in der wechselseitigen Verständigung über Leben und Alltag der Angehörigen des anderen Sprach- und Kulturraumes möglich machen: Tage der offenen Tür an der SESB, „Hereinholen" von Muttersprachlern in den Unterricht, Erkundungs- und Begegnungsprojekte innerhalb Berlins, Korrespondenzprojekte mit ausländischen Klassen, ggf. eine Auslandsklassenfahrt. Derartige Situationen müssen sprachlich-kommunikativ bewältigt werden können. Ein erfahrungsgestütztes Lernen schafft Kristallisationskerne für interkulturelle Sensibilität (*cultural awareness*). Eine kommunikativ angemessene zielsprachliche Handlungsfähigkeit ist langfristig nur in ihrer soziokulturellen Einbettung und in ihrer interkulturellen Vermitteltheit auszubilden.

Das Fremdsprachenlernen lernen

Die bildungstheoretische Begründung für das (frühe) Zweit- und Fremdsprachenlernen ist unabweisbar mit der Einsicht und Konsequenz verbunden, dass jede nach der Muttersprache erworbene „Eingangssprache" (im Sinne eines heutzutage soziopolitisch notwendigen lebenslangen Weiterlernens) das Fundament für den Erwerb weiterer Fremdsprachen legen muss. Hier sind Dispositionen zu schaffen, die das langfristige Ziel der Ausbildung einer individuellen Mehrsprachigkeit begünstigen:

– Phasen der Sprach(erwerbs)reflexion (Stichwort: neurophysiologisch begründete Flexibilität in Bezug auf Fremdsprachenlernen im Sinne des *language awareness*-Konzepts),
– Fördern persönlicher Lernstile und Lernstrategien,
– Wertschätzen und Vermitteln sprachbezogener Arbeitstechniken,
– Hinführung zur interkulturellen Sensibilisierung (Stichwort: *cultural awareness)*,
– Offenheit für andere Sprachen und Kulturen (besonders in affektiver und sozialer Hinsicht).

5.1.3 Schulpolitische Implikationen

Status der Partnersprache

Eine der vordringlichsten Aufgaben der SESB müsste meines Erachtens sein, Teile des partnersprachlichen Unterrichts als eine **spezifische Form des frühen Fremdsprachenlernens** zu sehen und entsprechend (in didaktisch-methodischer Hinsicht) zu modellieren, zu strukturieren und zu differenzieren. Das fremdsprachliche Moment als integraler Bestandteil einer zukunftsfähigen allgemeinen Bildung wird an der SESB von der Partnersprache getragen. Konsequent zu Ende gedacht ergeben sich daraus bisher wenig beachtete, aber innovative Implikationen für die bildungs- und fremdsprachenpolitische Diskussion und Praxis in Deutschland:

– An der SESB werden bisher kaum oder gar nicht gelehrte Sprachen sowie „kleinere" europäische Sprachen als Fremdsprachen in der Primarstufe angeboten.
– Die jeweilige Partnersprache sollte als **erste Fremdsprache** anerkannt werden (= Diversifizierung des Sprachenangebots).

Die Lernerfolge an der SESB in Bezug auf die Partnersprache sind (besonders für die monolingualen und die rezeptiv bilingualen Schüler) objektiv – in der Form testtheoretisch valider Sprachstandsanalysen – zu erfassen. Es könnte sich von daher ggf. zeigen, dass für etliche Schüler(innen) die zweite Fremdsprache (Englisch oder Französisch) in der 5. Klasse „zu früh kommt". Eine Konsolidierung der Partnersprache als erster Fremdsprache könnte in diesen „Fällen" eher angeraten sein. Die Entscheidung ist einzubetten in generelle fremdsprachenpolitische Überlegungen, wie sie zum Beispiel das „Grundkonzept für den Fremdsprachenunterricht" der KMK vom 7.10.1994 vorsieht. Diese Überlegungen, die sich von einer größeren Diversifizierung und Differenzierung des Sprachenangebots in Deutschland leiten lassen, sehen (alternativ zur 7. Klasse) die 6. Klasse (aber nicht die 5. Klasse) für den Beginn der zweiten Fremdsprache vor; vorausgesetzt es gibt ein ergebnisorientiertes (!) Fremdsprachenlernen in der Primarstufe.

Langfristigkeit eines funktionalen Zweitspracherwerbs
Die in qualitativer und quantitativer Hinsicht hervorragende wissenschaftliche Begleitforschung der kanadischen Immersionsversuche hat die **Langfristigkeit** eines in der Primarstufe einsetzenden bilingualen Unterrichts als zentralen Parameter des Erfolgs dieser Unterrichtsform herausgestellt. Es sei nur erneut an die 5.000 Unterrichtsstunden in der L2 erinnert, die in Kanada als Eingangsbedingung für den *top level of proficiency* gelten. Das Schulsystem in Luxemburg und die Europäischen Schulen des Europarats sind in vergleichbarer Weise langfristig (über die gesamte Schulzeit von der 1. bis zur 12. Klasse) auf eine Erziehung zur individuellen Mehrsprachigkeit hin konzipiert. Eine **konsequente Weiterführung der SESB in den Sekundarstufen I und II** erscheint deshalb **dringend geboten**.

Die meines Erachtens sinnvollste schulpolitische Lösung wäre eine eigenständige „Europa-Schule", die zum *„Euro-Baccalaureat"* (kurz: „Euro-Bac" oder „Europa-Abitur") führen würde. Hierfür hat der Europarat spezifische Kriterien inhaltlicher und quantitativer Art aufgestellt, die es zu erfüllen gilt, wenn eine Schule diesen kultur- und gesellschaftspolitisch herausragenden Status erhalten will. Ohne eine qualifizierte Weiterführung im Sekundarschulbereich bleibt die europäisch dimensionierte Grundbildung der SESB ein Stückwerk. Auf sich allein gestellt kann die SESB (mit den sechs Grundschuljahren) das Ziel einer funktionalen Zweisprachigkeit – für möglichst viele Begabungsprofile – **nicht** einlösen. Dieser Täuschung darf sich niemand hingeben; kein Elternteil, kein Lehrer, kein Schulleiter, kein Schüler, kein Kultusbeamter.

Immersion als eigenständiger Spracherwerbstyp
Viele Auseinandersetzungen um die Europa-Schule (insbesondere die augenblickliche Diskussion um die Fortführung der SESB im Sekundarschulbereich) leiden darunter, dass den Beteiligten (nicht zuletzt auch den politisch Verantwortlichen und den Schulleitern der weiterführenden Schulen) die weitreichenden Konsequenzen des bilingualen Europaschul-Konzepts noch immer nicht hinreichend bewusst zu sein scheinen. **Ein Immersionsprogramm stellt einen eigenständigen Spracherwerbstyp dar**, der weder mit dem natürlichen Zweitsprachwerb (wie ihn z.B. Migranten oder Kinder in einer zweisprachigen Familie erfahren) noch mit dem herkömmlichen Fremdsprachenunterricht identisch ist. Das **übergeordnete Richtziel** eines Immersionsprogramms ist eine **schulisch vermittelte zweisprachige Erziehung**. Dies beinhaltet den Versuch, langfristig – d.h. über viele Schuljahre und Tausende (!) von Stunden des Fachunterrichts in einer fremden Sprache – so etwas wie eine bilinguale Sprachkompetenz auszubilden. Ein derartiges Unterfangen kostet mehr Zeit als der übliche Unterricht und stellt über viele Lernjahre hinweg höhere kognitive wie affektive Anforderungen an die Schülerinnen und Schüler.

Von daher müssen die **schulgesetzlichen Voraussetzungen** geschaffen werden (in Abstimmung mit den entsprechenden KMK-Beschlüssen), die **Partnersprache der SESB als Fremdsprache anzuerkennen**.

Wird eine diesbezügliche gesetzliche Regelung nicht verabschiedet, so setzt man ein Immersionsprogramm unweigerlich Hürden und Widerständen in schul- und fremdsprachenpolitischer Hinsicht aus, die dem übergeordneten Ziel einer voll ausgebauten bilingualen Sprachkompetenz zuwiderlaufen. In diesem Zusammenhang ist vor allem eine **sachgerechte Lösung** der Frage der **zeitlichen Abfolge im Angebot weiterer Fremdsprachen** vonnöten (siehe erneut 6.2.2). Es wäre meines Erachtens pädagogisch widersinnig, auf den überkommenen Regelungen zur Sprachenfolge an Gymnasien zu bestehen. Die Immersion macht an diesem Punkt ein „neues Denken" erforderlich.

Die Weiterführung im Sekundarschulbereich
Die Frage der Weiterführung gibt großen Anlass zur Besorgnis (siehe ausführlicher dazu 6.2). An dieser Stelle sollen deshalb einige Hinweise genügen. Die zwischenzeitlich (1997) getroffene Entscheidung **gegen** einen eigenen Standort für eine „eigenständige" Europa-Schule im Sekundarschulbereich (die die Schüler der verschiedenen Partnersprachzüge der SESB aufnimmt) erscheint mir ohne den notwendigen sachgerechten politischen Weitblick gefällt worden zu sein. Das Tauziehen um die schulorganisatorischen Formen der Fortführung (Gesamtschule vs. Realschule/Gymnasium) hat dazu geführt, dass 1997 viele Eltern der französischsprachigen SESB ihre Kinder nach der 4. Klasse aus der SESB genommen und beim Französi-

schen Gymnasium (das mit der 5. Klasse beginnt) angemeldet haben, weil die von der Schulverwaltung vorgesehene Perspektive einer Weiterführung an einer Gesamtschule (ab Klasse 7) ihnen nicht zusagte. In ähnlicher Weise ist zu befürchten, dass die für die englischsprachigen SESB-Schüler angebotene Weiterführung an einer Realschule und einem Gymnasium von etlichen Eltern nicht akzeptiert werden wird, weil ihnen zum einen diese beiden Schulen zu weit von ihrem Wohngebiet entfernt sind und weil sie zum anderen nicht mit der dort vorgesehenen Sprachenfolge einverstanden sind (siehe hierzu 6.2).

Im Augenblick ist es noch zu früh, ein abschließendes Urteil zu fällen, denn die Pilot-Jahrgänge gehen im Herbst 1999 in die 7. Klassen über. Meiner persönlichen Einschätzung nach dürfte das jetzige Weiterführungskonzept nicht auf allzu große Akzeptanz bei den Eltern stoßen. Etliche Eltern werden ihre Kinder bei Schulen im Wohnbezirk anmelden, wodurch es den SESB-Zügen im Sekundarschulbereich vermutlich an den notwendigen Schülerzahlen mangeln wird. Meines Erachtens besteht für die Zukunft eine reale Gefahr, die SESB als „Durchlauferhitzer" für eine „etwas andere" Primarstufenzeit der Kinder zu nutzen: kleinere Klassen, Teilungsunterricht in der Mutter- und Partnersprache, und „etwas Fremdsprache kann ja nicht schaden". Mit einem genuinen Interesse an einer schulisch vermittelten Erziehung zur Zweisprachigkeit ist ein derartiges Verhalten aber nicht zu vereinbaren. Bilinguale Erziehung (in der Familie und in der Schule) ist auf einen „langen Atem" angewiesen – gekoppelt an ein überdurchschnittliches Maß an pädagogischer Konsequenz, didaktischer Strukturiertheit und differenzierender „Offenheit" sowie eine flexible Unterrichtsorganisation und eine phantasievolle, kindgerechte Methodik.

Bilinguale Sprachkompetenz und weitere Fremdsprachen
Wenn die bilinguale Erziehung an den weiterführenden Schulen nicht konsequent fortgesetzt wird, dann „versandet" das an der SESB aufgebaute Potenzial an Sprachkompetenz und (vermutlich) positiven Einstellungen zur L2-Kultur. Den größten Schaden würden die genuin zweisprachigen Schüler nehmen, denen keine adäquate schulische Perspektive offen stünde. Für Klassen mit bilingualem Sachfachunterricht wären diese Schüler aufgrund ihrer hohen sprachlichen Eingangskompetenz in der Fremdsprache schlichtweg „zu gut". Es wird Zeit, dass unsere Ballungsgebiete eine kohärente Schulpolitik für diese Schülerpopulationen entwickeln. Die Weiterführung der SESB in den Sekundarstufen I und II ist mit anderen Worten unabdingbar. Im Zuge der Vorbereitungen dieses nächsten großen Schritts hat sich allerdings ein Problem von höchster schulpolitischer Brisanz ergeben, und zwar die Frage des Angebots einer weiteren Fremdsprache an dem aufnehmenden Gymnasium (genauer siehe 6.2.2). Die Frage des Zeitpunkts der „Begegnung" mit einer weiteren Fremdsprache (immerhin der dritten!) sollte sachbezogen diskutiert und konstruktiv (d.h. den Bedingungen der Immersion entsprechend) gelöst werden.

Da Immersionsschüler in der Sekundarstufe bereits mit zwei „fremden" Sprachen umgehen müssen, sollte der systematische Unterricht in einer dritten erst dann einsetzen, wenn die ersten drei Sprachen (Muttersprache, Partnersprache und zweite Fremdsprache) hinreichend konsolidiert sind. Dies spricht für ein **fakultatives Angebot der dritten Fremdsprache ab Klasse 9**.

5.2 Heterogenität der Schülergruppen

5.2.1 Konstitutive didaktische Prinzipien

Operative Differenzierung
Die Schülerschaft der SESB stellt sich (vermutlich) sehr viel heterogener dar als in den meisten anderen Klassen der Regelschule, was eine weit über das Normalmaß hinausgehende **Differenzierung** des Unterrichts innerhalb der jeweiligen Lerngruppe notwendig macht. Die Unterschiede liegen nicht nur in den individuell ausgeprägten kognitiv-intellektuellen Lernvoraussetzungen begründet, sondern haben vor allem mit unterschiedlichen Erfahrungen im Zuge der primären (= Familie) und der sekundären Sozialisation (= Schule) sowie mit den verschiedenen Graden an Zweisprachigkeit zu tun. Im Folgenden sollen einige Variablen benannt werden, die den Mutter- und Partnersprachunterricht mehr oder weniger direkt beeinflussen und von daher konstruktive pädagogisch-didaktische Lösungen im Rahmen eines differenzierten Spracherwerbskonzepts verlangen.

Funktionale Sprachentrennung
Grundsätzlich ist an den Schulen das für jede Form von Bilingualismus essenzielle Prinzip der **funktionalen Sprachentrennung** zwischen L1 und L2 zu beachten. Dies gilt vor allem für die Lehrer(innen) und die in der Nachmittagsbetreuung eingesetzten Erzieher(innen). Die strikte muttersprachliche Verankerung des Sprachgebrauchs auf Seiten der erwachsenen Bezugspersonen muss (in Gegenwart von SESB-Schülern) von den Eltern mit Verständnis nachvollzogen werden können. Zweisprachige Kinder sind für ausgewählte Situationen gegenüber Eltern oder anderen Kindern als Sprachmittler einzusetzen. Hierbei muss es sich um ein didaktisch reflektiertes *code-switching* handeln (das für Zweisprachige charakteristisch ist), nicht aber um eine „unbekümmerte" (pädagogisch wie linguistisch verhängnisvolle) Sprachenmischung. Der Schule kommt hier eine erhöhte Verantwortung zu, denn Untersuchungen zum Sprachgebrauch von Kindern und Jugendlichen zeigen sehr deutlich, dass neuerdings funktional unmotivierte Sprachmischungen (= *code-mixing*) als äußerst „schick" (sprich: *"cool"*) unter Heranwachsenden gelten.

5.2.2 Schüler mit nicht-deutscher Erstsprache

Zum Teil dürfte die **Fluktuation** in der Schülerschaft (zumindest bei einigen Zielsprachen) relativ hoch sein. Im Einzelnen lassen sich (mindestens) die folgenden Kategorien identifizieren:

Dominant monolinguale Kinder
Hierbei handelt es sich vor allem um Kinder aus Aussiedler- oder Arbeitsmigrantenfamilien, z.B.:

- Kinder mit **wenig Kontakt** zur deutschen Umgebungssprache im außerschulischen Kontext: Die Partnersprache Deutsch muss dann als **systematisches Fremdsprachenlernen** modelliert werden (hiervon gibt es selbst in Berlin mehr Kinder als man üblicherweise erwarten würde).
- Kinder mit relativ **häufigem Kontakt** zum Deutschen außerhalb der Schule: Der Partnersprachunterricht muss **kommunikativ anspruchsvoller** gestaltet werden.
- „Späte" Seiteneinsteiger: Diese Kinder brauchen einen **möglichst kompakten, intensiven Förderunterricht** im Deutschen (ggf. ist dieser **jahrgangsübergreifend** zu organisieren) plus einen nachfolgenden Unterricht in Deutsch als Fremdsprache (DaF) im Partnersprachunterricht.
- Kinder, die keine Lese- und/oder Schreibkenntnisse haben sowie Kinder, die bereits (mehr oder weniger gut) lesen können und erste Schreiberfahrungen haben (z.B. weil im Ausland früher damit begonnen wird): Hier ist eine konsequente **Binnendifferenzierung** im Lese-Schreib-Lehrgang der Muttersprache angesagt.
- Kinder, deren Muttersprache nicht über eine lateinische Schrift verfügt: Die Alphabetisierung im Deutschen sollte relativ früh beginnen, damit sich die Kinder im überall gegenwärtigen Schriftbild ihres deutschsprachigen Umfelds besser zurechtfinden können (Schulweg, Verkehrsmittel, Geschäfte, Medien usw.).

Inzwischen ist offenbar die 3. Klasse nicht mehr die starre Norm für den Beginn der Alphabetisierung in der Zweitsprache, was in Anbetracht des *CALP*-Konstrukts (sprich der hohen Transferfähigkeit der schriftsprachlichen Kompetenzen) und dem Drang vieler Kinder in Richtung auf Lesen und Schreiben in beiden Sprachen sehr sinnvoll ist.

Rezeptiv zweisprachige Kinder
Hierunter sind vor allem die Kinder zu verstehen, die bei Schuleintritt (altersmäßig gesehen) „alles" verstehen, aber von sich aus nichts oder nur sehr wenig selbst sprechen (in der Regel ist dann das Deutsche die „stärkere" der beiden Sprachen). Wie in 5.3.1 ausgeführt wird, ist eine Alphabetisierung dieser Kinder in der „schwächeren" Sprache nicht ohne Probleme. An dieser Stelle genügt es, darauf hinzuweisen, dass einige dieser Kinder sich im Erstsprachunterricht (vor allem bei entsprechen-

der Unterstützung im Elternhaus) durchaus zu produktiv bilingualen Sprechern entwickeln können, während andere im produktiven Bereich weiterhin „verschlossen" bleiben und dann eher Schaden als Nutzen in ihrer sprachlichen Entwicklung nehmen. Von daher ist die gezielte Verwendung dieser Sprache (durch Lehrer und Mitschüler: *peers*) in der Vorklasse von größter Bedeutung. Ggf. sind auch die Förderstunden für diese Kinder zu nutzen. Die Kinder müssen ab der Vorklasse den sozialen und funktionalen Gebrauch der Sprache konkret und nachdrücklich erfahren können. Dies ist besonders für die jüngeren Geschwister in bilingualen Familien wichtig, denn der Grad der Zweisprachigkeit nimmt in der Regel von den älteren zu den jüngeren Geschwistern ab. Die Eltern sind in dieser Hinsicht im Zuge der Anmeldung jüngerer Geschwisterkinder (Stichwort „soziale Bindungen" als Kriterium der Auswahl) entsprechend aufzuklären.

Produktiv zweisprachige Kinder
Mit den genuin zweisprachigen Kindern (= *balanced bilinguals*) wird man zum Teil anders als mit den ersteren beiden Gruppen umgehen müssen, denn diese Kinder brauchen bereits bei Schuleintritt keinen fremdsprachlich modellierten Partnersprachunterricht mehr. Diese Kinder benötigen **anspruchsvollere kommunikative Aufgabenstellungen**, die ihre mündliche **Diskurskompetenz** voranbringen, um von daher den Übergang zur Literalität in der zweiten Sprache gut vorzubereiten und zu beschleunigen (siehe unten 5.3.3). Wenn die anderssprachigen Kinder in ihrer „starken" Erstsprache bereits über Fähigkeiten im Schreiben verfügen (gerade im Ausland beginnt man damit zum Teil früher als in Deutschland!), sollte der partnersprachliche Unterricht diesen Kindern in zeitlich flexibler Weise (meines Erachtens sogar schon in der 1. und 2. Klasse, abhängig von den Fähigkeiten des einzelnen Kindes) strukturierte Schreibaufgaben anbieten.

Normen sind unteilbar, und von daher sind die Kinder dort „abzuholen", wo sie gerade bzw. bereits „stehen". Die **individuelle Förderung der produktiv zweisprachigen Kinder** ist eine **spezielle Aufgabe und Chance der SESB**; ganz im Sinne von Cummins' Hypothese einer „oberen" Schwelle der bilingualen Sprachfähigkeit (siehe 3.3.2).

Verschränkte Differenzierung nach getrennten Niveaugruppen
Vermutlich sollte man (besonders wenn zwei parallele Klassen eines Jahrgangs an einem Standort sind) den Unterricht in der Partnersprache Deutsch für die gesamte Gruppe der anderssprachigen Kinder nach den Prinzipien der **verschränkten Differenzierung** organisieren: Die eine Gruppe erhält einen kindgemäßen Fremdsprachenunterricht in DaF und die andere einen sprachlich differenzierten Unterricht in der Zweitsprache Deutsch (verschränkte Differenzierung: ein Verbund von äußerer und innerer Differenzierung). Ein strukturierter Zweitspracherwerb in getrennten,

aber halbwegs homogenen Niveaugruppen dürfte sehr viel ertragreicher sein als ein Unterricht in sehr heterogenen Lerngruppen.

Auch im Falle der Partnersprache Deutsch sollte man sich nicht zu sehr auf die „Naturwüchsigkeit" des Spracherwerbs in der Zweitsprache verlassen, denn nicht wenige SESB-Schüler(innen) nicht-deutscher Herkunftssprache dürften (selbst hier in Berlin) in einem soziokulturellen „Milieu" leben, in dem spracherwerbsfördernde Begegnungen mit der deutschen Sprache nicht allzu häufig sind (besonders wenn der berufsbedingte Aufenthalt einer Familie in der Region von vornherein von begrenzter Dauer ist). Die Probleme und psychosozialen „Kosten" der Arbeitsmigration dürfen nicht zu Lasten der Kinder gehen. Auch an diesem Punkt steht die SESB mit einem strukturierten DaF-Konzept in der Pflicht.

Vermeintliche Muttersprache = Zweitsprache der Kinder bzw. Eltern

Die großen europäischen Nationalsprachen sind nicht selten die Amts- oder Verkehrssprachen in Ländern außerhalb Europas, so dass in nicht wenigen Fällen die nicht-deutschen Herkunftssprachen der SESB-Schüler(innen) bereits eine **Zweitsprache** für das Kind bzw. dessen Eltern (oder für ein Elternteil) darstellen dürften. Hier muss der so genannte Muttersprachenunterricht zusätzlich eine stützende und entwicklungsfördernde Funktion für diese Sprache über deren Rolle als Familiensprache hinaus einnehmen. Wie in 3.2.2 ausgeführt wurde, zeichnen sich unsere europäischen Nationalsprachen

- einerseits durch zum Teil große Unterschiede zwischen der Schriftsprache und der gesprochenen Umgangssprache aus (Stichwort: *code écrit* vs. *code oral*) und
- andererseits durch bestimmte Vorformen in der gesprochenen Sprache, die die Entfaltung der Literalität begünstigen.

Der Lehrersprache und den sprachlichen Interaktionsprozessen in der Klasse kommt in diesen Fällen eine **gewichtige kompensatorische Rolle** zu, die ggf. durch angemessenen Förderunterricht zu verstärken ist.

Muttersprache der Kinder = dialektale Variante einer Nationalsprache

Vergleichbare Überlegungen bzw. Konsequenzen (besonders was die kompensatorische Funktion des Erstsprachenunterrichts angeht) gelten für die „Fälle" unter den anderssprachigen Kindern, die bei Schuleintritt eher über eine dialektale Variante der jeweiligen Nationalsprache (statt des Standards) verfügen. Es muss in diesem Zusammenhang daran erinnert werden, dass ein effizienter Lese-Scheib-Lehrgang in der L1 an die entsprechenden Kompetenzen im mündlichen Gebrauch der Standardsprache gebunden ist. Diese Defizite müssen ausgeglichen werden. Damit trägt auch dieses Phänomen zu einem der gravierendsten Strukturprobleme der SESB-Schülerschaft mit bei: **Nicht wenige der anderssprachigen Kinder** verfügen selbst **in ihrer stärkeren Sprache über erhebliche Schwächen** (gelegentlich sind sogar Defizite in beiden Sprachen zu verzeichnen).

Muttersprache der Kinder weder das Deutsche noch die jeweilige Partnersprache
Für geradezu **unverantwortlich** halte ich die Entscheidung von Schulleitern, dem anderssprachigen Zug der SESB Kinder mit einer (anderen) Muttersprache zuzuordnen, die bei Schuleintritt weder des Deutschen noch der Partnersprache mächtig sind (etwa Kinder aus asiatischen Familien, die mit einer L1 wie Koreanisch in den englischen Zug aufgenommen werden). Damit wird das Fundament der SESB, Erstsprache und Partnersprache in einen reziproken Bezug zueinander zu stellen, vollends ausgehöhlt. Diese Kinder können zur „Bereicherung" der L2-Spracherwerbssituation **nichts** beitragen. Für solche „Fälle" muss den anderssprachigen Lehrkräften, die den Unterricht tragen und gestalten müssen, ein Vetorecht eingeräumt werden.

5.2.3   Schüler mit der Muttersprache Deutsch

Dominant monolinguale Kinder
Die eindeutig monolingualen deutschsprachigen Kinder stellen ebenfalls keine homogene Gruppe dar. Unter dem Aspekt von Kontakt und Identifikation, die in 2.4 als Eckpfeiler einer zweisprachigen Erziehung expliziert wurden, dürfte es zum einen Kinder geben, die in der Familie in sprachlich-kultureller Hinsicht bezüglich des Partnerspracherwerbs unterstützt werden: anglo-/frankophile etc. Eltern, Kontakt mit Land und Leuten der L2, Reisen in Zielsprachenländer, gewisse sprachliche Vorkenntnisse u. dgl. mehr. Zum anderen dürften Kinder die SESB besuchen, die in diesen Punkten keine spezifische Förderung durch das Elternhaus erfahren. Auch aus diesem Grund müssen die **landeskundlich-interkulturelle Dimension** und der **hohe Stellenwert von fremdsprachlicher Kinder- und Jugendliteratur** (im weiten Sinne) eine gewichtige Rolle im Spracherwerbskonzept der SESB spielen. Im Rahmen der **Elternberatung** sind die Eltern auf diese Zusammenhänge hinzuweisen und in das Schulleben aktiv einzubinden:

- Aufbau und Nutzung einer Bibliothek und Mediothek,
- Unterstützung einer bewussten Lesekultur,
- Mithilfe bei der Anbahnung und Realisierung von individuellen Begegnungen oder gruppenbezogenen Exkursionen, Partnerschaften und Klassenfahrten,
- Reisen in Länder des partnersprachlichen Kulturkreises,
- „Rückgriff" auf die Kinder als Sprach- und Kulturmittler usw.

Rezeptiv und produktiv zweisprachige Kinder
Es kommt zwar nicht allzu oft vor, aber zuweilen optieren Eltern (nicht zuletzt aus gemischtsprachigen Ehen mit dem Lebensmittelpunkt in Berlin) für eine Zuordnung ihres Kindes zum deutschsprachigen Zug der SESB, obwohl die andere Spra-

che (die Partnersprache) ebenso „stark" ist wie das Deutsche oder vielleicht sogar (zumindest bei Schuleintritt) noch stärker als das Deutsche (z.B. weil sie in der Interaktion mit der Mutter intensiv benutzt wurde). Die Entscheidung ist dann von der Überlegung geleitet, das Kind früher oder später in das „reguläre" deutschsprachige Schulwesen einzugliedern. Dies weist auf eine hohe Sensibilität für die zentrale Rolle sprachlicher Faktoren bezüglich der längerfristigen Perspektiven eines Kindes in Sachen Schulerfolg hin.

An einigen Standorten findet man in den deutschsprachigen Zügen eine ganze Reihe von Kindern, die beträchtliche Kenntnisse der Partnersprache mitbringen (z.B. weil beide Sprachen in der Familie benutzt werden). Die wirklich monolingualen Kinder deutscher Muttersprache sind in diesen Klassen eine Minderheit, was natürlich Auswirkungen auf den Umgang mit den Unterrichtsinhalten und das Tempo der Verarbeitung hat.

Die bisherige Klassifikation dürfte deutlich gemacht haben, dass sowohl bei den deutschsprachigen als auch bei den anderssprachigen Schülern ein erhebliches Maß an Heterogenität zu verzeichnen ist. Vor allem aber muss die SESB ein vorwärts (in die Zukunft) gerichtetes **Konzept für den Umgang mit den zweisprachigen Kindern entwickeln**. Diese Kinder dürfen nicht vernachlässigt werden (in der ursprünglichen SESB-Konzeption hatte man sie schlichtweg „vergessen"!), sondern sie müssen speziell gefördert werden. Diesen Schatz an bilingualer Kompetenz darf die SESB nicht verspielen!

5.3 Muttersprach- und Partnersprachunterricht

5.3.1 Der Erstsprachunterricht

Strukturiertes Eingangsinterview
Ein **strukturiertes Eingangsinterview** am jeweiligen Standort der SESB muss der Schule diagnostische Klarheit darüber verschaffen, ob es sich bei dem einzelnen Kind um

- ein „rein" oder dominant monolinguales Kind,
- ein ausgewogen zweisprachiges Kind (= *balanced bilingual*) oder
- ein zweisprachiges Kind handelt, das in Bezug auf die beiden beteiligten Sprachen als *receptive* bzw. *productive bilingual* anzusehen ist (mit einer „schwächeren" und einer „stärkeren" Sprache).

Für das Eingangsgespräch ist eine entspannte, spielorientierte und interaktionsfördernde Atmosphäre zu schaffen. Kinder mit Sprachhemmungen sind in angemessener Form „aufzulockern", wobei z.B. gleichaltrige, eher extrovertierte und kommunikationsfreudige Kinder eine große Hilfe sein können.

Alphabetisierung in der „starken" Sprache als Normalfall
Monolinguale Kinder sind grundsätzlich in ihrer Muttersprache zu alphabetisieren. Bei zweisprachigen Kindern muss im Verlauf des Interviews bzw. nach erneuter Beratung von Lehrern und Eltern am Ende der Vorklasse deutlich werden, ob dem Kind **die grundlegenden Darstellungsverfahren** in beiden Sprachen (= *balanced bilingual*) oder nur in einer der beiden Sprachen in altersgemäßer Form **auf der sprachproduktiven Ebene** verfügbar sind. Die zweisprachigen Kinder mit einer „schwächeren" und einer „stärkeren" Sprache sollten im Prinzip in dieser letzteren (ihrer deutlich „stärkeren") Sprache alphabetisiert werden. Den Eltern sollte somit üblicherweise davon abgeraten werden, ihr zweisprachiges Kind in einer Sprache alphabetisieren zu lassen, die das Kind (in altersgemäßer Form) nicht auch produktiv beherrscht.

Risiken einer Alphabetisierung in der „schwächeren" Sprache
Nun wird es immer wieder „Fälle" bzw. zwei- oder mehrsprachige Familiensituationen geben, in denen die Eltern allergrößten Wert darauf legen, ihr Kind in der nichtdeutschen Sprache alphabetisieren zu lassen, selbst wenn das Kind in dieser Sprache zum Zeitpunkt der Einschulung „nur" als rezeptiv bilingual gelten kann. Es gibt Erfahrungswerte, die belegen, dass ein Lese-Schreib-Lehrgang in der „schwächeren" Sprache positive Rückwirkungen auf die Sprachentwicklung des betreffenden Kindes im produktiven Bereich haben kann. **Voraussetzung** hierfür ist in aller Regel ein **unterstützendes Umfeld**: eine verständnisvolle, geduldige Lehrkraft sowie ein bewusst und aktiv förderndes Elternhaus, das mit dem Kind viel liest und schreibt. Auf jeden Fall sind die Eltern vor einer Fehleinschätzung der jeweiligen Sprachenkonstellation und den längerfristigen Risiken einer Alphabetisierung in der „schwächeren" Sprache zu warnen und auf die von ihnen erwartbare Mitarbeit mit Nachdruck hinzuweisen. Wenn das in dem jeweiligen Elternhaus nicht geleistet werden kann, dürfte diesen rezeptiv bilingualen Kindern mit einer Alphabetisierung in der deutschen Sprache (die nun einmal die dominante Umgebungssprache der SESB darstellt) langfristig mehr gedient sein.

Pädagogische Diskussion über Lehr-Lerntraditionen
Die Lehrerinnen und Lehrer der beiden Sprachgruppen sollten in einen intensiven pädagogischen Diskurs über die für den jeweiligen Kulturraum geltenden didaktisch-methodischen Konzepte, Verfahren und Inhalte eintreten. Dies dürfte vor allem die Prinzipien des Lese-Schreib-Lehrgangs, die Sachkunde, den projekt- und themenbezogenen Unterricht, die Differenzierung, die Hausaufgaben und die Notengebung betreffen. Es ist davon auszugehen, dass in einer Situation des interkulturellen Gebens und Nehmens höchst produktive Ansätze für eine innovative Fortentwicklung eventuell „eingefahrener" Lehr-Lerntraditionen entstehen. Die mit dem interkulturellen Lernen einhergehende Flexibilität und Offenheit des Denkens und

Handelns erstreckt sich selbstverständlich auch auf den pädagogisch-didaktischen Bereich.

Eine andere „Schiene" dürfte die Elternberatung darstellen, etwa was die kulturell unterschiedlichen Prinzipien des Lesenlernens oder des Schreibunterrichts angeht. Die britischen *Reading-Tree*-Ansätze z.B. verlangen deutlich mehr Mitarbeit der Eltern beim Leselernprozess als die Verfahren im deutschsprachigen Kulturraum. Ein weiterer sensibler Punkt ist der Stellenwert von Hausaufgaben und Diktaten. Hierüber ist auf den Elternabenden eine offene Diskussion und ein Konsens zwischen Lehrkräften und Eltern herbeizuführen. Die Lehrer(innen) der Erst- und der Partnersprache müssen ihre Erwartungen bzw. Anforderungen „abgleichen", denn sonst kommt es unweigerlich zu Missmut und Frustrationen auf Seiten der Kinder und der Eltern.

5.3.2 Der partnersprachliche Unterricht für monolinguale Kinder

Das unabdingbare Erreichen einer unteren Schwelle der Sprachfähigkeit
Noch einmal (zum wiederholten Mal), aber dennoch von zentraler Bedeutung: Unterhalb einer gewissen Sprachfähigkeitsebene bringt ein Unterricht, der in einer anderssprachigen Arbeitssprache durchgeführt wird, eher Schaden als Nutzen für die Lernenden. Auch wenn sich dieses „kritische Niveau" nicht quantifizieren oder objektivieren lässt, so ist alles daran zu setzen, die (zu Schulbeginn „rein" oder dominant) monolingualen Schülerinnen und Schüler möglichst rasch und effizient **über diese untere Schwelle der Sprachfähigkeit in der Partnersprache zu bringen**, die ihnen erlaubt, in der Zweitsprache auf altersgemäße und intellektuell befriedigende Weise am Unterrichtsdiskurs der primären Lernbereiche (vor allem der vorfachlichen Sachkunde) und der sonstigen Interaktionssituationen teilzunehmen. Dies gilt gleichermaßen für die (dominant oder „rein") monolingualen deutschsprachigen **und** die anderssprachigen Kinder.

Ergebnisorientiertes Fremdsprachenlernen
Für alle zu Schulbeginn „rein" oder dominant monolingualen Kinder (die deutsch- wie die anderssprachigen) ist der **partnersprachliche Unterricht als ergebnisorientiertes Fremdsprachenlernen** im Sinne eines grundschulpädagogisch aufgeklärten Lehrgangskonzepts zu konzipieren. In der Vorschule und in den Klassen 1 bis 4 sind dafür etwa 5 x 25 Minuten in der Woche anzusetzen. Die Vorschule und die 1. Klasse würden damit ihr Kontingent in der Stundentafel voll ausschöpfen, wobei die für die 1. Klasse inzwischen vollzogene Lösung von drei „getrennten" Wochenstunden für die Partnersprache ein wichtiger Schritt nach vorn war. Dies trägt dazu bei, **die Identität der Kinder in der Partnersprache zu stärken**. Die kindgemäßen Formen systematischen Fremdsprachenlernens müssen in der 3. und 4. Klasse fortgeführt werden, wobei zunehmend die Verbindungen von der Zielsprache (der jeweiligen

L2) zum Sachlernen des vorfachlichen Unterrichts hergestellt werden müssen. An dieser Stelle sei nochmals auf die spracherwerbstheoretische Einsicht verwiesen, dass direkte und konkrete sprachlich-kommunikative Erfolge im Umgang mit einer L2 sich auf die längerfristige Motivation des Fremdsprachenlernens höchst positiv auswirken (*communicative success breeds long-term motivation*). Umgekehrt bauen zweitsprachliche Misserfolge bzw. die subjektive Einschätzung kommunikativen Unvermögens ein erhebliches Maß an Frust und Motivationsverlust auf Seiten der Lernenden auf.

Kontinuität des partnersprachlichen Unterrichts
Die im partnersprachlichen Unterricht der jeweiligen Zielsprache eingesetzten muttersprachlichen Lehrerinnen und Lehrer sollten (was den Unterricht monolingualer Kinder betrifft) auf moderne, anspruchsvolle **Kindersprachkurse** zurückgreifen, die im Land der Zielsprache von professionell arbeitenden Autoren und Verlagen produziert wurden. Diese sind heutzutage immer als **Medienverbund** angelegt und verfolgen dabei (mindestens) eine dreigleisige **Progression** nach Themen bzw. Inhalten, nach Mitteilungsabsichten und nach grammatischen Strukturen. Etliche Kurse beinhalten mehrere, zum Teil (z.B. für die Zielsprache Englisch) bis zu vier aufeinander aufbauende Niveaustufen. Dies gibt dem Partnersprachenunterricht die dringend notwendige **Kontinuität und längerfristige Perspektive** für ein **spracherwerbsförderndes systematisches und ergebnisorientiertes Arbeiten**.

An dieser Stelle soll nochmals mit Nachdruck vor der reduzierten Sicht des Spracherwerbs gewarnt werden, die dem „verständlichen Input" seitens der Lehrkraft die tragende kausale Rolle für einen vermeintlich erfolgreichen Zweitspracherwerb zuweist; diesmal in den wohlgesetzten Worten von Hüllen (1987: 331, 333): „Die unterschwellig nahegelegte Aufforderung, Lehrer sollen im Fremdsprachenunterricht für *input* sorgen und ihre Schüler im übrigen sich selbst überlassen, mag zwar den **notwendigen** Bedingungen in gewisser Weise genügen, den für einen einigermaßen anspruchsvollen Unterricht **hinreichenden** Bedingungen genügte ein solches Verhalten aber sicherlich nicht ... Es geht im Unterricht darum, als Ersatz für die nicht zu beschaffende natürliche Erwerbssituation sprachliche Erfahrungen so vorzuordnen, daß die im Lerner vorhandenen Fähigkeiten, sich selbst Regeln zu schaffen, auf einem ökonomisch kurzen Weg zu den Normen des sprachlichen Handelns hingeführt werden". Der Lernende muss das didaktisch vorstrukturierte **Sprachmaterial** (das in einem kommunikativen Unterricht überwiegend in text- und kontextgebundener Form vorkommt) **selbständig verarbeiten** und als kommunikative Leistung **in textgebundenen Output umsetzen** (mündlich und später schriftlich).

Neues Wissen und Können (sprachliches wie nichtsprachliches) wird nicht einfach von Lehrenden an Lernende „weitergegeben" (= *transmission teaching*), sondern muss von den Lernenden aktiv und „konstruktiv" (über die Anbindung an vorhandenes Vorwissen und die Einbindung in eigene Sinnbildungsprozesse) **aufgebaut** werden. Das kostet Zeit und die Schüler einige Anstrengungen. Die zentrale Aufgabe eines „guten" Sprachlehrers ist es, den individuellen *Intake* des Lerners und den nachfolgenden kommunikativen *Output* didaktisch wie methodisch „vorzuordnen" (Hüllen 1987: 333). Diese fremdsprachendidaktische Komponente gehört mit in die theoretische Reflexion und das Methodenrepertoire des partnersprachlichen Unterrichts. Als Bezugsrahmen für die **linguistische Komponente** der **curricularen Planung** des partnersprachlichen Unterrichts (Prämisse: längerfristiges, über Jahre verteiltes, systematisches Lernen) können die Arbeiten des Europarates für diverse Zielsprachen dienen: *Threshold Level* (Englisch), *Kontaktschwelle* (Deutsch), *Un niveau-seuil* (Französisch), *Livello Soglia* (Italienisch), *Un nivel umbral* (Spanisch); der Entwurf für Russisch ist in Arbeit.

Grundsätze für kindgemäßes frühes Fremdsprachenlernen
Die heutzutage für das kindgemäße Fremdsprachenlernen geltenden didaktischen Prinzipien sind in vielen Kindersprachkursen in methodisch gelungener Weise umgesetzt worden. Folgende **Grundsätze** sind dafür konstitutiv und können somit als **Auswahlkriterien** für derartige Sprachkurse herangezogen werden (vgl. auch Hellwig 1995: 51–86):

- Integrierende Synthese von Sprache **und** Handeln, Lernen **und** Spielen.
- Komplementäres Verhältnis von **Prozess- und Produktorientierung des Lernens**: kindbezogene Handlungssituationen und aufgabenorientiertes Kommunizieren (= *task-based language learning*) als „Treibriemen" für Erlebnis- und Ergebnisorientiertheit.
- **Ganzheitlicher Zugriff auf Spracherwerb und sprachliches Handeln** als ziel- und partnerbezogener Gebrauch der L2 in Ausrichtung auf den Vollzug kommunikativer Handlungen, wobei sowohl sprachliche Fertigkeiten (*communicative skills*) ausgebildet als auch sprachliche Teilelemente (Aussprache, Wortschatz und Strukturen) im sprachlichen wie situativen Kontext funktional verfügbar gemacht werden.
- **Hohe Redundanz eines kommunikativen Unterrichts**: Bereitstellen von viel Input seitens der Lehrkraft, variierendes Verweilen und intensives, zyklisches Wiederholen, Anschaulichkeit und Medieneinsatz.
- **Kooperatives Sprachenlernen**: dialogische Prinzipien der Kommunikation als Interaktionen innerhalb der Lerngruppe (Partner- und Gruppenarbeit), aber auch über didaktische „Kunstgriffe" in der Form einer Handpuppe als Sprechpartner, die phantasieanregend wirkt und sprachliche Korrekturen vornimmt.
- Realisierung einer **parallelen linguistischen Progression** nach funktional-pragmatischen Elementen (Rede- oder Mitteilungsabsichten) **und** grammatischen

Strukturelementen (die Taxonomien des Europarats für verschiedene Zielsprachen sind hierbei eine wertvolle Hilfe).
- Gezielte **Ausspracheschulung** und thematisch-inhaltlich strukturierte **Wortschatzarbeit** (Bezugs-, Sach- und Wortfelder, Wortfamilien; Bild-Wörterbuch usw.).
- **Differenziertheit des Angebots an Textarten**: didaktische **und** authentische Texte, Dialoge **und** Erzählungen, fiktionale Texte (Reime, Lieder, Gedichte, Geschichten) **und** Gebrauchstexte (Bastelanleitung, Rezept, Sachinformation), Fotos, Pläne, Abbildungen, Karikaturen etc.
- **Thematisieren landeskundlicher Elemente und fremdkultureller Aspekte** (bezogen auf die Kulturräume, die „hinter" der jeweiligen Zielsprache stehen).
- **Bezug zu den Inhalten anderer Lernbereiche des primaren Curriculums** (= integrierte fremdsprachliche Arbeit): Sachkunde (der Mensch, Natur, Technik, Umwelt usw.), historisch-geographische Themen, Mathematik, BK und Musik.
- **Spaß, Humor und fremdsprachliche Kreativität**: z.B. Witze verstehen, erzählen und niederschreiben, Gedichte und Geschichten schreiben („kreatives Schreiben") u.v.a.m.

Methodisches Rüstzeug für die primare Fremdsprachenvermittlung
Es wäre vermessen, wollte man vorgeben, den gesamten Kosmos der methodischen Möglichkeiten für die frühe Fremdsprachenvermittlung listenmäßig in wenigen Zeilen zusammenfassen zu können. Dazu muss auf die einschlägigen Handbücher verwiesen werden. Ohne ein gewisses fremdsprachenmethodisches Minimum können **Immersionslehrer(innen)** ihrer **Sprachlehrfunktion** jedoch nicht nachkommen. Dennoch sei das Unmögliche versucht, einige der wichtigsten Lehrer- und Schüleraktivitäten zusammenzustellen:

- Einsatz von Realgegenständen, Bildern, Modellen und Requisiten (wann immer möglich oder nötig, mit dem entsprechenden landeskundlichen Bezug): z.B. Uhr, Kalender, Landkarten, Stadtpläne, Spielsachen usw.,
- Durchführung praktischer Aufgaben: u.a. Tischdecken, Bastelanleitungen, Zeichnungen, Puzzles, Schneide- und Klebarbeiten (konkrete Objekte oder Modelle),
- Entwerfen und Gestalten (*design*): Aufkleber, Abzeichnen, Plaketten, Poster, Kartons, Dekorationen, Illustrationen usw.,
- Rhythmik, Mimik, Gestik, Sprechgesang (*chants*), Zungenbrecher, Pantomime, Scharade u.a.,
- Kinderreime und -lieder, einfache Gedichtformen, Rätsel, *action songs/games* etc.
- Hören und Tun: *listen & do-activities, listen & colour, Total Physical Response* (= *TPR*), Raster ausfüllen (*grids, washing line game*) usw.,
- Dinge/Personen identifizieren, fehlende Informationen nachtragen, Zuordnungsübungen (*matching, jigsaws*), Aufzählungen erstellen (*listing exercises*), Dinge organisieren (*sorting things out, putting things in order, the odd-one-out*),

- Rate-, Gedächtnis-, Brett-, Kartenspiele,
- Alltagssituationen darstellen und nachspielen, Minidialoge und Rollenspiel,
- Einsatz von Handpuppen (*mascot, puppets*), Bildkarten, Wandbildern, Schattenrissen u. dgl.,
- Geschichten vorlesen/frei erzählen/gemeinsam erzählen/mit den Kindern zusammen „erfinden", Geschichten pantomimisch darstellen (*mime stories*),
- Verfassen von Einladungen, Briefen, Grußkarten, Beschreibungen u. dgl.,
- Erstellen eigener „Bücher" (*home-made booklets*) mit Text und Abbildungen,
- Bildwörterbücher, Wortkarteien, Wortfeldposter, Vokabelnetzwerke (*word stars*), Wortketten, Wörter entdecken (*word search*),
- Videos einsetzen und auswerten,
- Durchführen und Auswerten von Umfragen in der Klasse/Schule, Interviews führen, Fragebögen erstellen, graphische Darstellungen im Säulen- oder Tortendiagramm verfassen und versprachlichen.

Exemplarische Erläuterung einiger Kindersprachkurse für den Primarschulbereich
Da ich (bedauerlicherweise) nicht für alle Partnersprachen der SESB mit dem Lehrmittelmarkt vertraut bin, sollen exemplarisch Hinweise zu den beiden Zielsprachen Deutsch als Fremdsprache und Englisch gegeben werden. Grundsätzlich gibt es inzwischen eine reich entwickelte Didaktik und Methodik für das Modell eines systematischen und ergebnisorientierten Fremdsprachenunterrichts in der Grundschule. Dies heißt nicht, dass damit die Leitvorstellungen und Verfahren des herkömmlichen Fremdsprachenunterrichts der Sekundarstufe in die Primarstufe „vorverlegt" werden.

1. Deutsch als Fremdsprache/Partnersprache

a) L. Mädl-Pälfi & B. Tujner-Markó: *Kaspertheater*. Klett Verlag, Stuttgart.
Ein Jahreslehrgang in 12 Monatseinheiten für Lernanfänger in Vor- und Grundschulklassen bestehend aus Lehrerhandbuch (mit Sammlung und Erläuterung der Progression, Spielszenen, Lieder, Verse und Aktivitäten), 12 Monatsposter, Malheften und Audiocassette.

b) *Anna, Schmidt & Oskar.* [*Ein Fernseh- und Videosprachkurs für Kinder*]. (Hrsg. vom WDR, NDR, SWF & Goethe-Institut). Langenscheidt Verlag, München.
Ein Sprachkurs für Kinder im Primarschulbereich in zwei Teilen, konzipiert als audiovisueller Medienverbund mit den Komponenten Bilder- und Übungsbuch, Video- und Audiocassetten sowie Lehrerhandreichungen (insgesamt 6½ Stunden Filmhandlung).

c) H. Merkle u.a. (1995): *Unser Baumhaus* [Ein Lehrwerk für Deutsch als Fremdsprache. 2 Bände] (Hrsg. vom Goethe-Institut München).

d) S. Büttner, G. Kopp & J. Alberti: *Tamburin*. Hueber Verlag München.
Ein Lehrgang in drei Bänden für 7- bis 10-jährige Kinder bestehend aus Lehrbuch, Hörtexten und Liedern (Cassette oder CD), Arbeitsbuch, Lehrerhandbuch und einem Spiele-Poster (auch in einer italienischen Parallelversion erhältlich).

e) E. Rabitsch & H. Wich-Fähndrich: *Klick-Klack*. Hueber Verlag, München.
Ein Lehrgang in zwei Bänden für Kinder und Jugendliche von 7 bis 14 Jahren (also auch für „Seiteneinsteiger"), der sich das spezielle Ziel setzt, den außerschulischen Spracherwerb der Kinder zu unterstützen. Das Lehrwerk setzt sich aus Lehr- und Arbeitsbuch, Cassette und Lehrerhandreichungen zusammen (für Türkisch, Russisch und Polnisch – als Partnersprachen der SESB – gibt es zusätzlich ein Glossar).

2. Englisch als Partnersprache

a) *Muzzy in Gondoland & Muzzy Comes Back*. [Fernseh- und Videosprachkurs für Kinder, produziert von der BBC]. BBC English, London.
Ein Sprachkurs für Kinder im Primarschulbereich (speziell Vorschule und 1. Klasse) in zwei Teilen, konzipiert als audiovisueller Medienverbund mit den Komponenten Videofilm auf Cartoon-Basis („*Muzzy*" = „*a friendly monster from outer space*": jeweils 70 Minuten Laufzeit), Audiocassette mit den Texten und Liedern sowie einem „klingenden" Wörterbuch, Schülerbücher, Arbeitsheft, Liedersammlung, Zusatzlesestoffe, Lehrerhandbuch und Hinweise für die Eltern.

b) D. Strange & J.A. Holderness: *Chatterbox*. Oxford University Press, Oxford.
Ein Sprachkurs für Kinder im Primarstufenbereich in vier Teilen, der in jedem Buch (auf *comic-strip*-Basis) aus der Sicht von drei Kindern eine fortlaufende Abenteuergeschichte erzählt, die einerseits Sach- und Inhaltsbezüge zur englischsprachigen Welt herstellt und andererseits viele motivierende Phantasieelemente enthält (ein in Großbritannien und Nordamerika arbeitender Detektiv, eine Zeitmaschine, ein freundlicher Roboter, Magie, Zauberei u. dgl. mehr).

c) D. Vale: *early bird*. Cambridge University Press, Cambridge.
Ein Sprachkurs für Kinder im Primarschulbereich in vier Teilen mit einer betont handlungsorientierten Grundlegung und dem Versuch, Bezüge auf die Inhalte des primaren Curriculums (sprich die sonstigen Lernbereiche des vorfachlichen Unterrichts) herzustellen.

Zum Materialverbund von *Chatterbox* und *early bird* gehören Schülerbuch, Lehrerhandreichung, Arbeitsheft, Audiocassette, Flashcards und Spielesammlung.

Geschichten als tragende Säule der Spracharbeit
Sowohl **didaktisierte Geschichten** als auch **authentische Kinderbücher** haben inzwischen einen festen Platz in neueren Konzeptionen des frühen Fremdsprachenlernens. Im Sinne des so genannten *story approach* ist der (rezeptive wie produktive) Umgang mit Geschichten ein zentrales Moment der Förderung der kindlichen Sprachentwicklung überhaupt, der das Sprachangebot bereichert und aufgrund der hoch strukturierten Sprachgebung der Texte vielfältiges (oft implizites) Sprachlernen induziert (Aussprache, Wortschatz, Strukturen). Die Anschlussaktivitäten mobilisieren eine Fülle von verbalen und nonverbalen Handlungen: Nacherzählen, darstellendes Spiel, Malen, Zeichnen, Basteln, Pantomime, musisch-ästhetischer Ausdruck usw. Geschichten transportieren soziokulturelle Inhalte und sensibilisieren somit (wie auch alle übrigen fiktionalen Gattungen: Kinderreime und -lieder, Spottverse, Rätsel und Scherze) für Fremdverstehen. Sie verweisen auf anthropologische Grundkategorien menschlicher Erfahrung und bereiten auf archetypische Schemata in der Literatur einer Zweitsprachenkultur vor. Ein nach **narrativen Prinzipien** aufgebauter Gesamtunterricht entspricht in besonderem Maße dem spezifischen „narrativen Denken" (Bruner) des Grundschulkindes (die britische Grundschulpädagogik hat hierfür den so genannten *storyline*-Ansatz entwickelt).

Für die Zielsprache Englisch gibt es spezielle Sprachkurse für Kinder mit „Geschichten" im Mittelpunkt einer Materialsammlung im Medienverbund; z.B. *Story World* von D. Vale et al. [*A Story-based English Course for Young Children*]. Heinemann, London. – Für die Partnersprache Deutsch (als Fremdsprache) liegt eine didaktisch-methodisch aufbereitete Textsammlung für Kinder vor: *Das Haus mit der Maus*, hrsg. von H. Wilms u.a. [Ein Lese-Lern-Heft Deutsch für Kinder im 2.–4. Schuljahr]. Klett, Stuttgart.

Daneben existiert ein riesiges Reservoir wunderbarer Kinderbücher mit entsprechenden Handbüchern für Lehrer (z.B. Ellis & Brewster 1991; Wright 1995, 1997). Viele der „Klassiker" existieren im partnersprachlichen Original sowie in deutschen oder anderssprachigen Übersetzungen und können deshalb sowohl im deutschen als auch im nicht-deutschen Partnersprachunterricht (also parallel in beiden Lerngruppen) eingesetzt werden. Der Umgang mit Kinderbüchern, Geschichten und den fiktionalen „Einfachen Formen" (Gedicht, Reim, Lied, Rätsel usw.) empfiehlt sich besonders im „weiterführenden" partnersprachlichen Unterricht, der über das elementare Fremdsprachenlernen hinausgeht. Ein als **integrierte Text-Sprach-Arbeit** konzipiertes Fremdsprachenlernen geht weit über das hinaus, was im „Frühbeginn" der 60er und 70er Jahre in der Primarstufe üblich war. Hier kommen vielmehr (natürlich in elementarer Form) Aspekte zum Tragen, die ansonsten (im konventionellen Fremdsprachenunterricht) normalerweise erst auf der Oberstufe üblich sind: Rückgriff auf authentische (besonders fiktionale) Texte, viel Wortschatzarbeit, impliziter (wenngleich didaktisch vorstrukturierter) Strukturenerwerb, ästhetisches Lesen, Sprachspiel, Sprachwitz, soziokulturell eingebetteter Humor u. dgl. mehr. Gerade von diesen kindgemäßen und grundschulgerechten Prinzipien und Verfahren frühen Fremdsprachenlernens ist eine nachhaltige Innovation des herkömmlichen und über weite Strecken „verkrusteten" Fremdsprachenunterrichts der Sekundarstufen zu erwarten. Die SESB bietet hierfür einmalige Chancen, die im Sinne der Vorbildwirkung eines Modellversuchs nicht vertan werden dürfen.

Landeskundliche Atmosphäre im Klassenzimmer
Das Schaffen einer landeskundlichen Atmosphäre ist eine alte Forderung der deutschen Reformpädagogik Ende des 19. Jahrhunderts (Vietor 1882) und gewinnt an der SESB eine zusätzliche Aktualität, da die meisten nicht-deutschen Partnersprachen der SESB hier in Berlin nur einen eingeschränkten direkten Verkehrswert haben. Landeskundliche Akzente im Klassenzimmer und in der Schule sind sowohl für die deutsch- als auch für die anderssprachigen Kinder vonnöten, denn für viele Gegenstände und Phänomene der zweitsprachlichen Alltagskultur fehlt beiden Gruppen (zumindest teilweise) die konkrete Anschauung. Um ein ganz schlichtes Beispiel aus dem (mir vertrauten) britischen Kulturraum zu nehmen: Weder die deutschen noch die in Berlin aufwachsenden bilingualen Kinder können (vermutlich) etwas mit *baked beans* oder *fish 'n' chips* anfangen, wenn ihnen dieser Begriff in einer Geschichte begegnet. Hier muss der Unterricht – gestützt auf Realia und visuelle Medien – konzeptbildend wirken.

5.3.3 Der partnersprachliche Unterricht für bilinguale Kinder

Ein eigenständiges didaktisch-methodisches Handlungsfeld
Oft drängt sich dem „externen Beobachter" der Eindruck auf, als wären die bereits bei Schuleintritt bilingualen Kinder in der dichotomen Opposition von Mutter- und Partnersprache in der SESB-Konzeption „schlichtweg" vergessen worden. Diese Kategorie von zweisprachigen Lernern erfährt ihren besonderen Status durch die Tatsache, dass die allgegenwärtige, dominante Umgebungssprache Deutsch immer wieder in den Schul- und Familienalltag diffundiert, während es für die nicht-deutschen Partnersprachen im Berliner Raum keine (vom kommunikativen Gewicht her) vergleichbaren real-authentischen oder quasi obligatorischen Sprachverwendungssituationen gibt. Für die ausgewogen bilingualen Kinder kann folglich der partnersprachliche Unterricht nicht als frühes Fremdsprachenlernen modelliert werden, sondern er konstituiert ein eigenes didaktisch-methodisches Handlungsfeld.

Differenzierte Lernangebote
Binnendifferenzierung ist grundsätzlich über alle Dimensionen des pädagogisch-didaktischen Feldes möglich: über die inhaltlichen Aspekte einer Thematik, die Sozial-

formen des Unterrichts, die Materialien und Medien, die Menge, Offenheit und Komplexität der Aufgabenstellungen, den Zeitfaktor, die Ansprüche an die äußere Form oder Korrektheit des erwarteten „Ergebnisses", den Grad der Selbständigkeit der Lernenden bzw. das Ausmaß an Hilfen seitens der Lehrkraft u.v.a.m. Wichtig ist dabei, dass eine gewisse **gemeinsame Grundlage** bei allen Mitgliedern der Lerngruppe erarbeitet wurde, der sich dann (eingebettet in einen bestimmten **Arbeits- und Zeitplan**) **Pflicht- und Zusatzangebote** entsprechend den unterschiedlichen **Interessen** und **Leistungsmöglichkeiten der Kinder** anschließen können. Was den sprachlichen Bereich angeht, wären bei einem primarstufenüblichen Rahmenthema wie „Zoobesuch" differenzierende Aufgaben der folgenden Art denkbar (siehe auch das dritte Unterrichtsbeispiel in 5.4.4):

– Auswahl einer bestimmten Tierart, über die intensiver recherchiert, berichtet und gearbeitet wird,
– Interviews in Einzel-, Partner- oder Gruppenarbeit in der Klasse, Schule, Familie bzw. im Zoo selbst,
– Schreiben von Reportagen bzw. Sprechen von Reportagen auf Kassette,
– Beschaffen von Informationen über die gewählte Tierart über verschiedene Quellen und Arbeitstechniken,
– Erstellen von Collagen oder Phantasietieren und Vergleich der unterschiedlichen Kreationen,
– Vorstellen von Ideen über Texte im Ordner, auf einer Plakatwand oder im mündlichen Vortrag vor dem Plenum der Klasse.

Verstärkte Outputorientierung
Der *story approach* verbunden mit den Methoden des „kreativen Schreibens" ist für diese Gruppe von Schülerinnen und Schülern in besonderer Weise geeignet. Um gestufte Anforderungen (gerade auf der Ebene des mündlichen und schriftlichen Diskurses, sprich des sprachlichen, textgebundenen Outputs) kommt man nicht herum. Der Unterricht für diese Adressaten verlangt im Rahmen operativer Differenzierung Aufgabenstellungen mit einer relativ starken Komponente anspruchsvolleren kreativ-produktiven sprachlichen Ausdrucks (auch im Schriftlichen).

5.4 Die Synthese von Sprach- und Sachlernen

5.4.1 Prinzipien der Curriculumentwicklung für Immersionsunterricht

Das spezifische Merkmal der Immersion ist die Vernetzung von Sach- und Sprachlernen, wobei eine nicht als Muttersprache gelernte Sprache als Vehikular- oder Arbeitssprache im fachbezogenen Unterricht eingesetzt wird. Dies konstituiert einen **eigenständigen Spracherwerbstyp**, der durch eine **hohes Maß an curricularer Planung und didaktisch-methodischer Strukturiertheit** charakterisiert ist.

Ganzheitlich vernetzter, themenzentrierter vorfachlicher Gesamtunterricht
Inzwischen setzen sich in der modernen Grundschulpädagogik immer stärker Unterrichtskonzepte durch, die auf „narrativen Prinzipien" (in einem weiten Sinne verstanden: Egan 1988, Garvie 1990) beruhen. Gerade die soeben (nochmals) erwähnten „Geschichten" (*story approach*) eignen sich in besonderer Weise zur **ganzheitlichen Strukturierung der Inhalte** einer grundschulgemäßen Unterrichtsreihe (so genannter *storyline*-Ansatz) und zur **themenzentrierten Fundierung des integrierten Sach-Sprachlernens** im Rahmen von Immersion (so genannter *topic-web*-Ansatz).

Themenverbindliche und themenverträgliche sprachliche Lernziele
Wie in 4.2.2 und 4.3.3 ausgeführt wurde, unterscheidet die nordamerikanische, auf den Immersionsunterricht der Primarstufe projizierte Curriculumentwicklung (Met 1991; Snow, Met & Genesee 1989) zwischen *content-obligatory* und *content-compatible language objectives*. Damit wird zwischen sprachlichen Lernzielen differenziert,

– die für das jeweilige Thema **obligatorisch** sind (weil ohne diese sprachlichen Mittel kein Inhalt gelernt werden kann) oder
– die für das jeweilige Vorhaben **fakultativ** sind (wenngleich mit dem spezifischen Inhalt „vereinbar" oder „verträglich").

Ein didaktisch reflektierter Immersionsunterricht setzt sorgfältige curriculare Planung und koordinierte Absprachen bei den daran beteiligten Lehrkräften voraus. Bestimmte Inhalte können ohne spezifische sprachliche Kenntnisse (vor allem im Wortschatz und im Struktureninventar) und ohne fundierte funktional-kommunikative Fähigkeiten (in Bezug auf Mitteilungsabsichten, Darstellungsverfahren und Ausdruck semantisch-logischer Beziehungen) sprachlich einfach nicht bewältigt werden. **Die Verzahnung von Sprache und Sache muss systematisch geplant werden.** In den Fällen, in denen diese Integration bewusst und zielgerecht verfolgt wird, macht sie einen Großteil des Erfolges von Immersion überhaupt aus. Es ist eben nicht so, dass Immersion lediglich ein Sprachbad mit authentischem, aber undifferenziertem Input beinhaltet. Erfolgreiche Immersion ist ein eigenständiger Spracherwerbstyp unter schulisch-institutionellen Bedingungen (Wode 1993: 31: ein „vermittelter Spracherwerb"), der die Lernenden durch eine **hochstrukturierte Sequenz von Input, Throughput und Output** führt. Das „Kunstwort" *Throughput* soll den Aspekt der gezielten Verarbeitung, Verständnissicherung und Übung des Inputmaterials kennzeichnen, damit Input beim Lerner zum *Intake* wird. Erst der individuell verarbeitete *Intake* erlaubt ein sprachlich korrektes und situativ angemessenes sprachliches Handeln in der jeweiligen Zweitsprache.

Der Mathematikunterricht
Die (vermutlich) an den meisten Standorten der SESB zur Regel gewordene Praxis, den Mathematikunterricht in der deutschen Sprache zu führen, ist zwar unter den

Immersionsaspekten der Verzahnung von Sprache und Sache für die anderssprachigen Schüler wohl begründet, erscheint jedoch in einer ganzheitlichen Sicht der Inhalte des Primarstufencurriculums nicht vollends nachvollziehbar. Schließlich geht ein moderner Mathematikunterricht bereits in der Primarstufe über das schlichte „Rechnen" hinaus und thematisiert dabei kognitiv-konzeptuelle Kategorien des Zahlbegriffs, des Raumes, der Menge und der Zeit. Als grundlegende „basale Fähigkeiten" einer schulisch vermittelten Bildung können mathematische Einsichten und Operationen nicht vom Erwerb der nicht-deutschen Partnersprachen (Englisch, Französisch, Russisch usw.) getrennt vermittelt werden. Gerade ein handlungsorientierter Mathematikunterricht der Primarstufe eignet sich in vorzüglicher Weise für die Integration von Sache und Sprache, von mathematischen Konzepten bzw. Funktionen und sprachlichen Ausdrucksmitteln (vgl. hierzu detaillierter Met 1991: 286ff): das Schätzen, Erfassen und Vergleichen von Größen, Gewichten, Mengen, Häufigkeiten, Anteilen oder Wahrscheinlichkeiten. Dadurch entstehen in konkret-anschaulicher Weise objektbezogene Diagramme, Graphen, Tabellen u. dgl., die „natürlich" gegenstandsgerecht versprachlicht werden müssen und damit das Fundament für die sachfachbezogene Literalität des nachfolgenden Sachkunde- sowie des Erdkunde-, Geschichts- und Biologieunterrichts der 5. und 6. Klasse legen. In einer längerfristigen, curricular reflektierten Perspektive sehe ich Probleme für den nachfolgenden bilingualen Sachfachunterricht, wenn ein so fundamentaler Bereich wie der der mathematischen Operationen den Schülern nur mit den Begrifflichkeiten einer Sprache (des Deutschen) verfügbar ist. Bestimmte Schlüsselkonzepte sollten Eingang in den nicht-deutschen Partnersprachunterricht finden.

5.4.2 Immersionslehrer als Sach- und Sprachlehrer

Eine vordringliche Aufgabe der **Lehrerfortbildung** (siehe nachstehende Ausführungen) dürfte darin bestehen, die Lehrerinnen und Lehrer für die simultane und bewusst realisierte Doppelfunktion eines Sach- und Sprachlehrers zu sensibilisieren sowie entsprechende Kompetenzen (die für den Spracherwerb via Immersions- und Partnersprachunterricht unverzichtbar sind) zu vertiefen und weiterzuentwickeln.

Curriculare Planung der Verzahnung von Sache und Sprache
Viele Elemente der wünschenswerten Verzahnung von Sache und Sprache können **durch sorgfältige und systematische curriculare Planung** seitens des Lehrerteams im Vorfeld des eigentlichen Unterrichts **antizipiert** werden, um dann vom Sachkunde- bzw. Partnersprachenlehrer bewusst gehandhabt zu werden. Es versteht sich von selbst, dass den Lehrkräften „vor Ort" dafür extensive und intensive Hilfe seitens der Mitarbeiter(innen), die am regionalen Institut für Lehrerfortbildung für die Materialentwicklung in der SESB zuständig sind, zukommen muss. Eine vernünftige Kooperation wird auf wechselseitig ausgetauschte Ideen, Anstöße, Interessen und Materialien

gegründet sein, die auf entsprechenden Bedarfsanalysen beruhen (in der Curriculumentwicklung als *needs assessment* bekannt). Dabei müssen die **sprachlichen Lernziele** einer Einheit **so präzise wie möglich ausformuliert** werden, damit sie gezielt (wenngleich über weite Strecken implizit im ganzheitlichen, themenbezogenen Handeln) vom Unterrichtenden eingebracht und fokussiert werden können: Wortschatz, Strukturen sowie funktional-pragmatische sprachliche Kategorien.

Schwerpunkte in der Lehrerfortbildung
Einer gezielten und strukturierten Lehrerfortbildung kommt im Hinblick auf ein Immersionsprogramm ein besonderes Gewicht zu, denn theoretisch fundierte Kompetenzen als „integrierter" Sach- **und** Sprachlehrer dürften bei nur wenigen Grundschullehrern vorliegen. Als zentrale Schwerpunkte wären folgende Fragen und Problembereiche zu nennen:

- Theorien des Spracherwerbs sowie Einsichten der Bilingualismus-, der Zweitspracherwerbs- bzw. der Sprachlehr- und Sprachlernforschung für den Immersionsunterricht
- Aufarbeiten individuell-subjektiver Spracherwerbstheorien der Lehrkräfte
- Das Diskursverhalten erwachsener Bezugspersonen beim natürlichen Spracherwerb von Kindern in seiner spezifischen Sprachlehrfunktion für die Ausbildung eines funktionalen Sprachkönnens
- Parameter für spracherwerbsfördernde Interaktionsprozesse: inhaltsorientierte Kommunikation, dialogischer Gesprächsstil, Fragetechniken, Dekomposition (= „Transparentmachen") von sprachlichem Input, Korrekturverhalten, Outputorientierung, implizite Sprachlehrtechniken etc.
- Narrative Prinzipien grundschulpädagogischer Unterrichtsgestaltung: *storyline, topic web* und vergleichbare Ansätze
- Konzepte und Methoden frühen Fremdsprachenlernens
  - Materialangebot (Kindersprachkurse)
  - zielsprachliche Kinder- und Jugendbuchliteratur (*story approach*)
  - integrierte Text-Spracharbeit mit authentischen Texten (Aussprache, Wortschatz, Grammatik)
  - Erkundungs-, Begegnungs- und Korrespondenzprojekte
  - spracherwerbsbezogene Lernstrategien und Arbeitstechniken
- Differenzierungsmöglichkeiten und Fördermaßnahmen im mutter- und partnersprachlichen Unterricht als Antwort auf das Prinzip der Anbindung der Lernanforderungen an die Lernvoraussetzungen der äußerst heterogenen Lerngruppen an einer bilingualen Schule
- Curriculare Planung exemplarischer Unterrichtsvorhaben in der spezifischen Verzahnung von Sache und Sprache
- Das sprachliche Anforderungsprofil fachsprachlicher Texte: für den Sachkunde-

unterricht der Primarstufe sowie den Erdkunde-, Geschichts-, Sozialkunde- und Biologieunterricht der 5. und 6. Klasse.

5.4.3 Planungsinstrumente für einen lernbereichsübergreifenden Unterricht

In der Praxis der SESB haben sich im Wesentlichen zwei Planungsinstrumente durchgesetzt, die das Ziel haben, einen themenzentrierten und lernbereichsübergreifenden Unterricht zu strukturieren:

– die so genannte „Spinne" und
– das so genannte „Leporello" (vgl. Sukopp 1996: 23ff).

Die so genannte „Spinne"

Die so genannte „**Spinne**" ist wie folgt definiert (Sukopp 1996: 23): „Die ‚Spinne' geht von einer umfassenden Sachanalyse zu einem lernbereichsübergreifenden Thema aus (z.B. ‚Eine gemeinsame Mahlzeit') und ordnet die verschiedenen Aspekte, die unter diesem Thema angesprochen werden können, in ihren Beziehungen zueinander an. Dadurch entsteht zunächst eine inhaltsbezogene Vernetzung von Teilthemen. In einem zweiten Teilschritt werden die Lernbereiche des VU [= ‚Vorfachlichen Unterrichts', W.Z.] ‚befragt', welche Inhalte ihren Kategorien zuzuordnen sind". In aller Regel ergibt sich im Sinne der „Spinne" dann ein Strukturgitter der folgenden Art (= Abb. 13):

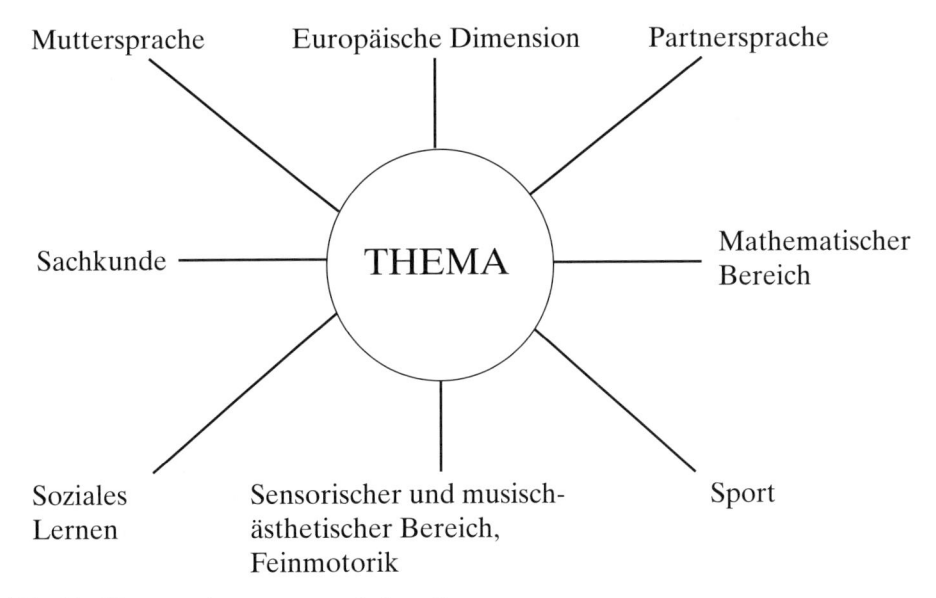

Abb. 13: Planungsinstrument „Spinne"

Lernbereiche	Teilthemen
	1 2 3 ... n

1. Umwelt- und Sacherkundung
• Sachkunde
  – Leben und Natur
  – Versorgen und Entsorgen
  – Energie und Technik
  – Historisch-geographische Aspekte
• Begriffsbildung
• Europäische Dimension
• Emotionalität und soziales Handeln
  – Identitätserfahrung
  – Kommunikation und Kooperation
  – Konfliktbewältigung
  – Multikulturelle Erfahrung	

2. Sprachbereich
• Muttersprache / • Partnersprache
  – Mündlicher Sprachgebrauch
  – Schriftlicher Sprachgebrauch
  – Wortschatz- und Strukturenarbeit
  – Redeabsichten und Redemittel
  – Soziokultureller Hintergrund der Sprachphänomene
  – Begriffsbildung
  – Sprache untersuchen
  – Literatur (fiktionale Sprache)	

3. Mathematischer Bereich • Mengen und Zahlen • Messen und Wiegen • Flächen und Körper • Umgang mit der Zeit	
4. Ästhetischer Bereich • Bildnerisches Gestalten • Musikalisches Gestalten • Darstellendes Spiel	

5. Senso-motorischer Bereich
• Multisensorische Übungen
  – Körpererfahrung
  – Rhythmische Bewegung
• Akustisch-auditive Übungen
• Feinmotorische Übungen	

Abb. 14: Planungsinstrument „Leporello"

Das so genannte „Leporello"

Das Planungskonzept des „Leporello" (eine Anspielung auf den „Fächer" in *Don Giovanni*) wird folgendermaßen charakterisiert (Sukopp 1996: 23): „Das ‚Leporello' schafft eine Übersicht für die Planung lernbereichsübergreifender Einheiten in Form einer Matrix. Gliederungsgesichtspunkte sind dabei die Lernbereiche ... sowie die Teilthemen einer Unterrichtseinheit". Das „Leporello" führt in etwa zu obiger didaktischen Planungsstruktur (= Abb. 14), wobei hier auch auf die Teilgebiete des „Spiralcurriculums" in Sukopp (1996: 29) zurückgegriffen wird. Im Gegensatz zu den bisher von „offizieller Seite" vorgelegten Planungsgrundlagen sollten meines Erachtens im **Sprachbereich** unbedingt die **sprachlichen Teilsysteme** (Wortschatz und Struktureninventar) und die **sprachfunktionalen Aspekte** (Redeabsichten und Redemittel) **explizit aufgeführt** werden (Intention: gezielte Spracharbeit!).

5.4.4 Beispiele für themenzentrierte Unterrichtsbausteine

Unterrichtsbaustein "*DARK*"

Für die 2. Klasse der SESB liegt ein Unterrichtsbaustein vor, der im Rahmen der Materialentwicklung und Fortbildung seitens der am Schulversuch beteiligten Moderatorinnen und Lehrkräfte entwickelt wurde.[13] Auf der Grundlage des Kinderbuchklassikers *The Owl Who Was Afraid of the Dark* von Jill Tomlinson haben McTaggart & Liepe (1995) Handreichungen vorgelegt, die eine gelungene Synthese von themenzentriertem Unterricht und narrativen Prinzipien der Unterrichtsführung in der Primarstufe darstellen. In beeindruckender Weise wird hier gezeigt, wie sich der Themenbereich „*DARK*" gleichermaßen für die vorfachlichen Inhalte einer 2. Klasse und den Zweitspracherwerb aufschließen und strukturieren lässt. Hier eine Auswahl von Themen und Aktivitäten in den verschiedenen Lernbereichen, die auf ein kind- und grundschulgemäßes Lernen in vielschichtigen, inhaltlich vernetzten Handlungsfeldern ausgerichtet sind (= Abb. 15). Über den Kontext des Unterrichts im Klassenzimmer hinaus lassen sich Besuche und Erkundungen im Zoo (Nachttierhaus) und/oder Planetarium durchführen.

1. Muttersprache / Partnersprache
  – Träume und Gedichte
  – Lesen und Hören der zentralen Geschichte
  – Gute-Nacht-Geschichten
  – Erzählen eigener Geschichten
  – Höflichkeitsroutinen/-floskeln

2. Sachkunde
  – Sonne, Mond, Planeten, Sternbilder
  – Nachttiere (Sachbücher)
  – Licht und Schatten
  – Farben, Reflexion

---

[13] Weitere Bausteine aus der Reihe „Curriculare Entwicklungen" (natürlich auch zu anderen Partnersprachen der SESB) auf Anfrage beim Berliner Institut für Lehrerfort- und -weiterbildung (BIL), Referat SESB, Alte Jakobstr. 12, 10969 Berlin, Tel.: 030/90172-111.

- Bezugs- und Wortfelder
  (z.B. Hell und Dunkel)
- Morsealphabet
- Versuchsbeschreibungen

3. Mathematischer Bereich
- Arbeit mit der Uhr
- Tagesablauf: Routinen, Tätigkeiten
- Darstellung von Zeitangaben in Diagrammen (z.B. Schlafdauer)

5. Soziales Lernen
- Beleuchtung früher und heute
- Berufe mit Nachtarbeit
- Ladenschluss- und -öffnungszeiten
- Verkehrserziehung: Dunkelheit
- Umwelterziehung: Batterien, Akkus
- Gesundheitserziehung:
  Gefahren von Feuerwerkskörpern

- Lichtquellen: Kerzen,
  Batterien und Taschenlampen
- Elektrischer Stromkreis
- Eulengewölle

4. Sensorischer & Musisch-Ästhetischer Bereich
- Lieder der verschiedensten Art (*songs, lullabies*)
- Schattenfiguren, Schattenrisse, Skyline bei Nacht
- Basteln eines Nachttieres mit leuchtenden Augen (Glühbirnen)
- Feuerwerksdarstellungen

6. Sport
- Arten des „Landens"
- Bewegungsspiele: unterschiedliche Arten der Bewegung bei Tag und Nacht, „Blindekuh" usw.

Abb. 15: Curriculumbaustein „DARK"

Unterrichtsbaustein "The Snowman"

Seit 1995 gibt es eine für das primare Englischlernen konzipierte Variante des Kinderbuchklassikers "The Snowman" von Raymond Briggs[14], die in vorzüglicher Weise in den frühen Klassenstufen der SESB in der Adventszeit eingesetzt werden könnte. Der Baustein besteht aus drei Komponenten (Briggs & Ellis 1995): *The Snowman Storybook, Teacher's Book* und Hörcassette von ca. 60 Minuten, die neben der für diese Ausgabe geschriebenen Erzählfassung Lieder sowie auf die Unterthemen der Geschichte ausgerichtete Hörverstehensübungen enthält. Das Schülerbuch (= *classbook*) verfügt über die originalen Abbildungen des Kinderbuchs (mit gewissen inhaltlichen Erweiterungen gegenüber der Fassung von 1978, was im Übrigen

---

[14] Die Geschichte liegt für englischsprachige Kinder in drei Printvarianten vor (Puffin Books): als textloses Bilderbuch (1978), als *Story Book* mit stark reduziertem Begleittext (1990) und als *Book of the Film* (1992) mit erweitertem Textteil. Eine ästhetische Meisterleistung ist die Filmfassung, die (mit Ausnahme des Songs „Walking in the Air" von H. Blake) auf das gesprochene Wort völlig verzichtet. Die Filmversion wird seit ihrer Herstellung (Snowman Enterprises Ltd., eine TVC London Produktion 1982) regelmäßig in der Vorweihnachtszeit im britischen Fernsehen ausgestrahlt. Buch und Film sind Teil der Sozialisationserfahrungen vieler anglophoner Muttersprachler (vgl. Zydatiß 1999).

auch für die Verfilmung gilt) sowie zusätzliche Aktivitäten für ein handlungsorientiertes, spielerisches frühes Englischlernen: Schreibaufgaben, Puzzles, Spiele, Lieder und Zusatzprojekte. Die Lehrerhandreichung gibt detaillierte Hinweise zu den Anschlussaktivitäten und deren methodischer Umsetzung, den sprachlichen Aspekten der Geschichte (Redeabsichten, Strukturen und Wortschatz) und dem soziokulturellen Hintergrund des Geschehens.

Eine sowohl inhaltlich als auch sprachlich ausgerichtete Sachanalyse macht die sinnstiftende Komposition und spracherwerbsfördernde Strukturiertheit dieses Kinderbuchklassikers deutlich (Abb. 16):

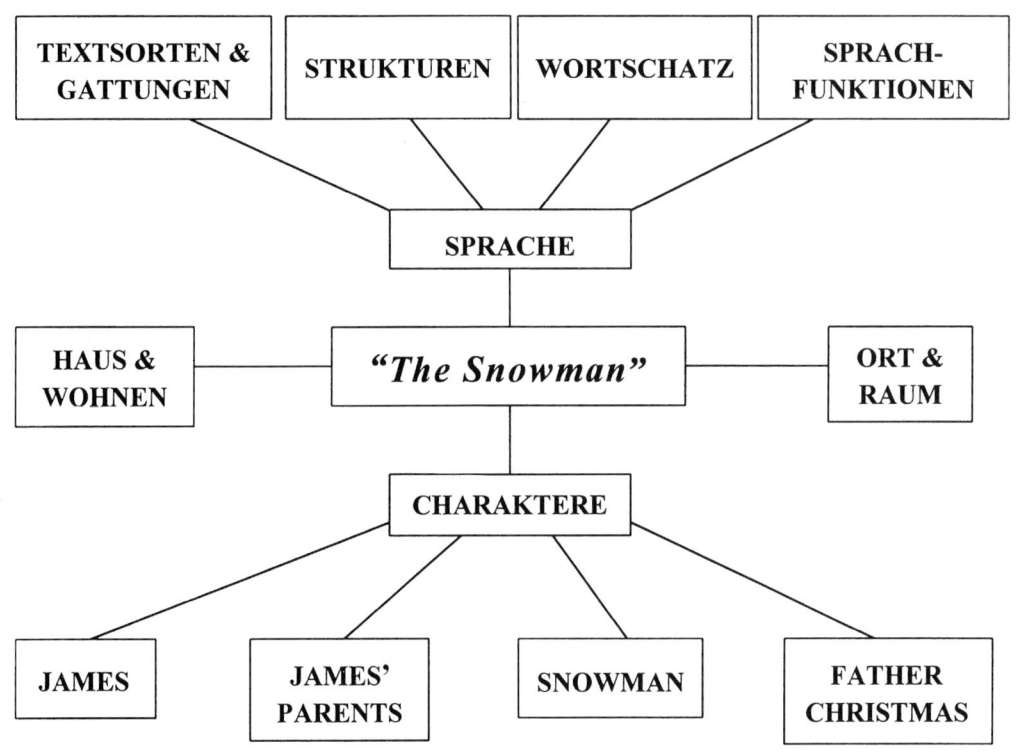

Abb. 16: Strukturgitter für R. Briggs "The Snowman"

Füllt man diesen Raster mit den konkreten sprachlichen und inhaltlichen Aspekten, die in dem Handlungsablauf der Geschichte selbst oder in den daraus folgenden Anschlussaktivitäten stecken, so sind über die fiktive Welt der Literatur vielfältige Zugänge zur soziokulturellen Realität des Zielsprachenlandes möglich (siehe Abb. 17). Die englischsprachige „Welt" kann mit anderen Worten in Ausschnitten ins Klassenzimmer geholt werden. Umgekehrt bringen die Kinder ihr Vorwissen ein, woraus sich interessante interkulturelle Einsichten ergeben können. Indem sie sich (zum

Teil) mit dem Protagonisten des Kinderbuchs (James) identifizieren, werden sie auch viele Aussagen über die eigenen (archetypischen) Erfahrungen und Wünsche machen.

Zusätzliche Textarten
- Lieder (*songs*)
- Sprechgesang, Sprechchöre (*chants*)
- Reime
- Witze, Scherze
- Weihnachtskarten
- Gedichte
- Puzzles

Sprachfunktionen/Redeabsichten
- Menschen begegnen
- Begrüßungen (mit stilistischen Abstufungen)
- Vorschläge machen
- Erlaubnis einholen
- Warnungen/Befehle geben
- Dank aussprechen
- Verabschiedung

Wohnen
- Häuser: *house, flat, semi-detached/ terraced house*
- James' Zimmer: Möbel, Kleidung, Spielsachen (z.B. *cricket bat*)
- Fähigkeit: *what James can do*
- jem. herumführen
- Schlafzimmer der Eltern: Möbel, Kleidung, Gebiss
- Fragen: "*What is ...?*"
- Identifizieren: "*There is/are ...*"

Örtlichkeiten
- Stadtplan
- Lebensraum Stadt: *town, city ...*
- Brighton: *pier, Royal Pavilion*
- Lebensraum Land: *river, stream, mountain, hill, forest ...*
- Relative Positionen: *between, behind, in front of ...*
- Richtung: *across, through, over ...*
- Fragen: "*Where is ...?*"
- Möglichkeit
- Phantasiereisen

Küche
- ein Grundriss
- Möbel, Utensilien
- Positionen: *in, on, under ...*
- Zahlen und Mengenangaben
- Fragen: "*Is/Are there...?*", "*Where is/are ...?*"
- Lebensmittel: *breakfast, frozen food, tea, toast, dessert ...*

Wohnzimmer
- Begriffe: *sitting room, living room, lounge*
- Möbel: *sofa, armchair, settee ...*
- Heizen: *coal, open fire*

Garage
- Auto: *parts of a car*
- Motorrad: *starting a bike*
- Gefriertruhe (*freezer*)

Snowman
- Scheemann bauen
- Schnee, Eis, tauen, schmelzen
- Schneeflocke, Schneeball
- Rodeln
- Höflichkeit

Father Christmas	**James/Me**
– Weihnachen: *Christmas/ X-mas, Christmas Day*	– James'/mein Zimmer
– Weihnachten feiern: *party, tree, cake, cracker, cards, festoons ...*	– Was man mag und was man nicht mag (*likes/dislikes*)
– Geschenke	– Träume
	– Tägliche Routinen: aufstehen ... zu Bett gehen
	– Fragen: *"When...?"*
	– Zeitangaben: *"What's the time?"*
	– Adverbien der Frequenz
	– Farbbegriffe

Abb. 17: Integrierte Text-Spracharbeit mit dem *"Snowman"*

Aus einer komplexen Geschichte wie der des *Snowman* lässt sich im Sinne von *storyline-* und *story-approach*-Ansätzen ein inhaltlich wie sprachlich ergiebiges Projekt in der Adventszeit realisieren (vgl. Briggs & Ellis 1995). Das ästhetisch anspruchsvolle Kinderbuch ist ein „Stück" zielsprachliche Lebenswelt und bietet damit Kindern deutscher wie englischer Muttersprache (mit Einschränkungen) vergleichbare Sozialisationserfahrungen im Rahmen des unterrichtlich gesteuerten Immersionskontextes.

Unterrichtsbaustein *"From Wild Animals to Domestic Animals"*

Der Berliner „Rahmenplan" sieht für den Lernbereich „Sachkunde" der 3. Klasse unter anderem folgende Themen vor: „Tiere im Zoo", „Umgang mit Nahrungsmitteln/Kleidung", „Orientierung im Wohnviertel". Für den Unterricht an der SESB sollten die Themenkomplexe „neu" zugeschnitten werden, um den Spezifika der Lerngruppen, interkulturellen Momenten und den Aspekten des Spracherwerbs besser gerecht werden zu können. Exemplarisch hierfür wird eine Grobplanung für das Rahmenthema *"From Wild Animals to Domestic Animals"* vorgestellt, die sowohl das Prinzip eines themenzentrierten Unterrichts (*topic-web*-Ansatz) als auch das narrative Prinzip der Unterrichtsführung (*storyline*-Ansatz) einzulösen versucht. Als Strukturgitter der Planung eignet sich in diesem Fall das „Leporello" besonders gut. Aus Platzmangel wird es jedoch nicht in allen Einzelheiten der Abb. 14 entfaltet, sondern es werden vorrangig die Eckpunkte (d.h. die inhaltlichen und sprachlichen Schwerpunkte) der Planung zu den wichtigsten Teilthemen genannt (siehe Tab. 6). Was die Auswahl der Kinderbuchliteratur im Rahmen dieses Projekts angeht, so sind es in erster Linie Texte, die sich für einen im besten Sinne multi-sensorischen, handlungsorientierten Zugriff auf Sprache eignen und die viele Schüler(innen) mit unterschiedlichen Aktivitäten involvieren (Malen, Basteln, Lesen, Darstellen, Musizieren usw.). Für den Roman *The Sheep-Pig* sprechen die hohe sprachliche Qualität, der Humor und Sprachwitz sowie die Bekanntheit des Werks durch die recht erfolgreiche (wenngleich nicht durchgehend befriedigende) Verfilmung des Buches (= *Babe*).

	Zoobesuch	Tiere im Zoo	Kind und Tier	Textprojekt: "The Sheep-Pig"
1. Umwelt- und Sacherkundung • Sachkunde	Beobachtungsaufgaben „Ein Tier meiner Wahl": Beschreibung, Nahrung/Fütterung, Haltung im Zoo, natürlicher Lebensraum (Habitat), bes. Merkmale	Klassen und Arten der Wirbeltiere; Ernährung: Fleisch-, Pflanzen-, Allesfresser; Fortpflanzung bestimmter Tierarten	Körperteile von Tieren; distinktive Merkmale; Futter von Haustieren; was sie fressen	*wild animals* → *domestic animals, working animals, pets*; Tierprodukte, Nahrungskette; Tierarten, -rassen
• Emotionalität und soziales Handeln	Planung, Durchführung und Auswertung eines Zoobesuchs; Verhaltensregeln im Zoo		Mein Lieblingstier; Angst vor Tieren; Erlebnisse mit Tieren	Vorurteile und Stereotypien: wie man andere sieht
• Interkulturelle Aspekte		Wo wilde Tiere leben: außereuropäische (anglophone Länder)	Haustiere in anglophonen Ländern	Nahrung und Religion: z.B. *pork – muslims*
2. Sprachbereich (L1/L2)	Lageplan Zoo: Himmelsrichtungen, Präpositionen; Wegbeschreibungen verstehen und geben können; Bericht über Zoobesuch (Vergangenheitstempora)	„Steckbrief" zum jeweiligen Tier, expositorischer Text; Rätsel und Rätselgeschichten ("What are we?"); Gedichte, Wortpuzzle, Bildergeschichten; Namen von Tieren, Ländern, Erdteilen; spezielle Merkmale; Singular – Plural; 3. Person Singular dt. Verben (Umlaut); Was Tiere tun können (Bewegungsverben; Hervorbringen von Lauten) und wie sie sein können (Adjektive, Steigerung)	Phantasietiere erdenken, beschreiben, raten; Kinderbuchklassiker von Eric Carle *"The Mixed-up Chameleon"*; „Bremer Stadtmusikanten"; Tiergeschichten aus der Sammlung von Dick King-Smith *"A Narrow Squeak and Other Animal Stories"*	Ausdruck von Höflichkeit (stilistische Ebenen); englische Akzente und Dialekte *non-standard English*; Codes und Codieren (*passwords*); *animals and sounds*; Wortfeld „Stall": *stable, sty, pen, cage, kennel, paddock* etc.; Begriffe für das männliche/weibliche Tier, die Jungen; Modalverben: *rules and regulations*; Präsens des Passivs in *step-by-step*-Beschreibungen (Routinen, Nahrungskette usw.)

3. Mathematik	Orientierung im Zoo: Lageskizze, Legende	Gewicht und Größe bestimmter Tiere: kg/cm – pounds/ounces, – feet/inches	Kosten der Haustierhaltung; zeitliche Dimension von Zähmen und Züchten	Schätzen und Messen von Mengen, Gewicht und Größen; Sprachlicher Ausdruck von Mengen; *a flock/herd/shoal of …*
4. Ästhetischer Bereich	Lieder: *"Going to the zoo"*, *"Nelly the elephant"*, *"Rupert the bear"* etc.	Lieder: *"The animals went in two by two"*, *"Never smile at a crocodile"*, *"Who's afraid of the big bad wolf"* etc.	Malen/Zeichnen/Basteln der Phantasietiere; Lieder: *"Good dog Spot"*, *"Pussy cat"* etc.	Lieder: *"Old Mac Donald"*, *"Baabaa Black Sheep"* etc.; Schattenrisse: Tierarten/Rassen identifizieren
5. Senso-motorischer Bereich	Aufsuchen bestimmter Zielorte/Gehege im Zoo; taktile Erfahrungen im Kinderzoo	Fangspiele, Fortbewegung von Tieren simulieren (Sport)	Besuch der Domäne Dahlem oder des Tierheims; Wolle und Spinnen; Eindrücke aus dem Tierheim verarbeiten	Bewegungsspiele: *rounding-up games*, *sheep dog trials* simulieren (mit Bänken und Böcken)

Tab. 6: Vernetzung von Lernbereichen im themenzentrierten Unterricht "From wild animals to domestic animals"

Unterrichtsbaustein *"Charlie and the Chocolate Factory"* von Roald Dahl
Gemäß dem generellen 50:50-Prinzip der SESB findet in der 5. und 6. Klasse der nunmehr einsetzende Fachunterricht in den Fächern Biologie, Erdkunde, Geschichte/Sozialkunde und BK/Musik, der einen Block von acht Wochenstunden ergibt (gegenüber sieben für Mathematik und Sport), ganz oder überwiegend in der nichtdeutschen Partnersprache statt (zur Stundentafel siehe Abb. 2 in 1.1.2). Eine große Herausforderung für die Lehrkräfte besteht folglich darin, für diesen „elementaren" Sachfachunterricht Themenstellungen zu finden, die sich für einen ganzheitlichen, fächerübergreifenden und themenzentrierten Unterricht eignen, ohne dabei die inhaltlichen Vorgaben und Ansprüche des Berliner Rahmenplans für diese Sachfächer außer Acht zu lassen. Meines Erachtens bietet der Kinderbuchklassiker *"Charlie and the Chocolate Factory"* von Roald Dahl (1964) gute Möglichkeiten für ein fächerübergreifendes Arbeiten in der 6. Klasse. Der Roman existiert in deutscher Übersetzung, und es gibt eine gleichnamige Verfilmung (aus dem Jahr 1971) und eine Videofassung (aus dem Jahr 1994). Die Filmversion läuft unter dem Titel *"Willy Wonka and the Chocolate Factory"* und ist als *Warner Home Video* unter der Nummer S061206 erhältlich. Das Buch und der „Film zum Buch" können sowohl im Erst- als auch im Partnersprachunterricht eingesetzt werden (in englischer und/oder deutscher Fassung), denn der Unterricht in den beiden Sprachen läuft in der 5./6. Klasse weiterhin in getrennten Gruppen ab. Besonders reizvoll kann somit ein mehrschichtiger Vergleich der Buchvorlage mit der Verfilmung sein, vor allem in der Gegenüberstellung von ausgewählten Passagen im Original und in der Übersetzung (Roald Dahl zeichnet auch für das Drehbuch des Films verantwortlich).

Das Kinderbuch bietet vielfältige Möglichkeiten für eine textbezogene Spracharbeit und – darüber hinaus – eine Fülle von Anknüpfungspunkten für den Unterricht in den Sachfächern; und zwar zu Themen, die vom Rahmenplan für Biologie, Erdkunde, Geschichte/Sozialkunde und BK/Musik gefordert werden (6. Klasse). Die Ansätze einer inhaltlichen Verschränkung von Sprach- und Sachlernen unter einer einheitlichen, übergeordneten Projektidee (Rezeption und Verarbeitung des Kinderbuchs) sollen hier in tabellarischer Form skizziert werden (= Tab. 7). Als Quellen kommen hier u.a. die vielen Sachbücher für Kinder in Frage; z.B.:

- Richard Wood (ed.): *Great Inventions*. MacDonald Young Books (1995).
- Gillian Clements: *The Picture History of Great Inventors*. Studio Editions (1993).

Ferner Bildwörterbücher (etwa PONS Bildwörterbuch; Ernst Klett Verlag 1992) und Gedichtanthologien für Kinder:

- Jill Bennett: *Noisy Poems*. OUP (1987)
- Sylvia Plath: *Das Bett-Buch*. Frankfurter Verlagsanstalt 1989 (deutsch-englische Parallelausgabe).

Themen/Inhalte	Sprachbereich (L1/L2)				Sachlernen		
	Wortschatz	Sprachfunktionen	Strukturen	Zusatztexte	Biologie	Geogr./Gesch./Soz.	
Food and eating habits: nutrition junk food health food store obesity starvation a joint breakfast	meals sweets eat/feed flavour	surprise joy delicious nasty	habits: simple present; past progressive; adverbs of duration; if … then	recipes; "Spaghetti!" (poem by Jack Prelutsky)	mouth teeth tooth decay dental care sugar healthy nutrition	the cost of living; people in need	
Factory and inventions: production line work time child labour	factory buildings machinery robots	noise	present perfect; ability; comparisons	"Engineers" poem by Jimmy Garthwaite		great inventions: factories; famous inventors; cities in Britain and Germany; industrialization	
Housing and household: flats/houses TV (violence) people and pets gambling	kitchen cooking bedroom sitting room childhood/old age lottery	"my room" stupidity nasty crazy	past passive; before … after; adverbs; comparisons; in order to …	non-fiction: inventions around the house; great inventors		manners and behaviour; honesty and sincerity; duties and rules; the ageing society	

Tab. 7: Verschränkung von Sprach- und Sachlernen im Textprojekt "Charlie and the Chocolate Factory"

5.4.5 Zwischen Fehlertoleranz und Fehlerkorrekturen

Stützunterricht für sprachliche Lernziele (*adjunct*-Modelle)
Die Konzeption der SESB erlaubt es (in der Form des Partnersprachunterrichts), dem in der L2 erteilten Sachkundeunterricht „zuzuarbeiten" (= *readiness training*), besonders was die für ein Thema konstitutiven (sprich obligatorischen) sprachlichen Elemente angeht. Umgekehrt sollten die sprachlichen Phänomene, die im Sachunterricht Schwierigkeiten bereiten, im partnersprachlichen Unterricht korrigiert sowie in ihrer funktionalen Verfügbarkeit gefestigt und gesichert werden (= *remedial teaching*). – Die Idee eines Stützunterrichts für diese beiden übergeordneten Ziele des sprachlichen Curriculums (das die Immersion begleitet) wird in der kanadischen Literatur als *adjunct program* diskutiert.

Fehlertoleranz und Fehlerkorrektur
Für den eigentlichen Immersionsunterricht gilt das Prinzip einer hohen **Fehlertoleranz**, denn es geht dabei primär um die Inhalte, die Sache. Regelmäßig und bewusst vorgenommene **Fehleranalysen** sind allerdings eine wertvolle Quelle für **Korrekturmaßnahmen**, auf die nicht verzichtet werden darf. Für die mündlichen und (später auch) schriftlichen Äußerungen der Schüler ist eine **angemessene sprachliche Form** anzustreben. Das braucht Zeit, strukturierte Hilfen seitens der oder des Unterrichtenden sowie phantasievolle, handlungsorientierte und methodisch variierte sprachliche Übungssituationen, die nach Möglichkeit an die Themen der Unterrichtseinheit anzubinden sind. Dies wird in der kanadischen Immersionsliteratur ebenfalls als Aufgabe der *adjunct*-Programme angesehen.

Immersionsklassen unterliegen immer der Gefahr, dass sie (wie Wode 1993: 284 es ausdrückt) „sich selbst zum sprachlichen Vorbild werden"; d.h. es schleifen sich sprachliche Eigenarten und Gewohnheiten ein, die nicht der zielsprachlichen Norm entsprechen. Als Beispiel (nicht aus dem Kontext der SESB) sei hier genannt: "*Take out your *hefts*", offenbar vom deutschen Wort *Hefte* abgeleitet. Korrekturen sollten auf kindgemäße Weise den Fehler „erklären". Die kommentarlose „Verbesserung" oder reine Kontrastierung von Richtig und Falsch bringt nicht sehr viel für die Sprachkompetenz (wie wir aus dem natürlichen Spracherwerb aber auch aus entsprechenden Untersuchungen in fremdsprachlichen Klassenzimmern wissen).

Angstfreie Atmosphäre im themenbezogenen Unterricht
Aus dem bilingualen Sachfachunterricht der Sekundarstufen I und II ist bekannt, dass in der Fokussierung auf die Sachinhalte mit einer damit einhergehenden hohen Fehlertoleranz im themenbezogenen Unterrichtsgespräch (bezüglich der formalsprachlichen Korrektheit) für die Schüler eine angstfreie Atmosphäre entsteht. Diese ist entscheidend dafür maßgebend, dass in bilingualen Zügen die Bereitschaft und Fähigkeit zu sprechen und auch längere, komplexere Äußerungssequenzen inhaltli-

cher Art zu produzieren, deutlich größer ist als in entsprechenden Regelklassen. Dies gilt natürlich noch mehr für Kinder der Primarstufe, die ein vertrauensvolles Klima in der Klasse brauchen. Die sprachliche Unterstützung des Partnersprachunterrichts (*language support*) fördert das Selbstbewusstsein des Schülers in Bezug auf die Zweitsprache, erhöht die Fähigkeit zu mitteilungsbezogener Kommunikation, vergrößert das Vertrauen zu den Lehrenden und sichert die für den Schulerfolg insgesamt notwendige langfristige Motivation zum Lernen der Sprache und der Sachinhalte.

5.5   Einbindung der Eltern in die schulische Arbeit

Offenheit der Schule
Innovative Schulen binden die Eltern in die schulische Arbeit ein, was gerade bei einer sprachbetonten Variante wie der SESB wichtig ist, denn Schulen sind (bei aller Betonung handlungsbezogener, ganzheitlicher Momente) über weite Strecken „Sprachschulen". Sprache durchzieht alle Lebensbereiche und Sachinhalte. Von daher ist die Offenheit der Schulen für die Eltern und andere (besonders anderssprachige) Kontaktpersonen eine *conditio sine qua non* dieses Schulversuchs. In nordamerikanischen Immersionsschulen steht in der Regel bereits im Eingangsbereich ein bequemer Stuhl mit der deutlichen Aufschrift *"PARENTS WELCOME"*. Eltern sind dort gern gesehene „Gäste".

Beratung der Eltern über spracherwerbstheoretische Fragen
Die Eltern können und müssen in vielfältiger Weise in die schulische Arbeit miteinbezogen werden, was auf Seiten der Schulleitung und Lehrkräfte den Willen und die Fähigkeit voraussetzt, gerade auch in Bezug auf zweitspracherwerbsbezogene Fragen eine qualifizierte **Elternberatung** durchführen zu können. Im Einzelnen wären u.a. folgende Punkte wichtig, die entweder als Themen auf den Elternabenden oder im individuellen Gespräch mit den Erziehungsberechtigten angesprochen werden könnten:

– Spracherwerbstypen: natürlicher und vermittelter Spracherwerb
– Erziehung zur Zweisprachigkeit in der Familie und in der Schule
– Prämissen, Leitvorstellungen und Begründungszusammenhänge für einen bilingualen Unterricht nach Immersionsprinzipien (Synthese von Sache und Sprache)
– Dimensionen der bilingualen Sprachkompetenz
– Sprachkompetenz und Schulerfolg/-leistung
– Förderung der Erstsprache des Kindes in der Familie
– Prinzip der funktionalen Sprachtrennung (inklusive eines reflektierten *code switching*)
– Ziele und Methoden des Partnersprach- und des Muttersprachunterrichts an der SESB (einschließlich des Bewusstmachens eventueller kultureller Unterschiede)

- Potenzielle sprachliche Defizite von Immersionsschülern
- Langfristigkeit des Aufbaus einer bilingualen Sprachkompetenz
- Identifikation mit der Zielsprachenkultur (Stellenwert des Lesens und der Literatur im weiten Sinne des Literaturbegriffs: Kinder-, Jugendbuch, Hör- und Videokassetten, Fernsehsendungen für Kinder des zielsprachlichen Kulturkreises)
- Kontakt und Begegnung mit Vertretern der Zielsprachenkultur (Erkundungs- und Korrespondenzprojekte der Schule, familiäre Urlaubsgestaltung, Klassenfahrt)
- Nutzung elektronischer Medien: *e-mail*-Austausch mit Partnerklassen im Ausland (verlangt natürlich die entsprechende Hardware im PC-Bereich)
- Die europäische Dimension der SESB
- Interkulturelles Lernen an der SESB
- Lehrer als Sprachlernberater: das Lernen der zweiten sowie weiterer Fremdsprachen, Weiterführung der SESB, bilinguale Züge im Sekundarschulbereich der Berliner Schule u. dgl. mehr.

Mitarbeit der Eltern
Über die an Regelschulen übliche Mitarbeit von Eltern hinaus können die Eltern aktiv zum Schulleben beitragen:

- Aufbau einer Bibliothek und Mediothek mit deutsch- und anderssprachigen Materialien
- Mithilfe beim Leselernprozess (zu Hause und in der Schule)
- Vorlesen bzw. Vortragen von Geschichten in den Klassen
- Kontakte herstellen für Erkundungs- und Begegnungsprojekte im Berliner Raum
- Organisation kulturtypischer Angebote oder Aktivitäten im Rahmen von Schulfesten, „Tagen der offenen Tür" u. dgl.: Im britischen Kulturraum sind zum Beispiel diverse *fund-raising activities (jumble sales, raffle tickets, charity walks, sponsored reading/spelling, fun run* etc.) durchgehendes Merkmal eines Schullebens, das die Eltern aktiv miteinbezieht.

Übergeordnetes Ziel sollte sein, die **Identifikation** aller SESB-Angehörigen (Schüler, Lehrer, Erzieher, sonstige Dienstkräfte) mit dem Schulversuch zu fördern und zu stärken (in der Wirtschaft heute als *corporate identity* bekannt). Wie der letzte Spiegelstrich andeutet, können einige Aktivitäten deutschen Schulleitern und Eltern zunächst durchaus „fremd" sein; etwa was das „Eintreiben von Geld" durch die Schule insgesamt oder einzelne Schüler (noch dazu für unterrichtliche Lernziele) angeht. Auch hier ist interkulturelles Lernen angesagt.

Elternvertretung: das *monkey*-Prinzip
Innovative Schulversuche wie der der SESB bringen für die **Elternvertreter** der einzelnen Klassen und die **Gesamtelternvertretung** (= GEV) zum Teil erhebliche Mehr-

arbeit mit sich. Im Schulalltag werden zum einen Fragen aufgeworfen, die eine gewisse Informiertheit in Bezug auf pädagogisch-didaktische Themen und ein gewisses Maß an interkulturellem Wissen voraussetzen. Zum anderen gibt es Diskussionspunkte, die schulpolitisches Denken und eine klar strukturierte, überzeugende Darstellungsweise erfordern. In diesem Zusammenhang wird es unweigerlich Kontakte mit der Schulverwaltung (bis hin zur Ministerialbürokratie) und den schulpolitischen Sprechern der politischen Parteien geben. Hierfür müssen kompetente Repräsentanten der Elternschaft benannt bzw. gewählt werden. Aufgrund einschlägiger Erfahrungen erscheint es mir sinnvoll, an dieser Stelle auf das so genannte *monkey*-Prinzip hinzuweisen, das aus Managementstudien nicht ganz unbekannt ist.

Im sprachlichen Register von Managementkreisen versteht man unter einem *monkey* (auch hier schlagen die englischen Termini durch) den „nächsten Schritt in einem Problemlösungsprozess". Manager und Geschäftsleute lernen dann im Rahmen ihrer Ausbildung, dass es **nicht** zuallererst darauf ankommt, **was** getan werden muss, um ein spezifisches Problem des Geschäftslebens zu lösen. Vielmehr sollte in der Regel eine sehr viel höhere Priorität der Frage zuerkannt werden, **wer** das jeweilige Problem am besten in Angriff nehmen könnte oder sollte. Die Schwierigkeit besteht bei vielen Problemen mit anderen Worten darin, die **„richtige Person"** zu finden. Nur allzu oft wird die „falsche Person" für derartige Problemlösungssituationen benannt. Die Elternvertretung einer Schule sollte sich deshalb gut überlegen, wen sie als ihre(n) Sprecher in die nicht immer konfliktfreien Verhandlungen mit Verwaltungsbeamten und/oder Politikern schickt. – Damit ist auf elegante Weise der Übergang zum letzten größeren Kapitel geglückt.

6. Schulpolitische Perspektiven des Berliner Schulversuchs

Der Schulversuch der SESB stellt ein in der deutschen Bildungslandschaft bisher einmaliges Modell dar, das für die Bildungsplanung und Schulentwicklung höchst bedeutsam ist. Es wird nicht nur ein bilingualer Unterricht in der Grundschule nach den Prinzipien reziproker Teilimmersion realisiert, sondern es werden auch die Herkunftssprachen der in unseren Ballungsgebieten zahlreich vertretenen Minoritäten in ein Bildungskonzept bilingualer Erziehung integriert. Da zu erwarten ist, dass dies nicht der einzige und letzte Versuch[15] bilingualen Unterrichts und bilingualer Erziehung an deutschsprachigen Grundschulen sein wird, sollten diesbezügliche Planungen einige der grundlegenden Erfahrungen zur Kenntnis nehmen, die die SESB in ihrer Entwicklung gemacht hat und die sie (als Probleme) in wiederkehrender Weise belastet haben. Im Sinne eines Systemmanagements muss ein Schulreformprojekt auch gewisse schulpolitische Aspekte beachten; sonst holt es sich sehr viel Frust, Ärger und Inkompetenz ins Haus.

6.1. Der Streit um die Bezahlung der ausländischen Lehrkräfte

Die Frage der Bezahlung der an der SESB angestellten ausländischen Lehrkräfte hat diesen Schulversuch seit dessen Beginn als Streitpunkt begleitet. Die Diskussionen, die phasenweise von Erbitterung und Empörung gekennzeichnet waren, sind potenziell von einer Brisanz, die den Versuch in seiner Substanz gefährden können. Sie zeigen insbesondere, wie weit wir im Bildungswesen von einvernehmlichen nationenübergreifenden Lösungen bezüglich der Akzeptanz bzw. Gleichstellung von Qualifikationen im tertiären Bereich entfernt sind. Die Niederlassungsfreiheit aller Bürgerinnen und Bürger der Europäischen Union ist zwar ein Faktum, nicht aber die Gleichwertigkeit der Lehrerexamina, wenn es an die Anerkennung von Abschlussqualifikationen und das Prinzip gleicher Bezahlung für die gleiche Arbeit geht.

Nach der Rechtsauffassung der Berliner Senatsschulverwaltung müssen die ausländischen Lehrerinnen und Lehrer, die an der SESB beschäftigt sind, gemäß der Art und Dauer ihres Ausbildungsgangs bezahlt werden. Da diese Lehrkräfte in der Regel über eine Ausbildung als Grundschullehrer(in) in ihrem Heimatland verfügen

---

[15] In der Bundesrepublik Deutschland gibt es (noch) eine deutsch-französische Grundschule in Freiburg und eine deutsch-italienische Grundschule in Wolfsburg. Die Letztere wird wissenschaftlich begleitet: vgl. Sandfuchs 1992, Riccò & Sandfuchs 1997, Riccò 1997a und 1997b sowie Valbonesi u.a. 1998. In Hagen (Westfalen) plant man für das Schuljahr 1998/99 die Eröffnung eines deutsch-italienischen Zuges an einer katholischen Grundschule (der Meinolfschule). In Wien gibt es seit einigen Jahren das bilinguale Schulprojekt der *Vienna Bilingual School* (vgl. Simpson 1998), das zur Zeit die Grund- und Mittelschulen abdeckt.

(die meistens kürzer und straffer organisiert ist als die entsprechenden Lehramtsstudiengänge an deutschen Hochschulen und Universitäten), wird ihnen die gleiche Bezahlung für die gleiche Arbeit verwehrt. Faktisch erhalten diese ausländischen Lehrer(innen) bis zu 40% weniger Gehalt als ihre deutschen Kolleginnen und Kollegen, was einen Unterschied von ca. DM 1.000,– im Monat ausmachen kann. Dies wird von Ihnen (verständlicherweise) als **Diskriminierung** empfunden, obwohl ihre muttersprachliche Kompetenz und pädagogische Arbeit für den Aufbau und die Fortentwicklung der SESB unabdingbar sind. Gerade von den partnersprachlichen Lehrern wird erwartet, dass sie (über die unverzichtbare Sprachkompetenz hinaus) ihren soziokulturellen Hintergrund in das Schulleben mit einbringen, die Beschaffung und Entwicklung der Unterrichtsmaterialien entscheidend mittragen sowie die notwendigen Impulse bei der inhaltlichen Überarbeitung und Modifizierung der Berliner Rahmenpläne setzen. Etliche Lehrer aus dem Ausland haben deshalb geklagt und sich dabei auf die EU-Richtlinie 89/48/EWG vom 21.12.1988 über die gegenseitige Anerkennung von Hochschulabschlüssen berufen (bisher ohne Erfolg).

Im Zuge der drastischen Sparmaßnahmen im Berliner Bildungswesen hat sich die Situation seit dem Frühsommer 1996 nochmals verschärft. Gemäß Beschluss des Berliner Senats vom 21.5.1996 wurden nur 600 von 1.241 Fristverträgen für Lehrer weiter genehmigt (und zwar als Teilzeitbeschäftigung mit zwei Drittel der Wochenarbeitszeit). Von diesen 400 Vollzeitstellen beanspruchte 1996 die noch im Aufbau befindliche SESB allein 100 Stellen, was die Akzeptanz dieses oft für „elitär" erklärten Schulversuchs angesichts des akuten Lehrermangels in anderen Bereichen der Berliner Schule nicht gerade erhöhte. Im Ostteil der Stadt werden dringend Englisch-, Französisch-, Kunst- und Musiklehrer gebraucht sowie (über das ganze Stadtgebiet verteilt) Lehrer an den berufsbildenden Oberschulzentren, in den Sonderschulen und Integrationsklassen (für behinderte Kinder). Ein $\frac{2}{3}$-Fristvertrag mit einer um 40% niedrigeren Eingangsbezahlung ist keine attraktive Perspektive für qualifizierte und engagierte Lehrer aus dem Ausland, wenn man an die Lebenshaltungskosten in Berlin denkt. In pädagogischer Hinsicht wirkt sich ein Teilzeitvertrag verhängnisvoll aus, da in diesem Fall eine Lehrkraft nicht alle in der Partnersprache zu erteilenden Stunden in einer Klasse übernehmen kann. Eine personelle wie curriculare Zersplitterung ist für kleine Kinder sowieso nicht sinnvoll; an der SESB gefährdet sie darüber hinaus die vom Immersionsprinzip geforderte lernbereichsübergreifende Vernetzung der themenbezogenen Arbeit. Was den arbeitsmarktpolitischen Effekt von befristeten Teilzeitverträgen angeht (jüngeren ansonsten arbeitslosen Lehrern eine Beschäftigung zu bieten), war den Planern in der Schulverwaltung nicht aufgefallen, dass dieser Effekt bei der SESB nicht greift, denn es gibt in der Berliner Schule keine Lehrer, die die an der SESB benötigten ausländischen Lehrkräfte ersetzen können! Die Konsequenz aus diesen Einsichten war 1996, dass die bestehenden Fristverträge verlängert und die geplanten Teilzeitverträge auf

195

„volle" Verträge aufgestockt wurden. Anderenfalls wäre damals das gesamte SESB-Projekt ernsthaft bedroht gewesen.

Der Mai 1997 brachte nahezu identische Ereignisse; mit einem ersten Höhepunkt am 5.5.1997 (dem „Europatag"). Dieser wurde allerdings nicht wie sonst als Projekttag gewürdigt, sondern zu einem „Aktionstag" der Lehrer, Erzieher, Schüler und Eltern umgewidmet, um dem drohenden „Ausbluten" der SESB entgegenzuwirken. Die „Gewerkschaft Erziehung und Wissenschaft" (= GEW) unterstützt inzwischen die ausländischen Lehrkräfte in ihren Klagen vor Gericht, indem man versucht, die Tarifierung eines Eingruppierungs-Tarifvertrags für Lehrer im Angestelltenverhältnis durchzusetzen, dem sich eine nach der Leistung bemessene Stellenzulage für diese Lehrkräfte anschließen soll.

Der Juni/Juli 1998 war der Rahmen für den dritten Akt des Schauspiels zur Bezahlung der ausländischen Lehrkräfte an der SESB. Die Proteste und Demonstrationen waren überschattet von dem Entschluss etlicher Lehrerinnen und Lehrer (an den englischsprachigen Standorten waren es fünf!), ihren Dienst an der SESB zu kündigen (sei es aus Resignation oder Zorn). Inzwischen bietet das in Berlin aufblühende Privatschulwesen gerade britischen Lehrkräften eine interessante, längerfristige Berufsperspektive. Im Übrigen hatten die Auseinandersetzungen eine neue inhaltliche Wendung und Zuspitzung erfahren, die mit der Unzufriedenheit vieler Eltern und Lehrer betreffs der Sprachenfolge in den geplanten Weiterführungskonzepten im Gymnasialbereich zusammenhingen (siehe den folgenden Abschnitt 6.2.2).

Was der höchst unerfreuliche, die schulische Arbeit über Jahre belastende Streit eindringlich zeigt, ist die mangelnde Rechtssicherheit im Bereich unterschiedlicher Vergütungssysteme der EU. Der Berliner Schulversuch sprengt die deutschen Traditionen laufbahnbezogener Bezahlung; einer Vergütung, die sich nicht an der Leistung, sondern an Ausbildungsgängen mit staatlich anerkannten Abschlüssen orientiert.

6.2 Der Streit um die Weiterführung der SESB-Konzeption im Sekundarschulbereich

Die SESB hat – unabhängig von den unübersehbaren Defiziten in der Planung und Entwicklung sowie gewissen Desiderata in der alltäglichen Praxis – nicht zuletzt durch die Momente des Partnersprachunterrichts und des themenbezogenen, bilingualen Unterrichts eine **eigene konzeptuelle Identität** im Grundschulbereich ausgebildet. Da eine schulisch vermittelte funktionale Zweisprachigkeit als langfristiges Programm anzusehen ist, erscheint eine **Weiterführung** des Berliner Europaschulmodells **im Sekundarschulbereich unabdingbar**. Die SESB war ursprünglich eine Idee für die sechsjährige Berliner Grundschule. Inzwischen scheint jedoch allen Beteiligten klar zu sein (Schulverwaltung, Eltern, Schulleitern und Lehrern), dass ein umfassendes Konzept bilingualen Unterrichts und bilingualer Erziehung nicht nur ein Schulmodell der Grundschule sein kann. Wie zu erwarten war, ist auch dieser Entwicklungs- und Bewusstseinsprozess nicht ohne Spannungen und zum Teil heftige Konflikte verlaufen. Die Auseinandersetzungen der vergangenen Jahre kreisen dabei im Wesentlichen um zwei Punkte:

a) die Diskussion um die für die Weiterführung angemessene Schulform und
b) die Frage der Sprachenfolge an den weiterführenden Schulen.

6.2.1 Streitigkeiten bezüglich der Schulform

Im Schuljahr 1996/97 waren die Pilotjahrgänge der englisch-, französisch- und russischsprachigen Standorte in der 4. Klasse. In den Wochen und Monaten davor hatte es mehrere Treffen der Elternvertreter und der Fördervereine aller Berliner Europaschulen unter dem ideell-organisatorischen „Schirm" der Europa Union gegeben, die die Fortführung der SESB in den Oberschulen zum Thema hatten. Zeitgleich wurden dem Berliner Senat mehrmals Anfragen zu einem entsprechenden Konzept für die Weiterführung des Schulversuchs im Sekundarbereich vorgelegt. Da nach übereinstimmender Auffassung der Elternschaft diesen Anforderungen seitens des Senats nicht nachgekommen wurde, konstituierte sich im Herbst 1996 eine „Elterninitiative für eigenständige Europa-Oberschulen". Diese organisierte für den 16. Oktober 1996 einen „Aktionstag" zu dem Thema, auf dem die Grundsätze für dieses Anliegen vorgestellt und erläutert wurden. Nach Meinung der dort vertretenen Elternschaft sollten die folgenden Prinzipien gelten:

– Die SESB muss im Oberschulbereich weitergeführt werden.
– Um alle Schulabschlüsse zu gewährleisten und eine eigene europäische Identität der Schule (und der Schülerschaft) sicherzustellen, wäre eine Europa-Oberschule in **gesamtschulähnlicher Form mit gymnasialer Oberstufe** am sinnvollsten.
– Eine Angliederung an bestehende Schulen (Gymnasien, Realschulen oder Gesamtschulen) ist abzulehnen, da dies die Schülerzahlen pro Sprachvariante und Schulform so reduzieren würde, dass diese Schüler an der jeweiligen Schule eine „winzige" Minderheit bilden würden. Die Ansiedlung an bereits existierenden Schulen würde das partnersprachliche kulturelle Umfeld auf ein unerträgliches Maß minimieren, was die „Europa-Schul"-Identität der Schüler- und Lehrerschaft in nicht-akzeptabler Weise beeinträchtigen würde.
– Es sollte deshalb eine „eigenständige" „Europa-Oberschule" mit (vermutlich) zwei Standorten in Berlin geben, an denen jeweils mehrere Sprachgruppen zusammengefasst werden könnten.
– Ein eigenständiger Schultyp (nicht zuletzt mit einem eigenen Gebäude!) würde Kindern aus vielen europäischen (und außereuropäischen) Nationen ein europäisches „Haus des Lernens" mit allen denkbaren Abschlüssen bieten und damit

den europäischen Gedanken in der deutschen Hauptstadt auf eindrucksvolle Weise in der Bildungs- und Kulturlandschaft Berlins verankern.
- Die Oberschullösung muss auf dem Niveau der vorhandenen Grundschul-Lerngruppen aufbauen (gerade was die Kompetenzen in der Erst- und der Partnersprache angeht) und muss dabei Schülern aller Leistungsstufen, Interessenrichtungen und Begabungsprofile durch entsprechende schulische Lernangebote und Abschlüsse gerecht werden.
- Die Oberschullösung muss finanziell abgesichert sein, vor allem was den Einsatz muttersprachlicher (!) Lehrkräfte für den Unterricht in den Sachfächern angeht (unter Wahrung des 50:50-Grundsatzes).
- Die Senatsschulverwaltung in Berlin muss unverzüglich einen Antrag auf Zustimmung der KMK (= Kultusministerkonferenz) für die Weiterführung der SESB als Schulversuch einreichen, um die bundesweite Anerkennung der Abschlüsse zu gewährleisten.
- Es ist (endlich) eine umfassende Evaluierung des gesamten Projekts durch eine wissenschaftliche Begleitforschung vorzunehmen (siehe hierzu 6.3).

Aufgrund der vielfältigen Initiativen der im Rahmen der Europa Union agierenden (höchst engagierten) Elternschaft und des davon ausgehenden Echos in der Presse bildete sich Ende 1996 eine „Gegenbewegung" an einigen Standorten der SESB, die zwar auch auf eine rasche politisch-organisatorische Lösung der Frage der Fortführung im Oberschulbereich drängte, dabei aber die Ansiedlung an die Schulformen des **gegliederten Schulsystems** favorisierte (also an bestehende Gymnasien bzw. Realschulen). Dermaßen in die Zange genommen, sah sich die Senatsschulverwaltung in Berlin gezwungen, zum Jahreswechsel 1996/97 „ihr" Konzept für die Weiterführung der SESB vorzulegen. Keine Berücksichtigung fand die Idee einer eigenständigen „Europa-Oberschule" in Form einer Gesamtschule. Diese Konzeption konnte im Schulausschuss des Berliner Abgeordnetenhauses nicht durchgesetzt werden. Heraus kam die von den Fördervereinen befürchtete **Zersplitterung** auf unterschiedliche Schulformen und verschiedene, bereits existierende Schulen in der Stadt.

Nach den seit Anfang 1997 vorliegenden Plänen des Berliner Senats sollen ab dem Schuljahr 1999/2000 (wenn die Pionier-Jahrgänge der ersten drei Partnersprachen in die 7. Klassen der Oberschulen übergehen) folgende Weiterführungsmöglichkeiten angeboten werden:

- Die Europaschüler der beiden englischsprachigen Standorte können an einem Gymnasium bzw. an einer Realschule weiterlernen, die in relativ enger räumlicher Nachbarschaft liegen.
- Die Grundschüler der deutsch-französischen Europa-Schulen sollen an einer Gesamtschule im Westteil und die der deutsch-russischen Standorte an einer Gesamtschule im Ostteil der Stadt entsprechende SESB-Züge erhalten.

Am schnellsten und entschiedensten reagierten bisher die Eltern der französischsprachigen Standorte: Sie „stimmten" im ersten Halbjahr 1997 „mit den Füßen ab" und meldeten ihre Kinder so zahlreich am grundständigen Französischen Gymnasium an, dass dort 1997/98 eine gesamte 5. Klasse mit ehemaligen SESB-Schülern aufgemacht wurde. Ob die Eltern der englischsprachigen Standorte die vom Senat angebotene Lösung spezieller SESB-Züge an Gymnasium bzw. Realschule annehmen werden, ist zur Zeit noch nicht abzusehen. Bisher sind kaum SESB-Schüler mit der Partnersprache Englisch an grundständigen Gymnasien angemeldet worden.[16]

Sprengstoff bildet natürlich der in 6.2.2 ausgeführte Streit um die Sprachenfolge an dem für die Weiterführung vorgesehenen Gymnasium. Ich halte es nicht für ausgeschlossen, dass viele Eltern dieses Schulangebot nicht akzeptieren und ihre Kinder lieber auf ein Gymnasium in ihrem Wohngebiet schicken. Es ist weiterhin denkbar, dass die Fortführungsangebote an den Oberschulen sich langfristig auf das Anmeldeverhalten der Eltern bezüglich der SESB-Grundschulen auswirken.

Diese kurze Zusammenfassung macht deutlich, dass auch der innovativste Schulversuch in der Grundschule nicht den „alten" Streitigkeiten um die Frage eines gegliederten oder ungegliederten Schulsystems entgehen kann. „Gesamtschule" ist für viele Eltern (auch in Berlin) ein Reizwort, ein negativ besetzter Begriff; obgleich der Stadtstaat (wie ansonsten nur noch Brandenburg) über eine sechsjährige Grundschule verfügt[17] (die allerdings auch nicht mehr unumstritten ist). Die Senatsverwaltung ist in der Frage der Weiterführung der SESB vornehmlich einen „Schlingerkurs" zwischen den verschiedenen Elterninteressen gefahren. Die klare Richtung und der „große Wurf" blieben aus. Für mich persönlich ist hier mit wenig sachgerechtem politischen Weitblick entschieden worden. Gesamtschule „hin oder her" – es hätte der Stadt und dem ehrgeizigen wie (von der Potenz her) verdienstvollen Schulreformprojekt SESB gut angestanden, in einem eigenständigen Schultyp des Oberschulbereichs fortgeführt zu werden. Deutsche, englische, französische, spanische, türkische, polnische, griechische usw. Europaschüler unter einem „Dach" lernen zu lassen (mit der Perspektive des „Euro-Bac" als „krönendem Abschluss"), diese einmalige Chance wurde (leider!) vertan.

---

[16] Zur Zeit gibt es in Berlin 121 Gymnasien, 39 Gesamtschulen mit gymnasialer Oberstufe und fünf Freie Waldorfschulen mit gymnasialer Oberstufe. Somit führen insgesamt 165 Schulen ab der 7. Klasse zum Abitur. Dem stehen sieben grundständige Gymnasien gegenüber, von denen zwei in privater Trägerschaft stehen. Der Übergang auf ein Gymnasium nach der vierten Grundschulklasse stellt in Berlin folglich eine große Ausnahme dar und beinhaltet in aller Regel, dass mit Latein als erster Fremdsprache begonnen wird (= Humanistisches Gymnasium).
[17] Nach 1945 wurde in Groß-Berlin eine achtjährige Einheitsschule errichtet. 1950 wurde diese Einheitsschule in einem politischen Kompromiss der Parteien in Berlin (West) auf eine sechsjährige Grundschulzeit reduziert, mit einem dreigliedrigen System im Oberschulbereich. Dieses Organisationsmodell existiert seit der Wiedervereinigung auch im Ostteil der Stadt, so dass die meisten Berliner Schüler (erst) in der 7. Klasse auf eine weiterführende Schule übergehen.

6.2.2 Streitigkeiten bezüglich der Sprachenfolge

Nachdem in der ersten Jahreshälfte 1997 die Pläne des Berliner Senats im Hinblick auf das Weiterführungsmodell der SESB im Sekundarschulbereich bekannt gemacht worden waren, zeichnete sich im Mai 1997 ein weiterer Streitpunkt ab, der die **Sprachenfolge** an den weiterführenden Schulen betraf. Inzwischen hatten auch die „aufnehmenden" Schulen ihr Angebot (bzw. ihr Ringen um die Stundentafel) so weit konkretisiert, dass zwei Dinge deutlich wurden:

a) Die auf das **Gymnasium** übergehenden Europaschüler mit der Partnersprache Englisch sollen in der **7. Klasse mit Latein beginnen**[18] (eine etablierte Tradition an dieser speziellen Schule – und es kommt, was die Möglichkeit eines SESB-Zugs betrifft, nur diese eine Schule in Frage).

b) Die auf die **Gesamtschule** übergehenden Europaschüler mit den Partnersprachen Französisch und Russisch sollen in der **9. Klasse mit einer weiteren Fremdsprache** beginnen, was zur Folge hat, dass diesen Schüler(innen) der **Wahlpflichtbereich gestrichen** wird (Konsequenz: Sie können ab der 9. Klasse kein **nicht**sprachliches Wahlpflichtfach belegen).

Seitdem diese Pläne (die den relativ langen Weg von der Planungskommission über die Schulgremien gehen müssen) in der schulinternen Öffentlichkeit bekannt sind, hat es große Unruhe unter den Eltern und Lehrern der SESB-Schüler gegeben, die am 2. Juli 1998 in einer Demonstration vor dem „Roten Rathaus" (dem Sitz des Regierenden Bürgermeisters von Berlin) ihren bisherigen Höhepunkt fand. Ausdruck der Sorgen und des massiven Protests von Eltern- und Lehrerschaft sind die folgenden Punkte (siehe hierzu die sehr gelungene und äußerst wirkungsvolle „Pressemitteilung" im Anhang):

– Die weiterführenden Schulen müssen auf den spezifischen Voraussetzungen der SESB-Schüler aufbauen. Sie können nicht „einfach" von ihren herkömmlichen Erwartungen, Anforderungen oder Fachangeboten ausgehen.
– Distinktives Merkmal der SESB (als gewissermaßen eigenständiger „Schulform") ist das bilinguale Prinzip. Nach Einschätzung der Grundschullehrer[19] an der SESB brauchen die Schüler beider Sprachgruppen auch nach dem Ende ihrer Grundschulzeit eine Festigung ihrer Muttersprache und ihrer jeweiligen Partnersprache. Kommt für die zukünftigen Gymnasiasten in der 7. Klasse eine weitere

---

[18] Alle SESB-Schüler erhalten ab der 5. Klasse Unterricht in einer Fremdsprache (im engeren, traditionellen Sinn: siehe unten): Die englischsprachigen lernen Französisch, alle anderen (mit den übrigen acht Partnersprachen der SESB) beginnen mit Englisch.
[19] Die Beurteilungskompetenz von Grundschullehrern, insbesondere die prognostische Qualität (oder Validität) des Lehrerurteils für den weiteren Schul- und Berufserfolg der Lernenden wird von der neueren schulpädagogischen Forschung mit Nachdruck bestätigt: vgl. Klauer 1978, Sommer 1983, Schwark u.a. 1991, Sauer & Gamsjäger 1996.

(Fremd)Sprache dazu, müssten für diese Schüler die Wochenstundenzahlen für Deutsch und Englisch gekürzt werden.
- Für die SESB-Schüler mit der Partnersprache Englisch (die ans Gymnasium wechseln wollen) wäre Latein die dritte „fremde" Sprache – noch dazu in rascher zeitlicher Folge (7. Klasse) zum ebenfalls lernintensiven Französisch (ab der 5. Klasse). Eine Überforderung von Schülern, deren Stärke nicht unbedingt die sprachliche Domäne sein muss, ist nicht auszuschließen.
- Das Schulfach Latein findet bei Eltern mit Englisch als Muttersprache so gut wie keine Akzeptanz, da die schulischen Traditionen und sekundären Sozialisationserfahrungen doch sehr verschieden von den deutschen sind. Weiterhin wird geltend gemacht, dass Lateinkenntnisse bei einer eventuellen späteren Rückkehr der Familie nach Großbritannien (oder in ein anderes englischsprachiges Land) den Kindern keinerlei Nutzen brächten.
- Was die dritte „fremde" Sprache angeht, ist die Asymmetrie in der Obligatorik und der zeitlichen Abfolge als Unterschied von Gymnasium und Gesamtschule nicht nachvollziehbar, denn es gibt für die Eltern und Kinder keine Alternativen bezüglich der Wahl einer bestimmten Schulform. Diese wird allein vom „Zufall" der Partnersprache der Kinder und einer höchst inkonsistenten und fragwürdigen politischen Entscheidung zugunsten bestimmter Schultypen determiniert.
- Zwei „fremde Sprachen" als (übliche!) Zugangsberechtigung zum Abitur müssen ausreichen; schließlich wird eine erste „fremde" Sprache ab der Vorklasse als so genannte Partnersprache gelernt und eine zweite „fremde" Sprache ab der 5. Klasse.
- Eine 0,8 Planstelle für einen muttersprachlichen Lehrer (*native speaker*) pro Jahrgangsstufe der Sekundarschule ist eine Berechnungsgrundlage, die den pädagogisch-didaktischen Ansprüchen dieser Schülerpopulation **nicht** gerecht werden kann. Geht man von einer Lehrverpflichtung von 20 Stunden für eine derartige Lehrkraft aus (⅘ der „üblichen" Wochenstundenzahl), so müssten diese **20 Stunden für die Unterrichtung aller Gymnasial- und Realschüler eines Jahrgangs** in den englischsprachig unterrichteten Fächern „reichen": z.B. Englisch, Geschichte/Sozialkunde, Erdkunde, Biologie (welche es sein werden, ist ebenfalls noch nicht entschieden). Da dies praktisch unmöglich ist, wird man auf deutsche Lehrkräfte zurückgreifen müssen, die einige dieser Fächer (wie im bilingualen Sachfachunterricht üblich) in der fremden Sprache unterrichten. Dagegen sträuben sich jedoch die meisten Eltern, weil sie darin zum einen einen Bruch des 50:50-Prinzips der SESB sehen und weil sie zum anderen bezüglich der Sprach- und Kulturkompetenz deutscher Lehrkräfte (in der Partnersprache) nicht das Niveau erwarten bzw. für gegeben halten, das die produktiv zweisprachigen Kinder brauchen, um eine „echte" und ausgewogene Zweisprachigkeitserziehung zum wünschenswerten schulischen Erfolg zu bringen.

Diese Liste der voll und ganz nachvollziehbaren Argumente verweist auf einen erschreckenden Mangel an Konzeptionslosigkeit und politischer Gestaltungskraft auf Seiten der Berliner Senatsschulverwaltung. Die Inkonsequenz in den Entscheidungen zum Weiterführungsangebot in Verbindung mit gewissen konzeptuellen „Leer-" oder „Unbestimmtheitsstellen" im SESB-Modell selbst haben zu inhaltlichen Verwerfungen und einem Ausmaß an Unmut bei den beteiligten Eltern geführt, die (über längerfristige Rückkopplungseffekte an die Basis der SESB-Klassen und die informierte Öffentlichkeit) das gesamte Projekt in seiner Substanz bedrohen könnten. Da im Dezember 1998 noch immer keine verbindlichen Festlegungen hinsichtlich der inhaltlichen Modalitäten der Weiterführung bekannt waren, deutete die Elternschaft der 6. Klassen (die 1999 in die Sekundarschulen wechselten) relativ unverhüllt Konsequenzen an, sollten ihre Forderungen nicht angemessen erfüllt werden:

- Suche nach Alternativen im Sekundarschulbereich, d.h. Ablehnung des Fortführungsangebots der Senatsschulverwaltung,
- Kollaps des SESB-Modells, weil die nachkommenden Grundschuljahrgänge durch das unbefriedigende Weiterführungsprogramm abgeschreckt werden.

Versucht man einmal, den tieferen Ursachen für die Befürchtungen und Forderungen der Eltern und Lehrer auf die Spur zu kommen, lassen sich meines Erachtens die folgenden Problemfelder in der bisherigen SESB-Konzeption einkreisen, die dringend einer weiteren Klärung bedürfen:

a) Der „juristische" Status der Partnersprache ist immer noch unklar.

Im Zuge der soeben skizzierten Querelen und im Vorfeld der Demonstration vom 2.7.1998 (die ein breites Echo in den Printmedien und Fernsehübertragungen der Region fand) hatte es auch eine „Kleine Anfrage" (= Nr. 13/3869) der Abgeordneten Elke Baum (der schulpolitischen Sprecherin der PDS) vom 24.6.1998 gegeben (dort Frage 2)[20]: „Welchen Stellenwert für die Zugangsberechtigung zum Abitur hat die an den staatlichen Europa-Schulen ab der Vorklasse erlernte Partnersprache?" – Im Namen des Senats von Berlin beantwortete der Staatssekretär in der Senatsverwaltung für Schule, Jugend und Sport (Klaus Löhe) diese Frage am 27.7.1998 wie folgt: „Vorbehaltlich der Zustimmung der KMK zu Deutsch als Partnersprache sollen die Partnersprachen als 1. Fremdsprache gelten".

Dies bedeutet doch wohl, dass fünf Jahre nach der offiziellen Genehmigung des Schulversuchs (vgl. Abgeordnetenhaus von Berlin 1993) immer noch nicht (bei der KMK) geklärt ist, ob die Partnersprachen der SESB als „Erste Fremdsprache" im Sinne des Hamburger Abkommens[21] einzustufen sind. Dies setzt vermutlich auch eine Änderung des Berliner Schulgesetzes voraus, denn der Beginn einer „Fremd-

---

[20] Zitiert nach dem Informationsdienst „Aus dem Abgeordnetenhaus" A19, LPD 164/98 vom 26.08.98.
[21] Das „Hamburger Abkommen" von 1964 (Neufassung 1968) regelt die Sprachenwahl und die möglichen Sprachenfolgen an deutschen Schulen.

sprache" (*sic*!) ab der Vorklasse bzw. 1. Klasse ist bisher weder in Berlin noch in einem anderen Bundesland vorgesehen bzw. üblich. Damit gewinnt der politische „Eiertanz" der Berliner Senatsschulverwaltung (um es salopp zu sagen) sogar eine gewisse Logik, denn wenn die Partnersprache zur Zeit (offenbar) noch **keinen** Status als Fremdsprache im justitiablen Sinne des Hamburger Abkommens und des Berliner Schulgesetzes hat (beide müssten dann geändert werden!), dann **muss** nach den geltenden Bestimmungen in der 7. Klasse des Gymnasiums (rein juristisch gesehen) die **zweite** Fremdsprache angeboten und gelernt werden. An Schulen „besonderer pädagogischer Prägung" können auch drei Fremdsprachen vorgeschrieben werden. Inwieweit die SESB (die bisher nur für die Berliner Grundschule – als Schulversuch – ausgelegt ist) unter diesen Passus fällt, entzieht sich meiner Kenntnis.

Eins dürfte klar sein: Der Schulversuch der SESB hat Fragen aufgeworfen, die den Rahmen der bisherigen Vorgaben sprengen und die (nicht zuletzt juristische) Konsequenzen haben, die bisher noch nicht ausreichend geprüft und geklärt sind. Es wird wahrscheinlich nicht sehr viele Eltern geben, die mit der Anmeldung ihres Kindes an der SESB zugleich auch den Erwerb von drei „fremden" Sprachen (wenn man die künftigen Realschüler hier einmal nicht berücksichtigt) als obligatorische und sinnvolle Bildungsausstattung ihres Kindes ansehen. Damit wird bereits der zweite Problemkreis angesprochen.

b) Die SESB ist keine Schule für sprachlich Hochbegabte.
Die SESB wird als „sprachintensive Variante der Regelschule" deklariert; d.h. es wird in der Konzeption von 1993 davon ausgegangen, dass die Schüler(innen) der SESB nicht notwendigerweise „sprachbegabt" sein „müssen" (vgl. hierzu ausführlicher 3.4.1). Das Ziel der SESB (inklusive der Weiterführung an den Sekundarschulen) kann somit nicht die Anhäufung möglichst vieler Sprachen sein. Die **übergeordnete Intention** eines in der Primarstufe einsetzenden bilingualen Unterrichts- und Erziehungskonzepts kann und muss in erster Linie der **Aufbau** bzw. die **Vertiefung einer bilingualen Sprach- und Kulturkompetenz** sein. Die Entscheidung, eine dritte Fremdsprache für Gesamtschüler in der 9. Klasse und für Gymnasiasten in der 7. Klasse verbindlich zu machen, verschiebt den Schwerpunkt eindeutig auf den sprachlichen Bereich.

Eine derartige **Obligatorik in der Sprachenwahl vernachlässigt** allerdings **andere Begabungsprofile** (etwa auf mathematisch-naturwissenschaftlichem oder musisch-künstlerischem Gebiet). Ein bilinguales Schulmodell muss allen Begabungsrichtungen gerecht werden, vor allem wenn der Zugang dazu über das primare Curriculum läuft. Genuin sprachliche Hochbegabungen (die es zweifellos auch an der SESB gibt) brauchen darüber hinaus andere Förderungskonzepte.

c) **SESB-Schüler(innen) sind nach ihrer sechsjährigen Grundschulzeit im Vergleich zu deutschen „Regelschülern" oder Schülern im Heimatland der jeweiligen Partnersprache auf sprachlichem Gebiet vermutlich im Hintertreffen** (nicht alle, aber doch wohl einige/etliche).

Gerade was die Schriftsprache angeht (siehe 3.1.2 zu den theoretischen Konstrukten *BICS* und *CALP* und den Konsequenzen daraus für die schulischen Leistungen), brauchen die meisten deutschsprachigen SESB-Schüler eine weitere verstärkte Übung und Vertiefung im Deutschen und in der jeweiligen Partnersprache (über die Zeit an der Grundschule hinaus!)[22]. Ähnliches dürfte für die Kinder mit nicht-deutscher Muttersprache gelten, die in ihrer L1 gestärkt werden müssen, damit eine umfassende zweisprachige Literalität Realität werden kann. Hier rächt sich der absolute Mangel an wissenschaftlicher Begleitforschung (z.B. in der Form regelmäßiger Sprachstandserhebungen: etwa nach der 2., 4. und 6. Klasse), aber die Einschätzung der SESB-Grundschullehrer(innen), dass nicht wenige SESB-Schüler(innen) Defizite in der L1 und/oder der L2 haben[23], dürfte nicht völlig aus der Luft gegriffen sein. Von daher versteht sich die Forderung der SESB-Lehrkräfte, dass die weiterführenden Schulen auf diesen Voraussetzungen aufbauen müssten. Im Sinne einer durchaus systemkonformen Stringenz haben einige Lehrkräfte der 5. und 6. Klassen der SESB bereits angekündigt, dass sie (vorausgesetzt es bleibt bei der obligatorischen dritten Fremdsprache ab Klasse 7 des Gymnasiums) „einfach" weniger Gymnasialempfehlungen aussprechen werden (können), denn für etliche Schüler(innen) wären insgesamt vier Sprachen in Verbindung mit den Ansprüchen des systematischen Lernens in den Sachfächern eine glatte Überforderung. Diese Argumentation dürfte stichhaltig sein.

---

[22] Man sollte sich vor reinen Zahlenspielen hüten, aber es sei daran erinnert, dass für den kanadischen Immersionskontext die oberste Stufe der Sprachfähigkeit (*proficiency*) erst nach ca. 5.000 Unterrichtsstunden in der L2 einsetzt. Die SESB-Schüler kommen im Laufe von sechs Schuljahren (bei 40 Wochen Unterricht und durchschnittlich 13 Stunden in der L2 pro Woche) auf gut 3.000 Unterrichtsstunden in der L2.

[23] In Berlin gab es im Verlauf des Schuljahres 1997/98 eine sehr kontroverse Diskussion bezüglich der Schulleistungen und der schulrelevanten Deutschkenntnisse türkischer Schülerinnen und Schüler an Gymnasien. Es wurde deutlich, dass diese Schüler(innen) als Gruppe (also im statistischen Sinne) überproportional schlechtere Noten in den Sachfächern und höhere Durchfallquoten im Abitur hatten als ihre deutschen Mitschüler(innen). Zensurenrelevant ist auch die Beherrschung der deutschen Schriftsprache. Selbst wenn also die mündliche Kommunikationsfähigkeit gesichert ist und im Schulalltag keinerlei Probleme bereitet (vgl. wiederum Cummins' *BICS*-Konzept), heißt dies noch lange nicht, dass die Schriftsprache normgerecht für alle fachbezogenen Unterrichtskontexte verfügbar ist (vgl. Cummins' *CALP*-Konzept). Defizite in der Sachfachliteralität können sich mit anderen Worten erst relativ spät in der Schulkarriere eines L2-Lerners als Problem und Nachteil für den Schulerfolg bemerkbar machen. Der Aufbau einer schriftsprachlichen Literalität in einer Zweitsprache ist ein langfristiger Prozess und muss deshalb von Anbeginn einer bilingualen Erziehung (besonders wenn sie schulisch vermittelt wird bzw. schulerfolgsrelevant ist) systematisch und zielbewusst verfolgt werden. Nach allem, was wir aus der Zweitspracherwerbsforschung wissen, ist davon auszugehen, dass Sprachreflexion und -betrachtung (also *language awareness*) eine Hilfe beim Aufbau einer zweitsprachlichen Kompetenz sind (nicht zuletzt bei typologisch sehr unterschiedlichen Sprachen, wie sie die verschiedenen Partnersprachen der SESB im Vergleich zum Deutschen darstellen).

Von daher sollte man sich seitens der Schulverwaltung dazu durchringen, von der Verbindlichkeit der 3. Fremdsprache in Klasse 7 Abstand zu nehmen. Entsprechend interessierten Gymnasiasten kann eine weitere Fremdsprache in der 9. Klasse im Wahlpflichtbereich angeboten werden.

Das Sprach- und das Sachlernen muss in einem pädagogisch sinnvollen Verhältnis zueinander stehen. Weniger ist hier Mehr! Dabei sollte ein nicht ganz unwichtiges Detail nicht vergessen werden: In Berlin besuchen gut 40% eines Jahrgangs das Gymnasium.

d) Kein verwandtes Schulmodell kennt eine so hohe Dichte in der Sprachenfolge wie die SESB.
Im Folgenden soll eine Übersicht zum Anteil des sprachlichen Lernens und zur Sprachenfolge in Schulmodellen vorgelegt werden, die ein der SESB vergleichbares (bilinguales) Bildungskonzept verfolgen (= Tab. 8). Die Angaben sind einer Tischvorlage entnommen, die Michael Göhlich (Erziehungswissenschaftler an der Technischen Universität Berlin) im Rahmen der Weiterführungsdiskussion im November/Dezember 1998 der diesbezüglichen Planungskommission des Berliner Senats unterbreitet hatte. Die in der Übersicht benutzten (drei) Sonderzeichen fordern die folgenden Erläuterungen heraus:

- ✶ Im Sprachregister der Europäischen Schulen (siehe 1.2.3) ist die „1. Sprache" die Muttersprache der Lernenden (= L1), die „2. Sprache" die erste Fremdsprache (die später – in der Sekundarstufe – als Arbeitssprache des Sachfachunterrichts eingesetzt wird) usw. Diese Sprachregelung wird hier übernommen.
- † In den bilingualen Schulmodellen von Wien und Wolfsburg ist die „3. Sprache" (= zweite Fremdsprache) in den Klassen 7 und 8 ein Wahlpflichtfach, d.h. nicht obligatorisch.
- ⊗ Die als Gesamtschule geführte John-F.-Kennedy-Schule in Berlin (bei der die Nachfrage nach Plätzen bei weitem das vorhandene Kontingent übersteigt) hat – ebenso wie die *Vienna Bilingual School* – in den ersten sechs Schuljahren „nur" die Muttersprache und eine erste Fremdsprache (Englisch) im Angebot. In der 7. Klasse setzt der Unterricht in einer zweiten Fremdsprache ein und zwar in Teilungsgruppen von 12 Schülern. Eine dritte Fremdsprache ist als fakultative Wahlmöglichkeit ab der 9. Klasse vorgesehen.

Schulen	1. Sprache*		2. Sprache		3. Sprache		4. Sprache	
	Kl. 7	Kl. 8	Kl. 7	Kl. 8	Kl. 7	Kl. 8	Kl. 7	Kl. 8
Europäische Schulen (Gesamtschulen: siehe Diag. 4)	5	4	4	4	3	3	-	(fak.) - [4]
Vienna Bilingual Schooling (siehe Fn. 15 in Kap. 6)	4	3	4	3	3†	3†	-	-
Deutsch-Italienische Schule Wolfsburg (s. Fn. 15 in Kap. 6)	4	4	4	4	4†	4†	-	-
John-F.-Kennedy-Schule Berlin (zweisprachige Gesamtschule Deutsch-Englisch)	4	4	4	4	4⊗	4⊗	-	-
Sophie-Charlotte-Gymnasium Berlin (bilingualer Unterricht ab Klasse 7: Englisch)	4	4	7	6	4	4	-	-
Sophie-Scholl Oberschule Berlin (Gesamtschule mit französ. SESB-Zug)	5	4	5	4	4	4	-	-
Schiller-Gymnasium Berlin (englischer SESB-Zug)[24]	4	4	4	4	4	4	3	3

Tab. 8: *Verbindliche Sprachenfolge und Stundentafeln für sprachliches Lernen in vergleichbaren Schulmodellen*

Der Übersicht der Tab. 8 ist eine klare und eindeutige Aussage zu entnehmen: **Kein der SESB „verwandtes" Schulmodell kennt eine so hohe Dichte und eine so enge zeitliche Abfolge im Sprachenangebot der Primarstufe und der frühen Sekundarstufe I wie die Planung für den englischsprachigen Zug der SESB am Schiller-Gym-**

---

[24] Das Schiller-Gymnasium ist als weiterführende Schule für SESB-Schülerinnen und -Schüler vorgesehen, die von den beiden englischsprachigen Standorten kommen und an einem Gymnasium ihren Schulweg fortsetzen wollen. Die in der Tab. 8 für diese Schule genannten Zahlen der Stundentafel entsprechen dem Planungsstand der Senatsschulverwaltung (November/Dezember 1998).

nasium (siehe jedoch 6.2.3). Dieser Modus der Sprachenfolge war als Konsequenz den Eltern bei der Einschulung ihrer Kinder an den englischen Standorten der SESB absolut unbekannt! Für die meisten Eltern stand (und steht) bei der Entscheidung für die SESB als Grundschule ihres Kindes (bzw. ihrer Kinder) die Überlegung im Vordergrund, dass hier ein längerfristig angelegtes bilinguales Bildungskonzept zum Tragen kommt, das zweisprachigen Unterricht und interkulturelles Lernen in bilingual zusammengesetzten Lerngruppen miteinander verbindet. Eine derartig massierte Häufung von fremden Sprachen im Kindes- und frühen Jugendalter entspricht nicht den Vorstellungen der überwiegenden Mehrzahl der deutsch- und der anderssprachigen Elternhäuser, die ihre (fünf- oder sechsjährigen!) Kinder bei der SESB anmelden. Von daher sind der immense Frust und erhebliche Unmut der Eltern im Hinblick auf die wenig sachgerechten Pläne der Senatsschulverwaltung gut nachvollziehbar.

Bei aller Wertschätzung der fremdsprachenpolitischen Prämisse einer Erziehung zur Mehrsprachigkeit (siehe 5.1.1) muss sich ein **genuin bilinguales Schulmodell** darüber im Klaren sein, was ein derartiges Programm hinsichtlich der Anforderungen an die Kompetenz in zwei Sprachen im schulischen Kontext bedeutet. Die schulisch relevante bilinguale Kompetenz bezieht sich (auch) auf die Schriftsprache **und** die Inhalte des Sachfachunterrichts. Sie stellt weit höhere Anforderungen an die Sprachfähigkeit als sie der herkömmliche Fremdsprachenunterricht ausbilden kann oder will. **Bilinguale Kompetenz als Ziel und Mittel eines durchgehend zweisprachigen Unterrichts ist ein eigenständiges Bildungskonzept und ein eigenständiger Spracherwerbstyp (unter Einschluss der entsprechenden kulturellen Komponente).** Der Erfolg eines derartigen Konzepts darf nicht durch die Überfrachtung des Unterrichts mit der Vermittlung von Fremdsprachen traditionellen Zuschnitts gefährdet werden. Es ist höchste Zeit, dass der Berliner Senat im Benehmen mit der KMK sich über die Prämissen, die Ziele und die Implikationen von Schulmodellen Klarheit verschafft, die unsere bisherige Unterrichtswelt durchgreifend verändern. Auch das „Hamburger Abkommen" bedarf einer Reform, denn eine konsequent zweisprachige Erziehung von der Vorklasse an geht an die Substanz der bisherigen Vorstellungen von Sprach- und Sachunterricht an unseren Schulen.

6.2.3   Eine sachgerechte Lösung der Sprachenfolge am Gymnasium

Die weiter oben angesprochene Unzufriedenheit der Eltern bezüglich der Planungsvorstellungen der Senatsschulverwaltung und der Schulleitung zur Sprachenfolge am Gymnasium setzte vor den Weihnachtsferien 1998 einen erheblichen Aktivierungsgrad bei den Betroffenen frei: So gab es Gespräche mit den schulpolitischen Sprechern der beiden „großen" Parteien (CDU und SPD), die damals in einer Koalitionsregierung „verbunden" waren. Darüber hinaus kam es zu einer Diskussionsrunde von Eltern und Lehrern der SESB auf der einen Seite sowie der Senatorin, dem Schulleiter des aufnehmenden Gymnasiums und den pädagogischen Referenten in der Senatsverwaltung für Schulwesen auf der anderen Seite. Da nach den Halbjahreszeugnissen (Ende Januar) die Anmeldung für die weiterführenden Schulen beginnt, war schließlich der Entscheidungsbedarf so dringend, dass am 19. Januar 1999 die Frage der Sprachenfolge für gymnasiale SESB-Schüler wie folgt entschieden wurde:

– Da die SESB-Schüler der englischsprachigen Standorte an der Grundschule bereits mit den drei Sprachen Deutsch, Englisch und Französisch „umgehen", muss der **Beginn einer weiteren Sprache in der 7. Klasse nicht obligatorisch** gemacht werden.
– Sollten mehr als 12 Schüler(innen) den Beginn einer vierten Sprache in der 7. Klasse wünschen, kann (auf freiwilliger Basis) ein Kurs für Latein oder Italienisch eingerichtet werden.
– Da allen Schülerinnen und Schülern des Schiller-Gymnasiums ab **Klasse 9 im Wahlpflichtbereich eine weitere Fremdsprache** angeboten wird (wahlweise Latein oder Italienisch), sollte dieses Angebot auch für die SESB-Schüler gelten.
– Da zur Zeit die **Partnersprache Deutsch** für **Kinder mit der Muttersprache Englisch** von der KMK immer noch nicht als Fremdsprache anerkannt ist, könnte der Beginn einer weiteren Fremdsprache ab Klasse 9 für diese Schüler(innen) zwingend werden. Die Eltern sollten deshalb von der Schulleitung auf diesen Sachverhalt schriftlich hingewiesen werden.

Damit dürfte die Frage der Weiterführung des Schulversuchs im Sekundarbereich für Kinder mit einer Gymnasialempfehlung eine sachgerechte und pädagogisch sinnvolle Lösung erfahren haben (zumindest was das Problem der Sprachenfolge betrifft). Hier zeigt sich, was eine engagierte und informierte Elternschaft letztendlich ausrichten kann, wenn ein innovatives Schulkonzept die überkommenen Bestimmungen und Praktiken in Frage stellt. Es bleibt zu hoffen, dass der Status der Partnersprache Deutsch für die anderssprachigen Schüler der SESB die Klärung und die Gewichtung erfährt, die dieser Sprache im Rahmen eines bilingualen Bildungskonzepts zukommen. Eine **schulisch vermittelte Erziehung zur Zweisprachigkeit muss Kinder nichtdeutscher Herkunftssprachen und Kinder mit deutscher Muttersprache** in dem Sinne **gleich behandeln**, dass die **bilinguale Sprachkompetenz** als **eigenständiges, übergeordnetes Bildungsziel** für beide Gruppen anerkannt wird und dass die **Obligatorik in der Wahl weiterer Fremdsprachen** den **gleichen** (justiziablen) **Prinzipien** und **Bestimmungen** unterliegt. Vermutlich müssen in Deutschland zunächst die **gesellschaftspolitischen Leitvorstellungen** des Umgangs mit Sprechern nichtdeutscher Erstsprache geklärt werden, bevor die im engeren Sinne sprachenpolitischen Entscheidungen für die Betroffenen konsensfähig werden.

In aller Bescheidenheit soll hier auf den im Anhang B abgedruckten Beitrag verwiesen werden, der in den entsprechenden Gesprächen mit den politisch Verantwortlichen den jeweiligen Mandatsträgern überreicht und erläutert wurde. Der Beitrag diente weiterhin einigen Eltern und Lehrern, die in die Verhandlungen mit der Schulverwaltung gingen, als Ideensammlung und Argumentationshilfe für eine sachbezogene Begründung ihrer Forderungen zur Sprachenfolge.

6.3 Die Notwendigkeit einer umfassenden wissenschaftlichen Begleitforschung

Der Schulversuch der SESB beinhaltet ein beträchtliches Innovationspotenzial für die Grundschule im Allgemeinen und das frühe Fremdsprachenlernen im Besonderen. In der absolut notwendigen, sachgerechten Weiterführung im Sekundarschulbereich können davon wertvolle Impulse und tatsächliche Veränderungen für eine tiefer gehende Verankerung des europäischen Einigungsgedankens in der Bildungs- und Kulturlandschaft der deutschen Hauptstadt ausgehen. Eine demokratische, offene Gesellschaft kann nicht darauf verzichten, die Erfolge und die eventuellen Defizite eines derartig anspruchsvollen Schulversuches in aller Breite bzw. Tiefe so differenziert und objektiv wie möglich zu dokumentieren. Das ist die Berliner Schulpolitik den Eltern, Schülern, Lehrern und der interessierten Öffentlichkeit schuldig – schließlich greift ein bilingualer Unterricht in der Primarstufe (der zu etwa 50% in einer Arbeitssprache geführt wird, die nicht die Muttersprache der Lernenden darstellt) massiv in die sekundäre Sozialisation dieser Schülerinnen und Schüler ein.

Bilinguale Schulkonzepte, die in Kanada, den USA, Luxemburg, Brüssel oder an Grundschulen in Finnland, Wales, Ungarn, Slowenien und anderswo erfolgreich sind, müssen nicht hier in Berlin „funktionieren". Dazu sind die soziokulturellen und die anthropogenen Voraussetzungen (um die Begrifflichkeiten der „Berliner Didaktik" zu verwenden) doch sehr unterschiedlich. Das schlichte Extrapolieren kanadischer oder belgischer Untersuchungsergebnisse auf die Berliner Situation verbietet die wissenschaftliche Seriosität. Die in den Eingangskapiteln referierten wissenschaftlichen Arbeiten verfügen über einen hohen heuristischen Wert, aber der Nachweis eines Erfolgs der SESB kann nur „vor Ort" erbracht werden. Die Berliner Hochschullandschaft besitzt hervorragende Forschungskapazitäten in der Grundschulpädagogik und in der Erziehungswissenschaft, in der Fremdsprachendidaktik und in der Sprachlehr- und Sprachlernforschung, um diesen wichtigen Schulversuch in angemessener Weise wissenschaftlich begleiten zu können. Interessierte und qualifizierte Kolleginnen und Kollegen dürften dafür in ausreichender Zahl an den Berliner Universitäten vorhanden sein.

Nach meiner Einschätzung sollten in **spracherwerbstheoretischer Hinsicht** vorrangig prozess- wie produktorientierte Untersuchungen zu folgenden Aspekten in Angriff genommen werden:

- Sprachstandsanalysen bei den Lernenden: Wortschatz, Struktureninventar, Aussprache
- Interaktionsanalysen im partnersprachlichen Unterricht sowie im andderssprachigen Sachkundeunterricht: Umfang der produktiven kommunikativen Fertigkeiten in der L2 (Sprechen, Schreiben)
- Analysen der rezeptiven Fertigkeiten in der L2 (Hör- und Leseverstehen)
- Erhebungen zu den sprachlichen Aspekten einer Literalität in der Sachkunde, in den Sachfächern der 5. und 6. Klasse sowie in der Mathematik:
  - Welche sprachlichen Anforderungsprofile stecken in den Sachtexten der Primar- und Orientierungsstufe?
  - Welche Konsequenzen folgen daraus für die curriculare Planung des Stützunterrichts in der Partnersprache (Integration von Sachinhalten und Sprache)?
- Untersuchungen der Lehrersprache in ihrer Sprachlehrfunktion für den L2-Erwerb der Kinder:
  - Diskursverhalten (kommunikationsorientierte Unterrichtssprache)
  - Sprachlehrtechniken
- Sozialpsychologische Analysen zum L2-Erwerb:
  - Einstellungen und Motivation zum Lernen einer Zweitsprache
  - Einstellungen zum „Fremden" bzw. zu „Fremden"
  - Das Selbstkonzept (= *ego status* bzw. *language ego*) der Schüler als Fremdsprachenlerner (psychosoziale Aspekte und Leistungsmomente: vgl. Seebauer 1997)
- Maßnahmen der Differenzierung im partner- und muttersprachlichen Unterricht
- Längsschnittuntersuchungen zur Lernkurve bzw. zum Sprachentwicklungsprozess einzelner Lerner in der L2
- Didaktische Möglichkeiten und unterrichtsmethodische Wege zur geglückten Synthese von Sache und Sprache, z.B. im Rahmen:
  - der Sachkunde und Mathematik
  - des *story approach*
  - der gezielten Spracharbeit auf der Grundlage von Sprachkursen für frühes Fremdsprachenlernen.

Gerade der letztere Punkt müsste sorgfältig empirisch erforscht werden, denn darauf beruhen die Empfehlungen zu diesem Teilaspekt. In diesem Zusammenhang soll nochmals betont werden, dass eine Modellierung des Partnersprachunterrichts in der Form des frühen Fremdsprachenlernens eine Durchgangsphase, sprich der Weg zu einem übergeordneten, längerfristigen Ziel darstellt. Das Ziel eines jeden Immersionsunterrichts ist die geglückte Synthese von Sach- und Sprachlernen. Der Weg zu diesem Ziel darf Phasen des gezielten Sprachlernens jedoch nicht ausschließen.

Abgesehen von diesen genuin spracherwerbsbezogenen Fragestellungen müssten natürlich weitere Themenkomplexe auf pädagogisch-soziokulturellem Gebiet bearbeitet werden:

- etwa was die Schulleistungen in den Sachfächern angeht (wichtig für die weiterführenden Schulen)
- oder was das Selbstverständnis der beiden Lehrergruppen in einem SESB-Kollegium bzw.
- das Verhältnis der Kollegen und Elternschaft der Regelschule und der SESB-Klassen betrifft.

Fragen dieser Art liegen jedoch außerhalb des Horizonts meiner Überlegungen.

Die SESB ist ein innovativer Schulversuch, der für andere Regionen eine Vorbildfunktion einnehmen könnte. Er verdient es (gerade in schwierigen haushaltspolitischen Zeiten, wenn über strukturelle, zukunftsfähige Reformprojekte besonders intensiv nachgedacht werden muss), nachhaltig von der Berliner Schulpolitik gefördert zu werden. Dazu gehören ein differenziertes, konsensfähiges Spracherwerbskonzept, das in den Schulen implementiert wird, und eine solide wissenschaftliche Begleitforschung, die die Stärken und (eventuellen) Schwächen des Versuchs offen und ehrlich dokumentiert. Ein Spracherwerbskonzept, wie es hier skizziert worden ist, darf nicht im Konzeptuellen und Programmatischen stehen bleiben. Es muss im Sinne **interventionsorientierter Handlungsforschung**, d.h.
- *research* (empirische Unterrichtsforschung/*classroom research*) und
- *development* (Curriculum- und Materialentwicklung),

im engen Verbund von Forschern, Lehrerfortbildnern und Praktikern „vor Ort" konkretisiert, erprobt und differenziert werden.

Anhang

A. Pressemitteilung der Elternschaft zur Demonstration am 2.7.1998

Die Elternschaft der
Erich-Kästner-Europa-Schule und der
Charles-Dickens-Europa-Schule   Berlin, den 25.06.1998

Pressemitteilung

Die „Staatliche Europa-Schule Berlin", ein Schulversuch am Scheideweg

Der Schulversuch der „Staatlichen Europa-Schule Berlin" (SESB) beinhaltet einen durchgehend zweisprachigen Unterricht in zweisprachig zusammengesetzten Lerngruppen, der zu gleichen Teilen von deutschen und anderssprachigen LehrerInnen erteilt wird. Der Unterricht in der Mutter- und in der Partnersprache geht derzeit von der Vorklasse bis zur 5. Klasse (in den Pilotjahrgängen) und zwar zur Zeit mit ein bis zwei Klassen an zwölf Standorten in Berlin (mit einem Angebot von insgesamt acht Partnersprachen, neben Deutsch als Partnersprache für die anderssprachigen Kinder). Bei der SESB handelt es sich um eine bilinguale „Begegnungsschule", die den Spracherwerb in einem intensiven kulturellen Kontext sieht.

Gleichbehandlung der ausländischen EuropaschullehrerInnen

Anlaß zu Unzufriedenheit gibt seit Beginn des Schulversuches „Staatliche Europa-Schule Berlin" (SESB) im Jahre 1992 die Tatsache, daß die für das Konzept unersetzlichen – weil muttersprachlichen – LehrerInnen ein zum Teil bis zu 40% geringeres Gehalt beziehen als ihre deutschen KollegInnen. Die in ihren Heimatländern erworbenen Qualifikationen dieser Lehrkräfte werden vom Berliner Senat wegen anderer Ausbildungsgänge und kürzerer Ausbildungszeiten verglichen mit deutschen Lehramtsabschlüssen nicht als gleichwertig anerkannt. Von den ausländischen LehrerInnen wird vom Landesschulamt andererseits die Erfüllung verantwortungsvoller Aufgaben erwartet: Für den Schulversuch sollen sie durch Beschaffung oder Selbststellung geeigneter Unterrichtsmaterialien den Berliner Rahmenplan umsetzen. Aufgrund der geringeren Besoldung bei einem größeren Arbeitsaufwand im Vergleich zu den deutschen KollegInnen verlassen jedes Schuljahr muttersprachliche Lehrkräfte der Partnersprachen den Schulversuch. Sie sehen für sich bessere Chancen in der sich inzwischen entfaltenden privaten Berliner Schullandschaft. An den Europa-Schulen führt dies zu einer unzumutbaren Fluktuation innerhalb der Kollegien. Neue Lehrkräfte sind aufgrund der wenig attraktiven Bedingungen nicht einfach anzuwerben.

Gleichbehandlung der Europa-SchülerInnen

DIE WEITERFÜHRUNG AN DEN OBERSCHULEN

Zum Schuljahresbeginn 1999 werden die ersten Europa-SchülerInnen der Partnersprachen Englisch, Französisch und Russisch auf entsprechende weiterführende Schulen wechseln. Seit einem Jahr berät ein vom Landesschulamt einberufenes Gremium über die Fortführung des bisher für die Grundschule geltenden Schulversuches in der Sekundarstufe. Diesem Gremium gehören u.a. VertreterInnen dieser Behörde, SchulleiterInnen der Grund- und Oberschulen, sowie LehrerInnen, Eltern und SprecherInnen der Europa-Union an.

DIE BISHERIGE SPRACHENFOLGE

Die Konzeption der SESB an der Grundschule kennt die Sprachenfolge:
Partnersprache mündlich ab der Vorklasse
Alphabetisierung in der Muttersprache ab Klasse 1
Einführung in die Schriftsprache der Partnersprache ab Klasse 2
Beginn der zweiten Fremdsprache in Klasse 5

Mit **zwei** schulisch vermittelten Sprachen neben der Muttersprache erfüllen Europa-SchülerInnen nach übereinstimmender Einschätzung aller betroffenen Gruppen bereits hier die Zulassungsvoraussetzungen zum Abitur.

EINE FRAGWÜRDIGE ENTSCHEIDUNG ...

Das Landesschulamt macht nach den zur Zeit geltenden Planungen **drei** Fremdsprachen als Zugangsberechtigung zum Abitur zur Bedingung!

Daraus folgt
- einerseits für die zukünftigen Gesamtschüler (Partnersprachen Russisch oder Französisch) die obligatorische Wahl einer dritten Fremdsprache in Klasse 9, was der Idee des (an Gesamtschulen üblichen) Wahlpflichtfaches zuwiderläuft,
- und andererseits für die künftigen GymnasiastInnen (Partnersprache Englisch) die Einführung der dritten Fremdsprache in Klasse 7.

... MIT UNHALTBAREN KONSEQUENZEN

Das Europaschulkonzept wird von der Senatsschulverwaltung als sprachintensive Variante der Regelschule beschrieben. Die SESB versteht sich damit gerade nicht als Spezialschule für sprachlich Hochbegabte. Die derzeitigen Planungen des Landesschulamtes widersprechen der ursprünglichen Idee der SESB. Die getroffenen Entscheidungen verschieben den Schwerpunkt eindeutig auf den sprachlichen Bereich und vernachlässigen andere Begabungsprofile – etwa auf mathematisch-naturwissenschaftlichem Gebiet. Der erteilte Unterricht in der Partnersprache in den Sachfächern stellt ohnehin erhöhte Anforderungen an die Europa-SchülerInnen.

Die Anhäufung möglichst vieler Fremdsprachen für alle ist daher nicht sinnvoll. Es ist zu befürchten, daß sich nicht wenige Eltern und SchülerInnen den unangemessen hohen Anforderungen nicht stellen werden (d.h. sie wählen andere weiterführende Schulen), was diesen richtungsweisenden Berliner Schulversuch in seiner Substanz gefährden würde.

UNSERE FORDERUNGEN

- Die Lehrkräfte für den Partnersprachenunterricht müssen in ihrer Bezahlung den deutschen KollegInnen gleichgestellt werden!
- Für die Europa-SchülerInnen müssen zwei Fremdsprachen als Zugangsberechtigung zum Abitur ausreichen!

PROTESTKUNDGEBUNG

Am 2. Juli findet um 15.00 Uhr eine Kundgebung aller zwölf Europaschulen vor dem Roten Rathaus in Berlin-Mitte statt.

Maro Marschall	Peter Senft	Bettina Zydatiß
(GEV-Vorsitzende)	(GEV-Vorsitzender)	(Teil-EV-Vorsitzende)
Charles-Dickens-	Erich-Kästner-	Erich-Kästner-
Grundschule	Grundschule	Europa-Schule

B. Ein (unveröffentlicher) Leserbrief

Besser heute auf die Barrikaden gehen als morgen ein zukunftsträchtiges Schulmodell sterben sehen

Die Europa-Oberschulen müssen in der Sprachenfolge den Besonderheiten einer bilingualen Erziehung Rechnung tragen

von WOLFGANG ZYDATIß

Hand aufs Herz, liebe Leserin und lieber Leser, – wie viele Menschen kennen Sie, die die Inhalte der schulischen Fächer von Klasse 1–13 auch in einer Fremdsprache bewältigt haben oder bewältigen könnten? Vermutlich nur sehr, sehr wenige. In der Frage der Weiterführung der Europaschul-Züge an den Oberschulen dürfen deshalb bestimmte Tatsachen nicht verschwiegen werden, und es muss insgesamt differenzierter argumentiert werden.

Eine höchst engagierte Elterninitiative hatte 1996 (in Zusammenarbeit mit der Europa-Union Berlin) ein stimmiges Konzept zur Fortführung der Europa-Grundschulen in Form einer eigenständigen, sprachenübergreifenden Europa-Oberschule mit eigenem Gebäude und europäisch perspektivierten Abschlüssen vorgelegt. Diese an der Gesamtschule orientierte Lösung, die der Stadt kultur- und schulpolitisch zur Ehre gereicht hätte, wurde von der Senatsschulverwaltung verworfen, was von den betroffenen Eltern nicht nachvollzogen werden konnte. Seitdem schlingert das Schiff der Weiterführung reichlich richtungslos durch die Hoheitsgewässer der Berliner Schulverwaltung.

Die augenblickliche Diskussion leidet vor allem darunter, dass den Verantwortlichen die weitreichenden Konsequenzen des Europaschul-Konzepts noch immer nicht hinreichend bewusst zu sein scheinen. Ein Immersionsprogramm (so der Fachbegriff) stellt einen eigenständigen Spracherwerbstyp dar, der weder mit dem natürlichen Zweitspracherwerb (wie ihn z.B. Migranten oder Kinder in einer zweisprachigen Familie erfahren) noch mit dem herkömmlichen Fremdsprachenunterricht identisch ist. Der Verweis auf die erfolgreichen Spracherwerbsbiographien von Kindern anderer (nicht-deutscher) Herkunftssprachen, die es erfreulicherweise auch gibt, überzeugt in diesem Zusammenhang nicht, denn für diese Schüler ist das Deutsche Umgebungs- und Zweitsprache in einer natürlichen Erwerbssituation. Die Menge und die Qualität des Sprachkontakts sind hier erheblich reicher und vielseitiger als bei der Teilimmersion der Europa-Schule (50% des Unterrichts finden in der sogenannten Partnersprache statt). Immersion beinhaltet den Versuch, langfristig, – d.h. über viele Schuljahre und Tausende von Stunden des Fachunterrichts in einer fremden Sprache – in einem schulischen Kontext so etwas wie eine bilinguale Sprachkompetenz auszubilden. Erst dann ist ein funktionales Sprachkönnen gegeben, das diesen Schülern erlaubt, ein Studium in einem Land der Zielsprache aufzunehmen bzw. diese zweite Sprache in einem anspruchsvollen beruflichen Umfeld sach- und situationsgerecht zu verwenden.

Es ist völlig abwegig, die Eltern von Europa-Grundschülern (mehr oder weniger offen) als motzende, überpriviligierte Dauernörgler zu charakterisieren, die mit keiner Entscheidung des Landesschulamts einverstanden sind. Umgekehrt wird ein Schuh draus. Die Eltern vermissen bei den Verantwortlichen den notwendigen Sachverstand hinsichtlich der Besonderheiten einer schulisch vermittelten bilingualen Erziehung, die einen qualifizierten Spracherwerb anstrebt, indem eine zweite Sprache als sogenannte Arbeitssprache im Sachunterricht eingesetzt wird. Die Gegenstände und Konzepte des Sachlernens werden mit anderen Worten in einer Fremdsprache erarbeitet. Dies kostet mehr Zeit als der übliche Unterricht und stellt über viele Lernjahre hinweg höhere kognitive wie affektive Anforderungen an die Schüler. Wer das Programm durchhält, wird mit einem Sprachkönnen belohnt, das über das im normalen Fremdsprachenunterricht Erreichbare weit hinausgeht. Von daher ist die Forderung der Eltern, die dritte Sprache dem Wahlplichtunterricht der 9. Klasse zuzuweisen, sachlich gut begründet. Der Schulversuch der „Staatlichen Europa-Schule" nimmt geradezu skandalöse Dimensionen an, wenn man sich vergegenwärtigt, dass hier ein Graben- und Glaubenskrieg zwischen Elternschaft und Landesschulamt ausgetragen wird, der statt auf gesicherten Fakten auf subjektiven Theorien, persönlichen Erfahrungen und wenig sachgerechten schulgesetzlichen Regelungen zur Sprachenfolge beruht. Zu letzterem Punkt muss man wissen: Nach sechs Jahren Schulversuch ist die sogenannte Partnersprache der Europa-Schule noch immer nicht als Fremdsprache von der KMK anerkannt.

Obwohl demnächst die Kinder der Pilotjahrgänge die Grundschule verlassen, gibt es keine nennenswerte wissenschaftliche Begleitforschung zu diesem wegweisenden Schulversuch. Warum bleiben eigentlich die Türen der Europa-Schule den durchaus wohlwollenden Forschern (und damit der interessierten Öffentlichkeit) so hermetisch verschlossen? Was hat man zu verbergen? Oder hat man bereits alle Antworten? Warum bedient man sich nicht der Forschungskapazitäten an den Berliner Hochschulen, um Licht in die Theorie und Praxis, die Leistungen und die eventuellen Defizite der Europa-Schule zu bringen? Dann könnte man sehr viel sachlicher und erheblich fundierter mit den Erwartungen und Anforderungen, den Hoffnungen und Ängsten beider Seiten umgehen.

Die Lehrer der beiden betroffenen Europa-Schulen teilen im übrigen einhellig die Sorgen der Eltern, da (vermutlich) bei etlichen Kindern die unterrichtsrelevanten Sprachkompetenzen im Deutschen und/oder im Englischen am Ende der Grundschulzeit nicht altersgerecht entwickelt sein dürften. Das wäre aber ganz normal, denn ein erfolgreiches Immersionsprogramm braucht (um wirksam zu werden) die Fortsetzung in der Oberschule. Erfahrene Grundschullehrer(innen) können in aller Regel verlässliche Prognosen über den weiteren Schulerfolg der ihnen anvertrauten Kinder abgeben. Aber vielleicht sind die Berliner Europa-Grundschüler (im Gegensatz zu ihren Altersgenossen in den international gut dokumentierten Immersionsstudien) wahre Wunderkinder. Die Berliner Eltern und Lehrer kennen ihre Kinder und meinen „Nein". Leider hört man nicht auf sie.

Nun denn, sollte es am Schiller-Gymnasium 1999 wirklich mit der dritten Fremdsprache (Italienisch) ab Klasse 7 weitergehen, kann man nur sagen: „Avanti dilettanti!" Die Schülerinnen und Schüler (falls man diesmal und in kommenden Jahren überhaupt eine Klasse voll bekommt) werden es ausbaden müssen.

Das gymnasiale Leitbild für den Berliner Schulversuch kann doch wohl nicht der (durchaus bewundernswerte) Taxifahrer auf Mallorca oder in Kenia sein, der in vier oder fünf Sprachen mit einer elementaren Geläufigkeit im alltäglichen, mündlichen Sprachgebrauch zurechtkommt. Das Richtziel eines seriösen Immersionsprogramms muss eine voll ausgebaute bilinguale Sprachkompetenz sein, die die Schüler unterschiedlichster Begabungsprofile befähigt, in zwei Sprachen den inhaltlichen Ansprüchen des Lehrplans in Wort und Schrift gerecht zu werden. Da die SESB-Schüler(innen) bereits mit drei Sprachen (Deutsch, Englisch und Französisch) an das Gymnasium übergehen, erscheint der Beginn einer weiteren Fremdsprache ab Klasse 7 pädagogisch nicht vertretbar. Die dritte Fremdsprache sollte Teil des Wahlpflichtangebots ab der 9. Klasse sein.

C. Verzeichnis aller Staatlichen Europa-Schulen in Berlin

1. Sprachkombination Deutsch/Englisch
a) Charles-Dickens-Grundschule (B-Charlottenburg)
   Dickensweg 15, 14055 Berlin
   Tel: 34 30 62 78 oder 34 30 62 53 – Fax: 34 30 62 85

b) Erich-Kästner-Grundschule (B-Zehlendorf)
   „Filiale" (SESB): Hüttenweg 40, 14195 Berlin
   Tel: 80 91 40 31 – Fax: 80 91 40 25

2. Sprachkombination Deutsch/Französisch
a) Judith-Kerr-Grundschule (B-Wilmersdorf)
   Friedrichshaller Str. 13, 14199 Berlin
   Tel: 8 23 20 63

b) Märkische Grundschule (B-Reinickendorf)
   Dannenwalder Weg 163/165, 13439 Berlin
   Tel: 41 92 48 15 oder 4 16 50 57 – Fax: 4 16 50 57

3. Sprachkombination Deutsch/Russisch
a) Hirschgarten-Grundschule (B-Köpenick)
   Stillerzeile 100, 12587 Berlin
   Tel: 6 45 53 68 – Fax: 6 45 53 70

b) Leo-Tolstoi-Grundschule (B-Lichtenberg)
   Römerweg 120, 10318 Berlin
   Tel: 50 90 147

4. Sprachkombination Deutsch/Spanisch
a) Gabriela-Mistral-Grundschule (B-Friedrichshain)
   Hausburgstr. 20, 10249 Berlin
   Tel: 42 73 607

b) Schlüter-Grundschule (B-Charlottenburg)
   Knesebeckstr. 24, 10623 Berlin
   Tel: 34 30 81 11 – Fax: 34 30 81 18

5. Sprachkombination Deutsch/Italienisch
   Finow-Grundschule (B-Schöneberg)
   Welserstr. 16-22, 10777 Berlin
   Tel: 78 76 31 75 – Fax: 78 76 29 36

6. Sprachkombination Deutsch/Türkisch
  22. Grundschule (B-Kreuzberg)
  Fraenkelufer 18, 10999 Berlin
  Tel: 25 88 84 31 – Fax: 25 88 84 35

7. Sprachkombination Deutsch/Griechisch
a) 6. Grundschule (B-Prenzlauer Berg)
  Pasteurstr. 10-12, 10407 Berlin
  Tel: 4 25 05 75 – Fax: 4 25 01 77
b) 6. Grundschule (B-Steglitz)
  Curtiusstr. 37, 12205 Berlin
  Tel: 79 04-54 20 – Fax: 79 04-54 99

8. Sprachkombination Deutsch/Portugiesisch
  5. Grundschule (B-Mitte)
  Hannoversche Str. 20, 10115 Berlin
  Tel: 2 82 44 59

9. Sprachkombination Deutsch/Polnisch
  Goerdeler Grundschule (B-Charlottenburg)
  Sybelstr. 20/21, 10629 Berlin
  Tel: 34 30 72 20 – Fax: 34 30 72 50

Zuständiger Referent in der Berliner Senatsschulverwaltung:
Herr Dieter Witt, Tel: 0 30/90 26-56 94 – Fax: 0 30/90 26 50 12
Senatsverwaltung für Schule, Jugend und Sport, Beuthstr. 6-8, 10117 Berlin

Sekundarschulen mit SESB-Zügen
1. Schiller-Gymnasium (englischer SESB-Zug)
  Schillerstr. 125-127, 10625 Berlin-Charlottenburg
  Tel: 34 30 59 20 - Fax: 34 30 58 41

2. Max-Liebermann-Realschule (englischer SESB-Zug)
  Schillerstr. 124, 10625 Berlin-Charlottenburg
  Tel: 34 30 49 01 - Fax: 34 30 49 20

3. Sophie-Scholl-Gesamtschule (französischer SESB-Zug)
  Elßholzstr. 34-37, 10781 Berlin-Schöneberg
  Tel: 78 76 31 71

4. Mildred-Harnack-Gesamtschule (russischer SESB-Zug)
  Schulze-Boysen-Str. 20, 10365 Berlin-Lichtenberg
  Tel: 5 59 35 67

D. Glossar englischsprachiger Fachbegriffe

academic achievement: schulbezogene Leistungen, Schulerfolg.

achievement test: schulischer Leistungstest (auch: *attainment test*), der die Lernerträge in Bezug auf den Lehrplan in einem Unterrichtsfach misst.

acquisition: bei Krashen alle Typen natürlichen „unbewussten" Spracherwerbs, während *learning* für schulisch (d.h. unterrichtlich) gesteuertes Sprachlernen reserviert wird.

activity-centered immersion: stärker handlungsorientierte Unterrichtskonzepte im Rahmen von Immersion.

adjunct programs: sprachliche Begleitprogramme zum Immersionsunterricht.

affective filter hypothesis: eine weitere These in der Spracherwerbstheorie von Krashen, die davon ausgeht, dass ein Zweitsprachenlerner „offen" für Input sein muss. Ist der affektive Filter „geschlossen", dann beeinträchtigt dieser mentale Block den Spracherwerb.

aptitude: Sprachlerneignung.

artificial bilingualism: ein von Saunders geprägter Begriff (auch *intentional bilingualism* genannt) für den Typus von zweisprachiger Erziehung in der Familie, in der ein Elternteil eine Sprache mit dem Kind spricht, die er/sie selbst als Fremdsprache gelernt hat.

assumption of specificity: eine kognitionswissenschaftlich begründete Annahme, dass die interne Struktur einer Lernaufgabe mit relativ spezifischen kognitiven Verarbeitungsmustern zusammenhängt. Gibt es Schwierigkeiten in einer Domäne des Lernens, sind davon in der Regel mehrere Ausdrucksformen des Bereichs betroffen.

balanced bilingual: ein zweisprachiger Sprecher mit einer ausgewogenen Sprachkompetenz in den beiden Sprachen (vgl. *productive/receptive bilingual*).

BICS (= Basic Interpersonal Communicative Skills): nach Cummins sprachlich-kommunikative Fähigkeiten, die im Rahmen stark kontextualisierter und intellektuell wenig anspruchsvoller Situationszusammenhänge eingesetzt werden (vgl. *CALP*); verkürzt als *street language* bezeichnet.

bilingualism: nach Lambert gibt es zwei Grundformen in sozio-psychologischer Hinsicht a) *additive bilingualism*: eine zweite Sprache wird erworben, ohne dass die Erstsprache in ihrer Funktion oder ihrem Status beeinträchtigt wird,
b) *subtractive bilingualism*: der Erwerb einer Zweitsprache verdrängt oder beeinträchtigt die erste Sprache in ihrem Stellenwert und Gebrauchswert (auch *replacive bilingualism* genannt).

bridging support: ein „Vorlauf" mit einem intensiven Sprachunterricht, der die Lernenden auf eine „untere" Mindest-Ebene der Zweitsprachenkompetenz bringen soll, damit sie dem Immersionsunterricht mit Gewinn folgen können.

CALP (= *Cognitive/Academic Language Proficiency*): nach Cummins die kognitiv-konzeptuelle Sprachhandlungsfähigkeit, die in kontextreduzierten und intellektuell anspruchsvolleren Sprachverwendungssituationen gebraucht wird (vgl. *BICS*); in der Schule fest mit der Schriftsprache verankert (verkürzt auch *school language* genannt).

code-mixing: der vom funktionalen Sprachgebrauch her unmotivierte Wechsel von einer Sprache zur anderen, störend wirkende Sprachmischungen.

code-switching: der vom funktionalen Sprachgebrauch her motivierte Wechsel von einer Sprache zur anderen durch zwei- oder mehrsprachige Sprecher (innerhalb eines Satzes oder im Verlauf einer längeren, satzübergreifenden Äußerung).

cognition: der Erwerb und Gebrauch, das Speichern und Aktivieren von Wissen (= *knowledge*).

cohabitation: der gemeinsame Unterricht von Lernenden mit verschiedenen Muttersprachen (vgl. *two-way immersion*).

Common Underlying Proficiency (= *CUP*): ein theoretisches Konstrukt in der Bilingualismusforschung, das von einem integrierten, tiefer liegenden mental-kognitiven System ausgeht, das beide Sprachen gemeinsam „versorgt" (vgl. *SUP*).

communicative ability: ein sehr weit gefasster und oft unscharf gebrauchter Begriff; zum einen wird darunter eine allgemeine Disposition oder latente Fähigkeit verstanden (vgl. *competence*), zum anderen aber auch das Ergebnis eines Spracherwerbs- oder Sprachlernprozesses (vgl. *proficiency*).

communicative skills: die eher spezifischen kommunikativen Fertigkeiten, wie sie im Sprachgebrauch eingesetzt werden; d.h. Hörverstehen und Leseverstehen (= rezeptive Fertigkeiten) sowie Sprechen und Schreiben (= produktive Fertigkeiten) – oft werden auch noch Dolmetschen (gesprochene Sprache) und Übersetzen (geschriebene Sprache) als interlinguale Fertigkeiten dazugerechnet.

community language: die Umgebungssprache des jeweiligen soziokulturellen Kontextes (auch *local language* genannt).

competence: ein sehr breit gefasster Begriff, der eher die latente oder tiefer liegende Seite der Sprachkompetenz betont; d.h. Sprache als abstraktes System mental-kognitiver Repräsentationen im Gegensatz zum konkreten Gebrauch von Sprache in kommunikativen Verwendungssituationen (= *performance*).

comprehensible input: nach Krashen erwerben wir Sprache allein über das Verstehen von Äußerungen und Mitteilungen anderer; d.h. es genügt, verständlichen Input zu bekommen, um Kompetenz in einer Sprache aufzubauen (vgl. *comprehensible output*).

comprehensible output: nach Swain greift die Input-Theorie zu kurz; um ein funktionales Sprachkönnen in einer Zweitsprache aufbauen zu können, muss der Lerner diese Sprache auch produktiv (mündlich wie schriftlich) anwenden.

consciousness raising: die Annahme, dass unterrichtlich vermitteltes Sprachlernen nicht auf Sprachbetrachtung und Sprachbewusstheit verzichten kann.

content-based second language learning: das Lernen einer Zweit- oder Fremdsprache über die Inhalte des Fachunterricht, d.h. eine „fremde" Sprache wird zur Vermittlung von Fachinhalten benutzt (= Arbeits- oder Vehikularsprache).

content-obligatory vs. content-compatible language objectives: eine Unterscheidung nach sprachlichen Lernzielen, die für ein bestimmtes Thema obligatorisch sind (weil ohne diese Ausdrucksmittel der Inhalt nicht gelernt werden kann) oder die für das Unterrichtsvorhaben fakultativ sind (sie sind jedoch mit dem Thema vereinbar oder verträglich).

context-embedded language: ein Sprachgebrauch, der auf viele kontextuelle Hilfen und ein hohes Maß an gemeinsamem Vorverständnis der Redeteilnehmer zurückgreifen kann.

context-reduced language: ein Sprachgebrauch, der eher abstrakt ist und der sich durch wenige kontextuelle Hilfen, aber dafür mehr explizite linguistische Signale auszeichnet, um die Bedeutung des Gesagten zum Ausdruck zu bringen.

core French: Französischunterricht an kanadischen Grundschulen (parallel zum eigentlichen Immersionsprogramm), d.h. die Zielsprache ist Unterrichtsgegenstand.

cultural awareness: Kulturkompetenz als Bildungsziel, d.h. die Fähigkeit, über (inter)kulturelle Sensibilität zu verfügen.

curriculum: verbindliche Festlegung der Ziele und Inhalte von Unterricht, ergänzt durch ein Angebot zur methodischen Umsetzung und zur Lernerfolgskontrolle des jeweiligen Unterrichts.

decomposition: das Dekomponieren oder „Transparent-machen" des sprachlichen Inputs für den Lernenden.

discourse: textgebundene Sprache in kommunikativen Interaktionszusammenhängen, wobei es sich um gesprochene oder geschriebene Texte handeln kann.

display questions: didaktische Fragen, zu denen die Lehrkraft bereits die Antwort kennt.

EFL: English as a Foreign Language.

enrichment: die Funktion eines Immersionsprogramms, im Sinne eines „additiven Bilingualismus" als „Bereicherung" für den Lernenden zu wirken.

ESL: English as a Second Language.

focussed input: ein Bündel unterrichtlicher Maßnahmen (wie Fehlerkorrektur, Aushandeln von Bedeutungen, Wortschatzarbeit und grammatikalischer Unterweisung), die dazu beitragen sollen, das Dekomponieren des Inputs und die Internalisierung der sprachlichen Regelsysteme zu beschleunigen.

follow-up: späteinsetzende Teilimmersionsprogramme an kanadischen Sekundarschulen, die in etwa dem bilingualen Sachfachunterricht an weiterführenden Schulen in Deutschland vergleichbar sind.

fossilization: man spricht von einem „fossilierten" Lernersprachensystem, wenn die Sprache (vgl. *interlanguage*) eines Lerners auf einem Lernplateau angelangt ist und sich nicht mehr substanziell fortentwickelt. Bestimmte grammatikalische, lexikalische oder phonetische Fehler, sprachliche Stereotypien oder Vermeidungsstrategien werden zu einem dauerhaften Merkmal des Sprachgebrauchs.

frame: mental-kognitive Repräsentationen (vgl. *schemata*), die sich auf das Faktenwissen beziehen (= deklaratives Wissen).

heritage language: die Sprache, die ein Minoritätensprecher als seine Herkunftssprache betrachtet (auch als *vernacular* bezeichnet); dies kann eine „bodenständige", d.h. seit vielen Generationen in einer Gegend benutzte Sprache sein (z.B. Walisisch oder Gälisch in Großbritannien bzw. Dänisch in Schleswig-Holstein oder Sorbisch in Brandenburg: autochthone Sprachen) oder eine Migrantensprache (= allochthone Sprachen), die mit Zuwanderern (insbesondere Arbeitsmigranten) in das Land gekommen ist (z.B. Türkisch in Deutschland oder Spanisch in den USA).

illocution: die kommunikative Intention einer Äußerung (auch Sprechakt, Sprachfunktion oder Mitteilungsabsicht genannt).

immersion: das Ziel und die Methode, in institutionalisierten Vermittlungskontexten eine zweisprachige Erziehung zu erreichen; vor allem durch Verwendung einer Zweitsprache als Unterrichtssprache. Es wird a) nach dem Zeitpunkt des Beginns eines Immerersionsprogramms unterschieden (*early, delayed, late immersion*: Vorklasse/1. Klasse, 3./4. Klasse oder in der Sekundarstufe) und b) nach dem Umfang des Immersionsunterrichts im Rahmen des gesamten Curriculums (*total* vs. *partial*: „völlige" Immersion bzw. Teilimmersion).

immersing oneself in a second/foreign language and culture: in einer fremde/zweite Sprache und Kultur „voll und ganz eintauchen".

in-migrant: ein Sammelbegriff für Einwanderer, Zuwanderer, Gastarbeiter und politische Flüchtlinge, die sich in einem „fremden" Land (auf unbestimmte Zeit) niederlassen.

innateness: die These von der Angeborenheit menschlicher Sprachfähigkeit.

input: die Gesamtheit des Sprachangebots im Umfeld eines Lernenden, im Unterricht und außerhalb des Unterrichts.

instrument of thought: die kognitive Funktion von Sprache, als Werkzeug des verbalen Denkens.

intake: der Anteil aus dem Gesamtangebot des sprachlichen Inputs, der von einem Sprachlerner aktiv-konstruktiv verarbeitet und in mentale Repräsentationen überführt wird, die ihrerseits für den kommunikativen Sprachgebrauch (oder Output) aktivierbar sind.

interdependence hypothesis: nach Cummins kann eine schulisch vermittelte Erziehung zur Zweisprachigkeit ihre positiven Wirkungen in kognitiver wie pädagogischer Hinsicht nur dann entfalten, wenn die Sprachkompetenz in der Erstsprache des Kindes angemessen entwickelt ist. Ist mit anderen Worten die Eingangskompetenz in der Erstsprache eines Kindes nicht altersgemäß ausgebaut und es beginnt ein Unterricht in einer zweiten „fremden" Sprache, dann ist die Gefahr groß, dass die Entwicklung beider Sprachen darunter leidet (vgl. *semilingualism*).

interlanguage: die Interimssprache eines Sprachlerners, die im Vergleich zu der Struktur und den Normen der Zielsprache bestimmte Defizite aufweist. Die Merkmale dieses Sprachsystems (das in kommunikativer Hinsicht durchaus funktionsfähig sein kann) sind vor allem gekennzeichnet durch Transfers von der Muttersprache der Lernenden und durch Übergeneralisierung (d.h. falsche Analogien innerhalb der Zielsprache) sowie durch hybride Formen, die die Regeln beider Sprachsysteme (L1 und L2) vermischen.

L1/L2: Erstsprache/Zweitsprache.

***language acquisition device* (= *LAD*)**: ein theoretisches Konstrukt von Chomsky, demzufolge es einen angeborenen (vgl. *innateness*) Spracherwerbsmechanismus geben soll. Danach haben wir Menschen – aufgrund sprachspezifischer mental-kognitiver Strukturen in unserem Gehirn – eine angeborene (genetisch programmierte?!) Disposition zum Spracherwerb, vorausgesetzt wir erhalten genügend Input.

language across the curriculum: die kognitionstheoretisch begründbare Einsicht, dass (fast) alle Prozesse des Wissenserwerbs über Sprache vermittelt werden. Nahezu alle Fachinhalte und die meisten Lehr-Lernprozesse in der Schule sind sprachlicher Natur.

language awareness: das Ziel und die Methode, (z.B. durch Sprachbetrachtung) ein gewisses Maß an Sprachbewusstheit zu erreichen; und zwar sowohl was die interne Strukturiertheit von Sprache als auch was die Funktionen von Sprache im gesellschaftlichen Leben der Menschen angeht.

language support: Stützunterricht in der zweiten „fremden" Sprache in Ergänzung zum Immersionsunterricht; entweder als sprachliche Vorbereitung auf die Fachinhalte oder als korrigierendes Nacharbeiten bei sprachlichen Schwierigkeiten.

latency period: die Phase im Verlauf des natürlichen Spracherwerbs (auch *silent period* genannt), in der das Kind „noch nicht spricht" (d.h. Sprache noch nicht aktiv-produktiv gebraucht).

learning: bei Krashen der Weg zur Zweitsprachenkompetenz, der (im Gegensatz zum natürlichen Spracherwerb/*acquisition*) über bewusstes Lernen verläuft. Die beiden Wege sind nach Krashen nicht ineinander überführbar (vgl. *non-interface position*).

lingua franca: eine gemeinsame Verkehrssprache, die von zwei oder mehr Leuten verschiedener Muttersprachen als Kommunikationsmedium benutzt wird.

literacy: die Fähigkeit, lesen und schreiben zu können (deutsch: Literalität).

majority language: die Sprache, die von der Mehrheit der Bevölkerung eines Landes gesprochen wird; meist auch offizielle Landessprache mit höherem Prestige als die so genannten Minoritätensprachen.

medium-oriented instruction: die unterrichtliche Möglichkeit, die zweite Sprache zum Lehrgegenstand zu machen; d.h. die Überlegung, Phasen des gezielten Sprachlernens mit der Immersion zu verbinden.
minority language: eine Sprache, die von einer Minderheit eines Landes gesprochen wird und meist keine offizielle Landessprache ist.
monitor: eine weitere Hypothese von Krashen, der zufolge das über „Lernen" aufgebaute bewusste Sprachwissen „nur" als „Monitor" (oder *editor*) beim Sprachgebrauch fungiert (z.B. über Selbstkorrekturen oder vorheriges Rastern von grammatikalischen Regeln). Krashen hält einen derartigen Rückgriff auf den „Monitior" für wenig sinnvoll, weil die meisten Lernenden mit den Sprachregeln in funktionaler Hinsicht nicht umgehen können und weil die kommunikative Sprachverwendung unangemessen verlangsamt wird.
motherese: das Sprachregister, das von erwachsenen Bezugspersonen in der kommunikativen Interaktion mit Kindern benutzt wird und das sich für den Spracherwerb des Kindes positiv auswirkt (auch *caretaker speech* genannt).
move: ein Interaktionszug im Verlauf dialogischer, kommunikativer Sprachverwendung (deskriptive Kategorie der Diskursanalyse).
nativist position: die Richtung in der Spracherwerbsforschung, die angeborene (= endogene) Faktoren besonders hoch einschätzt (vgl. *innateness, LAD*).
natural order sequence: Hypothese der Spracherwerbsforschung (u.a. auch von Krashen vertreten), die davon ausgeht, dass der regelhafte (wenngleich unbewusste) Aufbau des Sprachsystems einer „vorbestimmten", natürlichen Reihenfolge entspricht.
negotiation of meaning: das Aushandeln von Bedeutungen zwischen den Gesprächspartnern (also auch den Lernenden), einschließlich der Verbesserung der sprachlichen Form der Ausdrucksmittel.
non-interface position: eine Haltung (oder ein Forschungsparadigma), die von einer starren Zweiteilung bestimmter Phänomene ausgeht (z.B. *acquisition* vs. *learning*), ohne dass wechselseitige Übergänge für möglich gehalten werden.
notion: in der Sprachwissenschaft semantisch-konzeptuelle Kategorien (z.B. Aktuelles Präsens, futurischer Zeitbezug, Kausativ, die modale Kategorie der „Notwendigkeit" u. dgl. mehr).
one parent – one language: die vorherrschende Strategie zur funktionalen Sprachentrennung im Rahmen der Zweisprachigkeitserziehung in der Familie (jedes Elternteil spricht „seine" Sprache mit dem Kind).
outcome: der Lernertrag einer unterrichtlich gesteuerten Vermittlungssituation; und zwar auf der sprachlich-kommunikativen Ebene, der Einstellungsebene und auf der Ebene der Schulleistungen bzw. des Schulerfolgs.
output: alle sprachlichen Äußerungen (mündliche wie schriftliche), die ein Lerner hervorbringt (vgl. *comprehensible output*).
peer interaction: die Prozesse kommunikativen Sprachgebrauchs unter Gleichaltrigen.

processing: das Verarbeiten sprachlicher Informationen, von der Aufnahme des eingehenden Inputs über die Internalisierung des Sprachsystems (vgl. *decomposition*) und die Ausbildung mentaler Repräsentationen, die (im Bedarfsfall) für den sprachlichen Output aktiviert werden können.

productive bilingual: ein zweisprachiger Sprecher, der beide Sprachen auf der produktiven Ebene des Sprachgebrauchs (Sprechen und nach vollzogener Alphabetisierung auch beim Schreiben) einsetzen kann.

proficiency: die („allgemeine") Sprachfähigkeit eines Menschen in Bezug auf eine bestimmte Zielsprache (oft auch mit Kommunikationsfähigkeit oder kommunikativer Kompetenz bezeichnet) zu einem bestimmten Zeitpunkt seiner Sprachlernkarriere, wobei in diese Sprachfähigkeit sowohl unterrichtliche als auch außerunterrichtliche Lernerfahrungen eingegangen sein können.

proficiency test: ein Test der Sprachfähigkeit eines Lerners in Bezug auf eine bestimmte Zielsprache (vgl. *achievement test* und *aptitude*).

rate of development: Geschwindigkeit des Spracherwerbs (vgl. *route of development*).

receptive bilingual: ein zweisprachiger Sprecher, der eine Sprache auf der rezeptiven wie produktiven Ebene verfügbar hat (= starke Sprache), während die zweite Sprache (die schwache Sprache) ihm nur (bzw. überwiegend) auf der Verstehensebene zugänglich ist (vgl. *productive bilingual*).

referential question: eine „echte" Frage der/des Unterrichtenden, zu der sie/er die Antwort noch nicht kennt.

research and development: ein interventionsorientiertes Forschungsparadigma im pädagogisch-didaktischen Kontext, das die Beteiligten im Sinne von Handlungsforschung (= *action research*) mit einschließt und zugleich curriculare Entwicklungen (Materialerstellung, Rahmenplankonzeption u. dgl.) mitträgt.

route of development: der „Weg" der Sprachentwicklung (vgl. *rate of development*); d.h. die Reihenfolge, in der die (dem Kind unbewussten) Sprachregeln internalisiert werden, um dann für den produktiven Sprachgebrauch aktiviert werden zu können (vgl. *natural order sequence*).

scaffolding: die mehr oder weniger bewusste Anpassung des sprachlichen Inputs durch erwachsene Bezugspersonen an das Vorwissen und die Verstehensmöglichkeiten eines Kindes im Rahmen des natürlichen Spracherwerbs; vgl. *motherese* und *teaching techniques*.

schemata: Ordnungsprinzipien für die mental-kognitiven Repräsentationen unseres Sprach- und Weltwissens (vgl. *frame* und *script*).

script: mental-kognitive Repräsentationen (vgl. *schemata*), die sich auf das Situationswissen beziehen (= prozedurales Wissen).

semi-lingualism: die so genannte „doppelte Halbsprachigkeit" (auch *semi-literacy* genannt), die (besonders bei Minoritätensprechern) in extremen Fällen von subtraktivem Bilingualismus das funktionale Sprachkönnen in beiden Sprachen beeinträchtigt (vgl. *bilingualism*).

Separate Underlying Proficiency (= *SUP*): ein theoretisches Konstrukt in der Bilingualismusforschung, das von zwei getrennten tiefer liegenden mental-kognitiven Systemen ausgeht, die unabhängig voneinander den Sprachgebrauch in den beiden Sprachen „versorgen" (vgl. *CUP*).

silent period: vgl. *latency period* (gelegentlich auch als „Inkubationszeit" für den produktiven Sprachgebrauch bezeichnet).

story approach: eine Konzeption des frühen Fremdsprachenlernens, die auf Geschichten (insbesondere authentische Kinderbücher) zurückgreift.

storyline: ein grundschulpädagogischer Ansatz, der narrative Prinzipien zum übergreifenden Strukturmoment der Unterrichtsplanung und -durchführung macht.

strategic competence: die lernstrategische Dimension der allgemeinen Sprachfähigkeit (vgl. *proficiency*), die daneben (nach Swain und ihren kanadischen Mitarbeitern) die grammatische Kompetenz, die Diskurskompetenz und die soziolinguistische Kompetenz als konstitutive Faktoren beinhaltet.

subject-matter literacy: die Annahme, dass es so etwas wie eine Sachfachliteralität geben muss; d.h. sprachliche Voraussetzungen, die für ein bestimmtes Schulfach charakteristisch sind.

surface fluency: die Geläufigkeit des elementaren (alltagssprachlichen) Sprachgebrauchs (vgl. im Gegensatz dazu *CALP*).

teaching techniques: die Beobachtung der interaktionstheoretisch ausgerichteten Spracherwerbsforschung, die dem sprachlichen Verhalten erwachsener Bezugspersonen gegenüber Kindern eine Sprachlehrfunktion zuweist (vgl. *scaffolding* und *motherese*).

threshold hypothesis: nach Cummins kann das Kompetenzniveau in der Zweitsprache positive aber auch negative Wirkungen auf die sprachlich-kognitive Entwicklung eines Kindes haben. Ist die Sprachkompetenz in der zweiten Sprache zu Beginn eines Immersionsunterrichts unterhalb einer gewissen (nicht operationalisierbaren) unteren Schwelle (= *lower proficiency threshold*), so kann dieses Kind nicht in optimaler Weise am Unterricht in einer Zweitsprache teilnehmen und riskiert damit Einbußen in den Schulleistungen (vgl. *academic achievement*). Auf einer zweiten, höheren Ebene der „Schwellen"-Hypothese (= *higher proficiency threshold*) werden zusätzliche positive Effekte für die kognitiv-konzeptuelle Entwicklung eines Zweisprachigen wirksam. Damit ein Kind vom Immersionsunterricht profitieren kann, muss mit anderen Worten ein bestimmtes Schwellenniveau in der Zweitsprache erreicht sein.

tie: nach Skutnabb-Kangas stellt Sprache immer auch eine Quelle der Identifikation eines Sprechers mit einer Sprach- und Kulturgemeinschaft dar (Funktion der Sprache als Identifikationssprache); vgl. *tool*.

token: eine konkrete Wortform (oft flektiert), in Abgrenzung von der semantischen Grundform einer lexikalischen Einheit (vgl. *type*).

tool: nach Skutnabb-Kangas der Gebrauch einer Sprache als Medium der Kommunikation (= Kommunikationssprache); vgl. *tie*.

topic web: ein grundschulpädagogischer Ansatz, der einen themenzentrierten (lernbereichsübergreifenden) Zugriff auf die Lerninhalte des primaren Curriculums verfolgt.

transmission teaching: lehrerzentrierter Frontalunterricht, bei dem vornehmlich Faktenwissen von der Lehrkraft in die Schülerköpfe transportiert wird.

two-way immersion: reziproke Immersion, bei der Schüler der Mehrheits- und der Minoritätensprache zusammengeführt und nach einem bestimmten Schlüssel (meistens 50 : 50) abwechselnd in der einen oder der anderen Sprache unterrichtet werden.

type: die einer konkreten sprachlichen Form (= *token*) zugrunde liegende abstrakte Kategorie; im Falle lexikalischer Einheiten spricht man in Bezug auf die semantische Grundform von Lexem oder Lemma.

universal grammar: nach Chomsky die Annahme von sprachlichen Universalien, die allen natürlichen Sprachen gemeinsam sind, weil sie den biologisch determinierten Grundlagen des Spracherwerbs entsprechen (vgl. *innateness*, *nativist position* und *LAD*).

Literaturverzeichnis

Abgeordnetenhaus von Berlin (1993): "Erweiterung des Angebots der Staatlichen Europa-Schule Berlin (SESB) mit Beginn des Schuljahres 1993/94". Drucksache 12/2731. Berlin.
Allwright, Dick/Bailey, Kathleen M. (1991): *Focus on the Language Classroom*. Cambridge: Cambridge University Press.
Asher, James J. (1974): "Learning a second language through commands: the second field test." *Modern Language Journal* 58: 24-32.
Asher, James J. (1977): *Learning Another Language Through Actions*. Los Gatos: Sky Oaks Productions.
Baetens Beardsmore, Hugo/Swain, Merrill (1985): "Designing bilingual education: aspects of immersion and ‚European School' models." *Journal of Multilingual and Multicultural Development* 6: 1-5.
Baetens Beardsmore, Hugo (Hrsg.) (1993): *European Models of Bilingual Education*. Clevedon, Avon: Multilingual Matters.
Baker, Colin (1995): *A Parents' and Teachers' Guide to Bilingualism*. Clevedon, Avon: Multilingual Matters.
Baker, Colin (1996): *Foundations of Bilingual Education and Bilingualism*. Clevedon, Avon: Multilingual Matters [2nd Edition].
Baker, Colin (1997): "Street and school language." *The Bilingual Family Newsletter* 14 (No.2): 1f, 7.
Bell, Steve (1995): "Storyline as an approach to language teaching." *Die Neueren Sprachen* 94: 5-25.
Bernhardt, Elizabeth/Schrier, Lesley (1992): "The development of immersion teachers." In: Bernhardt, Elizabeth (Hrsg.) (1992): 113-131.
Bernhardt, Elizabeth (Hrsg.) (1992): *Life in Language Immersion Classrooms*. Clevedon, Avon: Multilingual Matters.
Bibeau, Gilles (1983): *L'éducation bilingue en Amérique du Nord*. Montréal: Guérin.
Bibeau, Gilles (1984): "No easy road to bilingualism." *Language and Society* 12 (4): 44–47.
Briggs, Raymond/Ellis, Gail (1995): *The Snowman* [Classbook, Teacher's Book, Audio-Cassette]. Oxford: Oxford University Press.
Brown, Roger/Bellugi, Ursula (1964): "Three processes in the child's acquisition of syntax." *Harvard Educational Review* 34:133-151.
Bruner, Jerome S. (1978): "Learning how to do things with words." In: Bruner, Jerome S./Garton, R.A. (Hrsg.) (1978): *Human Growth and Development*. Oxford: Oxford University Press, 62-94.
Byram, Michael (Hrsg.) (1997): *Face to Face. Learning "language – and – culture" through visits and exchanges*. London: CILT.

Carroll, John B. (1967): "Foreign language proficiency levels attained by language majors near graduation from college." *Foreign Language Annals* 1: 131-151.

Carroll, John B. (1973): "Implications of aptitude test research and psycholinguistic theory for foreign language teaching." *International Journal of Psycholinguistics* 2: 5-14.

Carroll, John B. (1990): "Cognitive abilities in foreign language aptitude: Then and now." In: Parry, Thomas S./Stansfield, Charles W. (Hrsg.): 1-29.

Carroll, John B./Sapon, S. (1959): *Modern Language Aptitude Test (MLAT): Manual.* San Antonio, Tx: Psychological Corporation.

Carroll, John B./Davis, Peter/Richman, Barry (Hrsg.) (1971): *Word Frequency Book.* Boston/New York: Houghton Mufflin.

Chaudron, Craig (1988): *Second Language Classrooms.* Cambridge: Cambridge University Press.

Coady, James (1997): "The development of lexis in writing." In: Kupetz, Rita (Hrsg.): *Vom gelenkten zum freien Schreiben im Fremdsprachenunterricht.* Frankfurt/M.: Peter Lang, 129-141.

Crystal, David (1987): *The Cambridge Encyclopedia of Language.* Cambridge: Cambridge University Press.

Cummins, James (1978): "The cognitive development of children in immersion programs." *Canadian Modern Language Review* 34: 855-883.

Cummins, James (1979): "Linguistic interdependence and the educational development of bilingual children." *Review of Educational Research* 49: 222-251.

Dam, Leni (1995): *Learner Autonomy 3: From Theory to Classroom Practice.* Dublin: Authentik.

Döpke, Susanne (1992): *One Parent One Language.* Amsterdam/Philadelphia: John Benjamins.

Dulay, Heidi/Burt, Marina (1974): "Natural sequences in child second language acquisition." *Language Learning* 24: 37-52.

Edmondson, Willis/House, Juliane (1993): *Einführung in die Sprachlehrforschung.* Tübingen: Francke.

Egan, Kieran (1988): *Teaching as Storytelling.* London: Routledge & Kegan.

Ek, Jan van/Trim, John L.M. (1991): *Threshold Level 1990.* Strasbourg: Council of Europe Press.

Ellis, Rod (1984): *Classroom Second Language Development.* Oxford: Pergamon Press.

Ellis, Gail/Brewster, Jean (Hrsg.) (1991): *The Storytelling Handbook. A Guide for Primary Teachers of English.* Harmondsworth: Penguin.

Ellis, Gail/Sinclair, Barbara (1989): *Learning to Learn English.* [Learner's Book + Teacher's Book]. Cambridge: Cambridge University Press.

Endt, Ernst (1996): "Neuere Ergebnisse und Schwerpunkte der kanadischen Immersionsforschung." In: Kubanek-German, Angelika (Hrsg.): 71-80.

FMF [Fachverband Moderne Fremdsprachen] (1996): "Kasseler Leitlinien des *Fachverbandes Moderne Fremdsprachen* für den Fremdsprachenunterricht." *Neusprachliche Mitteilungen* 49: 142-145.

Furrow, David/Nelson, Katherine (1986): "A further look at the motherese hypothesis." *Journal of Child Language* 13: 163-176.

Garvie, Eddie (1990): *Story as Vehicle. Teaching English to Young Children*. Clevedon, Avon: Multilingual Matters.

Gattegno, Caleb (1963): *Teaching Foreign Languages in School. The Silent Way*. New York: Educational Solutions.

Gattegno, Caleb (1976): *The Common Sense of Teaching Foreign Languages*. New York: Educational Solutions.

Genesee, Fred (1983): "Bilingual education of majority-language children: the immersion experiments in review." *Applied Psycholinguistics* 4: 1-46.

Genesee, Fred (1987): *Learning Through Two Languages*. Boston, Mass.: Heinle & Heinle.

Genesee, Fred (1996): "Immersion in Kanada – drei pädagogische Lektionen." In: Kubanek-German, Angelika (Hrsg.): 37-51.

Göhlich, Michael (Hrsg.) (1998): *Europaschule – Das Berliner Modell*. Neuwied: Luchterhand.

Gogolin, Ingrid (1994): *Der monolinguale Habitus der multilingualen Schule*. Münster: Waxmann.

Gompf, Gundi/Meyer, Edeltraud (Hrsg.) (1996): *Jahrbuch 96. Fortschritte auf dem Wege zu einem frühen Fremdsprachenunterricht für alle*. Leipzig: Ernst Klett Grundschulverlag.

Grabowski, Eva (1997): *Ein Mindestwortschatz für den Englischunterricht*. [Manuskript Habilitationsschrift]. Berlin: Freie Universität.

Graf, Peter/Loser, Fritz (1997): Zweisprachige Schulen [Themenheft]. *Bildung und Erziehung* 50, Heft 1.

Grotjahn, Rüdiger (1998): "Lernstile und Lernstrategien: Definition, Identifikation, unterrichtliche Relevanz." *Der Fremdsprachliche Unterricht: Französisch* 32 (Heft 34): 11-15.

Halliday, Michael A.K. (1973): *Explorations in the Functions of Language*. London: Edward Arnold.

Hammerly, Hector (1987): "The immersion approach: litmus test of second language acquisition through classroom communication." *The Modern Language Journal* 71: 395-401.

Hammerly, Hector (1989): *French Immersion: Myths and Reality*. Calgary: Detselig.

Hammerly, Hector (1991): *Fluency and Accuracy: Toward Balance in Language Teaching und Learning*. Clevedon, Avon: Multilingual Matters.

Harding, Edith/Riley, Philip (1986): *The Bilingual Family. A Handbook for Parents*. Cambridge: Cambridge University Press.

Harley, Birgit (1993): "Instructional strategies and second language acquisition in early French immersion." *Studies in Second Language Acquisition* 15: 245-259.

Harley, Birgit/Allen, Patrick/Cummins, James/Swain, Merrill (Hrsg.) (1990): *The Development of Second Language Proficiency.* Cambridge: Cambridge University Press.

Hawkins, Eric (1984): *Awareness of Language: An Introduction* [Revised Edition 1987]. Cambridge: Cambridge University Press.

Hellwig, Karlheinz (1995a): *Fremdsprachen an Grundschulen als Spielen und Lernen.* München: Hueber.

Hellwig, Karlheinz (1995b): "Bewußter Umgang in der Fremdsprache – schon in der Grundschule?" In: Gnutzmann, Claus/Königs, Frank G. (Hrsg.) (1995): *Perspektiven des Grammatikunterrichts.* Tübingen: Gunter Narr, 127-146.

Housen, Alex/Baetens Beardsmore, Hugo (1987): "Curricular and extra-curricular factors in multilingual education." *Studies in Second Language Acquisition* 9: 83-102.

Huber, Ludwig (1995): "Was ist Bildung?" *DIE ZEIT* 27 (30.6.1996): 34.

Jaffke, Christoph (1994): *Fremdsprachenunterricht auf der Primarstufe. Seine Begründung und Praxis in der Waldorfpädagogik.* Weinheim: Deutscher Studien Verlag.

James, Carl/Garrett, Peter (Hrsg.) (1991): *Language Awareness in the Classroom.* London: Longman.

Johnson, Robert Keith/Swain, Merrill (Hrsg.) (1997): *Immersion Education: International Perspectives.* Cambridge: Cambridge University Press.

Johnstone, Richard (1994): *Teaching Modern Languages at Primary School.* Edinburgh: The Scottish Council for Research in Education (SCRE).

Jong, Eveline de (1986): *The Bilingual Experience. A Book for Parents.* Cambridge: Cambridge University Press.

Keenan, Edward O./Schieffelin, B.B. (1976): "Topic as a discourse notion: a study in the conversations of children and adults." In: Li, C.N. (Hrsg.) *Subject and Topic.* New York: Academic Press.

Kielhöfer, Bernd/Jonekeit, Sylvie (1983): *Zweisprachige Kindererziehung.* Tübingen: Stauffenburg.

Klauer, Karl Josef (1978): "Perspektiven der pädagogischen Diagnostik." In: Klauer, Karl Josef (Hrsg.) (1978): *Handbuch der Pädagogischen Diagnostik. Bd. 1.* Düsseldorf: Pädagogischer Verlag Schwann.

KMK [Sekretariat der Ständigen Konferenz der Kultusminister der Länder] (Hrsg.) (1994): *Überlegungen zu einem Grundkonzept für den Fremdsprachenunterricht.* (Beschluß der KMK vom 7.10.1994). Bonn.

KMK [Sekretariat der Ständigen Konferenz der Kultusminister der Länder] (Hrsg.) (1995): *Medienpädagogik in der Schule.* (Erklärung der KMK vom 12.5.1995). Bonn.

Kowal, Maria/Swain, Merrill (1997): "From semantic to syntactic processing." In: Johnson, Robert K./Swain, Merrill (Hrsg.): 284-309.

Krashen, Stephen D. (1981): *Second Language Acquisition and Second Language Learning*. Oxford: Pergamon Press.

Krashen, Stephen D. (1984): "Immersion: why it works and what it has taught us." *Language and Society* 12: 61-64.

Krashen, Stephen D. (1985): *The Input Hypothesis: Issues and Implications*. London/New York: Longman.

Kress, Gunther (Hrsg.) (1976): *Halliday: System and Function in Language*. Oxford: Oxford University Press.

Kubanek-German, Angelika (1992): "Geschichten und narrative Prinzipien." *Der fremdsprachliche Unterricht: Englisch* 26 (1): 11-17.

Kubanek-German, Angelika (Hrsg.) (1996): *Immersion Fremdsprachenlernen Primarbereich*. München: Goethe-Institut.

Lambert, Wallace E. (1980): "The two faces of bilingual education." *NCBE-Forum* 3.

Liepe, Anneliese (1995): *Geschichten und Bilderbücher für den Unterricht in der Partnersprache Englisch*. Berlin: BIL (SESB).

Lier, Leo van (1995): *Introducing Language Awareness*. Harmondsworth: Penguin.

Long, Michael H. (1983): "Does second language instruction make a difference? A review of research." *TESOL Quarterly* 17: 359-382.

Lyster, Richard (1987): "Speaking immersion." *The Canadian Modern Language Review* 43: 701-717.

Lyster, Richard (1987): "The role of analytic language teaching in French immersion programs." *The Canadian Modern Language Review* 47: 159-176.

Lyster, Richard (1987): "La négotation de la forme: stratégie analytique en classe d'immersion." *The Canadian Modern Language Review* 50: 446-465.

McDonald, Lynda/Pien, Diana (1982): "Mother's conversational behaviour as a function of interactional intent." *Journal of Child Language* 9: 337-358.

McLaughlin, Barry (1987): *Theories of Second-Language Learning*. London: Edward Arnold.

McLaughlin, Barry (1990): "The relationship between first and second languages: language proficiency and language aptitude." In: Harley, Birgit *et al.* (Hrsg.) (1990): 158-174.

McLaughlin, Barry (1995): "Aptitude from an information-processing perspective." *Language Testing* 12: 370-385.

McTaggart, June/Liepe, Anneliese (1995): *Dark*. Berlin: BIL (SESB).

Mahlstedt, Susanne (1996): *Zweisprachigkeitserziehung in gemischtsprachigen Familien*. Frankfurt/M.: Peter Lang.

Mattes, Martina (1996): "Total Physical Response: Its use in English lessons for very young learners." *Englisch* 31: 134-139.

Meißner, Franz-Joseph (1995): "Umrisse der Mehrsprachigkeitsdidaktik." In: Bredella, Lothar (Hrsg.) (1995): *Verstehen und Verständigung durch Sprachenlernen?* Bochum: Brockmeyer, 172-187.

Met, Myriam (1991): "Learning language through content: learning content through language." *Foreign Language Annals* 24: 281-295.

Moerk, Ernst L. (1977): *Pragmatic and Semantic Aspects of Early Language Development.* Baltimore: University Park Press.

Moerk, Ernst L. (1980): "Relationships between parental input frequencies and children's language acquisition: a re-analysis of Brown's data." *Journal of Child Language* 7: 105-118.

Moerk, Ernst L. (1985): "A differential interactive analysis of language teaching and learning." *Discourse Processes* 8: 113-142.

Moerk, Ernst L. (1992): *A First Language Taught and Learned.* Baltimore: Paul H. Brookes.

Multhaup, Uwe (1995): *Psycholinguistik und fremdsprachliches Lernen.* München: Hueber.

Neuner, Gerhard (1995): "Verstehensgrammatik – Mitteilungsgrammatik." In: Gnutzmann, Claus/Königs, Frank G. (Hrsg.): *Perspektiven des Grammatikunterrichts.* Tübingen: Gunter Narr, 147-166.

Oller, John W. (1974): "Expectancy for successive elements: key ingredient to language use." *Foreign Language Annals* 7: 443-452.

Oller, John W. (1976): "Evidence for a general language proficiency factor: an expectancy grammar." *Die Neueren Sprachen* 75: 165-174.

O'Malley, J. Michael/Chamot, Anna Uhl (1990): *Learning Strategies in Second Language Acquisition.* Cambridge: Cambridge University Press.

Parry, Thomas S./Stansfield, Charles W. (Hrsg.) (1990): *Language Aptitude Reconsidered.* Englewood Cliffs, N.Y.:Prentice-Hall.

Piaget, Jean (1971): *The Language and Thought of the Child.* London: Routledge & Kegan Paul.

Pinker, Steven (1994): *The Language Instinct.* New York: William Morrow [= Penguin Books 1995].

Rampillon, Ute (1996): *Lerntechniken im Fremdsprachenunterricht* [3. Auflage]. München: Hueber.

Rampillon, Ute/Zimmermann, Günther (1997): *Strategien und Techniken beim Erwerb fremder Sprachen.* München: Hueber.

Riccò, Antonio (1997a): "Die Beteiligung der Italienischen Republik an dem Projekt der deutsch-italienischen Grundschule in Wolfsburg." *Bildung und Erziehung* 50: 61-71.

Riccò, Antonio (1997b): "Die didaktisch-methodische Konzeption des Italienischunterrichts in der Deutsch-Italienischen Grundschule Wolfsburg." In: Reichel, Katrin/Sandfuchs, Uwe/ Voss, Bernd (Hrsg.) (1997): *Fremde Sprachen in der Grundschule.* Bad Heilbrunn: Klinkhardt, 113-124.

Riccò, Antonio/Sandfuchs, Uwe (1997): "Zweisprachige Erziehung: Konzeption und Erfahrungen der deutsch-italienischen Grundschule Wolfsburg." *Bildung und Erziehung* 50: 51-60.

Sandfuchs, Uwe (1993): "Europäische Identität und Umgestaltung der Schule. Anregungen für ein multi-kulturelles Schulmodell in Wolfsburg." In: Losengo-Ries, Rosa/DiVirgilio, Antonio (Hrsg.): *Europäische Begegnungstage der Sprachen und Kulturen*. Wolfsburg: Istituto Italiano di Cultura & Ausländerreferat der Stadt Wolfsburg, 150-155.

Sang, Fritz/Vollmer, Helmut J. (1980a): "Zum psycholinguistischen Konstrukt einer internalisierten Erwartungsgrammatik." *Linguistik und Didaktik* Heft 42 (1980): 122-148.

Sang, Fritz/Vollmer, Helmut J. (1980b): "Modelle linguistischer Kompetenz und ihre empirische Fundierung." In: Grotjahn, Rüdiger/Hopkins, E. (Hrsg.) (1980): *Empirical Research on Language Teaching and Language Acquisition*. Bochum: Brockmeyer, 11-84.

Sauer, Joachim/Gamsjäger, Erich (1996): *Ist Schulerfolg vorhersagbar? Die Determinanten der Grundschulleistung und ihr prognostischer Wert für den Sekundarschulerfolg*. Göttingen, Bern, Toronto, Seattle: Hogrefe. Verlag für Psychologie.

Saunders, George (1982): *Bilingual Children: Guidance for the Family*. Clevedon, Avon: Multilingual Matters.

Saunders, George (1988): *Bilingual Children: From Birth to Teens*. Clevedon, Avon: Multilingual Matters.

Saunders, George (1990): ",Artificial' bilingualism: must it fail?" In: Halliday, Michael A.K./Gibbons, J./Nicholas, H. (Hrsg.): *Learning, Keeping and Using Language. Vol. 1*. Amsterdam: J. Benjamins, 115-134.

Schwarz, Wolfgang/Weiß, Wolfgang/Regelein, Silvia (1991): *Beurteilen und Benoten in der Grundschule: Bestandsaufnahme und Anregungen für die Praxis*. München: Franz Ehrenwirth Verlag.

Seebauer, Renate (1997): "Selbstkonzeptforschung als Grundlage einer Fremdsprachendidaktik für den Frühbeginn." *Praxis des neusprachlichen Unterrichts* 44: 6-12.

Simpson, Stuart (1997): "Vienna Bilingual Schooling." In: Göhlich, Michael (Hrsg.): 25-29.

Senatsverwaltung für Schule, Berufsbildung und Sport (1993): *Staatliche Europa-Schule Berlin*. Berlin.

Skehan, Peter (1986): "The role of foreign language aptitude in a model of school learning." *Language Testing* 3: 188-221.

Skehan, Peter (1989): *Individual Differences in Second-Language Learning*. London: Edward Arnold.

Skehan, Peter (1991): "Individual differences in second language learning." *Studies in Second Language Acquisition* 13: 275-298.

Skutnabb-Kangas, Tove (1981): *Bilingualism or Not. The Education of Minorities*. Clevedon, Avon: Multilingual Matters.

Slobin, David I. (1973): "Cognitive prerequisites for the development of grammar." In: Ferguson, Charles A./Slobin, David I. (Hrsg.): *Studies of Child Language Development*. New York: Holt, Rinehart & Winston, 175-208.

Snow, Marguerite A./Met, Myriam/Genesee, Fred (1989): "A conceptual framework for the integration of language and content in second/foreign language instruction." *TESOL Quarterly* 23: 201-217.

Sommer, Winfried (1982): *Bewährung des Lehrerurteils*. Bad Heilbrunn/OBB: Verlag Julius Klinkhardt.

Sparks, Richard/Ganschow, Leonore (1997): "Aptitude for learning a foreign language: a review." In: Gardenghi, Monica/O'Connell, Mary (Hrsg.): *Prüfen, Testen, Bewerten im modernen Fremdsprachenunterricht*. Frankfurt/M.: Peter Lang, 49-61.

Spilka, Irène (1976): "Assessment of second-language performance in immersion programs." *Canadian Modern Language Review* 32: 543-561.

Stubbs, Michael D. (1983): *Discourse Analysis*. Oxford: Basil Blackwell.

Sukopp, Inge (1996): *Pädagogische und grundschuldidaktische Grundlagen der Staatlichen Europa-Schule Berlin (Klasse 1–4)*. Berlin: Berliner Institut für Lehrerfortbildung (BIL).

Swain, Merrill (1985): "Communicative competence: some roles of comprehensible input and comprehensible output in its development." In: Gass, Susan M./Madden, C.G. (Hrsg.): *Input in Second Language Acquisition*. Rowley, Mass.: Newbury House, 235-253.

Swain, Merrill (1988): "Manipulating and complementing content teaching to maximize second language learning." *TESL Canada Journal* 6: 68-83 [Wiederabdruck in R. Philipson et al. (Hrsg.) (1991): *Foreign/second language pedagogy research*. Clevedon, Avon: Multilingual Matters, 234-250].

Swain, Merrill (1993): "The output hypothesis: Just speaking and writing aren't enough." *The Canadian Modern Language Review* 50: 158-164.

Swain, Merrill/Lapkin, Sharon (1982): *Evaluating Bilingual Education: A Canadian Case Study*. Clevedon, Avon: Multilingual Matters.

Thornbury, Scott (1996): "Teachers research teacher talk." *ELT Journal* 50: 279-287.

Valbonesi, Vally/Manusch, Bianca/Roosen, Annette (1997): "Deutsch-Italienische Grundschule Wolfsburg." In: Göhlich, Michael (Hrsg.): 21-24.

Vollmer, Helmut J. (1981): "Issue or non-issue: general language proficiency revisited." in: Alderson, Charles J./Hughes, Arthur (Hrsg.): *Issues in Language Testing*. London: The British Council, 195-205.

Vollmer, Helmut J. (1992): "Immersion und alternative Ansätze des Fremdsprachenerwerbs in Nordamerika: Probleme des Transfers in die Bundesrepublik Deutschland." *Zeitschrift für Fremdsprachenforschung* 3 (2): 5-38.

Vygotsky, Lev S. (1962): *Thought and Language*. Cambridge, Mass.: The MIT Press.

Vygotsky, Lev S. (1978): "The prehistory of written language." In: Vygotsky, Lev S.: *Mind in Society*. Cambridge, Mass.: Harvard University Press, 105-119.

Weinrich, Harald (1964): *Besprochene und erzählte Welt*. Stuttgart: Kohlhammer.

Weisgerber, Leo (1966): "Vorteile und Gefahren der Zweisprachigkeit." *Wirkendes Wort* 16: 73-89.

Wells, Gordon (1981): *Learning Through Interaction*. Cambridge: Cambridge University Press.

Wells, Gordon (1985): *Language Development in the Pre-School Years*. Cambridge: Cambridge University Press.

Werlich, Egon (1976): *A Text Grammar of English*. Heidelberg: Quelle & Meyer.

Winitz, Harris (1981): *The Comprehension Approach to Foreign Language Instruction*. Rowley, Mass.: Newbury House.

Wode, Henning (1993): *Psycholinguistik. Eine Einführung in die Lehr- und Lernbarkeit von Sprachen*. München: Hueber.

Wode, Henning (1995): *Lernen in der Fremdsprache. Grundzüge von Immersion und bilingualem Unterricht*. München: Hueber.

Wright, Andrew (1995): *Storytelling with Children*. Oxford: Oxford University Press.

Wright, Andrew (1997): *Creating Stories with Children*. Oxford: Oxford University Press.

Zydatiß, Wolfgang (1989): "Types of texts." In: Dirven, René (Hrsg.): *A User's Grammar of English: Word, Sentence, Text, Interaction*. Frankfurt/M.: Lang, 723-788.

Zydatiß, Wolfgang (1998): "Fremdsprachenpolitische Überlegungen zum Fremdsprachenlernen in Deutschland." In: Zydatiß, Wolfgang (Hrsg.): *Fremdsprachenlehrerausbildung – Reform oder Konkurs*. München: Langenscheidt, 159-217.

Zydatiß, Wolfgang (1999): "Verfilmte Kinderbuchliteratur im weiterführenden und fortgeschrittenen Englischunterricht (am Beispiel von Raymond Briggs' *The Snowman*". In: Blell, Gabriele/Krück, Brigitte (Hrsg.): *Mediale Textvielfalt und Handlungskompetenz im Fremdsprachenunterricht*. Frankfurt/M.: Peter Lang, 197-214.

Auswahlbibliographie

A. Gesamtdarstellungen Bilingualismus

Baker 1995, 1996
Lambert 1980
Skutnabb-Kangas 1981

B. Immersion und bilingualer Unterricht

1. Zusammenfassende Bestandsaufnahmen von Projekten

Baetens Beardsmore/Swain 1985
Baetens Beardsmore 1993
Bernhardt 1992
Bibeau 1983
Cummins 1978, 1979
Genesee 1983, 1987, 1996
Graf/Loser 1997
Harley 1990
Housen/Baetens Beardsmore 1987
Johnson/Swain 1997
Krashen 1984
Swain 1985
Swain/Lapkin 1982
Wode 1995

2. Eher kritische Darstellungen von Schulversuchen

Bibeau 1984
Hammerly 1987, 1989, 1991
Spilka 1976
Vollmer 1992

3. Curriculumentwicklung

Met 1991
Snow/Met/Genesee 1989

4. Immersion und sprachliches Curriculum

Endt 1996
Hammerly 1991
Harley 1993
Kowal/Swain 1997
Lyster 1987, 1990, 1994
Swain 1985, 1988, 1993

C. Zweisprachige Erziehung in der Familie

Baker 1995
de Jong 1986
Kielhöfer/Jonekeit 1983
Saunders 1982, 1988, 1990

Döpke 1992
Harding/Riley 1986
Mahlstedt 1996

D. Frühes Fremdsprachenlernen

1. Narrative Prinzipien

Bell 1995
Egan 1988
Garvie 1990
McTaggart/Liepe 1995

2. *Story Approach*

Ellis/Brewster 1991
Kubanek-German 1992
Liepe 1995
Wright 1995, 1997

3. Gesamtdarstellungen

Asher 1974, 1977; Mattes 1996 (*TPR*)
Gompf/Meyer 1996
Hellwig 1995
Jaffke 1994 (Waldorfpädagogik)

4. Handbücher für Lehrer (Zielsprache Englisch)

S. Halliwell (1992): *Teaching English in the Primary Classroom*. London: Longman.
S. Phillips (1993): *Young Learners*. Oxford: Oxford University Press.
W.A. Scott/L.H. Ytreberg (1990): *Teaching English to Children*. London: Longman.
D. Vale/A. Feunteun (1995): *Teaching Children English*. Cambridge: Cambridge University Press.

Sachregister

A

Allgemeine Bildung
 18, 39, 51, 93f, 119, 152, 156
Alphabetisierung
 20, 89, 102, 105, 161, 163, 166, 167
Alternative Methoden
 64f, 134
Ambiguitätstoleranz
 122
Arbeitssprache
 12, 28, 29, 35, 36, 38, 52, 144, 222
Arbeitstechniken
 120, 123, 125, 148, 156
Aussprache
 59, 61f, 170

B

Basale Fähigkeiten
 18, 154
Begleitforschung
 14, 19, 37, 38, 204, 209-211, 216
Bereicherungsprogramm
 59, 93, 101, 164, 222
Bezahlung (der Lehrkräfte)
 10, 194-196, 212
Bezugsfeld (Wortschatz)
 132, 148
BICS
 95f, 99f, 117, 220
Bildungstheorie
 93f, 154-156, 208
Bilingualer Unterricht
 9, 20, 27, 49, 91, 128, 194
Bilinguale Sprachkompetenz
 17, 91-102, 107-112, 158, 174, 203, 204, 207f, 216f, 221
Bilingualität
 55-59, 62, 155
 –additiv/subtraktiv
  28, 101, 107, 220, 226
 –produktiv/rezeptiv
  53, 72, 220
 –starke/schwache Sprache
  12, 18, 55, 59, 61, 72, 77f, 103, 104, 116, 165
Binnendifferenzierung
 13, 18, 54, 103, 150, 160, 161, 174f

C

CALP
 95f, 99f, 105f, 116f, 221
Curriculum (sprachliches ~)
 18, 29, 37, 48f, 51, 52, 117, 123, 134, 146, 151, 169, 175f, 177f, 222, 226
Curriculumentwicklung
 11, 145, 146, 155, 175f, 177f

D

Defizite (im Sprachgebrauch)
 26, 127, 132-134, 140, 141f, 163
Dekomponieren (des Inputs)
 42f, 48, 77f, 222
Deutsch als Partnersprache
 104f, 153, 163, 208, 215
Diskurs
 65, 72f, 74, 78f, 110, 142, 143, 148, 222
Diskursanalyse
 66f, 225
Diskurskompetenz
 48, 125-127, 130, 143-149, 162

E

Eingangsinterview
 102, 106, 165
Einstellungen
 29f, 81f, 83, 84, 94, 115, 118

Elternarbeit
  18, 50, 84, 90, 164, 166, 191f, 215f
Elternberatung
  18, 59, 60, 63, 64, 164, 167, 191f
Endogene Faktoren
  39, 44, 45, 63
Erstsprache
  28, 37, 107f, 116f, 118, 223f
Euro-Bac
  35, 60, 157, 215
Europäische Dimension
  18, 22, 25, 39, 51, 94, 152, 154, 215
Europäische Schulen
  33-35
Exogene Faktoren
  39, 45, 63

F
Familiensprache
  58
Fehler
  127, 132, 133f, 139, 142, 190
Fehlerkorrektur
  133, 139, 140, 190
Fehlertoleranz
  190f
Fortführung (im Sekundarbereich)
  11, 17, 29, 38, 60, 157, 158f, 196-199, 213, 215-217
Fossilisierung
  86, 134, 140, 222f
Fremdsprachenlernen lernen
  19, 54, 112, 120, 123, 156
Fremdsprachenunterricht
  21, 22f, 64, 65, 81, 113, 143, 159, 174, 200f, 204, 208, 213f
Förderunterricht
  94, 105, 161
Frühes Fremdsprachenlernen
  18, 31, 34, 35f, 38, 47, 49f, 52, 54, 61, 98, 110f, 112, 113, 135f, 156, 167, 169-171

Funktionen von Sprache
  92, 95, 97, 130

G
Geschichten
  53, 88, 170, 173f, 176
Grammatische Unterweisung
  88, 133f, 138, 148

H
Handlungsforschung
  11, 26, 142, 211, 226
Heterogenität (der Schülerschaft)
  13, 18, 22, 26, 54, 116, 150, 160-165

I
Identifikationssprache
  80, 81, 88-90, 227
Identität
  56, 61, 98, 154, 167
Idiomatik
  88, 127, 148
Illokution (vgl. Sprachfunktion/Sprechakt)
  48, 223
Immersion
  17, 20, 26-30, 36, 38-41, 48f, 50, 53, 175-178, 204, 215, 223
– frühe/späte
  13, 29, 31, 32, 33, 222
– völlige/Teil ~
  9, 20, 29, 31, 223
Individuelle Unterschiede
  63, 70, 114, 116
Input
  40, 41, 42, 44, 49, 64, 65, 73, 74, 139, 151, 176, 222, 223
Input-Theorie
  40, 46, 47f, 49, 63, 72, 139, 140, 141, 168, 220, 221, 225

Intake
　44, 169, 176, 223
Integrierte Text-Sprach-Arbeit
　136f, 138, 173f, 176, 177
Intelligenz
　116
Interaktionsstil
　25, 41, 68, 70, 143, 151
Interaktionstheoretische Spracherwerbsforschung
　39, 42-45, 65-73, 123
Interkulturelle Kommunikation
　9, 80, 86, 119
Interkulturelles Lernen
　18, 25, 26, 39, 51, 54, 79f, 81-83, 85, 86-88, 94, 98, 153, 154, 155f, 166, 174, 186, 222

K
Kinderbuch
　18, 53, 88f, 138, 173, 181-189
Kindersprachkurs
　105, 110, 135f, 168, 171f
Kinder- und Jugendliteratur
　18, 81, 88-90, 164, 181-189
Kindgemäßheit
　38, 47, 52, 111, 174
Kommunikativer Fremdsprachenunterricht
　125, 139, 142f, 169
Konstruktionsprozess
　44, 64, 114

L
Language across the curriculum
　10, 154, 224
Latenzperiode
　61, 64f, 224, 227
Lehrerfortbildung
　19, 79, 110, 142f, 177, 178, 211

Lehrkräfte
　28, 29, 40, 146, 155, 194-196, 201, 212, 216f
Lemma
　88, 129, 228
Lernbereich (fremdsprachlicher ~)
　50, 51, 119
Lernbereichsübergreifender Unterricht
　53, 136f, 170, 176, 179-189, 228
Lernerautonomie
　89
Lernersprache
　224
Lernschwierigkeit
　118f
Lernstil
　63, 120-122, 156
Lernstrategie
　120, 123, 125, 148, 156, 227
Lexem
　88, 131, 228
Literalität
　95, 106, 116f, 126f, 204, 224

M
Mathematik
　20, 22, 137, 153, 176f, 182, 187
Mehrsprachigkeit
　51, 54, 93f, 114, 119, 152, 156
Migration
　51, 103f, 163, 223
Mindestwortschatz
　129–131
Mitteilungsgrammatik
　48, 92, 144
Monkey-Prinzip
　192f
Monolingualer Habitus
　18, 119, 153
Monolinguale Sprecher
　53, 54, 79, 161, 164, 165

Motherese (vgl. Sprachlehrfunktion)
  42f, 225, 226
Muttersprache
  42f, 58, 107f, 164, 181f, 186

N

Nachmittagsbetreuung
  24f, 84, 85
Narrative Prinzipien
  53, 106, 173, 176, 181-189
Narratives Denken
  53, 173
Nativistische Spracherwerbstheorie
  41, 44, 63, 114f, 223, 224, 225, 228
Naturwüchsigkeit (des Spracherwerbs)
  10, 17, 22, 36, 41, 49, 63, 117, 122, 133
Natürlicher Spracherwerb
  16, 22, 38

O

Output
  41, 44, 48, 64, 72f, 140, 148, 151, 168f, 175, 176, 225
Output-Theorie
  40, 130, 139, 141, 144, 148, 221

P

Partnersprache
  9, 20, 51, 53, 59, 113f, 154, 156, 158, 181f, 186, 202f, 216
Partnersprachlicher Unterricht
  13, 18, 21f, 25, 47, 53, 54, 61, 89, 97, 109f, 113, 123, 129, 135, 150, 167, 168, 190f
Persönlichkeitsbildung
  154f
Planungsinstrumente
  –Leporello
    180f, 186f, 189
  –Spinne
    179, 181, 183

Produktiv Zweisprachige
  18, 72, 78, 162, 165, 226
Progression
  48, 49f, 53, 61, 135, 168, 169f
Projektunterricht
  18, 85, 156

R

Rezeptiv Zweisprachige
  18, 72, 78, 101, 103f, 105, 111, 161f, 165, 166, 226
Reziproke Immersion
  9, 112, 164, 221, 228
Risikoperiode
  101

S

Sachfachliteralität
  53, 97f, 147, 227
Sachfachunterricht
  17, 18, 37, 97f, 100, 132, 189, 207
Sachkunde
  18, 22, 50, 54, 108, 150, 181, 186, 189
Sachlernen
  9, 10, 17, 18, 21, 26, 47, 50, 87, 94, 97, 132, 145, 154
Schemata (*frames, scripts*)
  88, 223, 226
Schreiben
  48, 147, 148, 149, 151, 162, 170, 175
Schriftsprache
  17, 53, 95, 102, 105, 126f, 130, 204, 207
Schulerfolg (~ leistung)
  10, 12, 91, 98, 102, 127, 191
Schulpolitik
  10, 37, 194-208, 215-217
Schwellen-Hypothese
  12, 17, 29, 84, 94, 109f, 150, 162, 167, 220, 227
Selbstkonzept (des Lerners)
  63

Sozialisation
–primäre (Familie)
  153, 160
–sekundäre (Schule)
  37, 90, 153, 160
Sozialprestige (der Sprachen)
  30, 84
Sprachbewusstheit
  49, 112, 122f, 134, 139, 147, 156, 221, 224
Sprachenfolge
  17, 60, 113, 158, 160, 200-209, 213f, 216f
Sprachenpolitik
  25, 50, 93f, 113, 153, 157
Spracherhalt
  108, 153
Spracherwerbstyp (eigenständiger ~)
  10, 16, 17, 36, 40, 44f, 151, 158, 175, 207f, 215-217
Sprachfähigkeit
  28, 49, 59f, 91-93, 115, 123, 124-127, 140, 204, 221, 226, 227
Sprachfunktion (vgl. Illokution/ Sprechakt)
  48, 125, 135, 181, 184, 189, 223
Sprachlehrfunktion
(von Bezugspersonen)
  43f, 73-79, 110, 140, 170, 226, 227
Sprachlerneignung
  115f, 118f, 122
Sprachlernkompetenz
  122
Sprachmischung
  55, 57, 59, 160, 221
Sprachproduktion (vgl. Output)
  48, 70, 73, 141f, 144f, 147f, 166, 169, 190f
Sprachstandsmessung
  103
Sprachtrennung
  56-59, 160, 225

Sprechakt (vgl. Illokution/ Sprachfunktion)
  95, 223
Story approach
  53, 88, 89, 138, 173f, 175, 227
Storyline-Ansatz
  89, 136, 176, 181-189, 227
Strukturenerwerb
  23, 127, 133-135, 137, 138, 139, 146, 148
Stundentafel
  22, 24, 47, 51f, 61
Stützunterricht
  29, 36, 190, 220, 224
Synthese von Sach- und Sprachlernen
  18, 20, 26, 47, 50, 51, 53, 74, 85, 122, 136, 137f, 144, 146, 147, 175-178

T
Textsorten
  48, 92, 93, 97, 131, 148, 170, 184
Texttypologie
  144
Themenzentrierter Unterricht
  47, 72, 79, 176, 179-189, 222, 228
Topic web-Ansatz
  89, 136, 176, 228

U
Umgebungssprache
  28, 58f, 72, 154, 166, 174, 215, 221
Unterrichtsbausteine
  181-189
Unterrichtsdiskurs
  143

V
Verarbeitungsprozesse (kognitive ~)
  44, 57, 64, 77, 118, 168f, 176, 226
Verhaltensauffälligkeiten
  54, 149f

Vermittelter Spracherwerb
  10, 16, 17, 36, 38f, 40, 53, 54, 158, 176
Verstehen
–Fremdverstehen
  51, 81, 153, 155, 156, 173
–von Informationen/Input
  46-48, 65, 139f
Verstehensgrammatik
  48, 92, 144
Vorlauf
  13, 31, 36, 220

W

Weiterführung (siehe Fortführung)
Wortfamilie
  130-132
Wortfeld
  128, 130-132, 148
Wortschatzerwerb
  61, 77f, 88, 127-132, 146

Z

Zeichen (sprachliches ~)
  46, 98, 140
Zweitsprache
  28, 45, 52, 61, 79, 98
Zweitspracherwerb
  10, 17, 38, 45f, 48, 54, 63, 65-73

Verzeichnis der Abbildungen, Tabellen und Diagramme

Seite

A. Abbildungen

Abb. 1:	Konstitutive Komponenten eines SESB-spezifischen Spracherwerbskonzepts	16
Abb. 2:	Stundentafel der SESB (nach Sukopp 1996: 6)	24
Abb. 3:	Merkmale von „Mutterisch"	42f
Abb. 4:	Krashens Input-Hypothese (Edmondson & House 1993: 250)	46
Abb. 5:	Grade des Beharrens auf dem Gebrauch der Zweitsprache (Döpke 1992: 67)	57
Abb. 6:	Struktur von Interaktionsabläufen	67
Abb. 7:	Sprachlehrtechniken in der Eltern-Kind Interaktion	74–77
Abb. 8:	Wechselbeziehungen zwischen Sprachkönnen und Schulleistung	91
Abb. 9:	Kontextuelle und kognitive Momente als Parameter sprachlichen Handelns	92
Abb. 10:	*CALP* als *common underlying proficiency* (Skutnabb-Kangas 1981: 115 und Baker 1995: 48)	99
Abb. 11:	*BICS* und *CALP* als *separate* oder *common underlying proficiency* (Skutnabb-Kangas 1981: 115)	100
Abb. 12:	Bipolare Charakterisierung unterschiedlicher Lernstile (nach Edmondson & House 1993: 201 und Grotjahn 1998)	121
Abb. 13:	Planungsinstrument „Spinne" (nach Sukopp 1996: 23)	179
Abb. 14:	Planungsinstrument „Leporello" (nach Sukopp 1996: 23)	180
Abb. 15:	Curriculumbaustein „DARK"	181f
Abb. 16:	Strukturgitter für R. Briggs „The Snowman"	183
Abb. 17:	Integrierte Text-Spracharbeit mit dem „Snowman"	184f

B. Tabellen

Tab. 1:	Durchschnittliche Erwerbszeitpunkte englischer Konsonanten (Wode 1993: 191)	62
Tab. 2:	Diskursverhalten in zweisprachiger Eltern-Kind Interaktion (nach Döpke 1992: 104-106, 110-117)	71
Tab. 3:	Design der kanadischen Untersuchung zur Sprachfähigkeit	126

Tab. 4:	Erschließbarer Wortschatz in Unterrichtsmaterialien des *American Heritage Intermediate Corpus* (Carroll et al. 1971) in Abhängigkeit vom Umfang eines nach der Häufigkeit gestuften Vokabulars	129
Tab. 5:	Komplexität von Schüleräußerungen in L1 und L2	141
Tab. 6:	Vernetzung von Lernbereichen im themenzentrierten Unterricht *"From wild animals to domestic animals"*	186f
Tab. 7:	Verschränkung von Sprach- und Sachlernen im Textprojekt *"Charlie and the Chocolate Factory"*	189
Tab. 8:	Verbindliche Sprachenfolge und Stundentafeln für sprachliches Lernen in vergleichbaren Schulmodellen	206

C. Diagramme

Diag. 1:	Schema der frühen völligen Immersion in Kanada (Genesee 1987: 21)	31
Diag. 2:	Zwei Programmvarianten von später Immersion in Kanada (Genesee 1987: 23)	32
Diag. 3:	Zwei weitere Varianten von später Immersion in Kanada (Swain & Lapkin 1982: 13)	33
Diag. 4:	Der Sprachunterricht an den Europäischen Schulen des Europarates (Wode 1995: 94)	34
Diag. 5:	Beschulung in der „schwachen" L2 (Risikoperiode nach Skutnabb-Kangas 1981: 113)	101